唐君毅全集　卷八

中華人文與當今世界（下）

臺灣學生書局印行

中華人文與當今世界（下册）

唐君毅著

目錄

叁、世界文化問題及中國人文精神之發展——「感乎世運時勢」之部

肆、附錄之部

中華人文與當今世界（下）

本書於一九七五年五月由東方人文學會出版、臺灣學生書局發行。一九七八年四月再版，改由臺灣學生書局出版兼發行。本書分上、下册。全集所據為再版本，並經全集編輯委員會重新校訂。本書下册附錄部之「中國文化與世界」改編入全集第四卷，獨立為一書。

叁、世界文化問題及中國人文精神之發展——「感乎世運時勢」之部

叁、世界文化問題及中國人文精神之發展
——「感乎世運時勢」之部

十五、當前世界文化問題

(一) 各個時代文化問題之不同

我今天來講的問題，是關於當前世界的文化問題。我個人對這一問題，這十多年來也寫了一些文章，表示我對這一問題的意見。不過今天關於我個人的意見，我也不想講得太多，還是偏重在說明問題方面。對這個題目，我想分成四個項目，簡單地把我對此中之問題的了解講一講，請各位先生指教。

第一項我想說明的意思，是各個時代的文化問題是不同的。前一個時代的文化問題，到後一個時代，它可以不存在，或者可以說解決了。解決以後，就變成已成文化成績之一部了。我先舉一個例：譬如中國由魏晉至宋明時代文化問題之一，是佛學到中國來的問題。因為佛學到了中國，對中國文化

是一個挑戰。站在中國傳統文化的立場，對佛學取一個什麼態度？這對魏晉時代至宋明的中國學人，當然是一個問題。如要批評佛學，要從一個什麼立場來批評呢？從民族文化的立場上來批評？還是從純宗教的立場，或純學術的立場來批評？從什麼學術之立場來批評？這在當時是一個很大的問題。儒家學者甚至把他當成一個儒家生死存亡的問題。唐代之韓愈，就有這個想法，所以他一定要大聲疾呼闢佛老。宋明儒家也多是一樣，因而對這個問題之討論或不免拿出疾言厲色的態度。然而這個問題到了明朝末年以及清朝，有許多人就講融合三教，以遙承以前南北朝之融合三教之論。到現在來說，儒佛問題，已根本不成一個大問題。許多講儒家學問的人，不是說儒佛可以融合，就是說可以並行不悖，縱使要排斥它、反對它，也不會像韓愈的大聲疾呼了。因爲時代過去了，儒佛的問題之嚴重性也過去了；儒佛之學都變成中國文化遺產的一部份。佛學當時固然是外來的，它已經變成中國文化的遺產，它本身也就中國化了。這說明許多文化問題，在一個時代可以很重大，在另一個時代可以成爲過去的問題。但這個過去，不是隨便就過去，一定要用很大的力量去解決，才能過去。我再舉幾個例：譬如西方在十六世紀時候，宗教上新教和舊教的衝突，是一個大的文化問題。後來大家有了宗教寬容思想，以及憲法上政府承認宗教自由以後，這個問題大體上說就解決了。他如宗教與科學衝突的問題，在十七八世紀時候也很嚴重，現在這個問題，在西方文化裏也不重要了。縱使還有禁止講進化論的宗教學校，及如重科學的哲學家羅素在美國講學，有人說他反宗教，不准他講，這種事也很少了。

總而言之，在今日，西方文化中宗教與宗教衝突的問題過去了，宗教與科學的問題也不很嚴重了。我舉這幾個例，就是說明各個時代文化問題的不同，各個時代有各個時代的文化問題。每一時代之文化問題的解決，賴那個時代的人之努力，亦是那個時代的人的責任。

(二) 當前人類文化問題的特性

當前人類文化的問題有兩個特性，這是以前世界文化問題上所沒有的，至少沒有這樣顯著。這兩個特性是什麼呢？第一個特性比較簡單，就是現代之文化問題完全是世界性的，並牽涉到全面之文化。世界上已有之各種不同文化的系統，在這個時候發生許多衝突和各種錯綜的關係，這種情形是以前所沒有的。當然以前可以說有時也有，譬如中國文化同印度文化接觸，那個時候也有許多複雜的互相影響、互相衝突的關係。但是同現在就不能比，那個時候就簡單多。那個時候之所以簡單，主要是因當時的互相影響與衝突等，是屬於純粹文化思想的。那個時候來的印度文化，譬如佛教同中國倫理衝突的時候，它是限於純粹的文化思想方面，不一定涉及整個社會風氣以及政治、經濟方面。如後來明朝時候西方的天主教傳到中國來，這時亦引起若干文化思想的衝突。譬如天主教最初對於祀孔的問題、拜祖的問題，有一部份天主教是反對的，有一部份是不反對的。這也只是純粹文化思想上面的問題，並不夾雜現實的政治、經濟方面這許多問題。另外從西方文化來說，西方希臘文化同希伯來文化碰頭，在希臘、羅馬末期，這個時候也有文化思想衝突的問題。當時基督教的思想同純粹希臘、羅馬的思想，起初不是水乳交融的，後來慢慢才融合成爲西方中古的思想文化。這中間當然經過許多周折，還是可以說是屬於一個純粹文化思想範圍內的。譬如耶穌是以其人格與宗教來影響一切外邦人，他沒有軍隊或政治、經濟的力量拖在後面。而現在我們這個時代，世界之各種不同的文化系統發生接觸中，所產生的許多錯綜的關係與衝突、矛盾，則不限於純文化思想方面，而包括現實的社會政治經濟之各方面，亦即是牽涉到人類文化之全面中之各方面，這種情形是從古未有的。這是第一個特性。

第二個特性是就第一特性中特別再提出一點，即由現代之文化問題不限於純文化思想方面，且包括現實的社會、政治、經濟之各方面；進而，在現代中，各種純粹文化思想力量，遂與各種現實的社會、政治、經濟之力量互相結合，互相利用，以求擴張，而加強其衝突，加深其問題。譬如方才提到的，佛學到中國來及基督教到西方去的時候，後面並沒有政治、經濟的力量，所以亦無與政治經濟之力量互相結合互相利用的情形。但是到了現在，西方文化到中國就不然。大家知道：西方文化初到中國的時候，它的前面是經濟的、商業的勢力，跟著是砲艦的武力，再後才是宗教上的傳教士，於是就有西方人憑其政治經濟之力量來幫助傳教，而傳教士亦可無意間成爲西方政治經濟侵略的掩護者，所以有義和團事變；而五四時代的中國人，亦可由反對西方之帝國主義資本主義，進而反西方宗教，這種情形和佛學入中國是不同的。此是中國文化之不幸，亦是基督教之不幸。又如共產主義，最初也是從西方來的一個學術思想，然而這個學術思想馬上就變成社會的一個現實力量，並與俄國侵略中國之力量相結合，以加強其思想的傳播，並要以此思想壟斷中國人之一切思想，曲解中國聖哲之學術思想，這就是純文化思想力量與現實的社會政治經濟力，互相結合互相利用之不好的方面來舉例。但不管好與不好，在現代此二種力量常相連繫卻是一事實。現代西方社會科學者喜講 ideology。這個字很不好翻譯。譯爲意識形態也不很好，其意是指一連繫著一現實勢力之文化思想上的觀念理論。所有近代的政治上、經濟上、社會上各種存在的勢力，所發生之各種運動，以及它所產生的各種制度、各種影響，通通有一個 ideology 與之相連。由此而一切 ideology 是一純思想的學術的文化的力量，亦是代表著一現實政治的經濟的社會力量。由此，使現時代思想學術中之觀念理論之力量中便與現實之政治經濟之力量相結合而相互爲用，而繫於一處。以前的時代，不一定這樣。譬如漢高祖打天下，他有現實的政治軍事的力量，雖然他馬上得天下，但他不能馬上治之。其實他沒有什麼學術文化思想，學術文化思想須從另外一個源泉裏來。如漢初的陸賈叔孫通這班人，他們便多少有些儒家思想，跟著才有黃老的思想、董仲舒的思想。這些思想同漢初許多皇帝之政治力量，最初並不相結合，後來才聯融在一起，以形成漢朝的政治與文化。漢高祖之所以要打天下，他最初並沒有什麼思想，他就是同項羽一樣，其革命是出於所謂「彼可取而代也」，「大丈夫當如是也」的英雄心理。他並不是依於一個思想來革命。中國歷史上，改朝換姓時候，都出許多打天下的人。這些打天下的人都是英雄豪傑，然而他們並沒有什麼思想。思想是從讀書人來的，此二者初並不相結合。你打天下，我讀書。我幫你治天下，是後來的事。西方以前那些政治上的大人物，像亞力山大、凱撒，以及近代的拿破崙，這些人都不能說有什麼文化學術思想。他們能形成一種政治、軍事力量而成英雄人物，但形成那時代之文化學術思想的，仍是另外一批人。這亦和我們現代的情形不同。如文化學術思想與現實之軍事政治力量，本來是兩個源泉，這兩個東西，便易相容並存。劉邦可以和其他的儒道思想併存，亞歷山大可以拜亞里士多德爲老師，征服希臘以後，對於希臘文化他可以全部接受。我打平了天下，你來幫我治天下，講你的文化學術，這是可以的。到了現在這個時代就有一個大不同。現實的政治軍事等力量，是聯著思想的，而思想亦是聯著現實力量的。譬如史達林、列寧，我們反對他，但是你不能不承認他是有一個思想。他有他的思想，他用這個思想產生力量，他就要重新再造時代。我們中國的中山先生，他也是先有思想的，中華民國可以說就是中山先生思想的具體化、客觀化。或者可以說思想落到現實裏，穿了現實的衣服再出現。我舉這幾個例，就是說明現代文化問題的第二個特徵。現代有純粹的文化思想和現實的政治、經濟、社會的力量，自始便相結合而相互爲用的情形。這種情形好不好，還可以商量。我不是說這就好。不過這是一個事實，以前的時代沒有這個情形，而文化問題亦不同。

（三）現代的西方文化問題

在現代的文化中，我剛才說過，它是文化思想之力量與現實力量結合在一起。若專從西方看，則西方近代，最早出現的一個思想是文藝復興時代的思想。這個時候許多人要講各個民族的語言，而有民族的思想。從文藝復興時代之民族思想，再配合許多不同民族自己要建立國家的要求，就成爲近代的民族國家。這種近代的國家，不是中古時代的羅馬帝國。羅馬帝國時代的國家觀念，不是近代民族國家的觀念，那時亦無近代民族國家。其次西方從十八九世紀以來，有所謂人權運動，講自由，講政治上的代議政治、民主政治。這個思想最後就變成近代的議會、近代的政黨組織等等。再其次從西方工業革命以後，由於財富分配問題而產生社會主義的思想，而有近代之社會主義運動、工人運動等。這三種西方近代之思想，都很快卽化爲一現實的政治經濟社會之力量。譬如我們說中山先生的三民主義，雖然實際上不是完全同這三個思想配合的，也可說大體上都配合的。民族主義是同近代民族國家要獨立的這個思想配合的。民權主義是同近代自由、民主的思想，以及人權運動配合的。民生主義是同近代社會主義的思想配合的。在西方的前兩個思想，後來就變成民族國家、民主政治。社會主義的思想也變成近代之社會主義運動工人運動，而產生了近代的許多社會主義政黨，而共產黨也是這裏面的一枝。這許多思想，通通都是兌了現的。換句話說，思想所在的地方，就變成現實力量。不過西方近代這許多民族國家的思想，民主、自由、人權的思想，社會主義、共產主義的思想，在它本身兌現的時候，又產生毛病而有它的新問題。

譬如西方近代的所謂民族國家的思想，最初，它不過是想在民族之內部建立一個統一國家就完了。就拿斐希特這些人來說，他想建立一個德意志的國家；他只想從法國勢力中脫出來，文化方面不完全學法國，德意志的許多邦要統一。他不過要求這一些，並沒有進一步想怎樣。黑格爾早期時候對拿破崙還是佩服的。他見拿氏時說如見一時代精神在馬上，也不覺得國家的重要。後來才覺得德意志民族的國家應該建立，不過也同斐希特一樣而已。馬志尼這些人，在義大利也不過是想建立一個意大利之各邦合一的國家，使民族獨立，並沒有想到其他。但到後來發展就不然了。斐希特的思想進一步發展，就變成威廉第二，要統一世界。馬志尼的思想進一步發展，就變成慕沙里尼，要恢復羅馬帝國的光榮。西方民族國家獨立的思想，後來變成帝國主義。變成帝國主義以後，就妨礙了其他國家的獨立。歐洲的許多國家都獨立起來了，大家勢均力敵，都要想滿足其擴張民族國家勢力的這個要求，就向全世界來發展。結果整個美洲變成他們的殖民地，然後再到整個非洲，到澳洲，到印度，到東南亞，沒有不變成西方殖民地，只有日本和中國在外。日本是趕上去，中國就落後一步幾乎亦淪爲殖民地。這裏面我覺得很奇怪何以西方民族國家的思想，初不過自求建立一統一而獨立的國家，後來的發展就變了質，變成帝國主義。他們變成帝國主義，我們的民族國家就建立不起來。因此東方人要講東方人的民族主義，在印度方面有甘地，在中國方面有孫中山先生這許多人，這就和西方不同。不同在什麼地方呢？西方的民族主義最初是要由內部之統一以建立他們自己之獨立，更進一步求發展，擴張到自己力量以外的國家。而東方的民族主義，則初只是要從西方民族主義所變成的帝國主義壓迫下翻出來。這裏面反壓迫的意識多，而爲發展擴張自己民族力量的意識少。譬如甘地要求印度獨立，決不想侵略世界。中山先生的民族主義，最後有一條是關於世界一切民族都要自救。這是東方的民族主義和西方的民族主義的不同。西方的民族主義進行之趨向，是由內部之分離而統一，由統一而發展擴張——遂自然的變成所謂帝國主義。東方的民族主義是從反壓迫中起來的，故它起來也不會侵略別人。甘地和中山先生就代表東方精神。此東方精神是意在解決由西方之民族主義發展爲帝國主義後所生的問題。然而此問題則是由西方發動，而後成爲一個世界問題。

再看所謂民主主義，講自由、民主的思想，講人權的思想。這個思想大體上來說，對於西方近代化的貢獻比較多，流弊也可以說比較少。但亦不是不包涵一些問題。我五年前到美國和歐洲去看看，我覺得表面上，當然我們中國是處處望塵莫及。但是他們的民主政治也不是說沒有問題。我覺得民主的原則沒有問題，但西方民主政治之施行方面，仍有一個大缺點，此乃依於重數量不重質的觀點。譬如在西方之民主政治之施行方面來說，如在普選制度中選票是每個人一張，孔夫子投票是一張，一個愚夫愚婦投票也是一張，其被選舉權亦是一樣的。實際上是不是應該一樣呢？實大有問題。另外還有很多美國人也同我談到其民主政治之施行問題，他們說競選要花很多錢，很少沒有錢的能當選。專在此點上說，馬列主義的攻擊，亦不是全無道理。靠錢來競選，這是明明有問題的。當然對民主的原則我們不能反對，因爲它是依於承認一切人格平等的尊嚴，它是主張言論自由、出版自由以及各種人權保障的。但是在施行的方法上，尤其選舉上是有問題，是不是能使較有賢德的人能當選，我很懷疑。我回來以後寫過兩篇文章，我說西方之民主政治要同中國那個尊賢讓能的意思配合。如果大家都是平等競選，一人一張選票的話，有知識有德行的人可能永不會有被選的機會。此不僅因一般人未必能認識其德行知識，亦因有德行的人，恒是喜推讓的；要推讓，就不會來競選，除非大家推他讓他。我們中國從前的政治思想是重推賢讓能。賢能這個觀念是屬於「質」的。西方民主政治中之大多數觀念，是屬於「量」的。量的觀念，原則上應與質的觀念結合。至於如何結合以形成一制度，還値得大家多想。我想此種量之原則與質之原則，如不能相結合以形成爲制度，則民主政治是會庸俗化的。譬如美國的國策，要大家表示意見，共同決定，而一般人民的意見可能是貪安逸、貪舒服而短見的。你要重視大多數的意見，就不會重視少數的賢能者高瞻遠矚的主張。從這個地方就可知只重大多數之民主政治之可能庸俗化。因此當西方德莫克拉西剛起的時候，像尼采這個人，當然他有些神經質，說話有過度的地方。但是他已經看到一點，就是說民主政治是走庸俗化的路。當時英國許多羅曼蒂克的詩人，如羅斯金、卡來爾、亦說民主政治使人庸俗化。民主政治有此庸俗化的一面，因此反民主的思想就拿出來，要講領袖至上，要講英雄，於是就產生慕沙里尼、希特勒這般人。慕沙里尼、希特勒當然是民主政治的反動，我們同他們打過仗，我們是反對他們的。但是他們所以產生的根源在什麼地方？還是有他的理由，就是因西方的民主政治原有它的缺點。但話說回來，西方的民主政治雖然有它的缺點，被人批評爲歸於庸俗，但是慕沙里尼、希特勒更壞。他們已經成爲變相的暴君，對人類的威脅更大。所以慕沙里尼、希特勒更要不得。那麼我們怎樣保證將來不再產生慕沙里尼、希特勒呢？這裏面要正本清源，我想只有在民主政治中，加上一個尊賢讓能的意思。使民主政治中之重量原則與重質原則，互相結合。至於如何變成制度，應加以研究。上面只是說明西方之民主政治也產生出它的問題。

再其次是從社會主義變成共產主義，這就是我們今天的大問題。社會主義的原始，它是要求財富分配的公允，我們不能說它不對。但是今天從社會主義又變成馬克斯的共產主義，從馬克斯的共產主義又變成俄國列寧主義與史太林的共產主義簡名馬列共產主義。俄國的馬列共產主義是怎樣形成的呢？這裏面有很多因素：一個是馬克斯列寧的共產主義理論之本身，一個是斯拉夫民族主義思想。斯拉夫本來就是奴隸，這個民族一向被歐西之其他文化國家所輕視，很早就想出人頭地，有力量打擊西方國家。再一個是俄國的傳統思想——東正教之政教合一的思想，政權所在即教權所在之思想。現代史家如湯因比說這是俄國之傳統思想。此傳統思想，卽反自由反民主的。加以近代的民主政治本身亦出現許多毛病，在西歐思想界，上已提到的尼采等早已看見此毛病而批評民主政治。慕沙里尼與希特勒便承繼這個思想，而反民主尚極權。史太林也承認這個思想。由以上幾個因素，才產生今天的馬列共產主義。依馬列共產主義，形成了今日之共產世界。此共產世界之底層是斯拉夫之民族主義轉成之俄國帝國主義；推行的方法是政教合一；向世界號召宣傳的，是社會主義共產主義，於是形成一威脅世界的力量，引出了人類文化的大問題，不僅成了我們的問題，也成了全世界的問題。因為他亦要想征服西方其他之民族國家，而與西方之近代民主政治相反。對馬列共產主義之問題，如果我們用更深一層的眼光來看，還有一個純粹文化思想的根源。這個純粹文化思想的根源是什麼東西呢？即一個由西方近代科學發展中帶出來的一個哲學。我們看近代的科學思想，它是從研究自然世界——研究物開始的。從天文科學、物理科學，發展到化學，再發展到生物科學，由生物科學再發展到社會科學、心理科學。因為近代科學的研究，最初是在物理科學上最有成就，於是一般人就自然而然用看物的眼光，來看生物，用看生物的眼光來看人，看社會，變出唯物論哲學來。所謂唯物論，其實沒有別的，就是以觀物的那個眼光來觀生物，來觀人類社會與心理及精神。這個唯物論，你不好說它本身是科學，它實是從近代科學發展的步驟中自然而然產生的一個哲學。因為近代科學發展的步驟，第一是天文科學、物理科學，第二步是生物科學、社會科學、心理科學。所以人們自然而然容易用看物的眼光來看生物，進一步用看生物的眼光來看人類社會、以及人的心理與精神。所以我們說唯物論是近代科學發展中帶來的哲學。這個哲學也很不容易抗拒。因為在一方面，我們可以說人是動物、生物，亦可說人確實是物，他是多少種原素組織成功的，他是多少磅重的一個東西。此有其科學的根據。但是這個思想，同一個政治思想結合起來，那就不得了。這樣，人就是一個機器裏的螺絲釘，就是一個能勞動生產的活機器。這種害處，我想諸位很容易推出來。在我個人來看，馬列共產主義最根本的壞處，還是壞在唯物思想。人類之唯物思想，我們可以說有兩種：一種是生活的唯物思想，如果我們說西方有毛病，毛病就在此。譬如我們看美國人，當然美國人中很多是有天眞的熱情，好的地方很多，亦有他們之精神生活。但不少美國人的思想永遠不超過今天換一汽車，換一電視機，或者多找幾個錢。我們看美國報紙，尤其是地方報紙，世界大事都是少登的。在我們隨便那個小城的報紙都登的，他們不登。他們所登的多是地方上的娛樂、電影，或玩的事情。他們這裏面亦確有一個生活上的唯物化的危機。另外一種是馬列共產主義的唯物思想，他不是個人生活的唯物化，而是從經濟、政治、社會的觀點，把一切的人當成物來控制支配處理。這一點因爲時間關係，我不能說得太多。因此今天西方人之文化的主要問題，就是如何從「人之物化」裏解放出來。一個是從個人生活的物化中解放出來，一個是人類政治、經濟、社會各種關係的安排、組織，從「視人爲物」的這個觀念裏，解放出來。這是今天西方文化上的兩大問題。

（四）現代的東方文化問題

東方的情形當然同西方不一樣。但其文化問題是相關聯著的。譬如我剛才說明的民族主義，要建立民族國家的這個思想，在西方，他們把民族國家建立起來以後，由民族國家主義變成帝國主義，就引起我們反對帝國主義的民族主義。於是從我們東方的民族主義來看，西方的民族主義就是一個壞東西。因爲他們的民族主義自然的發展成帝國主義，已成爲我們東方所受災害的根源。然而我們要從此災害拔出亦實不易，因爲今日之世界還是爲西方勢力所主宰。其次是西方的民主主義，自由、民權的思想到東方中國來，究竟是好還是壞呢？這裏面明有很好的地方。譬如把個人人格的尊嚴與人權，特別加以重視，這卽很好的地方。但是也不是沒有附帶而產生的壞處。因爲提倡民主自由民權思想的人對人格的尊嚴，雖能重視，但是對於倫理觀念，常沒有眞正重視到。當然在純政治學的範圍中只講民主自由民權人權亦可以，但是我們總不能在整個文化中只講這些，以抹殺社會倫理，而只重個人人格的尊嚴。如果只重視個人人格的尊嚴，則我個個人要維持我個人的尊嚴，我不孝父親也可以。在中國新文化運動的時期，就有人如早年胡適之先生以人只須作一「堂堂的一個人」，而不須作一父親的孝順兒子之說。實則人乃既可爲一堂堂的一個人，以自保其人格的尊嚴，又可兼作父親之孝順兒子的。人格尊嚴與倫理，是可並行不悖的。然只知重視政治上之自由民主、民權人權及其所依之個人人格尊嚴的思想者，卻亦可據之以抹殺破壞倫理。我不是說講自由、民主等一定要破壞倫理，乃是說附帶的效果，確有破壞中國家庭以及倫理的地方。因爲民主、自由的觀念以及人格尊嚴的觀念，本身雖沒有破壞倫理的意義，但是這個觀念裏，亦不直接包含倫理之觀念，它只是直接涉及個人的，不是直接涉及兩個人以上的。只倡言這些，即可能有此不好的效果。由此而西方民主、自由思想到東方中國來所引起的另外一個文化問題，就是中國之倫理怎樣重建的問題。此外西方之馬列共產主義的思想，亦到東方，到中國，而且崇奉馬列主義之俄國的政治經濟勢力也到了東方，到了中國。這個問題屬於中國，亦屬於世界，前已提及，今不贅。

以上只提到中國。當然東方，不僅中國一國。比較大一點的國家還有日本、印度。不過日本趕上了時機，工業老早就現代化了。而百年來其國內未經戰爭破壞，其社會基礎未動搖，其禮俗與生活信仰，多照舊保持。印度也有他的問題，譬如階級問題及經濟問題，這是比較顯著的。但在宗教文化思想，印度人十分保守，亦未失其信仰。日本、印度今皆能保存其爲一統一國家。他們之文化問題，便沒有像我們這般嚴重。只有我們中國，現在是成一個什麼樣子呢？可以說我們中國已經成了世界上一切文化勢力所產生的各種衝突矛盾，以及其不良效果所滙歸的焦點。如果要說我們中國的缺點，什麼缺點都有：西方的缺點有，中國本身的缺點有。但是另外一方面來說，我們也負擔人類及其的文化所產生的無數罪惡。如帝國主義、資本主義、馬列共產主義，皆發難於西方，而中國收受其惡果。所以我們中國今日所遭遇的困難，其問題的複雜，我想世界上沒有第二個國家可以相比。我們從客觀方面來看，譬如我們許多人到了美國，對美國很羨慕。但是我對美國人說，他們實是得天獨厚。試想假定我們中國人有幾百萬人，一下發現一個新大陸，又有近代科學文化來配合，把印第安人趕到山中去，我們也何嘗不能創造一個現在這樣的美國？我們五、六億人聚居的一個地方，土地經多年耕種，再加上滿清部族政權，對於民族精神的壓抑，清末以來外來的侵略，而今天又收受西方近代文化思想所產生的各種惡果，尤其是「西方式之帝國主義與民主思想反動之極權主義，斯拉夫主義及由近代科學發展所帶出之唯物主義及社會主義」之混合物的馬列共產主義。所以我們中國的文化問題，是今日人類文化問題之中心的所在，亦一切文化之一大糾結之所在。這個大糾結，如果能解開，不但中國問題解決，人類問題也解決。當然要解這個結是很難的，我們不能看得很簡單。譬如在我個人來說，這廿多年都是教書，常常想想這許多問題，有時會想得睡不著覺。這裏面確實有值得困心衡慮的地方。但是也有使我堅信不移的，就是一個人不是一個物，人總要從物化裏解放出來。人一方面不能視人爲物，把人當做物來安排，另一方面我們自己的生活也不能物化。只有人從物化裏解放出來，然後人才成爲人。講到這裏，我就覺得我們中國幾千年來先聖先賢、列祖列宗文化遺產的可貴。他們對於人所以爲人，不可物化，是言之再三，念玆在玆的。這種人的文化，不只是一套哲學，而是一直貫注到政治制度、社會組織以及文學、藝術各方面的。中國的文化，根本上就是一個人的文化。當然要說它的毛病也是有的，如以人宰物的科學之不發達，從前的君主也有許多專制的地方，官僚政治也有許多缺點，這種種毛病，許多人都已經說過。但是也只有發揚人的文化之思想，才能把人類從物化中解放出來。

（五）結　論

今天我個人談的，並沒有什麼特別的意思，並且限於時間，前詳後略，不免頭重足輕。歸納起來，開始是說：一個時代有它的文化問題，這個文化問題也有它的特殊性。現在這個時代文化問題的特殊性，一個是世界性、全面性，一個是純粹文化與思想之力量，同現實政治、經濟、社會之力量常結合糾纏在一起，所以特別複雜，解決起來特別費力氣。今問當怎樣解決呢？玆略提示數點意思。依現代文化問題第二特性來說，我們要解決現代文化問題是不是讓純粹文化思想之力量、與現實政治經濟等之力量，繼續結合糾纏在一起來解決呢？我個人認爲應該採取分開來解決的方式。文化的領域要分。我不主張政治、經濟、社會之問題同學術思想、宗敎、藝術全部合在一起；全合在一起，不是解決問題的辦法。我們從前有所謂「聖王之治」，但我個人的意思是這樣，聖與王要分，君與師要分。以前或們的理想好像是君師之道合，內聖外王之道合。但在今日以後的時代，政治、經濟的領域同純文化領域是要分的，分後自可有一配合。分而配合，才可以解決其間之糾結所生之問題。共產黨是拿政治的力量控制人類文化之各方面，它的觀點又是純經濟的觀點，它是不把政治經濟之現實，與純文化分開來處理的，因此只有產生此種糾結，遺害人類。此中要分之理由，不能詳論。今只說我個人之此意。至於就現代文化問題之第一特性之世界性來說，那麼是不是我們將來就應該講世界主義呢？我個人也不如此主張。問題雖然是世界性的，但是不一定要拿世界主義來解決世界性的問題。因任何時代各個民族，還是各有它的特性。我們還是要注重和保持民族的特性。至少在我個人就沒有希望印度人一定要中國化。各個民族能發揮他自己特性的優點和文化的優點，我們中國人都是欣賞的。譬如我個人不是一個教徒，但是基督教、佛教，我都欣賞。「我是什麼」是一個問題，「我欣賞什麼」又是一個問題。各民族之文化能各「是」其自己，保持其自己，而互相欣賞，便可去掉世界性的文化衝突。所以今天的文化問題是世界性的，但是不一定要世界主義來解決問題。至於我尚要講的第三點意思是西方近代的三種思想，最後都變成一種現實力量。就是社會主義的思想，民族國家的思想，民主、民權、自由的思想，這些都兌現了。然而兌現以後，它本身又各有各的問題。而俄國的馬列共產主義，開始也是從這三種思想裏面出來的，我們說它是斯拉夫民族主義的思想，社會主義的思想，再加上近代民主思想之流弊所產生之反民主主義思想及唯物論思想數者，糅合而生。但這個東西根本的壞處，我今天所著重的，是說其聯著一個唯物的思想，把人當做物。唯物論的思想，不是科學，而是近代西方科學發展裏帶出來的一個哲學。因爲近代科學先由物質科學逐步發展，所以容易帶出唯物思想。這個思想，本來很簡單，哲學家隨便講講，亦無所謂。但是拿來做一個政治指導的思想，我們這個人就不是一個人。現在俄國的政治就是這樣，我們中國大陸也仿效他。所以我們說，我們現在的問題以及西方的問題，最重要的是要從馬列共產主義之唯物論中解放出來，使人成爲人。當然在物質文明發達的地方，還有生活上之物化，亦要不得。而在東方之問題，其複雜處，還須加上西方民族主義產生的帝國主義思想，對東方之歧視，及東方人因屢受侵略壓迫，而生之自卑情結，及媚外心理等所引出之文化問題；及西方十九世紀以來之資本主義，對中國之經濟侵略所引生及留下之問題，民主自由思想所附帶引生對倫理的忽略與破壞等問題，如前所述。所以我們東方中國現在的問題，確實比任何時代之任何民族所遭遇的問題，更困難。因爲我們遭遇許多困難，所以我們看我們的問題；應該有這樣一個態度，就是有缺點，我們應該承認。但是我們自己也應該互相原諒。有時我從超越的眼光來看，我們中國人的地位，可以說很可同情，因我們已變成世界性之全面文化中之各種力量衝突的焦點，及所產生之惡果的焦點。好多情形人家不了解，亦不尊重我們，不賞識我們。如果我們多了解問題的艱難，可以使我們的心量擴大一些，亦對我們自己之同情心多一些，多互相原諒一些。所以我今天只談問題，很少談及如何解決問題，亦不無意義。這是我今天所要談的要旨，今再複述，請諸位指教。

（一九六一年十月・「研究通訊」第十三期）

十六、東西哲學學人會議與世界文化中之「疎外」問題

(一) 導　言

陶先生的意思，是希望我把今年夏天到夏威夷參加東西哲學家會議的感想，同各位談一談。本來，今夏從夏威夷回來的時候，有很多的感想，我原想寫兩篇文章的。可是回來兩個月，一直是在忙亂裏面，所以也沒寫文章。今天有這個機會，說說我所感想的一部份，對於我個人來說，也算是一個交代。題目也就定爲：「參加東西哲學學人會議觀感」吧。

這個「東西哲學學人會議」已有三十年的歷史了。最初，是十年開會一次；後來，五年開會一次。我愛動，喜歡跑跑。近十二年來，我已去過三次。前兩次謝幼偉先生和我同去，現在謝先生已不在我們新亞書院了。十年前的一次所討論的是哲學與文化的問題；五年前的一次，所討論的是個體與世界的問題。大體上說來，那兩次可以說是成功的。來自各地的學者，分別寫了許多論文，皆尙能代表其各自的文化傳統、思想傳統講話。因此，那兩次可以說是有點成績；曾經出版了兩本書，我們圖書館裏也有。一本名叫東方與西方之哲學與文化（Philosophy and Culture, East and west）；另一

本叫做：世界與個人（World and Individual），大家可以看看。當然，此所論之東西哲學都是一般性的；不過，各位看看也是有好處的。但這一次會議，事先卻沒有要求大家寫文章，結果也就只有少數人自動寫了幾篇論文。所以這次的會，就整個來說，可以說是失敗的，只是一大堆人在那兒聚了一個半月。本港去的有本校的李杜先生、崇基之沈宣仁先生、珠海之李中直先生，與在港大讀博士學位之王煜先生與另一外國新聞記者；臺灣去的有方東美先生。此外由美國去的中國人亦約十位。會議持續了一個半月的時間，爲期也不算短；從表面看起來，也很熱鬧，討論分了許多組，另有演講會與臨時會議等，參與會議的東西學者約兩百人，演講會有時有千多人。但是，就整個來說，卻並沒有什麼具體的成績。

這次東西哲學家所討論的題目，是："Alienation"。也許各位同學不大注意這個名辭，它是代表一個西方學術界中之一時代的問題。但在我去參加此會之前一年，該會的主席，初來同我談到這次的題目是 Alienation 時，我自己就不了解何以要定這個題目的理由。當然，我知道黑格爾、馬克斯和現代的存在主義哲學家，都談到 Alienation；但我覺在如此眾多人的會中來討論它，似乎不相宜。Alienation，日本人譯爲「疎外」，譬如外國人稱爲 "Alien People"。我初以爲這種繙法不算很好，不如把它繙成疎離或疎隔。但是後來，我想譯爲疎外也可以。因我初不大了解此會定此一題目的理由；所以，後來我就說笑：「我來這裏開會，首先我對這個名詞 Alienation——『疎外』，我就已感到疎外了。」

但當我到夏威夷之後，對此「疎外」之一問題，漸不疎外；才知道這個問題，最近二三十年來，不只存在主義哲學家講，許多社會學家、政治學家、心理學家，以及一般雜誌都在講這個問題。後來，我同幾位日本和韓國的朋友談起來，知道他們從日本、韓國來之前，早已曾經爲這個問題開過集體討論的會議。但是，我們中國人，似根本沒有感覺到這個問題的嚴重性，雜誌報章上也沒有像日本、韓國和美國的學術界，對這個問題來加以討論的。但後來，我看看他們所討論的，就內容上說，卻大都跟我上半年同諸位講的「存在主義哲學與現代教育問題」有關聯。那次我曾講到人的存在問題有四個：一是存在於自己的問題，二是存在於自然的問題，三是存在於他人中的問題，四是存在於天或上帝或神靈的問題。第一關於「己」，第二關於「人」，第三關於自然界即是「地」，第四關於「天」；即爲「天」「地」「人」「我」四方面之問題。我說存在主義哲學，就是由感到人好像既不存在於自己，也不存在於社會，既不存在於自然，也不存在於上帝，在天地人我之四面，皆似游離托空，而產生的。當時，我是用此天地人我之四觀念，來解釋存在主義的各派。當然，那次講的很粗疏，沒有把我的意思完全說出來。這次去開會，看到他們所分之幾個組，各組問題之重點，卻正和我上次演講許多地方相吻合。今天我把它報告於下：

第一組談的是心理學中之疎外的問題。心理學中疎外的問題，大體上從下意識的心理學，講人之人格分裂，或者人內部精神上自己同自己的 Alienation。這個問題，正屬於我以前所講的「人之如何存在於自己的問題」之中。

第二組第三組所談的是關於社會政治經濟中的疎外問題，此如現代人在現代政治經濟的社會，所感之個人與團體，團體與團體間之相互疎外的問題。此實可包括在我們上次所講之「人之如何存在於與他人之各種社會關係之中」之問題。

第五組，是講 Metaphysics ，與 religion 中之疎外問題。這個問題，即講人與神，或超越的形上境界及人與自然宇宙之互相疎外的問題。此可屬於我上次所講之「人之求存在於神、於天」，及「人之求存在於自然而不得時所感到」之二問題。

最後還有一組，題目是綜合的講哲學中之疎外問題。

由此可見此次會議所論之問題，大體上可以說正是合於我上次講現代存在主義時所提出人之如何存在於人我天地之四方面的問題。不過他們比較重視人之如何存在於社會，或人與人之互相疎外之問題而已。

至於會後所生之感想，今天我可以講三個意思：

第一個意思，是西方有若干哲學家，與其他學者對此問題的感受性，可謂已相當的強；追求此問題的解決之要求，亦可謂已相當的迫切。其理由何在，等回頭再講。

第二個意思，是此一問題在東方社會裏面，尤其是在臺灣、香港之中國人的社會，此刻還沒有那麼嚴重。其理由何在，亦回頭再講。

第三個意思，是討論這些問題在中國人之社會，會不會亦同樣嚴重起來；是否我們可以避免遭遇到這些問題。

這三個意思，後面的兩個，今天不一定能講得完全；對第一個，今天我想稍多講一講。

(二) 美國社會文化中之「疏外」問題

關於第一個意思，我們可先問何以西方之哲學家與若干學者，對此問題感受得如此強？大體上可以這樣說：現代西方的哲學家和若干學者，已漸漸注意到超乎專門學術之若干社會文化的問題，而對之加以正視。我從旁觀者之立場，看他們之所以要提出此「疏外」之問題來討論，實是因在美國之現社會文化中，此「疏外」之現象，已隨處可見，而影響到整個的國家。此中之一最顯而易見的「疏外」問題，是關聯到美國之民族政治軍事的。如大家所知的種族問題——黑人問題，卽關聯於民族的；如諸位今天在報紙上見到的青年反對越戰問題，則是關聯於政治軍事的。這些問題，實際上，都是最近幾年才凸現的。畢竟美國對這些問題，當如何解決，對黑人當如何？對越南應負些什麼責任？或對世界政策，應該怎麼樣？這問題很複雜，我們學哲學的，亦恆缺乏充足之知識來討論。不過，有一點，是我們可以談的，卽美國今天之對越南問題插手，想當世界警察，或者想對世界負點責任，究竟他們基本的目標在什麼地方？這至少在思想觀念上看，是不確定的。雖然人於此有許多的說法，如：保衞自由世界啦；爲美國的利益啦……但這都似乎不是一確定的目標。在這目標不確定的情形之下，美國青年們當然不願意遠渡重洋去參加越戰。則這個問題，雖是一直接關聯著政治軍事方面說的，亦是間接關聯到思想觀念與學術文化的。

美國社會文化中所遭遇之第二個問題，是關聯青年的人生觀念的問題。大槪在三五十年以前，美國的靑年人總認爲他們前面的天地，可以憑自力創造的很多，獲致個人成功的機會亦很多。可是到了現在，社會上各種組織，各種制度，大體上都建立起來，成了定型，青年人已不能隨意創造自己的天地。要求成功，便只有隨著已成社會的定型走，否則必卽爲此「已成社會」所疎外。然而縱然隨此社會定型走，獲致了「成功」，當了一個社會極重要之人物，所謂“Very important man”，從現代之極複雜之工商業社會組織中去看，仍無異是一大機器中之螺絲釘。這到底有什麼意義？今之很多青年人，亦漸表懷疑。於是許多屬於上一代之成功者之子弟，卻寧去當嬉皮士的青年，其人生觀念顯然與上一代之老年人的人生觀念不同，而彼此互相疎外的。但此只是青年人與老年人之人生觀念互相疎外之一端。此外的可暫不必說。

美國社會文化中之第三個問題，就是宗教的問題。在宗教方面，我想到東方來此地的歐美傳教士，他們對於宗教或尙具有相當的熱忱。但在西方的傳教士，他們對於所傳之教的信心，已經是一步一步地衰落了。最明顯的事例，譬如：他們想要有多的人來教堂作禮拜，於是就儘量用世俗化的方法。例如：教堂中用的音樂，本該是神聖莊嚴的；可是現代教堂中卻什麼世俗音樂都用了。對於宗教與世俗間之問題，在我去參加會議以前，就有二三十個世界之宗教界人士與哲學界人士，來到新亞開了一個會，叫做：「宗教與社會變遷」的會；我和吳士選先生都參加了。這次到夏威夷以後，主持這個會的人，也約我們一起討論，預備正式成立一研究所來專門研究此問題。我從他們那些宗教界人士的口中，亦更發現了當今之宗教與社會變遷，如何能相互適應一問題之嚴重性。此一問題，在現代之工商業社會中，亦是必然會嚴重的。在農業社會，人在自然中，尙可由自然之不可測，認識神秘的上帝或天之存在，故容易保持宗教信仰。在工商業社會，人所遇的只是人造的機器，人組織的公司，公司中的貨物與賬簿，其中無任何的神秘，所以人之宗教信仰，亦勢難保持。現代社會變遷使人與宗教相疎外，亦是必然的。

美國社會文化中之第四個問題，是直接存在於今之教育界、學術界的人之內心中的。此卽學術文化與現代之社會間之相互疎外的問題。首先，現代社會中出現許多東西，如：電視、廣播、報紙、雜誌，初步去看，皆可使文化學術普及於社會；但進一步看，則皆可使若干學術文化上之事物，由通俗化、趣味化，而淺薄化、庸俗化。一切學術文化中最高貴神聖之事物，與商業廣告雜在一起，然又實難于在一起，貌合神離，而互相疎外。此表現於現代藝術，便是如一現代畫可以畫半邊人體，手足顚倒，旁有一機器螺絲釘，再有一歪斜的十字架，及一些不可理解的線條。此現代畫卽人在現代文化中之疎外感之一種表現。至於專在學術界之內部說，則我有時同學理科的人閒談，亦同學社會科學、人文科學人閒談。我首先發現一件事情，就是：現在有學理科的人，恆有這樣的感覺和疑問，卽他自覺願意作一個專門的理科科學家，但他又常會想到他之專門的理科科學的知識，是誰來加以運用，使他的理科科學知識發生社會價值呢？這個用其知識者，恆不是理科科學家；他可能是政治上的人物，也可能是一個工廠或者商業機構的老闆，而此等人之所以要用他之專門知識，卻是爲達到另一目標。此目標卻不在其專門知識以內，亦可能是他所不贊成的。其專門知識如純粹理論數學、物理學知識，雖有極高之眞理價值，但對此另一目標無用，則亦將不被重視。於是此另一目標，卽與其求專門知識的目標，互相疎外。許多理科的科學家，遂感覺到其自身不能主宰其專門知識的命運，亦不能主宰其自身之存在的命運；其自身之存在的命運，似在他自身以外，而對他疎外。於是當今有些理科科學家便要聯合起來，說：我們對理科知識之如何在社會上運用，亦要來表示意見。現在已經有許多這種會了。但他們於此所表示的意見，有時是很有深度的，卻不一定都是有深度的。因爲理科的科學家，對於理科是有知識的，但對於社會上之政治、經濟，與一般文化，並不一定是有知識的。他們組織聯合起來，對於社會上之政治、經濟與一般文化表示意見，可能是很外行的。因而亦可能並不被人重視，而被人視爲一疏外之物。於是若干科學家便只有再退回到其專門理科科學的研究範圍之內，而對理科之科學的運用問題，不表示意見。然此不表示意見，即無異自己再承認其自身之不能主宰其專門知識之用，而再感到其「科學知識」與「運用其知識的人之目標」之互相疏外。此上專就學理科科學的人說。那麼，學社會科學的人的感覺，又怎樣呢？我發現許多學社會科學的人之觀念似是這樣，就是：現在自然科學是不斷進步的，但我們的社會科學趕不上亦配不上。在現代，凡有一種自然科學技術上的發明，即產生一些新機器，而改變經濟上之生產力，引起經濟社會之一些新問題，待社會科學家去解決。自然科學技術之發明總領先，社會科學之研究便永配不上，這便是社會科學與自然科學之間的互相疏外。譬如現在之自然科學技術方面的進步，已可使人類到月球上去。但是，我們怎樣才可以在月球上組織社會呢？對月球中之社會組織問題，社會科學家，當然還研究不到；而有的西方社會科學家，亦根本反對人對月球的探測，以爲這是對社會財富的浪費。此皆見自然科學家之觀點，與社會科學家之觀點，彼此不同，而互相疏外。再其次談人文學科，此不好稱人文科學。則今之學人文學科的人，又覺其進步趕不上社會科學。社會科學大體上是研究現代的社會、政治、經濟等問題。而人文學科，譬如講歷史，不一定講現代史，他可以講古代史。講宗教、講哲學、講藝術、講文學，這些都要講古代的東西。於是許多青年人，或者知識份子就說：現在人文學科落後了，它只講過去的、傳統的，而不講現代的。社會科學是能夠講現代的，人文學科便當跟著社會科學追。大學裏的歷史、文學、哲學、宗教，都應只重在講與現代社會有關的那一部份。但依人文學科的本性，則又不能這樣的。譬如人文學科中之歷史，便是從古到今，都要講的。對歷史家言，「現代」的意義是可短可長的，亦與古代截不斷的。歷史家要通古今之變，則他可以平觀今古，「今」「古」便都現於其歷史的心靈之前，皆是其現在所研究的。如何能只講現代呢？講哲學，哲學家在蘇格拉底、柏拉圖的時代，就已說他該當是一個「一切時代的觀察者」，或「永恆普遍的眞理之愛好者」，又如何能只講現代的哲學呢？講宗教，更不能只講現代的。宗教大都是兩千年或者千年以上的，上帝或神靈都是超時間的存在。講文學，古今人之喜怒哀樂之情，本差不多。希臘悲劇與詩經中的詩，現代人亦能欣賞，又如何只能講現代文學呢？假使諸位都認爲：講人文學科都只應限於現代的話，那麼人文學科中的許多就無法講了。只講現代之人文學科，與人文學科之本性，便相違了。然而要順人文學科本性去講的人文學科，又似同現代社會中人的一些觀點相違，而與此一些觀點，互相疎外。總括起來說，則當今之學術界之情形，在社會科學是想拼命要趕上由自然科學的技術的進步所引起之問題，然終趕不上。現代社會對人文學科的要求，又似以爲只有合現代社會之需要之人文學科，才有價值；然而此又不合人文學科之本性。然則人文學科、社會科學，和自然科學怎樣才能夠構成一個完整而不彼此互相疎外的學術整體，就成了一個問題。那一次會議，談的雖不多，但是也有人談到這方面。

最後則談到哲學與哲學家本身之疎外的問題。大家知道：在百年前的哲學家，在東西社會上皆有極高地位，他們對社會政治學術文化的發言權，是最被尊重的。而自十九世紀末二十世紀以來，其地位即一步一步的低落了。以前的哲學家，都是同時從事其他社會上文化工作的人，是在社會文化之全面中活動的。而現在的哲學家，則都只是大學裏的教授，屬於大學中之一哲學系。一哲學系之中，有許多哲學教授，你講這一部份專門哲學，他講那一部份專門哲學，於是哲學本身亦科學化了。哲學科學化了以後，於是科學的哲學特別盛行；哲學中之數理邏輯，可以應用到電腦的製造，尤被重視。然而哲學中之倫理學、美學、形上學卻萎縮了。而哲學遂即不能如過去之能通貫到人生文化之各方面，而與之互相疏外，亦與其原來之本性，自相疏外了。可見這一疏外之問題，不特透到一般的自然科學、社會科學，其他的人文學科，亦透到哲學之本身。此中哲學家之唯一的優點，惟在其能反省到此各種學術中與其本身中之疏外之問題，而加以哲學的討論而已。

最後第五，還有一個美國之社會文化問題是關聯到現代教育的。此問題亦不只在美國有，在歐洲在亞洲亦漸皆有了。譬如現代的大學教育的組織，實在是模做近代工商業的組織的。近代工商業之組織之領導人物，必須頭腦精明、體力強健、長於應付人事，在經濟上有極大的活動力。現代世界許多大學學生有好幾萬人。因此而負責大學行政的人，亦非有近代工商業組織之領導人物那樣的活動力不可。在美國不談大學校長，就是當個 Dean，當個系主任，當個有名的主持一研究計劃的教授，亦都要有極大的體力、活動力。因爲沒有體力、活動力，你不能擔任繁鉅、不能找錢哪！不能找錢，便不能夠開展大學之教育工作，促進研究計劃。於是我們所要求的大學行政人員，便一天一天的近乎那些工商界之企業管理的人員。這個現象，在美國非常的明顯。依以前的道理，大學行政人員，如一大學校長，只須要其道德文章，爲人所欽仰，便可使學子聞風而景從；如廟中之神像其自身雖不動，亦可使崇拜者不遠千里而來。他可感動學子努力於學問，不須自己到處去奔走活動，有如亞里士多德所謂不動的動者。於是他可以安居於師位，而尊嚴師道。但是現代之工商業社會，對大學行政人員、大學校長的要求全變了。現代社會要他到處奔走活動，如一企業家之恆在舟車之上，使他不能安居師位，尊嚴師道。於是若干純粹學者皆視教育行政爲畏途，與教育行政相疎外。其從事教育行政者，則或成爲變相之工商管理的人才，或純是自我犧牲而爲教育服務。又在現代大學行政人員辦事，須本董事會意旨來做。董事會的董事，或是政府的人員，或者是工商界的人。一董事如是工商界的人，則他先有他在工商事業上的目標在心中；如他是政府的人，他又先有政治上的目標在心中。於是在當今之世，一政府的目標，工商事業的目標，亦便間接領導了大學行政人員；大學行政人員去領導教師從事教育工作與學術研究，教師再去領導學生。然而被領導者又皆可以不服從領導而反抗。於是，學生、教師、大學行政人員，及董事會，與董事會背後之工商界與政府，皆可彼此互相疎外。而學生之「疎外」的反抗，則一種是軟性的，卽變嬉皮士；一種是硬性的，卽變SDS而鬧學潮。但是他們亦可以說不知現代社會中從事教育行政的艱難，亦不知一切教育問題所由發生之整個社會的背景。

綜合來說，我這次去，見到美國社會文化學術教育中從種族問題，到青年老年前後代的問題，宗教的問題，到學術中人文學科、社會科學、自然科學的問題，教育行政中學生同大學教師與行政人員、董事會內的關係的問題，都有此「疏外」之問題在內。這些問題，以前都是不會如此的被重視，或者根本莫有的。譬如：學生的問題，學生之變爲嬉皮士、變爲SDS而鬧學潮，這些都是美國社會以前所未有的。我記得一次開會，有人告訴我，他說：中國學生一九六〇年到美國的時候，美國政府的人員對他們說：我們美國學生對政治是從來不大關心的，只對專門學術關心。然而此十年中情形完全變了，學生問題到處出現。記得有一次開會談到學生鬧學潮的問題，我說：這個問題在中國已幾乎有兩千年的歷史：東漢的太學生，就已鬧學潮運動；宋朝明朝的學生，也鬧學潮運動；五四學潮運動到現在亦五十年了。但都有正大的目標，大家看來很平常。我問他們的學生運動何時開始，其目標何在？卻莫有人能答覆得出。可見他們對這些問題的陌生了。

（三）東方社會尚無嚴重之「疏外」問題

現在我再來講我講話開始時所說之第二個意思，卽在東方社會尤其在香港、臺灣之社會，此疏外之問題之不如在西方之嚴重之理由。譬如以種族問題中之疏外問題來說，在東方尤其在香港、臺灣與中國大陸，則都可說莫有。這點，可以說是我們的幸運。現在設身處地來想一想，倘使我們是美國人，國境之內十分之一是黑人，從前奴役過他們，現在又與他們處於平等的地位，究竟怎樣去處理？我覺得這便很麻煩。然而中國之歷史上是否無不同民族間之問題呢？這當然有，但今幾都解決了。此乃由於中國文化之同化力。此中國文化之同化力之最大的表現，是同化猶太民族之事。此次開會回來，路過臺灣，讀了一篇新亞之老同學王正明先生、在臺灣「東西文化」刊物上所寫的一篇文章，介紹一本六百多頁的書。此書是外國人寫的，專談以前在中國之猶太人之同化於中國的歷史。西方要同化猶太人，始終作不到。但在中國的猶太人，他們在唐朝就來了，歷宋、元、明各代，猶太人在中國之人數並不少，在宋期之某地就有五百多家。猶太人在後來，有當舉人、當進士，甚至有當尚書的，而我們竟全不注意。利瑪竇來中國時，才有中國的猶太人對他說：你這個宗教同我們的教差不多。利瑪竇遂注意到此猶太人之存在。現代歷史家才考斷出此猶太人到中國之歷史。原來他們居留中國，完全被中國人同化了。所以此一段歷史亦不為人注意了。我以為此「不注意」，正是中國文化的偉大。今考出來，已是多餘的事；全忘了，其實更好。所以大家之不知道此事，亦是表示中國文化同化力之偉大。此外，入居中國的滿人、回人和蒙古人，也大都為中國文化所同化了。所以我們可說中國人所遇的種族間的疎外問題，已都解決了。中國今幸而沒有黑人，如果有黑人的話，怎樣加以同化，亦實很麻煩；因有些黑人太黑，生理上便很難加以同化。但中國之所以今無黑人，乃由我們之祖宗未嘗掠奪黑人作奴隸之故。此仍是中國文化不尚對外之侵掠的關係，又不可說全是僥倖。

第二點，我想也可說是我們之一個幸運，就是關係到青年與老年間，前一代與後一代間的所謂代溝問題。當然，此地也有類此的問題。但中國文化之基本觀念，一向是人要「光前裕後」、「承先啟後」、「敬老慈幼」、「繼往開來」。為什麼後一代不能體諒前一代？為什麼前一代不能為後一代設想呢？老年、中年、少年，每一個人都要經過的，沒有青年不變老年，也沒有老年不是從青年變來的。為什麼前後代之間不可以體諒彼此的問題，而合力加以解決呢？所以，在香港、臺灣以及世界上各地之中國人之社會，大體上這個前後代互相體諒的精神尚維持著。就是你們同學或是對先生不滿意，或是對學校不滿意，或者說爸爸媽媽不好，但自大體上說來，畢竟還沒有西方那種情形。這一點，此亦可說是我們的幸運。然而此亦有文化思想上的背景，大家一想便知，今亦不說了。

第三點，是關乎宗教方面的問題。我想：現在中國人對宗教方面的問題，也沒有像西方那麼嚴重。西方人的宗教信仰原甚凸出，所以初似極強烈，於是宗教信仰一喪失了以後，問題也就比中國人嚴重。但中國人之宗教信仰，卽存於其一般人生文化之活動之中，不似西方人之凸出而強烈，所以亦不易有顯然的喪失。這亦與中國文化相關，但此亦不多說。

第四點，是關於學術的問題。如自然科學、人文學科、社會科學，彼此之互相疎外的感覺，恐怕在座的許多先生，許多同學，都並不一定有。

第五點，是關於教育行政裏面的問題，雖然現在香港、臺灣之大學行政略有工商管理化之一趨向，但尚不顯著。如學校之同學、先生與董事會、政府對立的情形，現在亦還沒有顯著。此亦皆有中國文化之原重通才教育，原重師道爲背景。而亦皆是我們可以姑引以自慰者。

（四）嚴重的「疎外」問題出現之避免

由此再說到第三點，我們是否能在將來避免這些問題的出現，則我們須知我們所在之社會不斷在變。我們在東方的社會，現在是正在拚命的學西方；則西方之許多事情，在某個時候，亦將在東方發生。譬如：東方之社會，現正在儘量學西方，而重視工商業，我們亦確是需要工商業。但東方文化對工商業之基本觀念，是要求工商業與人生文化生活配合。而現代之西方式的工商業，其根本精神只是一純粹的功利主義、技術主義：只重效率不問動機；只講手段，不問目的；只求增加生產、追求財富，不問其對人生文化生活有何價值。這並不合東方文化中對工商業之根本觀念。所以西方未聞有中國所謂儒商，或子貢與陶朱公式的商人。順西方式的工商業的社會之自然發展，便有許多由功利主義、技術主義而來之流弊，必然出現。依功利主義、技術主義，人可只追求財富成功與權力，青年人可以遺棄父母，白人亦可不顧黑人，信宗教既不能增加財富成功與權力，而對學術知識與文化，亦皆可只視爲獲得財富成功權力的工具。則上述之美國社會中之種種疎外問題，乃其工商業社會自然發展所必不免之流弊。關於這一點，美國之許多思想家亦都漸論到了。大家想一想，亦不難明白。然實則此功利主義、技術主義之必有此流弊，在十九世紀之末，歐洲之思想家，亦早已感到而說到了。當時之歐洲之工商業，雖正領導著世界，然而當時之歐洲思想家，本其對人生文化生活的價值之認識，卻視爲西方之文化，已入一危機時代，而反有岌岌不可終日之世紀末的感覺。在美國之社會學家素羅鏗有危機時代之歷史哲學一書，其所述者卽皆十九世紀末至二十世紀初之思想家，對危機時代之感覺，大家可以看看。其書所述及之二十世紀初之斯賓格勒，卽由西方之大城市之技術文明，論西方文化之衰落，並預言其卽將死亡。此預言所以未應驗，照我看來乃純因二十世紀中美國之興起，救了歐洲文化的命。如果沒有美國，歐洲文化由十九世紀發展到二十世紀，由各國間工業與軍事之技術之競賽，而衍出兩次世界大戰之後，斯賓格勒的預言，早就應驗了。幸而有美國救了歐洲兩次大戰後的危難。美國地大物博，不只在經濟上援助了歐洲，亦把歐洲文化延續在其敎育裏面。可是現在，美國文化似又走到歐洲十九世紀末的情形了。雖然一般說美國還是富強。我數次到美國，每有孟子到晉楚時所說：「晉楚之富，不可及也」之嘆。但我想的是孟子的下文所說，繙譯之爲今語，卽凡富強而無一文化精神加以支撐，遠如羅馬之富強，近如十九世紀歐洲之富強，都靠不住。遠見的思想家可以算定此富強的命運。在今之美國亦出了不少之遠見思想家，然而我們並不注意。我們東方人從前學歐洲，現在又盲目的學美國。如果只一直的學下去，我想：這些美國所遭遇的問題在東方社會、在香港與臺灣之社會，當然亦都要出現的。人如問是否可以不出現呢？從邏輯上說，當然有不出現的可能。

然而，就當今人們之智慧的程度看，大勢所趨，則不出現的可能很少。因爲現在之東方人之對自己學術思想、社會政治、宗教信仰、禮俗文化，都只隨人腳跟，學人言語，不能自己作主樹立起來。譬如：以前的日本文化，亦屬東方文化，實際上便可說至少沒有前後代間的疏外、對立的現象存在。日本的學生對先生非常有禮貌，先生也很愛護學生。此外日本人的宗教生活也很正常，莫有西方人對宗教信仰之凸出強烈，而忽熱忽冷的情形；也沒有種族間互相疏外對立的問題。日本人之藝術生活之表現於飲食器具、衣服、廟宇、花園，皆有唐宋文化遺風。其古都奈良學長安，多古寺；京都學洛陽，多名園。此古寺名園與西方之教堂公園全不同。西方式教堂，與世俗疏外；公園則在世俗中。只有此中國式之廟宇花園，可使人在世俗而超世俗，人之遊於其中者，無任何疏外之感；故使人百遊不厭。我個人對之非常喜歡。但是，當我這次參加會議回來，道經日本時，卻發覺日本在最近這十年間整個的變了：如前後代的對立、學生與先生之間的對立，都出現了。例如：京都大學，從前我到那裏的時候，見學生對先生如父兄，先生對學生也視如子弟。可是，這次到那裏的時候，所見到的情形，完全不同了。現在的學生有些手拿油漆，去塗校內從前校長的銅像，或者是佔據教室，把先生囚禁其中，而政府的警察亦視學生如寇讎寃家，對知識分子全莫有敬意了。此外日本之名園、古寺，藝術性生活，今皆作爲觀光事業的資本，而商業化了。今天的日本，已喪失了東方文化的美德。此與我十多年前去日本時所見者，已全不同了。我對此十分嘆息、悲哀。爲什會這樣的呢？仔細追原究本的想，我認爲：這實正由日本近十年西方式之工商業之突飛猛進，功利主義、技術主義成了唯一的至高原則，所引起的文化變態與精神變態。我這次看到了日本的情形，我覺得人類社會的變遷，似乎勢不容已的，非要走到某一階段，才能感到某些問題，才再想辦法去應付。人類經常是愚蠢，而只知苟安於現實的，故很難對許多問題，思患而預防之。現在東方人處處學西方，中國人則學歐洲、學美國，亦羨慕日本，皆只去想他們的長處，而並不注意他們自身所經所感之問題，亦不去想他們之社會文化教育之缺點與弊病在何處。我認爲除非我們能只學西方式商業組織上的好處，而去掉其功利主義、技術主義的流弊，則一切以前人走錯了的路，後來的模倣者仍是照樣走。則關於此疎外之種種的問題，在我們之社會中亦終會出現的。不過，話再說回來，我們能事先對這些問題能夠多了解一切，而能建立一正當之人類文化觀，如我們以前常講的人文主義理想主義之人類文化觀，以代替純粹之功利主義技術主義之文化觀；再想些實際的辦法來實行，則人力亦可回天命。至少當這些問題出現時，我們更可有效的加以解決。故事先之若干思患預防的事，仍是可以作的。譬如：孫中山先生在民國前十年，即七十年前，創辦民報，他在發刊詞上，除說了許多關於民族的革命問題，他特別提出了一點，就是有關社會財富分配之民生問題。他說：這個問題，西方剛才開始，如果我們能夠及早注意，或者不致蹈西方之覆轍，而早一點獲得解決。試想當時人如果能早注意他的話，想法實行，後來之中國之許多社會政治之動亂便都不會有。人之所以可貴，畢竟在其有思想、能預謀。凡事與其臨事焦頭爛額，手忙足亂，總不如在事前多用思想，多作預謀。所以大家如果先能對於人生社會文化上的問題，多一些關心，多一些知識，多本思想作些預謀，總是好的。今再舉一個切近的例子，譬如：諸位同學學理科的，現在你們當然覺得專學理科知識中，沒有什麼社會文化之問題呀；但到了你們有了理科之知識，而到社會服務時，你們便立刻會對你們理科的知識如何運用，向何目標而運用，誰是用你的知識者等，發生問題。又如諸位學社會科學的，對社會科學如何能配上自然科學的技術進步之問題，也遲早會出現的。至於諸位學人文學科者，對於所學之人文學科，怎樣連到現代的社會的需要之問題，亦同樣在一時會出現的。所以，你們如能把這些問題，放在心裏先想一想，臨時便可不致於手忙足亂。對於人類文化中之比較大問題，其理亦復相同。

最後我要說一句話：比如說新亞書院好多年來，諸位同學的入學程度是提高了，考試的成績亦進步了。但是，諸位同學對許多客觀的人類文化社會教育之一般問題的關心，不客氣地說：我覺得是太少了。當然，關心一個問題，並不一定有加以解決的智慧與能力。但是，如果精神先痲木而不關心的話，卻根本無問題，更說不上解決的智慧與能力了。

今天就擱大家的時間太多。許多話仍尚未能說及；所說者之輕重之間，亦不能均衡。希望諸位原諒。

（新亞書院月會講詞・劉之仁記錄・一九七〇年一月・「新亞生活雙週刊」第十二卷第十三期）

十七、世界人文主義與中國人文主義

(一) 世界人文主義

今天本人講演的題目是：「世界人文主義與中國人文主義」。這題目中『世界』一詞，一般人習慣上專指西方，這因為西方在今日世界比較強盛之故，於是以為「世界人文主義」即是「西方人文主義」，其實「世界人文主義」一詞除了指西方外，當兼涵印度及日本等之人文主義。但本講演之所謂「世界人文主義」，仍暫以西方之「人文主義」為限。同時我相信「中國的人文主義」未來亦可能擴展成為「世界的人文主義」，或與「西方的人文主義」結合而成「世界的人文主義」。故今用此講題之名。

本人所要講的「西方的人文主義」，與「中國的人文主義」範圍都太廣，在這短短的講演中，不能逐一講明。現在本人只擬就西方人文主義發展之歷程中幾個階段來說明西方之「人文主義」，差不多均是由於欲對治或反抗某種文化上的偏蔽而興起。至於中國之「人文主義」卻初是直接從人之自身要求自立於天地之間而起，注重講一個人如何由「小人」變成「大人」，如何由「普通人」變成「聖人」。此便不同於西方之重在矯正一些文化上之偏蔽。但今日中國人所要講的人文主義，由於碰到許多時代的新問題，故又必須注重對治現代之社會文化上的偏蔽，與中國傳統的人文主義的注重人自身要立起來，這兩方面來講，而今日西方人文主義，如仍只注重對治文化上的偏蔽，而不注重人自身之如何立起來的意義，亦無法解決當前的時代問題的。所以要講眞正的人文主義，必須要溝通中西的人文主義來講才對。

我上面說西方各時代的人文主義，均是由對治文化上的偏蔽而生起的。現在我們可以用此觀念去了解西方歷史上的人文主義。西方人文主義之遠源蓋起自古希臘之 Protagoras，羅馬之 Cicero，以及基督敎之上帝化身爲人之觀念。但我們現在無須追溯至如是遠，我現在只想由西方近代史中之文藝復興運動後之人文主義談起。文藝復興時代之人文主義，是爲對治西方中古時之宗教文化的偏蔽而起來的。中古時之宗教文化原只爲人類諸文化領域中之一部，當時其他各種文化卻在宗教勢力的統治之下走。例如當時政治上，發展出神聖羅馬帝國；在經濟上，宗教限制了商人之發展，認爲商人之放利息不當；在哲學方面，哲學位居神學之下，不免成爲說明宗教教條的工具。不過此不是說中古宗教思想完全沒有價値，而是說：宗教的文化之偏差的發展，便掩蔽了其他文化之價値，這終是不好的。文藝復興時之人文主義，就是對治此種文化上之偏蔽而起來的。這時期之主要人物，如 Erasmus 等明白的倡導人文主義，反對中古時期下來的宗敎文化，提出希臘、羅馬的歷史、文藝之研究，來以古非今。這時期之人文主義，對『人』這個觀念；究竟如何看法呢？此時學者大皆注重自然，所以重視自然人之身體，對人之自然之情感、慾望，及人在政治或社會中之名譽地位及人之一般的才能……均予以尊重。此與中古宗教思想中對人之觀念，恰完全相反。西方中古之宗教思想，認為人是上帝的Image，因此不免賤視人自己之物質的肉身及自然之情感、慾望等，並看不起一切世俗的東西與物質的自然界的東西，認為人必須求從這許多東西之束縛中，超脫出來，才能接近上帝。以至當時有的僧侶，甚至對於自然之山水，亦不敢觀看，恐怕受其誘惑。但一到了文藝復興之人文主義思想興起，人類又從宗教權威之約束下解放出來，人開始一步步正視自然，欣賞自然界所蘊藏的美，觀察自然界中各種事物之條理與結構，於是遂產生近代自然科學之研究……這就是西方一般人所稱的最早期之人文主義，此時之人文主義，很明顯是對治中古宗教文化之偏蔽而產生的。

繼此而起的，是十八世紀德國的新人文主義，此期之人文主義是與當時之「浪漫主義文學潮流」結合而起來的。這派之主要人物為：勒生（Lessing）、赫德（Herder）、文克爾曼（Winckelmann）等。舉世知名之文學家歌德和席勒，亦可屬於此一潮流中。這一期之人文主義思想，是帶著濃厚之浪漫主義色彩的。其與文藝復興時期之人文主義之不同，大致有如下諸端：文藝復興期之人文主義只注重希臘、羅馬之古典文學、藝術；但此時之新人文主義卻不但只注重希臘、羅馬之古典文藝，且更重視希臘，羅馬最早之神話，及印度宗教之神話，並開始嚮往其他東方文化思想。此一新人文主義之要求，不但要由中古之文化解放出來，同時還要求由整個西方文化系統中解放出來，所以他們才這樣重視希臘、羅馬以前之原始文化，及西方文化以外之東方文化。這時期之人，要透過文化去接觸某一種自然生命與精神生命，所以這時期之思想，亦帶著很濃厚之「泛神論」色彩。泛神論中之「神」，即普遍之自然生命與普遍之精神生命，是無所不在的，不是高高在上的。神是表現爲萬物，萬物亦即是神的具體表現。神不但表現於西方，同時還表現於東方；不但表現於當代，同時亦表現於原始時代。這種對神之觀念，與當時之學者熱愛古代之神話及對東方之文化發生興趣，而想由西方文化之狹小範圍解脫出來之要求，是相應的。同時這時期之學者對「人」之觀念，較文藝復興期之人文主義者對人之觀念，亦進步得多了。這是由於文化觀念之擴大了。『人類』這一個整體之觀念，亦由是生起。文藝復興之人文主義只看重自然人之身體及其情慾才能，與人在社會或政治上之名譽地位等。但這時期人文主義之「人」之觀念都深化很多了。此時人是一個可通於「神」之人，是一個可通於普遍精神生命，與普遍自然生命之人。但是我們不要忘記，這一期之人文主義，亦同樣是由於對治當時文化上之偏蔽而起來的。

第三期之西方人文主義，就是二十世紀之人文主義。這時期之人文主義，簡單說約有三大派：（一）科學的人文主義；（二）宗教的人文主義；（三）存在主義的人文主義。這三派之人文主義亦是相當繁複的，現在先講科學的人文主義。

科學之人文主義是由孔德(Comte)、費爾巴哈(Fenerbach)下來的。到一九三三年杜威與美國學者共同發表了一篇人文主義宣言。這篇宣言可以說是二十世紀科學人文主義之代表。這一派之人文主義之特點是與科學結合的，同時重視「自然」與「社會」觀念。他們重在要人類善用科學之技術與方法，以使在自然中存在之人類社會，成爲民主自由的。尤其在杜威思想中，更是特別重視此觀念。此派之人文主義者，是以美國人爲主。美國人之前身多是英國人，他們到美洲，一方面是反對英國國教之束縛，同時又反對英國之階級性社會之偏蔽，故要逃到美洲，去創立他們理想中之民主平等之社會。他們一方面要講「民主」，一方面要講「自由」。這「自由」之觀念與中國人文主義所要求之「自成」「自立」觀念，有何分別呢？我們可以說「自由」之觀念最初是消極性的，有所對治的，是要求由束縛中解放而生的。中國之「自成」「自立」之觀念，則自始是積極性的，不是由外欲有所對治而生，而純是由人自覺的要求人自身樹立起來而形成的。這一派之人文主義與科學結合而重自然，即是與「自然主義」連起來。自然主義認爲人類是進化的自然事物中之最高存在，是自然進化之頂點。自然不斷的向前進化，人類社會亦務必不斷的向前進步、人類要進步，主要賴應用科學技術與方法，以改造自然，與在自然中之人類社會之自身，而不必信仰一切超自然的東西。

其次是宗教的人文主義，這一派主要人物可舉馬里坦 Maritain 與貝加葉夫 Berdyaev爲例。這一派之特色，是重新提出中古之文化精神，以古非今，來對治近代文明之偏蔽。如我們依此派觀點，看上派之觀點，則我們可以說人類要利用科學技術去創造一自由民主之人類社會，這理想雖然可愛，但是我們須知只利用科學技術方法，未必眞能夠創造一自由民主之社會；縱使能創造，此社會也未必是人類最美好之社會。例如希特拉與史太林等獨裁主義者，均是利用科學技術方法去建設一種人類社會的。但他們所建設出來的究竟是怎樣一個社會呢？他們應用科學技術方法，來控制、束縛人類的自由，形成專制獨裁政治、破壞民主制度，明顯比不用科學技術方法更有效。此派之人文主義還有一個更重要的觀念，就是：縱使用科學技術方法能創造出一自由民主社會，這個社會也不一定是人類理想的社會。因爲民主自由之社會，不過只成就人之一種日常的社會生活，並不必然連帶著人之精神生活、靈性生活之提昇與深化。現代之文明社會，卻明顯帶來一般人之精神之世俗化與物化。這派的人認爲如要挽救今日此種人類文化之墮落，必須探本窮原，須知此乃由於開啟現代文化之文藝復興運動、啟蒙運動之思想中，卽有一根本觀念上的歧出，使人逐漸離開神。近代之大錯誤，卽以人代神。人自己要成爲宇宙的中心，而結果則是人自身之墮落。因此，這派之馬里坦等，便反過來倡導以神爲中心之人文主義。他謂只有肯定神爲宇宙中心之人文主義，才能成就人自身之向上，才是眞人文主義。他並在中古之宗教思想家中推出 Thomas Aquinas 爲此派人文主義的前驅人物。

現在說到存在主義之人文主義。存在主義本來並非人文主義，但講存在主義的人，大都是連帶講人文主義的。所以人文主義中可說有存在主義的人文主義之一派。今日之存在主義者之思想，淵源於丹麥之神學家 Kierkegaard；他的學說亦主要是由於反抗兩種東西而起來的。他一方面反對當時之教會，一方面反對當時之黑格爾哲學。他爲什麼反對黑格爾呢？因爲 Hegel之哲學，把人類精神之一切東西都變成客觀化，外在化的東西來討論。Hegel 把人類之精神之發展之各階段各層面都用辯證法的線一項項的排列起來，形成一所謂「精神現象學」「精神哲學」之系統。近代之一切科學如生理學、心理學、社會學、人類學、語言學……等一切人類的科學，亦都是把屬於人類精神的東西，客觀化，外在化來講，便是依 Hegel 的路子走。Kierkegaard 認爲這是不當的。因爲這樣人即變成了人自己的客觀對象，失去了人自身的主體性。於是他由反對 Hegel，而同時自稱其思想爲非科學的。Kierkegaard 之反對當時之教會，乃因教會之太注重外表的形式上的「信仰」，使人類造成了一種內心的虛偽，教會遂亦變成一個教人虛偽的組織。Kierkegaard 認爲這分明是與人之求眞理之精神，背道而馳。他說眞理可分爲兩種，一是『客觀的眞理』，如宗教家認爲上帝就是眞理，或只視爲一客觀的眞理。此外還有一種叫做『主觀的眞理』，例如人之信仰的態度是否眞誠，這裏面亦有一眞理，此即爲主觀的眞理。他認爲人縱使信仰了異端，如果人信得眞「誠」，這亦可比人之信仰上帝而信仰得並不眞誠者更可貴。這是由於他反對人類之精神客觀化、外在化，所以他不注重信仰一客觀外在之眞理，轉而注重信仰者之態度本身之眞實之內在主觀的眞理。人類之心靈到達了這種眞理，人類才能自覺到本身之眞實的存在。人若不『誠』，就等於人不存在。人所以存在，是在人之『誠』，而『誠』則在我們主觀的態度中。Kierkegaard 此一思想，可以說是現代存在主義哲學之來源。現代的存在主義者的理論，雖與他的理論，已有不少的出入，可是還有一主要點是相同的，那就是要把人之存在連到人自己之主體性之主觀存在本身來講。現代之存在主義者，看到了人類的一個新之危機，那就是現代的文明社會正要一步步地把人類主觀存在的眞理汨沒，要使人類變成一個好像存在，而實並不存在的東西。例如在現代文明社會之日常生活中的人，是一個個的『一般人』，並不是一個『個人』。此正如很多到商店購物的人，商店的職員從不理會購物者是誰，只視之爲購物者之一，以一號碼記下賬。又如在一間大公司中，因職員衆多，每個職員各各被編排成一個個的號碼，一職員去了，另一個來，可屬於同一號碼。一個號碼代替人，人卽成一抽象的非眞實的存在，人便不再是一個有血有肉有個性的個人。現代世界中越是文明的社會，越是有嚴密之社會組織。人生活在這樣嚴密的社會組織中，便愈不得不一步步被他人及自己抽象化、符號化，爲一非眞實的存在。此與現代文化之把人自身客觀化、外在化爲：各種人類科學如生理學、心理學、社會科學分別研究對象之科學精神，正相輔爲用，以使人喪失其主體性。很明顯，此存在主義是爲對治、反抗現代文明所形成之偏蔽而起來的。

(二) 中國人文主義

綜合來說：西方的人文主義幾乎沒有一派不是由於對治或反抗文化上之某一種偏蔽而起來的。現在讓我們回頭來看看中國的人文主義。看中國之人文主義之如何異於西方，及其於當前之時代價值之所在。

在我們中國的傳統的思想中，並沒有「人文主義」這個名詞。但「人文」之觀念也可以說中國很早便已經有了。例如易經：「觀乎人文以化成天下」。其他如禮記，公羊家亦有差不多的語句。我不想在這裏一一引述了。不過有一點我們當把握的就是：中國思想與西方思想不同的地方，關鍵在於中國思想，很早便特注重『人』的觀念。大家知道，中國最早經典當推『六經』，六經主要講的是『人道』。但西方希伯來最早的經典：『舊約』，印度最早的經典：『吠陀』及『梵書』……則皆主要是講『神道』的。中國之古經典中也注重『天』的觀念。在詩書中之天之爲人格神，亦與他方宗教思想不甚相遠。但中國詩書中講天，恆連天象天時講。治『曆』明『時』，是爲了治『人事』。西方近代哲學家 Feuerbach 謂人類思想的發展：首先注重『神』，其次是注重『自然』，最後才注重『人』本身。此語或可適用於西方，但不適用於中國。西方『自然』一觀念，在某一意義下可與中國之「地」之觀念相通；「神」之觀念可與中國「天」之觀念相通。在中國思想中，此「天」，「地」，「人」的觀念，可說是同時生起的。中國古代的人上觀天象，以治曆明時，而處理人事，此人事之行於「地」（即自然）便發展了農業。此即已通貫了「天」、「地」、「人」，而中國古代之特重「人」的觀念，尤爲中國思想之特色。

中國傳統思想重「人」之觀念，並不是由對治一什麼偏蔽而起的，而是由於中國人之自覺的反省自己之爲人而起的。當人之心靈「淸明在躬」時，便能有自覺和反省，而自知其爲人，而求自立於天地間，卽立人道。此立「人道」，好似依直線的向上方式來講的。人之自身本來是一直不斷生長和向上的，故孔子說人之生也直。在生理上，人可以由「幼兒」成長爲「大人」，人在精神上，也同樣可以由「小人」修養成爲「大人」。人之自身要求生長和向上，並非由外在存在事物之壓迫所引起之反抗而產生的。我們說，中國人傳統的人生修養，是要把小人修養成爲大人。但這個「大人」的意義，不同於今所謂偉大人物。今所謂偉大人物，恆是含有英雄性和威脅性的。中國之「大人」一詞卻不然，如「夫子大人」，「父親大人」之類，全不帶英雄與威脅性。此所謂「大」的意義，是指「心量」的大，和「德量」的大。溫良恭儉讓的孔子，便是一個最好的模範。依中國傳統思想之人文主義，言人與天的關係，其最高之理想是：「天人合德」、「天人不二」。然如何而可言「天人合德」？這是由於儒家看「人」，不單只從「現實」的人看，而是從「理想」的人看；不單只就「普通的人」看，而是就「人之最高可能性」去看。由理想及由人之最高可能性以看人，則人可以由小人成爲大人，由普通人成爲聖人。人能成了大人、聖人，則能以天下爲一家，與萬物爲一體，爲天地立心，爲生民立命……這種心量、德量之擴大可至無限。由大人、聖人之心量、德量可擴至無限上說，則可與天地合其德，亦卽與天和上帝同其德，人心可以通於天心，接於上帝；天心和上帝，也不能只超越而外在於大人聖人之心。由此，中國思想中的宗教與道德便可連成一片，亦卽宗教思想包涵於「人文主義」的思想中；人文思想不必反抗對治宗教思想，亦可成立，同時亦可以言「天人合德」了。

中國傳統之人文主義思想對於人與地（卽自然）的關係又如何呢？人是生活在地上（自然）的，同時能夠在地上成就各種事業。這就是中國人所謂：「人文化成於天下」。中國人文主義的傳統理想是：以人文化成天下；人文要普遍於自然，則人之心亦可通貫於「地」。人心上有所承於天，下有所貫於地，天地人三者合一。通過人的關係：「形上之道」同時亦表現於「形下之器」中。故依中國之人文主義，不必對治宗教，亦不必反抗科學。人上通於天，下立於地，而成一個「頂天立地」的人。

中國思想史上之「人文主義」之發展，至宋明儒而提出「立人極」的觀念。他們認爲宇宙間有「太極」，人世間當有「人極」。「極」是大中至正的意思。宋明理學開始時，周敦頤作了太極圖說。已提到立人極，合太極。明末大儒劉蕺山則作了一個「人極圖」。可見宋明理學之發展是由「太極」到「人極」的。人如何而可立人極呢？先秦儒家教人由小人成爲大人，便可以立起來；但宋明儒卻教人去掉內心渣滓以立起來，這些渣滓亦卽是人心之多餘之東西。這就是所謂人慾、意見和私心等。人務必要去除內心之渣滓，始能立起來。人之立起來，是立於人自己之內部渣滓之銷除上。此銷除亦是一內在的對治，但不同于西方人文主義之興起，主要是要反抗或對治外面之社會文化事物。中國宋明人文思想之特色與偉大處，乃在人之自去其內心渣滓，以使人自立。人立起來後，如何成就文化呢？依中國人文主義思想，認爲人類文化之所以生，是由人之內部之德性放出的光輝，所謂「德輝動於內，功業見於外」。所謂先器識而後文藝，人能「依於仁」，便可以「游於藝」。簡言之，即有人即有文。

到了現代，中國傳統的人文主義，與西方廿世紀之人文主義，均只能在現代文明之偏蔽之壓抑下，在一種掙扎之狀態下，來求生存。因爲東西兩方的人文主義，都同樣遭受到許多文化上的重大的威脅。這些「重大威脅」之來原，初亦是人類創造出來福利社會的。但今天人類都沒法主宰自己所創造的東西，於是那些本是創造來福利社會之東西，遂變成了人類的重大威脅。基於此種情況之下，中國傳統之人文思想到了現代，遂變了面目，因而與西方的人文主義一樣，亦必須要有所對治、反抗了。現在我想把東西兩方人文主義，所共同遭受到的文化上的重大威脅，同諸位一談。

第一是泛用科學技術所形成的偏蔽：科學的作用本來是「利用厚生」。但今天科學不惟未盡其利用厚生之性，且反使人受制於科學。此可於原子彈、氫氣彈及其他諸軍事利器等，隨時可毀滅人類一事見之。此爲今日人文主義所必求對治者之一。

第二是現代大都市的問題：現代的人口越來越向大都市集中，一個大都市動輒便有五六百萬人甚至一千萬，這樣龐大數字的人口。生活在大都市中的人，都變成了鴿子籠中的小生物。於是此種大都市人口過份集中的現象，亦使人類在精神上蘊著極深的危機。此爲人文主義所必求對治者之二。

第三是現代的政治組織問題：現代政治組織之科學化、嚴密化爲前此所無。人在此政治組織中像是大機器之一枚螺絲釘，一個統計表上的抽象符號。人在此情況之下，乃毫無精神生活之自由，及人生價值之可言。此爲人文主義所必求對治者之三。

因爲上述之文化偏蔽之影響，遂使世界產生兩種不同形態之「唯物主義」：第一是觀念上的唯物主義：如俄國式之共產主義便是一個典型的代表。在此一思想籠罩下，人完全被物化，人的價值與物質同等，國家是一具大機器，個人只是大機器中的一粒螺旋釘。這種觀念上的唯物主義，不幸今天竟領導了世界之一半人口。第二是行爲上之唯物主義：此如歐美之大都市中之人便多是其奉行者，他們把一切價值都用金錢來統計，幾乎把金錢變成了衡量一切價值之唯一尺度，於是把人之本身價值壓縮得小而又扁了。這種唯物主義思想，也幾乎領導另一半的世界。

上舉兩種唯物主義，均是人類文化有所偏蔽後的產物，亦是人失去人之主體性，不能主宰自己所創造的東西的結果。人如何能主宰他自己所對造之東西？這是現代人文主義所面對的一個大問題。欲求解決此一問題，必須使人自己變大。人所創造的東西越多，人越須要把自己變大。否則相形之下，人便越來越見小，終於會被自己所創造之東西，所壓制和役使了。人如何能把自己變大？這裏面需要有一套大學問的。人所要變大的，不是人的軀體，而是人的胸襟和德量。人之胸襟和德量變大，則人的智慧便可增加。人的智慧增加些，則人的力量亦更能強大些。人的力量比其所創造的東西強大，則人可主宰人之所創造的東西了。中國的文藝和儒家的學問，印度的瑜伽及佛學，西方基督教之靈修……均能幫助人作超化自己之工夫，使人由小人變成大人。但只是讚美神之偉大，而求救於神之世俗的宗教說教，卻不夠。今之宗教的人文主義以神爲中心，如不歸於使人成大人之目標，亦不過另一種之光榮神之理論而已。西方的「存在主義」和「科學的純粹理智主義」，亦均不能挽救人類當前所面對的危機。這些話說來均甚長。粗淺的說，「存在主義」者雖然對現代人類所遭受的種種精神上的危機有深切的感受，但可惜「存在主義」者恆只能把此種種危機，描寫得驚心動魄，除了在文字上發爲感嘆、呼號之外，似尚看不出其對人生有何積極有效的解決辦法。說到「科學的純粹理智主義」，其功用只是把人類之一切變成科學之對象去研究，成就一些人關於其自身之知識。但其最大的缺點，則是把人本身之具體內容與人之價值性，完全抽象化，符號化。單純的理智分析，最後亦可能把人帶入一最大的虛無境界。此種理智主義它本身已經是人類一種大威脅，亦爲今日之人文主義者所欲竭其心力，以求對治轉化的一個課題，所以它那裏還談得上爲人類解除危機呢？

綜合來說：今天最圓滿的人文主義思想，必須是中西會通的人文主義之思想，以解除現代世界中之文化的偏蔽。但人必須先求自己能夠立起來，才能談得到去反抗或對治文化上的任何偏蔽。這些話細說起來皆極長，今天只是從粗淺處說一說。

（一九五九年九月．「新亞生活雙週刊」第二卷第九、十期新亞書院十周年校慶專號）

十八、儒家之學與教之樹立及宗教紛爭之根絕

(一)前　言

最近南越之佛教徒，與在位之天主教徒之紛爭，已發展為一國際性的大事件。我前數日，曾寫一短文，在民主評論發表，認為此事之意義之重大，亦可說過於美蘇之簽訂停止核子試驗，與中共及蘇聯之爭吵，因其關係到整個人類之精神生活，與人類對此事如何評判之良心。在此短文中，除表示我個人對南越僧人之殉道自焚之敬佩，並以之與耶穌之上十字架並比外，兼對西方基督教天主教之排他的傳教態度，略加評論。但我此短文之態度，亦只是一消極的批評，並不能眞正解決問題。朋友們見此文者，亦說我之此短文所表現之態度，與我平日為文，皆重在提出正面的意見者，殊不相類。依我之正面意見，是人類要根絕宗教上之一切不必要的紛爭，而安和天下，必賴於儒家之學與教之自樹立為人類文化之一骨幹。然此中理由何在，一一說明，亦非易事。而儒家之學與教，或儒者之道、儒者之精神，今後當何所寄託，如何表現，方能實際成為人類文化之一骨幹，所牽涉者尤多，更決非一二文所能盡。今因要補我前日所發表之短文之不足，兼因「大學生活」要出一孔子聖誕特刊，只有簡單

略說。

（二）宗教之鬪爭與宗教之協調之諸問題

宗教原爲人類精神生活之一最高表現。一切宗教初皆原於人類之向上的心情，亦初皆多少包涵對人之道德教訓，即皆爲一般所謂勸人爲善的。而此道德教訓中，亦大皆包涵愛人敬人之一義。一切不同宗教，既都以愛人敬人爲教，則不同的宗教徒，既皆同爲人，亦應相愛相敬。然而從人類歷史上看，則宗教上的鬪爭，卻正是最殘酷而無情的。宗教上的門戶之見，亦正是劃分人類的銅牆鐵壁。在西方歷史中，猶太教與基督教之衝突，基督教與摩尼教之衝突，基督教與回教之戰爭，東西教會之爭，新舊教之戰爭，以及教會內部之各種派別之自居正統，而相視爲異端之爭，皆爲西方歷史中最凸出的事件。在近代，雖有政治上的宗教寬容之原則，以保障信仰之自由，然而在不同教派的人士間，對於各人之宗教信仰、宗教經驗的事，卻仍不能彼此交談，而教派之間的敵對，亦照常存在。只有分別爭向東方諸國傳教，藉擴大教區，以暫洩除其內部之敵對之勢。由此而有傳入東方諸國之基督教勢力，天主教勢力與東方傳統之宗教勢力之衝突。基督教與天主教之壁壘，亦改而在東方諸國中特別表現。此與西方之政治經濟勢力與政治上之主義之由西而東，而造成之種種東方社會組織之解體與動亂，即互相配合，以成爲東方國家近代歷史中之最凸出的事件。南越最近天主教徒之執政權者與佛教徒之爭，即此最凸出的事件中之最近者。由此看來，宗教之導致人類的鬬爭，實貫於人類之東西之歷史而皆然。何以本皆以愛人敬人爲教之各宗教，反導致人類之不相愛而相鬬，不相敬而相爭？此應爲世間最大的疑謎之一。又如果宗教只導致人類之相鬬相爭，何以我們又不可以反宗教，而廢止一切宗教？然而在現代世界最初以反一切宗教號召，而崇尚唯物論之共產主義，卻又變成一最排他的變相的宗教。此反宗教者之歸於最排他的宗教，亦爲世間最大的疑謎之一。

對於這些問題，有些人提出輕率的解答。如說各宗教之所以教人愛人敬人，而終歸於對異教徒作無情的鬬爭，乃由其未能實行其愛人敬人之教之故，或不知尊重憲法上所賦與每個人所有之信仰自由之權利之故，或不知寬容異己之道德之故。因而人們只要能養成寬容的品德，尊重憲法上的賦與於每個人之信仰自由之權利，或眞正實行其愛人敬人之教，則一切宗教上之鬬爭，亦即可免了。

這種解答，雖然言之成理，但只能算對上列問題之輕率的解答。因爲我們還要問，以愛人敬人爲教的宗教徒，何以對於異教徒，卻不能眞正實行此「愛之」「敬之」之故。若宗教徒所信，明與異教徒不同，如何他能愛敬異教徒之所信？如果他對其自己之所信與異教徒之所信，皆平等加以愛敬，則他豈非不忠於其所信，自失其所信，將其所信與異教徒之所信，混合而爲一？他不能愛敬異教徒之所信，如何又能眞愛敬異教徒之爲人？又憲法上雖然規定信仰自由之權利，然而憲法由人所定，我們豈不可修改憲法？如果一國家中之某宗教之教徒其人數超過異教徒，豈不可共製定一憲法，以某宗教爲國教，而將異教徒判定爲邪教徒，加以驅逐，或殺戮？現在假定全世界人類，眞達天下一家之境，共同製定一人類共守的憲法，而在世界人類中假定某一教徒——如天主教徒——佔了絕對多數，此一教徒豈不可要求在此憲法中，規定只此一教乃公教、正教，其餘之教乃私教、邪教，而對其他諸教，加以貶抑或禁止？至於說到宗教上之寬容之道德，我們亦儘可追問，此寬容之道德，是否一絕對的道德？如果我們對已加以判定爲邪惡的人，我們不加以寬容，並非不道德；而依一宗教教義，判定一異端之教義，必導人入於邪惡；則我們又何以必須寬容此導人入於邪惡，使世間產生無數邪惡的人之宗教？若然，則如西方中古教會之排斥異端，以至加以焚燒殺戮，以免其長信邪惡之教，歸於成邪惡之人而入地獄，豈不正是所以救人之靈魂之道？

我們大家把上文一段話細想，便知對前述之問題，一般所持的輕率的解答之無效。我們應向深處細想：何以多多少少皆以愛人敬人爲教之諸宗教，會歸於互相殘殺鬪爭？並細想：不同宗教之存在，而和平相處如何可能？

對於此二問題，我們如要從深處細想，應先去掉我們個人之主觀的意見，而去從東西之宗教，在東西的文化歷史中之爭鬪的情形，加以比較來看一看。此中明明可看出的一點，是東方歷史中，各宗教爭鬪的情形，不如西方歷史中之劇烈。大規模的宗教戰爭，與嚴密的異端裁判所之組織，明明是莫有的。誠然，在印度亦有回教與原有之印度各教派之爭，佛教後亦在印度被排斥，中國亦有佛教與道教之爭。然其劇烈程度，明遠不及西方。而在東方諸國之今日，在印度、中國以及日本，都是各種不同宗教並存的情況。而人民之信仰，亦儘可兼信不同宗教中之神祇，而爲西方人的視爲多神教，或宗教上的雜糅主義，所流行的地區，同時亦是比西方更富於宗教上的寬容的地區。現在我們可姑不問，此所謂多神教宗教上的雜糅主義，是好是壞，而試問在原來東方的世界，何以比較富於此宗教上的寬容精神？此儘可有不同說法。如我們可說，此由於東方人之信心薄弱，傳道之精神不夠強有力，亦可說由於東方人生性和平，度量寬宏。又可說西方文化與宗教發源之地區，巴比倫以色列一帶，乃一狹長地帶，而有不同信仰之民族共處，故自始有民族利害之衝突，與宗教信仰之衝突，互相夾雜，乃使宗教衝突更爲劇烈。而東方之印度中國，則都有大平原地帶，容許不同民族不同信仰之人，作平面的開展，而易於融和。然此皆是從心理背景，與自然環境等外緣看，而有的講法。如進而從東方宗教之教義本身看，則在西方流行之宗教，如猶太教之摩西十誡中，耶和華首命令人不可事奉別的神，耶穌之說不經過我，莫有人能到父那裏去，便顯出其本質上是排他的。而印度教之承認梵天有不同之化身，佛教之承認有三世十方諸佛，佛菩薩可化身爲世間之人物或梵天基督，承認一切法皆佛說；中國道教之承認諸仙，言老子化胡爲佛，並取佛經爲道經；便顯出其皆有本質上爲兼容並包的，此應爲東方宗教比較能和平共處——說得不好，卽易歸於宗教上的雜糅主義——本質上的理由所在。

然而在東方諸國中，上已說在印度仍有回教與印度原有宗教之衝突，與印度教對佛教之排斥，中國亦曾有佛教與道教之爭。以中國與印度相比較，則中國之佛教與道教之爭，又不如印度的宗教之爭之嚴重。中國之佛教，所遭三武之厄，乃由帝王信道教，而作摧殘佛教之舉。在中國之民間社會，卻並無互相對壘，而各有嚴密組織的佛教教會與道教教會之爭。又中國之帝王雖可信道教或佛教，然中國帝王之治國平天下之大道理——或其主持政教之大道理，歷代相傳，卻大體上是由儒家思想所規定。中國社會之禮俗，亦大體上是儒家之教化所形成。說中國是一儒教的國家，此話亦大體不錯。現在我們試假想，中國根本莫有儒家思想來領導政治，莫有儒家的教化來形成中國社會的禮俗，只有佛道二教，分別更迭的爲帝王所崇信，並在社會上各形成嚴密的組織；則中國歷史上的宗教鬪爭，是否必然的少於西方？此豈不亦是一個問題。從此看，則佛教之承認他教教主皆佛菩薩之化身，道教之言老子化胡爲佛，亦並不能根絕其間之衝突。因化身與本身畢竟不同，視他教教主爲化身，雖較基督教、猶太教教徒之視異端之教主爲邪惡者，胸襟之濶大，不可以道里計；然而人要強調此中之本身與化身之差別，或說本身爲第一、化身爲第二，而強調此中第一第二之次序之差別，此中仍可是一與無限，或零與一之比，而其間之爭執，仍可是一生死的鬪爭，而無任何協調之道路。然而因儒家思想，在中國歷史上已實際成爲中國政教禮俗之指導與形成之原則，卻可使佛道之鬪爭，只成爲中國歷史中之偶有的事件，而在中國之民間，則道觀、佛寺，亦可到處並存，和尚、道士儘可同入一家，爲死者唸經超度，而使中國成爲世界人類中自始最能表現宗教之寬容的模範國家。若以今日之越南之情形而論，我們試想在天主教與佛教之外，有儒家思想以實際指導其政教，此二教之鬭爭，又豈不可加以緩和？

由此我們再試問：何以儒家思想所指導形成之政教禮俗，能使中國之佛道二教之爭，不演變爲西方之宗教鬬爭，並使歷史上的中國成爲最有宗教寬容的國家？有人說此乃因儒家思想只是哲學，或只是一些一般的道德教訓，而非宗教信仰，故能緩和一切宗教的衝突。此亦猶如西方近代之理性主義、經驗主義、理想主義之哲學之鼓吹，與一般的人間道德之被重視，遂奠定了宗教上的信仰自由之原則，而人們遂有較多的宗教上的寬容精神之表現。但此語卻尚不完足；因儒家思想並非只是哲學，亦不只是一般的道德教訓。

(三) 儒家之學與教與宗教

說儒家思想只是哲學，明不合西方所謂哲學之本義。西方所謂哲學，明重在理論系統的構造，大多是只重思辨與批判，而不重信仰的。而近代之哲學尤然。至儒家之思想，則明要導向道德上之行爲與實踐，而一切道德上之行爲與實踐，都要依於一信仰的。至於說儒家思想，包含了一些道德教訓的信仰，語雖較貼切，但又不能說明儒家思想中，重對天地鬼神之祭禮，及對天道天命之崇敬，與人之心性本原之默契之一面。至少就此一面，及此一面之貫注於儒家所陳之道德教訓，與其哲學思想上說，則儒家應亦是宗教。而西方人之分哲學與道德宗教爲三，只能說由其文化來原之多，如哲學主要原自希臘，一般政治法律社會道德觀念，主要原自羅馬，宗教主要原自希伯來——而相習成風；而在概念上此三者亦原可分別而說之故。然而此卻不礙中國之儒家思想，其傳統之文化來原之爲一，而儒家之學與教，實乃兼具哲學的道德的與宗教的三方面的意義，而不失其爲一者。依此，儒家之學與教，應說爲人類精神之一特殊的表現形態。而若以西方傳統之分類觀點來看，則說其是學是教皆可。如說爲宗教，即應稱爲一哲學智慧的與道德的宗教。

至於以中國之宗教二字原義來看儒家之教，亦原可說爲宗教。因儒家之學明有所宗，而亦同時對世間立教者。中國夙有儒釋道三教之名。依中國之宗字之原義，乃指祖宗與對祖宗之祭祀。中國古代祭祖宗，與祭天祭帝之禮同時舉行。而莊子之思想，即逕以天爲宗，而天與天之道，亦即人與萬物之大本大宗。又弟子及後學之承其師與前輩之學，亦如子孫之繼乃父乃祖之業，故儒家之徒，祖述堯舜，宗師仲尼。莊子亦以其所謂至人神人爲大宗師。而爲弟子及後輩者之祭其宗師，亦如子孫之祭其乃父、乃祖。故中國之所謂宗，可兼指祖宗，與爲人與萬物之大本大宗之天或道，與學術文化教育中之宗師三者。此乃與中國所謂禮之三本，或三祭中祭祖、祭天地、祭聖賢師尊三者，直接相連者。宗師聖賢立教於昔，後生承學於今；祖宗垂教於前，子孫承訓於後；「天有四時，庶物露生……無非教也」，則天以不言之教示人於上，而人承法於下。則宗教二字之相連，其固誼應即凡有所教，亦有所學之義。人於此之所學所教之方向，內容與義趣，即稱爲一教之宗旨。佛教傳入中國後，其中之不同教派，以所誦之經之義之不同，或立教之義趣之不同，而有各宗派之別。其中之禪宗，因注重直接頓悟言教之宗旨所在，故特稱爲宗門，宗下，以與注重佛教之繁複的教理之他宗相對。而此後者，則稱爲教下教門。後宋明儒講學，亦同重宗旨之提出，以便施教。此亦皆遙承宗與教二字之本義而來。儒家之學，祖述堯舜，宗師仲尼，亦原有宗旨——如求仁——仲尼以之設教，後儒以之爲學，則稱儒家之學與教爲宗教，爲三教之一，自與此二字之原義，毫無不合之處。而以中國宗教二字之原文，衡量西方所謂宗教，旣有其宗旨，亦有所垂教於世，自亦可稱爲宗教。然如以西方盛行之宗教，如猶太教基督教回教皆只信一神，而本之爲標準；以衡量儒教佛教道教之非只信一神者，說其不足稱爲宗教；或以西方之 Religion 一字之某一義，定宗教與非宗教之範圍者；則此皆不知宗教二字，原爲中國固有之名辭，理應以其原義之引申，以統攝譯名之義；而不能反客爲主，忘己徇人，遂以譯名之義，篡奪侵佔其原有之義。當今世俗之人謂東方無宗教者，其心目中，所謂宗教，無意間已爲西來之傳教士所謂宗教之所惑，此實大大不可者也。

（四）儒教之信仰與其他宗教之信仰之不同

吾人如知中國之所謂儒教以及釋道二教，皆原可稱爲宗教，則須進而求眞實了解此儒教與釋道二教、西方之宗教、以及世間之哲學、一般所謂道德教訓之不同，方能確立此所謂儒教之性質，並說明由儒家之思想所領導形成之中國政教與禮俗及文化歷史，何以能融解佛道二教之衝突，以及一切宗教之衝突，以安和天下之眞正理由所在。

對於儒家之教與其他宗教之不同，我們在十多年來常講的意思，卽儒家之教中並非不包含信仰，而是其言信仰，乃重在能信者之主體之自覺一方面，而不只重在所信之客體之被自覺的一方面。儒家由重此中之能信之主體自覺，而重此主體之實踐其所信，由行道而成德，以建立其爲賢爲聖之人格於天地之間。此卽儒家之特性。

關於儒家之宗教精神，重在能信的主體之自覺之一面，而其他的宗教均重在所信的客體之被自覺一面，詳細討論起來，須及於義理之淵微，非今之所及。而以我個人來說，於此所論者亦已多。我可介紹讀者去看拙著「中國文化之精神價值」及「人文精神之重建」與「中國人文精神之發展」、「人生之體驗續篇」論及鬼神宗教之各篇。今無意再加重複。此諸文所未能及者，亦姑俟後論之。我今只擬就儒家之重實踐其所信，「其所信者，皆必然的直接關聯於人之道德的實踐」，以與「其他宗教之所信者，恒非必然的直接關聯於人之道德的實踐」，作一比較，以見儒家之教之特性，亦便進而論儒家能協調融解一切宗教之衝突，而安和天下之理由。

在儒家以外之一切宗教中，皆有許多非必然直接關聯於道德的實踐之信仰。此大皆屬於其他宗教中之獨斷的教條、生活的禁戒與宗教的組織儀式，以及所包含之對客觀的宇宙論或自然事物的知識或知見方面者。此如辟薩各拉斯所創之宗教之禁食豆子、印度教之視牛爲神聖物、猶太教基督教之守安息日、回教之定於星期五禁食、基督教之聖禮、以水爲耶穌之血、麵包爲耶穌之肉，以及猶太教基督教中上帝七日依次造萬物與人之理論、女人由男人之肋骨所化成之說，以及一切宗教中之奇蹟與神異，……此皆明非必然直接關聯於道德之實踐，而要人無條件信仰之教條、禁戒與知見。盛行於西方之宗教，如猶太教回教基督教與盛行於印度之印度教中，則此類之教條、禁戒、與知見最多。至於盛行于中國與日本之佛教、道教、神道教中，則此類教條禁戒知見略少。在儒家之信仰中，則可謂全不包涵此類之事物。依儒家精神以觀此類事物，皆信之無害爲小人，不信無害爲君子，與人之道德主體之實踐，無必然直接之關聯者。人之有如此如此之信仰，實乃純視爲一「客觀之所對」而信之，而非因此道德主體之覺有不能不信之理由而信之。同時人之有此信與否，亦純爲偶然的、隨俗的。依此而說之信者得救、不信不得救，亦實無主體上之理由可說者。儒家之信仰中、絕不包涵此一類之信仰，亦卽所以反證儒家之重主體之如何能信，而不重直往信其所信之宗教精神。

至於其他宗教中其他信仰，則其與道德實踐，是否必然直接相關，則多有未易明者。大率此類信仰，皆在一宗教系統中，可說其必然直接相關；離此系統，則人不能確知其必然直接相關。儒家於此類信仰，亦復不重視，但亦不斷然的加以肯定與否定。此如基督教信有來生，佛家兼信有前生。在基督教系統中，如不信有來生，則「望」失其所據，而實踐基督教之道德，亦無成果。又人如不為來世之升天，人是否有實踐道德之必要，亦可成問題。故此信仰，在基督教系統中，與其道德之實踐，可說必然直接相關的。而在佛家，則信業力不斷，人非一死即能達超時間之永恒境界，故必有相續之受生。我今生之後，還有後世，而以今生為前世；則我之今生，亦應有前世。如不信三世相續，則罪業福業無功，而佛果亦不得成。故在佛教系統中，必信三世因果，而與佛家之道德實踐似必然的直接相關者。但我們若離基督教與佛教之宗教系統，而問人是否必須信有來生或三世因果，乃能有道德之實踐，此則非明顯的必然的直接相關者。要確定人之是否有後世與前生，亦賴於人之作形上學的思索，此非必人皆能一蹴而幾。然人無論是否信有來生於後世，人仍可信仰其當下之良知之判斷與道德命令，以有其道德之實踐，因而人亦初可只信仰此良知之判斷與道德命令，以成為儒者。此非謂儒者必不能信有來生與前世，此乃是謂儒者於此不要求人必信來生或前世，不以人之不信來生或前世，而斥之為異端。此乃因其是否直接相關於人道德實踐，原有未易明者，而尚待於形上的思索故。

此外其他宗教尚有一類之信仰，似為各高級宗教中大同小異者。如基督教有三位一體之說。此乃謂耶穌原為與聖父合一之聖子，即第二身之道之成肉身。此上帝與道為永恒者，亦永恒地已完成，或在耶穌未降世前已完成者。耶穌乃此道亦即上帝之成肉身，而示現於人世，以有其一生之精神奮鬭之過程，而表現為耶穌之言行與升天復活之事，以顯現為人而神之人格與神格。然此過程、此言行、此升天復活之事，只是爲救贖世人而如此顯現或示現。實則其自身原爲一永恒地已完成者，並非必須經此奮鬬之過程而完成。若是經此奮鬬之過程而完成，則人之經此同一之過程者，應皆可成爲耶穌。此決非基督教之所許。故此奮鬬之過程，只是顯現或示現有世間的意義，而無永恒的意義。此種以一教之教主自身，早已爲一完成者或永恒的完成者之信仰，在其他宗教中亦有類似者。如佛教在大乘佛學中，亦或信佛陀未降世時，早已成佛；釋迦一生事跡，只是其示現於此娑婆世界，以度衆生之權假。中國之道教，崇信老子，亦謂老子於宇宙元始時，卽已成道，後乃化身爲廣成子……及周之太史等。此種信一教之教主，早已爲一完成者或永恒的完成者之信仰，在各宗教系統之內部，亦可能與信者之道德實踐必然的直接相關。如人能信耶穌之原爲一完成者，其言行只是此完成者之示現；則吾人之聞其言而效其行，卽處處是此已完成者之示現於我前，而我亦可時時宛現爲：一旣跟隨耶穌，而又自超升爲與此完成者直接覿面者。由此而易有神人交通聖靈感召之宗教經驗。而此經驗，復可轉而加強促進吾人之實踐耶穌之言教與身教之道德行爲。由此而可說此信仰與基督教之道德實踐，必然的直接的相關。

然此類信仰，雖在一宗教系統內部，可說與人之道德實踐必然相關，然離此系統，則不見其必然相關；而由此信仰所引出之實踐，亦非必然爲道德的。如果人在道德實踐中，必須兼信一永恆者已完成者；此永恆者已完成者，何以不可以只是一上帝之自身，如在回教與印度教？何以不可以只是一天道、一絕對理念之自身，如在黑格耳、拍拉圖與中國之若干儒者？何以必須有一教主，與之全然同一？又如果此永恆者已完成者，只是示現爲一教主之一生之事蹟，則此永恆者已完成者，何以只有如此如此之教主之人之一生之事蹟之示現？何以其不能作其他之示現？一切示現皆爲特定的，局限的，權假的，則何以知第二位之聖子之道，除示現爲耶穌之一生，未曾示現爲穆哈默德之一生或釋迦之一生？在此，佛教卽明白肯定釋迦原可能有無窮之示現，而佛可以印度教之梵天王之姿態出現，或世間之轉輪聖王之姿態出現。而中國之道教之老子，亦可有不定之化身以示現人間。然此示現如眞有無定數或無限之可能，則無一「示現」能與此永恆者已完成者全然同一；卽亦不能指定人世間與自然界某一處，謂唯此處有此永恆者或已完成者在此示現。由此而謂人只循某一種之示現，如上帝之第二位之示現爲耶穌一生之事跡，乃能達於此永恆者或已完成者，則無必然之理由可說。同時人之循此一定之示現，而有之道德實踐，亦未嘗不可循其他示現而有；因而與此一定之示現，卽無必然之直接關聯可說。

至於由此類之信仰而生之實踐，並非必爲道德的實踐之理由，則在人之以其教主之言行爲永恆者或完成者之示現時，吾人之聞其言而效其行，吾人雖可亦宛現爲旣跟隨之又而自超升以與之覿面者，而有一神人交通之經驗，以更加強促進吾人之道德實踐；然此中若吾人效其行之自發的活動，一念停滯，則吾人之宛現爲與此永恆者已完成者相覿面者，卽可使吾人視爲世間只有此一永恆者已完成者，而我之全部，皆沒入其中，而我成一大空虛；而一轉念間，則我又可視此與我覿面之已完成者，即我與之同一者，而化出一大傲慢。此大傲慢與大空虛之感，皆非道德的。以其皆一精神之大閉藏，不能更有所生化故。而人於此之宛現爲與已完成者或永恆者覿面時，其是否產生此大傲慢與大空虛，其關鍵全在吾人於所崇拜之教主，在聞其言而效其行時，此自發之活動是否能運行不滯。亦即在吾人之能信能聞能行之道德的主體，是否能任持其自身之存在，或自覺其自身之存在。如其能任持其自身之存在，而自覺其自身之存在，則彼可無墮入此大傲慢與大空虛之感之虞，而其神人交通之經驗，或與已完成者之覿面之感，更可加強促進其道德的實踐。反之，則人既有此大傲慢或大空虛之感，而未再加以超化，便緣之而生之實踐行爲，即爲一根原已敗壞之實踐行爲，而爲不道德的。人於此之實踐行爲是否爲道德的，關鍵只在人之能信能聞能行之主體方面，而不在其所信之客體方面。此所信之客體——如上述之耶穌之言行，皆永恒者已完成者之唯一的示現之類——即與人之道德性的實踐，不必然直接相關者。

吾人今如以儒家之信仰，與其他宗教之此類信仰，相較而論，則儒家之正流，皆無孔子在降世以前，已與第二位之道永恒地合一之思想，或孔子一生事跡，只爲其一時之示現之思想。漢儒緯書中偶有此類之孔子觀，然非儒家之正流之所取。儒家乃以孔子之爲聖，由學而成，故其一生之事跡，乃孔子之成聖所必需，亦眞實存在之一學聖歷程。孔子乃在此歷程中——如十五志於學，三十而立，四十而不惑，五十而知天命，六十而耳順，七十而從心所欲不踰矩之歷程中，完成其聖格。而非其聖格早已永恒地完成，而只對學者如此示現之謂。人之依孔子爲學之歷程而學聖者，亦須自體現一眞實存在之學聖歷程，以與孔子爲學之歷程，相應而共進。孔子之爲學之歷程之本身，卽其所以爲敎於後世。故孔子之爲敎主，乃依其爲學者而爲敎主。孔子以學不厭、而後敎不倦，非如其他宗敎之敎主，乃自始已永恒的爲敎主也。依漢儒緯書中之以孔子爲天降之神聖，或在歷史之前預定歷史者之說，本亦未嘗不可化孔子爲耶穌，而使儒敎化爲基督敎一類之宗敎；而其終未化成者，則依儒家之正流以觀，此視孔子之爲聖，乃早已完成之聖之信仰，並非必然的直接關於人之道德的實踐之信仰，乃人可有亦可無之信仰也。

然其他宗敎中之信仰，其非必然直接關聯於人之道德的實踐者，雖非儒家思想中之所有；然儒家思想中卻非無信仰。此所信仰者，卽皆必然直接關聯於人之道德實踐者。如儒家信各種道德實踐之道，如仁義禮智；信人有能爲仁義禮智之善性；信仁義禮智之悅我心；信人之自盡其此性此心，卽能爲賢爲聖；信賢聖之可學而成；亦信世間之有賢有聖；信賢聖爲人倫之至，亦人間之至尊至貴；信賢聖之仁民愛物之德，與天地或上帝化生萬物之德合一；信賢聖之德澤流行，與天德之流行，無二無別……此皆必然直接關聯於人之道德實踐者。卽此皆爲「人無此信，卽道德實踐爲不可能，或人有道德實踐，卽必然有此信者」；是之謂必然直接關聯於人之道德實踐之信仰。

但畢竟直接關聯於人之道德實踐之信仰，有多少項目？則此不能預定，而不同之儒者之所信，亦儘可有多有少，有異有同。如孟子能深信性善，荀子只重信聖王。此乃因孟子信聖可學而成，而人之能學聖，必有能學聖之性，——即善性，故言性善。荀子則意謂人能信聖王，則能學聖王，能學聖王自能爲聖王。此中所信者，各有所偏重，而皆不礙其爲成就道德實踐所必須。至於荀子之言性惡，是否眞能否認人有能爲善之可能呢？荀子亦不能不承認仁義法正之可知可能之理，及人之有此知此能。此是否即須歸於人之善性之肯定呢？此處即須加討論，須思須學，方能決定。由思由學，於此得一決定，即荀子之徒，亦可歸於信性善。於此，即有一信仰之擴充。此擴充之範圍有多大？儘可隨人之思與學之進展而定。學與思之工夫未到，人亦儘可不信其信不及者。儒家並不強人信其所信不及者，然此無礙於「人之當信仰一切必然直接關聯於其道德實踐者」之一原則之成立。依儒家義，對於一切必然直接關聯於人之道德實踐者——即人無此信，即使道德實踐不可能；或人有此道德實踐，即必然有此信者——人便當信。至於人之所見於合此原則之事物有多少，是人之學與思的事。儒家兼重學與思，即由於此。學多少，思多少，信多少。此中並不須有預定之項目。然至少亦不至全無所有。因人在開始道德實踐時，即至少必已先信其所欲實踐之道，如普遍的仁義禮智之道；或特殊的對人對事之一道，如勤於讀書之勤道，儉於用物之儉道，或對一人對一事之道。如我要讀完當下之此書，不要讀此書有始無終等，皆可成爲一當下的道德命令；而信此命令，亦是信一道。凡有道德實踐處，必有一道可信而當信。故人在有道德實踐之時，決不至無可信、當信者之可得。此可信當信者之擴充至何範圍，則由人之學與思之進展，儘可極其高明玄遠，如上述聖賢與天合德之類。然亦皆爲必然的直接關聯於人之道德實踐者，而不能泛溢於此原則之外。此卽儒家之信仰與其他宗教之信仰之不同也。

（五）儒學儒教與哲學及一般道德教訓之不同

然於此人們恒易生一問題，卽如果說儒家之信仰不能預定項目，卽不能有確定的教條，則此儒家思想與世間之哲學，及一般隨事而定之道德教訓，有何分別呢？答此中儒家思想與世間之哲學之不同，可以兩點規定。一是世間之哲學，可以不論道德實踐，如哲學中之宇宙論、知識論。哲學中之論道德，亦可只對道德現象或道德判斷，作一反省的分析，而在此反省之後，哲學家不作任何道德的實踐，亦可無礙於其爲哲學家。然此卻使其不堪爲儒者。二是哲學儘可從疑入，不從信入。如哲學上人儘可懷疑世間之有道德價值之存在，亦懷疑世間之可能有聖賢之存在，以至懷疑世間可能有好人之存在。哲學家儘可一生爲一懷疑主義者，其存在於社會之價值，唯在啟發人之思想並批評一切僞善者而無其他。然儒家則必須於開始點，卽正面的積極的肯定道德價值之莊嚴性與其存在性，正面的積極的肯定聖賢之存在爲可能……。此諸信仰，可直接植根於人心，而在人心中自己生長，亦並非必須通過哲學的理性之印證，而只爲一自發的信仰。然而人在懷疑此自發的信仰時，則此自發的信仰，亦不能杜絕此懷疑或解答此懷疑。此處卽需要另一種建構性的哲學的理性之印證，以解答此懷疑而杜絕之。同時對此自發的信仰，可有自覺的肯定，而更依理性以推擴出，引申出更高級更普遍化之信仰。然道德之實踐則直接從有所信仰起，而不從疑起，亦不直接在轉疑成信處起。此卽道德的實踐之學或儒學，與哲學之起處之不同。至於由轉疑成信，而對其自發的信仰，加以自覺的肯定，而更依理性，以推擴引申出更高級更普遍化之信仰，則是一德慧之滋生的歷程，乃卽哲學卽道德之一活動歷程。自此中之慧而言，是哲學；自此中之德而言，是道德。而儒家之學與教，卽依此義而爲兼哲學的、與道德的，而與世間之哲學之不必兼者，卽不同其性質。

至於儒家之思想與世間一般的道德教訓之不同，則亦可以二義規定。一是世間一般之道德教訓，恒爲隨事而施者，其目標是不確定的。此可以是爲個人之利便，如誠實是最好的政策。此可以是爲社會政治之安寧，如人人勤儉則國家富強。此亦可只是使人當下對某一事有道德的覺悟。如施人愼勿念，受施愼勿忘。而儒家思想中所涵之道德教訓，雖在其分別提出時，與一般之教訓無別，然綜起來看，則有一確定的究極目標，卽爲士、爲君子、爲賢、爲聖。儒家之信仰，可以從當下之一極小之事中之有所信之道開始，如見孺子入井，卽往救之，而自信此救之之事中，有仁道在；然必求自覺此所信之道之全幅涵義，而求充極其量地加以實踐。此卽爲一無盡的踐仁之道德實踐，亦人所以爲士君子爲賢爲聖之道。然世間一般之隨事而施之道德教訓，則不包涵此義，此卽與儒者之道德教訓之必包涵此義，以導向於一究極之目標者不同。二是世間之隨事而施之道德教訓，恒是只及於某一類之社會文化活動者。如政治道德，當特重公正；經濟上之生產之道德，當特重勤敏；經濟上分配之道德，當特重均平；社會上之交際之道德，當特重守信，樂於合作；宗教典禮中之道德，當特重虔誠……皆爲只關聯於一類之社會文化活動的。而人之實踐此類道德之心量，亦是隨時爲此類之社會文化活動之性質，所局限、所約束的。因而人如不能有無限的統體性的道德心量之呈現，如「天下爲一家、中國爲一人」之心量，「萬物皆備於我」之心量，「老者安之，朋友信之，少者懷之」之心量，「如天之無私覆，地之無私載」之心量，亦不能有緣此心量，而表現此心量於當下之一事、一物、一類事、一類物之道德實踐。儒家之道德實踐，自孔孟相傳，以至於程朱陸王，雖無不求表現於當下之一事一物一類事一類物，而亦皆無不以一此無限的統體性的心量爲背景，爲根據。此心量之呈現，則有淺深，有純駁，有久暫之不同。若不至深純悠久地，常在目前之境，人卽未能入於聖賢之域。而其在一事、一物、一類事、一類物中，所表現之道德實踐，亦無源之水，無根之木，皆偶然而不必，亦非天下之至貴。反之，能有此心量爲根者，縱其行爲於應一事、一物、一類事、一類物，有所未當，或不能免於過失與罪戾；然彼亦隨時能自矯其所未當，自改其過失與罪戾，人皆可觀其過而知其仁，而視爲聖賢之徒。此二者中，前者爲後者所自生，後者爲前者之所成。合以爲儒家思想中之道德教訓、道德實踐，與世間一般之道德實踐道德教訓之二大界限所在。如無此二大界限，儒家之學與教，亦無異世間之一般道德教訓，而儒家之學與教，亦無獨立之意義矣。

我們如果眞能了解儒家之道德教訓之實踐，與一般的社會上之道德教訓之實踐之不同，在其依於一無限之心量爲根據與背景；便可緣此再進一步，以了解此心量之爲虛靈的涵蓋於人所接一一事物各類事物之上，卽非只人間世之所能限，而亦一虛靈的涵蓋於一切自然物之上，以及一切現實存在事物之上，而可通於造化之原，幽明之際，而貫徹古今者。此乃繫於了解此心量，非只是一無邊之虛廓，其中自有具體的內容。此具體的內容，不是個別的事物、或一類的事物，乃是普遍而當然的天理之流行，或一無畛域疆界的仁體，或生生化化之幾，或生物成物之誠，或惻然藹然之至性至情，或動而無動、靜而無靜之神，或寂而恒感、感而恒寂之知。於此傳統儒者，卽有不同的心性之學，與形上學之名言，以表示對此無限心量之內容之所悟會之意義。人能於此有所悟會，則人由道德之實踐，以達於知性、知天之形上學的境界，而有一無私求的承天、祀天、以及承祀祖先聖賢之鬼神之禮樂，以表現一充實圓滿之宗教精神。

關於最充實圓滿之宗教精神，必需兼包涵對於我們之無限心量之具體內容之悟會，而有一無私求的對天之承祀，及對祖先聖賢之鬼神之承祀，我前已於中國文化之精神價値，及中國人文精神之發展等書中論之。此皆依於人之至性至情之所必至，亦卽人之求有最高的道德實踐者之所必信，方謂人必須由呈現於其無限心量之生生化化之幾，同時悟會一無盡深淵之生生化化之原之存在，而對之作一超越的感通；同時對於已由明入幽之鬼神，亦應求有此超越的感通，乃能極此感通之心量之無限。世間之宗教之禮儀，所賴以成就此之超越的感通者，皆有所不足，乃或只限於對一天帝，或只限於對已教之聖賢，並與人之私求相夾雜，亦卽皆不能表現出一最充實完滿之宗教精神。而儒家之肯定三祭，則爲在原則上能成就此各類之超越的感通，而絕棄一切私求者。然言此吾雖以爲可建諸天地而不悖，質諸鬼神而無疑，百世以俟聖人而不惑；抑尚過於高遠，不足以取信於當今之世。時節因緣不備，亦尚不能見諸行事，而只能託之空言。今於此，暫不更深論，仍回至本文寫作之初意，以說明何以儒家之學與教之樹立，可以協調世間一切宗教衝突，而安和天下之理由。

（六）儒家之學與教之樹立與一切宗教之衝突之協調

儒家之學與教，所以能協調世間一切宗教之衝突之第一理由，乃本於上文所說之儒家之信仰，乃重在人之能信的主體方面，而不重在人之所信之客體方面，而儒家之所信者，又限於與人之道德實踐必然直接相關者而說。因我們看世間之宗教之所以有衝突，正由其重所信，不重能信，而其所信者，又皆與人之道德實踐不必然的直接相關而來。如基督教信耶穌與上帝爲一體，回教不信，印度教亦不信。天主教信耶穌之母無原罪，基督教不信。此中各教徒之信其所信，旣與其道德實踐不必然的直接相關，則他教之人之有同類之道德實踐者，卽無在其道德良心上必信之理由。而此中之一信仰本身之眞實性，又無公認的客觀的事實，可加以決定，則此中之信者與不信者間，卽不能有任何討論與思想之交通。而人之不信者，亦不能由其自己之思與學，以由不信而達於信。由是而此中信者與不信者之衝突，就此所信所不信之客觀的內容看，卽爲永不能互相傳達，而互相過渡者，而信者與不信者之爭執，卽爲一生死之爭執。此不信者之存在於世間，爲此信者所知，又可使信者之疑其所信：而信者欲眞自定其所信，亦理必求此不信者之不復存在於世，而後能眞自定其所信。此卽一宗教信徒，皆在深心必欲殺盡異教徒之理由。其所以不殺盡，如非因勢之所不能，卽因人尙有非一般宗教性的對人之情誼之故。此對人之情誼，乃以人之本身，卽信者及不信者之人格本身，爲其所對者。我們亦可說，如一信者對於一不信者，不重其不信其所信，而只看此不信者之爲人如何；不信者對於一信者，亦不重其所信，而亦只看此信者之爲人如何。則此二人之視線，卽由其所信所不信之客觀的方面，而轉移至此能信能不信之人之人格自身之主體的方面，亦卽轉移至彼此之二人之道德主體之自身。由此二人之視線之轉移，信者於不信者，卽可只見其道德人格之可敬愛處；不信者於信者，亦可只見其道德人格之可敬愛處，而此信者與不信者之精神上之交通與共契，則立卽形成；而其間之生死之爭執，與其深心欲相殺之動機，亦從根斷矣。儒家之學與敎，注重人之能信之道德主體，注重看人之有所信後，其道德人格之是否堪敬愛，而不注重去看與人之道德實踐不必然相關之所信者之異同：亦卽儒家之學與敎，能協調一切注重所信者異同之宗敎之衝突之第一理由所在。

譬如，在西方歷史與西方社會，一虔誠之天主教徒與一虔誠之基督教徒或猶太教徒，絕不能同出入於一有喪者之門，或同主持一婚禮，或成眞正之朋友。此何以故？因各重其所信之不同，而此所信者間，絕不能相過渡相交通故。在東方之中國佛教徒道教徒，則可同出入於一有喪者之門。此何以故？以佛菩薩能化身，老子亦能化胡，而其所信之教主，原能相轉變而過渡故。然佛教徒與道教徒之所信，仍有不能相過渡交通者。故佛道間仍可有生死之爭，而佛教徒有三武之厄。社會上高僧與名道士，仍不能成眞正之朋友，而儒家則可與高僧爲友，亦可與道士爲友。儒與佛道間，並無生死之爭。儒家執政，亦未虐殺佛道之徒。儒家之所信，豈非亦與佛道二教不同？然儒家與佛道之徒相接時，則可將此所信者之不同，暫時棄置在一旁，而只看佛道之徒之道德人格之是否可敬愛，而卽緣此以形成彼此間之精神上之交通與共契。如昔之韓愈闢佛，而有過激之論，欲人其人，火其書，廬其居。然其貶謫潮州，乃與大顚爲友。人疑其已舍其所信，而韓愈則說其所以與大顚往還，乃因其人可喜。而周濂溪之於妙喜禪師，朱子與道士游，此豈皆棄儒而學佛道哉？抑亦因其人之可喜，卽與之同遊也。在今世，我們看儒家之徒可與基督教天主教之徒爲友，亦可與佛教徒爲友。儒家之徒亦未嘗不願視甘地釋迦耶穌於聖賢之列，並視其他教徒之能行其所信，而成就之道德人格高者，恒非不能行其所信而自名爲儒者之所及。然越南之天主教徒，則視佛教徒之犧牲殉教，有如燒猪，其宅心之冷酷殘忍，有如此者，而天主教會仍承認其爲天主教徒，謂此乃政治問題與信仰不相關。此豈非以其只重所信，而不重能行其所信之道德人格之故哉。

儒家所以能協調世間一切宗教之衝突之第二理由，則在上文所說儒家之道德實踐，乃依於一無限之心量，而非如一般之道德教訓，只直接教人如何應一事、一物、或一類事、一類物。而人之應一事、一物、一類事、一類物之道德實踐，乃在事實上恒與人之應他事、他物、他類事、他類物之道德實踐，不能免於衝突者。此衝突之裁決，唯有賴於此在上之無限心量之呈現，而作一通觀，以爲裁決之所據。如一政府中之人爲求開政府之財源，而提議多征稅者，此可出自其人之道德的良心；而產業家之提議減稅，以發展其事業者，亦可出自其人之道德的良心。一法官之執法如山，與游俠之徒之助人逃獄，亦同可自謂出於其道德的良心。一宗教徒之欲擴大其教區，以及於異教徒者，可自謂爲此一宗教徒應有之道德的實踐，而異教徒之加以抵制，亦可自謂爲應有道德的實踐。此中之衝突，亦卽只有一勝一敗之關係，決無協調之可能。此中惟賴雙方或一方或第三者能超越其原來之道德的良心之所執所限，而呈現一無此執無此限之心量，方能眞正裁決而協調其間之衝突。世間之一切黏縛固著於一事、一物、一類事、一類物之道德意識，當其愈強時，則導致之衝突愈烈，愈無裁決與協調之望，則一般之道德，亦爲世界之禍根。然儒家之學與教，在其數千年之傳統中，卽皆爲以培養人之此無限心量爲始學與首教。故孔子曰「君子不器」，「子絕四，毋意，毋必，毋固，毋我」，「吾有知乎哉？無知也。有鄙夫問於我，空空如也，我叩其兩端而竭焉」，「吾道一以貫之。」此皆是指無限的心量之直接呈現，以爲博觀眾器，叩其兩端，而加以權衡之資。孟子曰「士何事？曰尙志。」何謂尙志？「仁義而已矣。」何謂仁義？創造一切，生發一切，謂之仁；使一切各得其所，各成就其自己，謂之義。此皆必依於無所執無所限之心量，而後能爲。此心量，則必依於一向上之志，方能開拓出來，故必以尙志爲先。而此志、此心量、此仁義之道之德，卽皆超冒於一事、一物、一類事、一類物之上，而不固著黏縛於其上之超越的道德。人唯有此超越的道德，而自一般固著黏縛於世間之一事、一物、一類事、一類物之道德，解放出來：方能裁決協調諸世間之人皆自謂出自道德的良心，而有之實踐之相衝突，而逐漸安和天下。而世間之宗教徒之各忠於己教，而導致之衝突，亦不過其中之一種而已。

儒家之學與教，所以能協調世間一切宗教之第三理由，是因爲儒家之三祭中原有祭天，則可相對的肯定一切拜上帝梵天之回教、印度教、與猶太教，及基督教天主教之拜上帝、道教拜玉皇之一面之價值。三祭中原有祭聖賢，則可相對的肯定佛教之拜釋迦，基督教之拜耶穌，回教之拜穆哈默德，猶太教之拜摩西，與印度教之拜其教之聖者，道教拜老子之一面之價值。儒家於一切其他之有德者，有功者，亦爲之建祠堂與廟宇，祭天、亦祭地、兼祭祖宗，則爲其祭祀之精神，更廣大於其他宗教之證。故依儒家之學與教，一切宗教之禮儀祭祀之價值，皆可相對地被肯定。唯淫祀之爲不道德者，則當禁，而假定任何宗教化爲不道德的宗教時，亦當禁。又一宗教之排斥異教徒，而無視異教徒之道德人格者，則當加以斥罰。此卽過去之儒家人物主持政教時，對一切宗教之態度，足以維持一切正當之宗教，而又可免除其間之不必要之鬭爭之道，而亦應爲今後之人類中，一切主持政教，評論政教，所當共奉行者也。

或問若如我所說，豈非意在以儒教之原則，涵蓋於一切宗教之上，而凌駕之，此豈非不合於一切宗教平等之原則？答：照我們上文之所說，此以儒教之原則涵蓋於一切宗教之上，是理無可逃，並非我有意要如此說。至於凌駕，則未必，亦不悖宗教平等之原則。此乃因爲我們不承認此儒教之原則，則一切宗教必然相爭無已。此能免其相爭之原則，不能不說是涵蓋於諸可能相爭之諸教之上的。涵蓋不是凌駕，而是爲使所涵蓋者能並存。此原則是統攝性的，是及於全體的，而其所統攝者，則只能各居一偏。然全與偏對，全亦爲偏。如佛學中之中與邊對，中亦爲邊。則全與偏，未嘗不平等，及於全之原則的信仰，與各居於偏之特定的信仰，亦未嘗不平等。如說以此原則主持政教，非儒者之所獨能，現代有自由思想者亦能之，若干佛教基督教之徒亦能之，人亦可引申佛教基督教中之若干義，以亦建立一同類之原則；則我們可說今之自由思想者，能本此原則主持政教，彼亦實際上是一儒者。佛教基督教之徒，能引申其若干之教義，以建立同類之原則，則證明其在此點上，不異於儒，而亦可在此點者以儒者稱之。卽彼不受此名，此原則之爲涵蓋於一切可能相爭之宗教之上者，而能加以協調之原則，仍理無可逃。此原則，則正爲在歷史事實上，先爲亦夙爲儒家之所信守，則不稱之爲儒家之原則，亦不可得也。

（七）儒家之學與教之樹立與社會中之四種人物

我們上文在說；儒家思想能裁決協調一切宗教之衝突之第二理由中，提到依於一無限心量之道德實踐，同時能裁決協調一切世間之一切自謂出自良心之實踐，而生之衝突，以安和天下。我們卽可由此對儒者之何必當存在於今後人類社會，及在今後之人類社會中，何類之人物，爲吾人所最當寄望其表現儒者精神者，再作一討論，以使儒家之學與敎之樹立，成爲一眞實的可能。

依我們上文之所說，人之無限的心量，乃人不黏縛固著於一事、一物、一類事、一類物，而不爲其所限，卽皆能有者。則依理而論，人人皆可有此無限心量，以裁決協調一切世間之衝突，亦皆可爲士、爲君子、爲賢、爲聖，亦卽皆可爲儒者。世間之人於一念之間，能有此無限之心量之呈現者，不管其是否自覺其有此儒者之一念，亦實皆爲一念之儒者。我們亦實可說滿街皆是聖賢，而一切職業中人士，亦皆不礙其有學爲聖賢之心，而成爲賢聖。故一切職業中，皆可出聖賢。然如此說儒者之道、聖賢之道之無所不在，亦同於說其一無定在。我們縱承認此義，我們仍可問一問題，卽我們比較的希望什麼人，特能表現儒家精神、儒者之道或聖賢之道？此在過去中國，則寄望於一切讀書人，與學而優則仕之爲政者。然而現在，則所謂讀書人，已變爲各種專門之知識分子或學者，其所學者雖非聖賢之道、儒者之道，仍不礙其學之有價值。我們亦很難寄望於一數學家或一工程學家成爲儒者之道、聖賢之道，特所寄託之處。今之爲政者，已改稱公務員，我們亦似難寄望專職之公務員之必爲儒者。然則我們當特寄望於何類之人，成爲儒者精神、儒者之道、聖賢之道之所托？儒者之存在於社會，既不能是一光凸凸不作事的聖賢，亦不能如基督教之神父牧師、佛教之和尚之賴人供養；因其皆能爲人賜福免禍，並爲人相婚喪禮。然儒者不能禍福人；而相禮縱亦可爲儒者之職業，此要爲將來之事。則儒者精神，在今日社會之各種專業中，仍宜有較相近之若干專業，爲其較易於表現之處。然在今日之社會中，何種專業爲最易表現儒者精神者，似亦不易定。

我們於此首易想到哲學家。哲學今亦是一專業。但我們上文已說哲學與儒學之非卽一，而哲學家之數目如此其少，而紛爭又如此其多。此卽不必皆適於負裁成萬物、安和天下之使命。在哲學家中，我們只能希望有少數能以其智慧，講明儒學之道理，足以祛疑破惑，而在義理上發揚儒學，維護儒學，或進而兼實踐儒者之道，而成爲賢哲或聖哲，卻未必能希望太多。

照我的意思，於當今之世，我們比較應多寄望其表現儒者精神之人物，應爲非公務員之政治家，與非專門學者之教育家，此卽傳統之所謂君與師。而除此二者外，則應爲體現孔子作春秋之精神之新聞記者，與編輯及出版家，及體現孔子周遊列國之精神之社會政治文化運動者，與類似教士之傳教之周遊的講學者。一切作社會政治文化之運動者，周遊的講學者、新聞記者、編輯、出版家、教育家與政治家，亦要先深知其不具備超專業的儒者之精神，必不能擔負其專業之任務，然後才能樂於表現儒者之精神，而願自居於儒者。此則須大經一番義理上之疏導的工夫，才能說明白，而爲人所信從。如柏拉圖之要說明政治家必須兼爲哲學家，竟費偌大的氣力，改稿七次，以成其理想國一書。此下只略說從事此上四類之人，必須具備超專業的儒者之精神，必須在精神境界上，求居於一般專業之高一層面上，乃能成就其自己之專業之理由。但此所謂求居於一般專業之高一層面上，不是要妄自尊大，而是說人之從事四類專業，必須以維持培養成就其他專業爲己任。此必賴於人有一居於高一層次之精神境界，然後可能。此下再說明此義。

譬如人之從事政治之專業者，其精神境界，實不能只與從事農工商之專業者，在同一之層面上。一專業的農工商的人的知識，可以只是若干專門的技術，而其道德亦可以只是勤愼節儉之類。然而一爲政或從政的政治家的知識，卻必先知一般從事農工商的人之願望與需要，而其道德，則特須包含對此各色人等諸願望與需要之同情體察，對各色人等之人權之尊重，對各色人等之道德之本身之尊重與欣賞。此卽必須使其自己精神境界，向上升高一層，以求有一廣大的胸襟或心量，能涵蓋各色人等，對各色人等之人格的主體之存在，隨處加以肯定。一政治家儘可從一其他專業者出身。然而卽在他爲政從政的一剎那，他卽須發展出：一不爲其原來之專業所限之此胸襟、此心量，而在此高一層面之精神境界上，存心濟世；而此事卽非有一套工夫與修養不可。此一套修養工夫，目標只在湧現拓展胸襟與心量。此原亦可多少從一般之宗教信仰、與宗教修養來。如人只要能一念眞心向超越的上帝祈禱，或一念作佛教之觀空的工夫，此一念卽可使人從其原來的種種局限中超拔。一專業者於此，亦卽從其專業中超拔，而可以開始爲政從政。但爲政從政，總是意在成就社會各種事業，成就各種人所從事的專業之配合和諧的發展，以多方滿足人們的願望與需要；則人向超越的上帝祈禱與觀空以後，仍須回頭護念此人間，不能如一般宗教家之可只念超越的上帝，體證無邊的空慧，遂往而不返。此回頭護念人間的胸襟與心量，則必須除是超越的以外，兼是涵蓋的、普遍的潤澤人間的。此實無古今與東西之不同。卽現在專從一政黨出身的政治家，在其眞正爲政從政，宣誓效忠國家時，亦須自其原來所屬之政黨之種種局限中，超拔出來，而呈現出一以整個之國家社會人民之願望與需要，爲其願望與需要的胸襟與心量。今日眞有世界性的大政治家，其胸襟與心量，亦必然是涵蓋萬方，以天下爲一家的。一般人們的政治意識，亦須同向此方向去發展開拓其胸襟與心量，然後今日之世界人類，才能共同來解決種種世界性的問題。此事誠然談何容易？然而幾千年之中國儒者的理想，亦卽首望政治家之有此胸襟與心量，次望一般人們的政治意識，都向此方向去發展。儒家之學與教，亦正是要人一方從其個人之種種局限中超拔，而又能以此胸襟與心量，護念人間，成就完滿此世界，以使其心所蘊之生生化化之幾，生物成物之誠，充量表現而不息不已。此豈有體無用，無補世務之學之謂哉。

其次，我們談到教育家，今日亦似只爲一專業。但教育與政治之專業，同不是一般之專業，而爲與一般之專業不同其層面之專業。政治家要護念社會各種專業之存在，而教育家則要教育培養從事各種專業之人才。他要把自然人，教養成一社會文化中有用的人，或有道德人格的人。教育家的存心，卽須居於自然生出的小孩青年之上一層面，將之導向於成爲社會文化中之有用的人或有道德人格的人。故教育家亦須有一虛涵於其所教育的人們之上的胸襟與心量。眞正的教育家，不當只是將其所知的內容，傳授於學者，而且是能尊重兒童青年之人格自身的發展的歷程，而循循善誘者。換言之，卽教育家亦須視兒童青年爲一主體，而非一客體，卽不是只承受其所知之內容之一客體。兒童青年之人格，可以是一自然人格，然此自然人格卽潛隱的道德人格；故其爲主體雖尙非一能自覺的道德的主體，然亦是一潛隱的道德主體。此中我們要正視其爲潛隱的道德人格、道德主體，使此潛隱的化爲現實的。此決非易事。此首賴於教育家之自身，成爲一道德人格，而自覺其道德主體之存在。次賴於教育家之能超越兒童青年的現實狀態，而洞見其種種超現實的內在的可能與生幾。此中教育學心理學的知識，固然可以幫助教育的成功。然一切知識畢竟是抽象的，皆不能全貼切於個體。此中尤重要的，乃是教育家自身之成爲一道德人格，並依其道德主體之自覺，而亦有一不爲自己之習慣偏向已成知識等所局限之超越的心量與胸襟，而於此心胸中，生出一護念的情懷，以同情的了解、體會、兒童青年人格自身之發展歷程中，曲曲折折的表現；卽循之而又誘導之，以使其潛隱的最好之可能，化爲現實，而使其生機暢遂。然而此教育家要使其自已有此心胸與情懷，正須依於我們上述之儒家之學與敎之精神，來自己教育自己。此義思之自知，不再詳說。

其次，我們再說新聞記者編輯與出版家。他們在今日亦只為各種專業者之一，其在社會上之地位，亦似不如政治家教育家之高。然此是不合理的。實則新聞記者，並非只是一記錄現成事實的人，或有聞必錄的反映器。一切記錄，都是一選擇；一切選擇，後面都有一價值標準。自覺此價值標準，再來看所記之事實，則必然有新聞之評論。一切評論，皆有褒貶，而意在指導人心，亦即皆同於孔子作春秋寓褒貶的旨趣。則新聞記者眞能依正當的價值標準，去選擇新聞來記錄，加以評論，卽指導從事其他專業者之社會人士之人心，以移風易俗的聖王之業。其工作涵有道德的意義，是不成問題的。今日俗謂新聞記者，為大眾之師、無冕之王，亦非過譽。然而世間之各色各樣的人，卻又各有其自認為正當之道德之價值標準，其間由偏重或偏執而生之衝突，是不能免的。由此而眞正之新聞記者，要平心評論世事，便必須超越於此諸互相衝突的標準之上，而自加以權衡選擇，以自定其正當的標準；決不能只成為社會之某一類之人——如一政黨之人、一職業之人、一宗教之人——之一代言人。故一切黨報商報與教會報，皆非理想之報紙。此則必須待於新聞記者先有一超越而虛涵世事的胸襟與心量，然後才能鑑空衡平，不為一般從事一專業之人之偏執所染；而眞正指導從事其他專業者之人心，以向於光明正大之域，而成就社會文化中各種專業之正當的發展。則新聞記者之有待於我們上述之儒家之學與教，以培養出此胸襟與心量，正無殊於政治家與教育家。至於編輯與出版家與新聞記者之性質，本爲大體相同，今可不再別論。

最後我們再說到社會政治文化運動者與周遊各處之講學者。此似不屬於一定之職業。然一政黨中工作者，與學術宗教團體之負責者，亦可爲一專業。從事任何專業之人，在一段時間，亦可只爲某種社會政治文化理想之鼓吹者。一專門之學者，亦可在一時期作廣泛的講學，以求影響一般之社會文化與世道人心，如宗教徒之所爲。此種從事運動之人，在開始點，必依於對一種理想之嚮往與熱愛。而其工作之價值，初步雖常空虛不實，大而無當，然當在其逐步落實，則可開創出社會中之新事業新風氣，而人們亦漸能以新態度、新眼光看事物。其價值實不可忽。一社會中，若無人從事社會政治文化之運動，即證明此社會中之一切事業，皆爲蹈襲故常之例行公事，人們皆化爲職業主義者，事務主義者。反之，一社會中能有人從事於此，縱其言大而誇，亦代表一社會之生幾，文化之元氣，而可使呆固之人心，有一活轉與超脫，而爲一向上生長之社會所不可少。然而，提倡一種運動之人，其所抱之理想要眞正光明正大，以矯社會人心之所蔽，而應其所需，同時要使一運動，繼續邁向此光明正大的理想，不因其偶受阻撓，或迅速發展而變質，則是極其艱難的事。此中亦不特需要對理想的堅持與忍耐的毅力，亦需要對於自己所持之理想，與其他人所抱之理想，及已有之一切現實事物所內涵之價值意義之各種關係，能先有一超越的通觀與洞識。並能使此理想的光輝之照耀，能及於上下四方，不只結成一光明的硬殼，使人只覺夏日可畏；應使人覺此理想的光輝，正是所以生發完成一切有價值之已有事物，亦幫助人之其他正當的理想之實現者。由是此從事運動者，卽必須有一超越的胸襟與心量，以爲通觀與洞識之本，亦需要一仁者之誠意與情懷，以護念一切有價値之已有事物，並照顧到他人之理想；然後才能使其原有之理想，亨通暢遂，直向原來之光明正大的方向，而逐步發展，更無變質之虞。而此亦同於謂任何從事一種運動者，皆有賴於儒者之學與教，以爲培養此胸襟心量誠意與情懷之所資。

我們以上說政治家、教育家、新聞記者，與從事社會文化運動者，欲成就其事業，必有賴於儒家之學與教，以爲修養之資。此亦卽同於謂：此四種人乃最易於表現儒者之精神者。今後儒者之精神之在現實的社會文化中，亦實最宜於通過爲政治家、教育家、新聞記者，從事社會文化運動者的形態而表現。因而社會上之此四種人，亦當不只自居於一般的專業者之地位，而當知其他一切社會專業，皆賴彼之護持培養而存在，以自識其責任之大，而隨處當以道自任，不容妄自菲薄；當相期於皆有一超越的心胸以涵蓋萬方，而以孔子之從政、設教、作春秋，而志在以其道易天下者自勉；方足以應合於此四者之本性，而副天下之人對四者之所望。至於我們之所以尙不對其他宗敎之徒，作同類之寄望者，則以其他宗敎徒，如能崇敬一超越之神者，能觀一切法畢竟空者，雖亦未嘗不可有同類的超越的心量與胸襟，以涵蓋萬方；然而當其依此心量與胸襟，而護念人間時，其所信之超越之神之無限的智慧與愛，亦必通過其護念人間之心而下徹，不能虛懸於上；而此神之本體，亦卽成爲內在於其主體，而與此主體合一，以呈現無方之妙用，於應事接物者；而其所觀之空，則必通過其護念人間之心，而與萬有相卽，以成就一切有；而見此眞空之中，自有眞實無妄之生生化化之幾，流行不息之天理，或肫肫懇懇之仁，存在於其中，並見彼大悲之情，實以此仁爲性。若然，則基督釋迦之教，將逐漸契歸於儒者之徹上徹下，徹內徹外，以成哲學智慧、宗教、道德三者合一無間之學與敎。至於各宗教中原來所信仰，如上文第四節之所說，而與人之道德實不必然直接相關，亦非哲學的智慧所必須肯定者，則或爲存之無礙，亦可任其自存者；或則將因其在人之應事接物之實踐歷程中，可用可不用，亦不能藉之以形成社會人心之共契；而將自然轉成一套閒傢具，只有放置於其心靈之後殿，而任其自行棄置銷蝕者。此上所言，卽人類之諸大宗教之自然滙合而萬流歸海之遠景。當此遠景在望時，則吾人今所寄望於儒者之事，亦可寄望於其他宗敎之徒。然在今日，則各種宗敎徒，今尙只知向上超越，以遙接天光，或觀空而不免淪虛滯寂，又尙不能直下銷化：其歷史中帶來，並藉以接引愚蒙，而與人之道德實踐不必然直接相關之諸信仰，乃不免各堅執其所信，而不能相交通；浸至相互敵視，或殺他或自殺，如越南天主敎與佛敎徒之所爲；則欲在今日，卽望其他宗敎徒之轉出儒者精神，尙屬爲時過早。而今欲望其他宗敎徒，化爲理想之政治家、敎育家、新聞記者、社會文化運動者，亦與其今所以自任者不相應，而非其所願。故此時唯有由儒者以導夫先路，先樹立儒家之學與敎，爲人類文化之一骨幹，以爲來日萬流歸海之資。儒者數千年之傳統，原是既重人之超越的無限之胸襟與心量之呈現，又重本此心胸中之生生化化之幾，肫肫懇懇之仁，以護念人間，裁成萬物者；而歷史上之儒者，亦素皆以主政施教移風易俗自任；而在今日亦即以道自任之政治家、教育家、新聞記者、社會文化運動者之所爲。則儒者之精神，今日之通過此四類人物而表現，並使此四類人物以師友之道相結，同入於希賢希聖之途，以共求此一骨幹之形成，而裁成輔助一切現有宗教與學術社會文化之發展，而化其間由偏執偏見而有之鬬爭，以發育萬物，安和天下……固有其當仁不讓者在，而亦應爲世界各大宗教中之大心深心之士之所許者矣。

八月廿七日

（一九六三年十月．「大學生活」第九卷第十期）

附錄　『世界六大宗教了解堂』之建立之感想

（一）

時間是去年某月某日，香港新亞書院會客室中，來了一位由美國到香港之女太太何理世德夫人 Mrs. Juliet Hollister，要見我同程兆熊先生。當時新亞書院之生活指導主任曾特先生，手裏持了兩張紙，說這代表她的夢想。這夢想是要世界上屬於不同信仰與宗教人士共同發起，計劃在華盛頓建立一世界六大宗教，印度教、基督教、儒教、回教、猶太教之了解堂（A Temple of understanding)。香港有人介紹她到新亞書院與教哲學及主持訓導工作的人談，於是她來到新亞書院，同我們談她之一單純的夢想。她不是什麼學者、教授、美國參議員、或什麼基金之代表，或名記者之流；只是一個普通的律師太太，亦莫有與她同來或隨伴的人。她到新亞來，並不被人注意，我們亦對她無任何的招待，只是匆匆在一會客室中談了不過一點鐘的話。在談話中，我亦未發現她有很多的知識，或有什麼融通世界六大宗教之高深的哲學理論。但她戴一草帽，從她草帽下的目光中，我立刻發現她有一善良的心，一個單純的願望，要建立一了解堂，為人類之精神相接觸的象徵。她要我們簽名發起贊助，我們都簽了。她的簽名單上，似乎名字並不多，但各國的人、及不同宗教的人都有。中有世界馳名的印度哲學家拉達克芮西南 Radhakrishman，其餘的我都不知道。她說她還要到日本等地，再回美國。她到美國以後，還有親筆信與我及程兆熊先生。說她已有發起人五百人，並在美國組織成了董事會，開始籌募基金。看來她環遊世界的結果，已處處得人們贊助。事隔一年，她來信說已有贊助人一千人了，現在她希望此一千人，每人介紹二個人，合為三千人，我遂囑在香港介紹了牟宗三、謝幼偉、王道三位先生。牟先生日前來說，她已寫信與牟先生，要他亦為之介紹二三人。看來她是要由三千人至九千人到二萬七千人……如此逐步增加贊助人，共同募集基金，來實現她的單純的願望。她說，她並不想一舉而募得一大筆基金，她說一人貢獻一塊錢美金，亦將一一皆刻其名字於石上，這樣可使更多的人，都有其貢獻的機會。

何理世德夫人的單純的願望，是要建一五百萬美元的了解堂。如果一人只一元，要五百萬人，她之願望何時具體實現，尚不可知。但建築的圖樣則在她開始環遊世界前，已由她的一朋友繪出來了。她說當此圖樣繪出時，立刻得了無上的安慰與鼓勵。此了解堂是分為六殿，每一殿中，預備置該教之重要典籍，藝術品，可供人於其中研究，禮拜及講學討論。那是以大理石與玻璃建成之一六角形之建築，用以象徵「眞理是有如一具多方面之金鋼石」，可互相透明的東西。她說，她之有此夢想，純出自偶然間與二位其他女太太談話時想出來的。因為在她們三位女太太談話中，談到世界各不同民族不同宗敎信仰的人們中，同有許多具有善良的心的人們，卽有相互了解，以形成精神之接觸與溝通的必要；於是想著建立此了解堂。她旣有了此夢想以後，卽有人願意幫助她作一世界的旅行，徵求各不同民族不同宗敎信仰，而分佈在世界各處的人之贊助；於是她之夢想，化爲一理想與願望，就帶著她幾歲的小孩，作環遊世界之舉。而她的願望一經向人說出，雖處處得人之贊助，但亦不是沒有阻礙。如有人認爲，此了解堂中基督敎應當佔一特殊較高之地位，與其餘之回敎、猶太敎、印度敎、儒敎、佛敎不同。又有人認爲基督敎與非基督敎，永不能放在一起。但是她與其發起人的意思，卻要將此了解堂建爲六角形，不使基督敎居於一特殊的地位，以象徵各宗敎之平等。這都是她的自述。

（二）

對於何理世德夫人之此一願望，何時具體實現，可能很快，亦可能遇著其他阻碍。此願望與其實現之意義與價値如何，人亦可有不同的看法。如篤信某一宗敎的人，皆可有羞與其他宗敎並列的心理。從各種宗敎信仰之內容上說，亦明有互相衝突，無法協調並存的情形。又世界人類之宗敎，亦不只此六種，如中國之道敎，印度之印度敎以外之各派宗敎，及日本之神道敎等。而從中國人之立場說，儒敎亦似不能只視同一般宗敎。卽視爲宗敎之一，而以今日服膺儒敎者之少，中國大陸人民之多改而信馬列教，日本、韓國、臺灣、香港之東方人多改而信基督教，人們亦可說儒教不配與其餘之宗教併列。這些看法，都同可貶損此一願望與其實現之意義與價值。

但是照我個人的看法，我卻是對何夫人之努力十分欣賞而尊敬的。首先，一個人抱著一單純的公的願望，而走遍世界，去求同情贊助者之精神，即無異是此破裂勞攘、似熱鬧而實寂寞荒涼的人類世界中之空谷足音。而實際上這些不同的看法，並不能貶損此一願望與其實現之價值。此乃因此一願望之出發點，是始於發見在不同民族不同宗教信仰之人們中，同有許多人皆具一善良的心之一事實。此一事實，任何曾與不同民族不同宗教信仰下的人們有眞實接觸的人，莫有人能否認，而莫有人不會在此發生一些眞實的精神感動。即以我個人來說，為此而悱惻之情不能自已的事，亦不只一次。一切不同之宗教信仰，其眞正之植根處，只能在人之善良的心。人之善良的心，能互相照面，則一切不同之宗教信仰，即有相互了解、相互並存之可能。當然從宗教信仰之內容說，其彼此差異、衝突而難於協調的情形是有的，但並非不能協調。如何協調，有種種道路，非今所能詳論。如歷史文化背景之疏導，是一條道路；密意之指點是一條道路；不同信條所據之不同義理之層次與方面之劃分，是一條道路。此乃屬於宗教學及宗教哲學中的事。然而更重要的一點，是不管在理論上之協調是否可能，然宗教信仰所植根之人之善良的心，必然是能互相照面而相協調的。連帶一切宗教性之文學藝術之互相欣賞，互相讚美，總是可能的。一切宗教信仰，就其具體內容上說，皆雜有後天之成份，只有人之善良的心是先天的。善良的心，遍佈人間，而相繼生成；其根原處是必然協調的。否則其遍佈人間，而相繼生成，卽不可能。如果讀者說，此畢竟能否協調，仍不可知，則我還可再退一步，卽不管能否協調，而人間既有此不同宗教存在了，而皆是人之所信，人總應相互了解其所信，人總不當不了解人之所信，而卽羞與爲伍。若然，則你對人之愛在那裏？然而此「了解」之本身，卽已是人之善良的心貫通之開始，亦卽一切宗教之協調之開始。

何理世德夫人之願意建立一六大宗教之了解堂，而名爲了解，不名協調或融通，這當是由於她知道此協調或融通不易。我們任何人亦知此事之艱難。卽說了解，亦談何容易？這都是有幾千年歷史，而在不同之地理文化環境中生長出之人生信仰之所在。然而人類之歷史到了現在，不同民族不同文化的人們，時時互相遭遇，不求互相了解，亦不可能。一切求相了解之事，如不透入彼此之精神生活之核心之宗教信仰，蓋無不陷於膚淺。人類如不能由其精神生活之核心之相互了解，結成一精神的團體，以謀自救，便只有讓信唯物論之赫魯曉夫，用核子戰來埋葬世界了。從此看，此了解堂之建立，亦卽有劃時代之意義與價值。

這了解堂之只有六大宗教之六殿，而莫有將其他宗教如中國之道教及印度日本之其他宗教包涵在內，各爲建一殿，亦可說是一遺憾。但是如都爲建一殿，恐怕是會大到無法建築。至於儒教之是否爲宗教，則看如何說。但至少在其可安身立命之一義上看，應說與其他宗教，屬同一性質。我們亦不當有對其他宗教羞與爲伍之心理。何里世德夫人，我想她是一基督教徒，但是她能超越她的宗教，以肯定其他民族其他宗教之平等的地位，我們亦不必堅持儒教之教義，處處皆較其他宗教爲高。依儒教的教義，儘可不贊成其他宗教信仰之若干內容，但我們必需肯定其他宗教徒，亦是一個人，而當尊重其信仰，而求了解之。依儒家之教義，人之所信仰者是什麼，其實是次要，只有人之本身最是重要的，人之信仰中所表現之善良的心，是最重要的。儒家之教義，亦只是要人之充極其善良的心之量而表現之。但此亦不是說，此教義之落於語言文字之跡相上者，是最重要的。重要只是人人皆能在實際生活上，充極其善良的心之量，而表現之，而使人成爲眞人，亦即成爲儒者。儒者可以承認一切眞人皆是儒者。如最偉大的佛徒，可稱一切聖賢爲菩薩，而最偉大的基督徒，必須承認不名爲基督徒的人常是眞實的基督徒。儒家之教，以人爲主，教人由知人性以知天道，而一切其他宗教之所信者，或與此不同，如或以神爲主。然而儒家並不只以其所信者權衡一切，而只是直接就一切不同宗教徒之爲人，而肯定之、尊重之、求了解之。就不同宗教徒同爲人而言，畢竟平等，則一切所信之差別，同不足形成一切能信之人之差別。其他宗教徒之狹隘者，可以信者與不信者劃分人類之疆界，但是對此劃分疆界者，儒家還是肯定之同爲一人，而不見其所信者之異。這我們可說是儒家精神之最廣大處。然而此最廣大處，亦爲一切宗教之密義之所涵。而眞正的儒者，亦當忘其最廣大處，以與一切人相接。此廣大處，民無能名焉，而儒者亦不自名。對此徧佈人間之無數善良的心，同生於此艱難之時代，以共謀自救之日，一切美德之自矜，皆成罪戾。人類眞有一海晏河淸，人人皆成聖成賢，與天合德之時代，則世間一切宗教之名何有？儒之一名，亦同與世相忘矣。然至今日，世界之不同宗教皆有聲有色，而東方之儒教宏化之區，惟恃其廣大寬容，頎爾與世相忘，竟默默無聞，不自樹立，又安能以其廣大寬容，通天下善良之心？今他人視儒爲六大宗教信仰之一，而我乃唯自加踐踏，又將何以報人？此則我於寫此短文，對此了解堂之建立，加以讚美之餘，不禁喟然興嘆者也。

（一九六一年十月·「民主評論」第十二卷第十二期）

十九、民主理想之實踐與客觀價值意識（上）

（一）民主之理想與實踐中之問題

民主之理想是自由世界的人幾於共認的眞理。我們可以從民主能解放一切個人的能力，來主張民主。我們可以從每一個人之權利，皆需要保障，來主張民主。我們亦可從每個人皆生而平等，上帝或自然之生人，並無各種階級之別與人爲的束縛，以主張民主。我們亦可從歷史的試驗，證明民主的社會政治，是更安定和平的社會政治，而主張民主。我們亦可從每一人能有其自覺的人格尊嚴，能自尊尊人，而不願受無理之束縛，以主張民主。我們亦可從一切人皆同爲上帝之兒子，或同爲一絕對精神之分別表現的唯一個體，以主張民主。我們亦可從每人有一自覺的生活的世界與他人不同，而要求在其生活之社會化的歷程中，充實其所生活的世界，而不喪失其所生活的世界，以主張民主。我們亦可以經由邏輯的分析，以知世間，只有個體爲唯一的眞實，每一個體之全部性相，皆不能等於其他個體，以主張民主。我們亦可以從人皆可以爲堯舜，人皆是平等的能爲聖之道德的主體，因而人亦皆當平等爲政治社會之主體，以主張民主。最後一種是我平日喜歡講的。因唯此是究竟義。但是與其餘諸說，亦無必然之衝突，而且可相涵攝。

此外人主張民主之應當的理由，還可以很多，我想亦不必相衝突。但是在一切的理由後面，同根據二原則。一爲人與人人格之平等的肯定，與人與人之個性之差別性的肯定。而民主之基本精神，卽一平等的肯定差別之精神。平等是普遍性，差別是特殊性。民主的精神，所要求者卽在普遍與特殊之結合。反之，在極權專制的政治社會，則要以一種特殊，如一特殊個人、特殊家族、特殊階級、特殊政黨，普遍的爲人所崇敬，以成爲一切社會地位，政治權力之普遍共同的最後來原。這是要以一特殊爲普遍，抹殺其他特殊；而其所謂普遍者，亦非眞普遍，人與人遂永不能平等。由此而使眞特殊與眞普遍，眞差別與眞平等，皆不存在。民主之理想，則求歸於使普遍與特殊、平等與差別，皆能成就。而人與人在日常生活中，任何的會面交談，皆知人與我平等是人，而你是你，我是我。此卽人與人皆自然的同時肯定：人與人平等與差別之直接證明。因而我們撇掉一切高深的理論不談，我們亦可說民主之原則，是人人在日常生活早已肯定，不能不肯定的原則。依此，我們可以對於民主有一絕對的信仰。專就今日之世界與中國之政治社會問題來說，我們亦除依民主之原則，加以解決之外，亦別無道路。這些我們大家所論者亦已多，可說已不成問題。

但是我在本文中，卻將指出民主的理想之實際的實現，並不如我們之只想其爲應當這樣簡單，這中間實包含極大的困難情形，而隨時可能使人對此信仰，求一退卻之路。此困難的情形，從其所依之最深理由處說，如要加以徹底的解救；人所須的努力，還可能在人類所費於推倒各色各樣的專制極權的力量之總和之上，而卽是在眼前加以解救，以謀眞正戰勝今日之極權世界，亦非自由世界的人們，先有一徹底的覺悟不爲功。此解救的道路，吾思之，吾重思之，仍在依於客觀的價值意識之建立，以至須將一種古典式之社會政治精神，重新提出，以貫注於今日人類求民主的精神之中，而重建一較今日流行之民主精神，爲更高的民主精神。我今願把此中之困難，就我個人之具體的感觸經驗，與在今日之自由世界的人，幾乎同有之具體的感觸經驗，先一說，然後再引向我們之結論。

從具體的感觸經驗上說，我們要切問而近思。我住在香港，我可先由我所見所聞之八九年來在香港作民主政治運動的人之情形來說。大家之一公認的事實，卽大家很難形成眞正的團結，以謀共建國家。總是分爲許多小的派別，以至一人爲一派。這個理由，不能以大家不眞信民主之理想來說明。實際上人既然從事於民主政治運動，卽都多多少少對民主之理想，有一眞信。這亦不能只以個人之意氣或自私心來說明。因爲個人意氣與自私心，亦不是憑空而發。人並不是不可依理想，而自裁制其意氣與自私心的存在。這個問題，要從根去想。我們應當先悟到民主理想中之要兼結合與平等與差別，普遍與特殊之原則，在理想上似無問題者，在理想付之實踐時，本來是處處會出問題的。我們以至可以誇大的說，民主之理想在付諸實踐時，民主的理想本身，卽有其某一義之內在的矛盾。此種內在的矛盾，乃一切民主理想的實踐中，皆要隨處遇著的。於此，我們先不要掩飾，而應先求眞實的了解。

此中理想與實踐，卽知與行，二者之情形之不同，其關鍵在，只說理想時，理想本身是普遍的，因而要依一理想之號召，以批判一切反乎此理想的，並呼求同志，是容易的。我們說民主的理想，是人與人之平等的互尊其個性，此乃是普遍與特殊之結合。但只就其爲理想來說，仍只是一普遍的理想。一切普遍的理想要付諸實踐，還須與每一個人之爲此理想而努力之特殊的實踐相結合。然而在每一個人從事其特殊的實踐時，則此普遍的理想，在個人之身上，卽爲各個人之特殊的實踐方式所規定。個人卽可只覺其特殊的實踐方式，是眞實存在的，有價值的，而他人之實踐方式，非眞實存在的，非有價值的。此時人與人共同之普遍理想，卽分別沉入各個人之特殊的實踐方式中。各個人之各種特殊的實踐方式，原是分立的。由此而原來由理想之共同，而結成之團體，卽隨時可解體。依此，我們可說凡只依一普遍理想，而由許多人結合，共同加以實踐時，在實踐的階段，都有依於各特殊的個人之特殊性，而趨於解體之內在的機勢。在此，我們要深切認識一切抽象普遍的理想，——連民主的理想在內，——無論如何高遠，單就其自身而言，通通不能眞實成就人與人之團體結合。一切抽象普遍的理想之號召，皆是只能始事，而不能眞正成事的。

我們說，抽象普遍之理想，皆不能眞實成就人與人之團體結合。則能眞實成就人與人之團體結合者，是什麼？在此，我們說第一，是理想之客觀化爲一事業。因一理想客觀化爲事業，則此事業之本身所包含之各方面，需要人之分工合作。此需要本身，可爲抱同一理想，以從事此事業者所共見；於是各人可爲此事業之成就，而將其自己之特殊的才能等，在此事業中，得其特殊的表現之處，並與他人之特殊才能之特殊表現，相配合。由是以維持團體結合之存在。第二，是在此事業中，具體的個人與個人之直接的人格接觸，所產生之彼此愛護、佩服、互助等自然情操與道義關係。第三，是共同的團體意識已形成之後，所共建立的團體之法紀規律，所轉而對於個人之名譽上法律上的有效制裁。如果此三者都莫有，則一切同抱一抽象普遍的理想的人，可純因其他人對此理想之反對，或一客觀的社會政治力量，對抱一切此理想的人之壓迫，而使抱此理想的人，彼此之關係，更爲緊接，覺只有其理想之共同處是重要的，而各個人之差別性特殊性，是不重要的。由是而此理想雖不客觀化爲事業，亦如可單獨的成爲此團體結合之長久存在之理由所在。如在羅馬壓迫下之基督教徒之團體，與一切革命團體，都似只賴其共同理想來結合。實則此乃秉賴一外在之壓迫力量。如此壓迫力量不存在，則此團體之結合，如又不賴上列三者，以爲其繼續存在之根據，而只留一抽象普遍之理想，則此理想仍將必然由與各個人之特殊的實踐方式相結合，而使各個人趨於互相分散，並使此團體趨於解體的。此諸義是本文之一骨幹。希望大家先加以注意。

（二）過去提倡民主之中國知識分子之何以無成就，與今日自由世界之保衛問題

我們如果了解上列四種眞實成就人與人之團體結合之理由所在，便知香港八九年來從事民主運動者之不能眞有成就，及若干年來，中國知識分子、學者、思想家，以民主的主義理論爲號召者，亦多在政治社會之事業上，無所成就，及國民黨之所以在政治上有一段成功，而其一度成功後，又在大陸上失去政權，及共產黨之有今日在大陸上之表面成功之原因所在。同時我們可以由此去了解今日之極權世界與自由世界之優劣與成敗之關鍵之所繫。此不只是一思想理想之優劣的問題，亦不只是一思想理想，能不能鼓動一時之人心，掀起一思想運動的問題。而尤重要的，是一思想理想，如何能落實的問題。

我們說民國以來，許多中國知識分子學者思想家，所提倡的民主的主義理論，都可比共產黨理論高，與國民黨之三民主義，亦可不相上下。然而何以皆在政治社會之事業上，不能成事？此不能只怪國民黨與共產黨之壓迫。此主要是這些知識分子，都未能將其理想，眞客觀化爲政治社會之種種事業；而亦莫有如清末民初之國民黨及抗日時之國民黨之曾受巨大外在之壓迫，亦未如共產黨之曾受國民黨的壓迫，以凝結其內部。國民黨之在十六年革命成功後之趨於分裂，及抗日成功後之趨於渙散，則由外在壓力之喪失，而內部又未有穩定其自身之道。國民黨亦未能眞重視客觀性的社會事業之成就，以爲政治之基礎。故有其在大陸之失敗。而共產黨之所以有今日之表面的成功，則在其受壓迫之時期較長，及共產黨人之能不斷根於他們共同的階級意識黨團意識，所定之法紀規律，對其分子作有效的制裁。但共產黨今在大陸之成功，已使其以前所受之壓迫不存在。此壓迫之不存在，在原則上乃可使其黨人之特殊性個性逐漸表現，以使其團體趨於解體者。而其所以尚未解體者，則賴其不斷以黨的法紀規律約束、清算、鬬爭，一切有所謂宗派主義、個人主義、主觀主義的思想的人。共產黨之理想本身，又原是要否定人之個性，銷除階級性以外之一切人之特殊性的。由此而共產黨之依其理想與團體意識所定之法紀規律，對於宗派主義、個人主義、主觀主義之思想行爲之制裁之力量，亦爲世間自有人類以來之組織所不及。

但是我們說共產黨之理想政治非民主的。我們主張民主。但主張民主是一事，主張民主的人，如何團結，與民主之力量建基於何處，又是一事。我年來作文，總是屢次說中國之政治社會，要有眞正之民主自由，必須從成就各種客觀性的社會文化經濟之事業團體下手。（參考拙著人文精神之重建一書）因唯此可以客觀化民主自由之理想，爲民主自由眞實存在之基礎。而我們要說整個自由世界，有什麼可以戰勝極權世界的地方，亦卽在整個自由世界中之所開出之各種客觀性之社會經濟文化之事業團體，所具的潛力。這是以政府之力量，控制一切社會文化事業的極權世界中，所莫有的。極權世界中之富在政府，力在政府，而在自由世界中，則根本上是藏富於民，力散在整個社會。此富與力只要積聚起來，以保衞自由世界，仍然是可以戰勝極權世界的。

於是在今日之人類之極權世界與自由世界，其問題是不同的。在極權世界之問題，是如何以根於普遍的黨的意識、階級意識、所建立之法紀，以制裁個人之特殊性個性之表現。而自由世界之問題，則不只是以一民主之理想之號召，來解放極權世界中之人民；因其人民不易聽見此號召，聽見亦無大用處；而是如何把自由世界中之富與力聚積起來。而此即成為自由世界之一大問題。此大問題因蘇聯之人造衛星與飛彈製造之搶先一步，而逐漸為自由世界的人之所注意。此問題之解決，則遠較民主之理想之樹立與宣傳，尤百倍其艱難。

此事之所以艱難，是民主之理想，本身是一尊重個人之特殊性個性之理想，同時是尊重各色各樣，由諸個人發動組成的社會文化經濟之事業團體，而儘量任其俱生並長之理想。此理想之可愛，與由其實踐所成之現代文明之成果，可使生活中的人，較生活於極權世界中的人為安樂，亦原是不成問題的。但是保衛此自由世界，卻不能只賴此理想，亦不能賴一超越而外在的上帝之力，而仍須是要賴自由世界中，諸具體的個人之自己本身。然而這些人之自己，如只在自由世界中，享受自由與現代文明之成果，並只各自分別從事其各色各樣之社會文化經濟之事業，卻並不能保衛自由世界。此保衛自由世界之意識，只有待於自由世界中的人之精神，能向上提起，以超越的涵蓋於整個自由世界之上，以保衛此整個自由世界之存在。人如只在自由世界中生活，以享受自由與現代文明之成果，並只各自從事其各色各樣之事業，則正可尹使人只分別陷溺其精神，於此享受各色各樣之事業。此中即有在自由世界中生活之意識，與欲保衛自由世界之意識之根本的矛盾。而此矛盾之能否統一，即整個自由世界之成敗關鍵之所繫。

此矛盾之統一，純在理想上說，可以莫有什麼大問題。卽我們可以斷然否定用極權政治的方法，來組織凝聚自由世界之富與力。或說我們應當一方面享受自由，一方面保衞自由。或者說，因我們愈享受自由，故愈知自由之可愛，故愈要保衞自由。但是此處並非只是一理想的問題，而是實踐的問題。在實踐上，一個人正在享受自由時，他並不必然想到保衞自由。他愈享受自由，亦可愈忘了其自由之不存在的可能。而對一較在自由之國家生活的人，更不必能想到在其他國家中的人不自由之苦，而想到去保衞全人類的自由。然而除非自由世界的人，都能知努力保衞全人類的自由時，自由世界，畢竟不能存在。要全人類，都共能想到保衞全人類的自由，正需要各個人之超越其只求享受自由的願望，而向上提起其精神，以引發一望自由世界永遠存在的願望。要使人皆有這願望的生起，已經不易。何況加以實踐？我們看今日之自由世界之大問題，這正在此願望之提不起，與實踐時之種種艱難。此艱難，旣表見於一切同崇尚民主自由之世界國家，難於眞實的團結合作，亦表現於今爲自由世界之領導者之美國，其人民分別組成之社會文化經濟之事業團體，各自只求發展其自身，咸望能減少其對於政府的捐獻，與對世界之他國的援助。亦表現於國土爲共黨所控制，而流亡在海外的人民，分別散入自由世界中之各地者，多只各求有一寄身之地，而逐漸消磨其最初之反抗極權的志氣。此種種實踐的艱難，純從具體的事實方面說，世界的外交家、政治家，如何力求解決，非我此文之所得而

論。我只是要純從理論上之似較迂濶的方面，來指出此問題之癥結所在，仍在一平等與差別，普遍與特殊之如何統一的問題。而此問題之徹底解決，仍係於人之在文化理想與人生態度上，有一眞實的覺悟。這我願連帶我去年在歐美遊歷時之一些具體的生活感觸上說來，可比較親切。

（三）在分工合作之社會中，人之客觀的價值意識之泯失

我之所感觸，是如像美國這種社會之日益發展，到使個人都能分別在各種社會文化經濟之事業團體中，各逞所長，並能享受文明之成果，在根本上卽是可使人陷溺於種種特殊，而對於普遍的人類理想痲木的。這個趨向如一直下去，而傳染到世界，美國與人類世界，將只有向下沉淪。我下面的話亦許偏激一點。但是我必須如此說。

一般人說美國生活方式好，在我看當然有好的地方，但從另一方面看，此同時是在向一物化的平面急馳。我所謂物化，尙不是從物質文明之享受本身上說。物質文明之享受，亦並不必然使人物化。我所謂物化，是就每人皆忙於其特殊的事業活動，其精神皆趨於爲其特殊事業所包裹，而特殊化，遂逐漸與眞實的整個世界之隔絕來說。我所謂平面，則是就各人所作之事業活動之成果，皆可直接間接爲全社會人所享受；然而關於價值的等差高下之意識，則逐漸趨於泯除說。合此二者，則人之一切超越涵蓋的精神，將日益墮落；而保衞全人類的自由之心願，亦必然難於提起。

照上文之第二段所說，人之依共同理想，而合作一事業時，人本來要求在一共同事業中，分別表現其特殊才能，合作而又分工，以兼表現其普遍的願與人合作的人性，與特殊的個性才能的。西方現代文明社會，所以能開出各色各樣之社會文化經濟事業，即賴於此。此亦卽西方現代式之民主的社會理想之所由生，與所由以實現。而每一社會團體之事業活動之成果，能直接間接爲全社會所享受，亦卽使此特殊事業表現了普遍的價值，如再統一了普遍與特殊。但是現代式之文明社會中之事業組織，不斷龐大，不斷分工，而使作一分門別類下之一項工作者，不易了解全事業之意義與價值，已是大家注意到的事實。在此情形之下，勢必使人在大事業組織中工作，正如在一現代式的十層樓之大旅館中，住一間房間。此房間之外，我一無所知，則我的房間，卽同時成了我的監獄；我的工作，亦同時成了我的監獄，而將我之精神物化於其中。在此，我固然可由社會科學的知識，與一事業組織中出版的書籍，及主持人在集會時的講演報告，以知此整個事業的一些情形，並知我與同事們之共同目標理想所在，及此事業之在社會上的客觀地位與社會價值。但是這些都只能使我有一些關於此事業組織之抽象的概念，而不能使我對整個事業，有眞實的親切感。此亦猶如住在一現代旅館之一房間的人，雖由此旅館一覽一類的書，並在街道圖中知此旅館的位置，其可通到的地區等；並不能使我的一間房間，不成爲我的監獄。此監獄之感之所由生，是由於諸房間之間莫有窗戶，使我們能望過去，以親切的了解其他房間之陳設傢具，而體驗其價值，亦不能比較其價值的等差，以知我房間中陳設之傢具，畢竟較優或較劣。我遂至多只能享受此房間中之陳設傢具的對我之效用價值，而我另無由客觀的比較而來之客觀的價值意識。此即以比喻我在一龐大的事業組織中，作一特殊性的工作時，我只能感到此工作之滿足我之特殊的興趣，使我得盡一特殊的責任，而得一特定的報酬，此報酬有維持我個人特殊生活之效用價值。在此，我亦即成一特殊化的物，而亦無眞正的客觀價值意識的存在。

如果以上的話還有不明白的地方，我們尚可借現代之學術文學藝術之工作之分工來說。我們亦大家都讚美此種分工，可使學術之研究，向各專門方面不斷的進步，亦使文學藝術之創作中，有各色各樣的體裁與形式，而大大豐富了學術文藝之世界。一專門學術之研究所得之結論，又可作爲另一專門學術研究之材料或前提，或加以應用，來改造客觀自然與客觀社會，增加人在生活上之享受。一種體裁或形式之文學藝術作品，亦可刺激另一種文學藝術之創作之產生，或使千萬讀者得加以閱讀觀覽，此亦是增加人精神上之享受。於此我們即可說，此諸個人之專門的學術研究，特殊的文藝創作，都表現了客觀的社會價值。這亦是不錯的。但是我們亦復須知，從另一面看，則學術之愈分愈專門，同時亦使我除對我所研究之學術，能直接體驗其價值外，我對我之同行或同事所研究學術之價值，卻可全無親切感。我之引用他們專門研究之結果，此結果亦只是對我的學術之研究有工具的效用的價值。至此結果，對他人之研究的精神，所表現之對他人本身之價值，不能爲我所感知故。如果我與人所研究者，皆各是一特殊而又特殊之學術。則我與人雖同在一學校、一研究機關，同窗共硯，然而我們之研究，分别對我們自己所表現之價值，可絕不相知，亦無共同之標準，足資比較。而我們之間，亦卽不能有任何共同的客觀的價值意識，以權衡彼此工作之價值。此工作之價值，除其效用價值外，卽全封閉於各人之主觀的世界之內。照我們上述之意來說，我之此研究工作，亦卽同時是我的監獄；而此研究工作，亦是使我化爲一特殊物者。

在此種人之工作之性質之日益特殊化，一工作之內在的本身價值，不能爲他人所知，而只在其效用價值可表現於外的情形之下，每一人便都可在主觀的世界中，關門爲王。如今之專家學者，愈能治他人所不治之學問者，愈覺其能自發現一學問之世界，而於其中爲王。文學藝術家愈能造一特殊形式之作品，亦愈能覺其爲唯一無二之天才。如歐美今所謂 Modern arts 之畫家，卽幾無他人能評判其高下。而在另一方面，則代替眞正的客觀的價值本身的衡量者，遂只能是外在的效用之比較。如一學術文藝之價值，可由其所影響之大小來較量。此影響之大小，則須以其所影響的人數來較量。而一學術文學作品之價值，卽最後必然逼至以讀者欣賞者之多少、銷路之多少來較量。此銷路之多少，最後則須用金錢數字來較量，則金錢自然化成價值之尺度。於是人之不由學術文藝以得金錢，而能另由其他工作，以得更多之金錢者，則以效用或效率、成功、來作計算價值之原則，亦宜爲有更高價值者。此卽爲美國學術界文化界人物之地位，勢須在一般人意識中，低於汽車大王等者之故。人在追求成功、效率與金錢之心境下，則政治家欲說服人民多納稅，以貢獻國家，或保衞整個人類自由世界；乃非在有世界局面之大變化，如珍珠港事變、蘇俄放射人造衞星之事之時，不爲功。稍可苟安，人民亦卽各自只爲其特殊的社會文化經濟之目標而努力，如縮入於一大旅店之中一房間。此皆理有必至，勢有固然，思之可知。

在此處，眞欲逆轉金錢爲價值尺度之意識，首須改變以效率、成功代表價值之觀念。而欲不使效率、成功代表價值，則必須人有客觀的價值意識。而欲使人眞有客觀的價值意識，則必須使人與人能直接的互相欣賞其工作之本身價值。以人與人之工作之日趨特殊化，卻又使人必然日益不能互相欣賞其工作之本身之價值。此中卽有現代西方，尤其是美國之社會文化政治問題之一死結。

（四）同一或類似形式下之社會文化活動中、與分工合作之社會文化活動中之價值意識之不同

此死結是否有解開之道？是否人與人眞有直接互相欣賞其活動之本身價值，而建立其共同的客觀價值意識之可能？吾以爲有。而欲此可能有者，爲實有，則必須逐漸轉變此種由「不斷特殊化各人之活動之形式，以表現人之個性特殊性」之文化發展之方式，以改而崇尚「使各特殊的人能在同一或類似之形式下活動，以表現其特殊的造詣」之社會文化活動。

所謂在同一或類似形式下活動，以使各特殊的人表現其特殊造詣之文化活動，卽重質之增加，而

不重量之增加之文化活動。凡重特殊的形式花樣之愈變愈多者，皆為重量之增加之社會文化風氣。在此風氣下，一切皆歸於出奇制勝、出異制勝。人向特殊化、向奇、向異之路而走，人必然趨於專限於其所以特殊化與所以奇所以異者之中，而使人歸於物化，而更無超越之之願望。此為近代文化之趨勢之所歸。反之，人在同一或類似之形式下活動，以使人各表現特殊造詣之社會文化風氣下，則形式花樣可不必很多，然人之如何實現一形式花樣，則可有各級之工夫。人於此不須出奇出異增加形式花樣之量，以制勝，而須由其習常而蹈規矩的工夫之深淺之質，以制勝。此處卽可培養人之客觀的價值意識，與人之種種超越的願望與超越的向上精神。此為古典式的文化之根本性質之所在。然而在現代人因慣於現代之觀念，可對我方才所言，不解所謂。今先舉例說明，再作一較詳之分析如下。

所謂在同一或類似之形式下，可有各級工夫之深淺之活動。卽如中國人之唱京劇，與打太極拳及寫字之類。我們學唱京劇，可以大家唱一個調子。我與他人，可天天同練習此一個調子。此中我與他人之自覺中所嚮往者，卽此一個調子，而今天與昨天，亦並不自覺所嚮往的調子之形式花樣有變化。然而我們天天練習，卻儘有興趣。聽見他人練習，亦並不嫉妬，不覺多了一人練習，大可不必。我們天天練習，工夫有深淺，我可自覺我自己的進步。聽見他人唱，亦可知他人之進步與否。然無論他人之進步與否，我聽了，都可對他人未唱好之處，有則改之，無則加勉。因而我與他人之共同練習，總可幫助我之進步。此進步，只是我之聲音，與調子更接近，對此調子更熟練，對此調子之神味，更能加以體會而表現，使我在唱此調子時，更能覺此調子是從我之內部直接出來；以至更覺此調子，如由我自己之生命精神創造出流露出的一般；而更覺此調子之形式，即我自己之生命精神表現其自己之形式。此外如我們之學打太極拳，學寫王羲之的字，亦復如此。以至於我們可說，一切學某一種形式或風格之文學藝術，都是如此。學任何一種手工的技術，學任何一種對人的禮節，及一切有一定的模範標準的爲人之學，如張載之以十五年學恭而安，及宗敎生活中之學虔誠，學某一種瑜伽，以及求對於某一定的哲學科學義理之更能親切了悟，對嘗表現過之行爲方式、儀態，求更熟習，求講來，作來，更老練。通通是在嚮往同一或類似之形式下，有各級之深淺之工夫之活動。然而這一活動之對人生對社會之意義與價值，在只知崇尚分工合作的文化活動之現代文明社會組織中，人們幾乎都一天一天全不認識了。今試就上所言，將此二種文化活動，加以再分析比較言之如下。

（一）在現代式文明社會組織中，分工合作的各人之活動，當然都各有其價值。但是由工作之專門化，則各工作對各人之主觀的內在價值，恒互不相知。個人工作之客觀之價值，只是其對他人之工作之效用的工具的價值，與對於整個組織事業之發達之效用工具價值。此效用工具價值之增大，最後只表現於事業組織之日益龐大，所生產之物之增加，國民財富之增加，人口壽命之增加等。總而言之，即外在的量之增加。

而在上述之各人同嚮往一形式，而分別從事之活動中，如大家同唱一京劇之調子中，則各人之唱，固對各人表現一主觀的內在價值。各人之主觀內在價值之增加，由於各人之工夫之由淺而深。然因此中有共同之嚮往的調子形式，爲共同之標準，則每一人亦可知他人之唱與調子之接近之程度，而互知各人工夫之深淺，遂有一共同的客觀價值意識，以衡量他人之唱之價值。同時他人之唱，我聽了，亦可幫助我之唱之進步。於是他人之唱，亦不只對我之唱，表現一外在的工具效用價值，而且對我要唱好之心，表現一內在的本身價值。我與人之逐漸唱得更好，此中之價值之增進，乃表現爲質的增進，而非表現於量的增加。此中人之練習之次數之增加，雖爲量的增加，練習後所唱之聲之振動數，固亦可以用量表示。但此練習次數之增加等本身，並不表示唱得更好。所謂唱得更好，乃由我們所唱之聲與我所理想中之聲之形式，更爲接近，逐漸能不過高過低而說。亦卽由我之逐漸淘汰各過高過低之不同振動數之聲音，以使我所發聲音之振動數，與我所理想之聲音之振動數之差數，逐漸減少而說。此差數之減少至零而無差數，卽爲最好。足見此中之逐漸唱得更好之質上的價值之增進，乃與量的增加爲不相干，或正相反對之一價值概念。

(二)由此二類之活動之價值之不同，我們可以說在現代式文明社會組織中，分工合作的各人之間之互相尊敬，恒只是原於肯定他人之爲一獨立人格，承認他人之獨立專門的工作之權利，而自知此非我所當干犯之一般的抽象的尊敬，或爲對他人工作之效率之結果，表現於某一種事物之數量之增加者——如整個事業之生產量、財富量、個人所得薪水量、所辦文件量、出版之書籍之頁數量之類

——之尊敬。然此各種對人之尊敬，皆可不與我對人之工作之本身價值之同情的了解、讚美、佩服相俱。此中之人與人之合作互助，亦皆只爲由工作之互相配合，以達一事業之總目標之合作互助。各個人之互相競爭，各求上進，及整個事業與其他同類事業之互相競爭，各求上進，亦皆是由所產生之效率結果，或某一種事物之數量之增加，以爲表示。

然而在人之同嚮往一形式，而分別從事之活動中，則人對人，不只有肯定他人爲一獨立人格，承認其獨立專門之工作權利之一種抽象一般的尊敬，而且有由眞正同情的了解他人之活動之本身價值，而有之具體的讚美佩服之情。人與人間之活動，亦非只是可互相配合，以達一總目標，而是眞有互相觀摩，彼此仿效，以促進彼此之興趣與進步之事。至人與人之競爭求上進，於此，則表現爲一「見賢思齊，見不賢而內自省」的各自反求諸己，以努力工作之事，而非是望由其工作所產生結果效率或某一種事物之數量之增加，以爲表示之事。此中，人如欲由某一種事物數量之增加，——如唱京劇者，欲由他人拍掌之聲數，捧場之人數，票房之票數，或廣告之篇幅之大小之尺數，或薪水之數之增加，以覘其進步，則此唱京劇者，已爲向外用心，而非眞在一自求進步之心境中。而眞正自求進步之唱京劇者則當其唱京劇之時，正當不見此中之一切，而且對其他唱京劇者，見賢思齊，見不賢而內自省者。

(三) 在人與人只有抽象一般的尊敬，而互相競爭求上進，而意在得所產生之某一種結果效率或事物之數量的增加，以表示進步之情形下，人與人間，嚴格言之，只有一抽象的平等的對立關係。此中，以有抽象一般的尊敬，故有平等。以有競爭，故有差等與對立。此差等與對立，即使此人與人之平等中，同時有互外而相敵對之勢。人與人合作，勢須以契約法律，爲一外在之保障。如無此契約與法律，則順此互外對峙之勢，一切合作，皆未嘗不可分離。

反之，在人與人同嚮往一形式，而分別從事某活動之練習，而有具體的相互了解與讚美佩服之情時；則人與人不僅是立足於平等之地位，以從事某活動之練習；而人與人亦互認各人工夫之淺深，而承認彼此之差等。於此，則工夫淺者，對工夫深者，是讚美佩服，而自認不如。而工夫深者，對工夫淺者，自知其較勝一籌，而對工夫淺者，遂生提携愛護之心。簡單言之，則此中之人與人之或爲先進或爲後進者之關係中，可有眞正的師友之關係。此師友之關係中，可有眞正之愛敬。此愛敬，即使此師友關係，使特殊的個人與其他特殊個人之間，有精神上的互相內在之關係，而形成一內在的結合。此方是眞正的志同道合的結合，至於一般現代式之社會組織中之人與人之結合，由其目標之同，可謂志同。然由各人之專門工作之各異，則爲道異。志同道異，則分道而馳，即隨時有分離之勢。故必須以外在之契約法律保障之。而志同又道合之人與人間，則先進後進，於一道上相望，以致其愛敬。此愛敬本身，即以成就此內在結合，亦維繫此結合。故可不須另以契約法律爲保障也。

（四）在現代式之分工合作之事業組織中，人與人之平等的對立，原有互外而分離之勢；故一事業組織愈龐大，則其中人與人之互外分離之勢愈大，而愈須以外在之契約法律維繫之。於是個人之參加一事業組織，愈只惟是服從其所訂之契約，並畏懼法律之懲罰。個人惟通過一契約與法律之遵守，而與一事業組織中其他人，發生關係。此中，人與人之關係，即爲純事務的關係。此關係以契約存在而存在，契約不存在，亦即可不存在。契約之關係之訂立，乃依於各個人在事先之純理智的純概念的考慮。此所考慮之內容，終不外計算履行契約後，所得之權利、所能滿足之興趣、與所費勞力、所盡義務之多少之抽象的量之比較。以此考慮，決定我與他人之事務的關係之是否存在，即在實際上，促成人爲一純理智的個人主義。反之，在我們上述之志同道合之師友關係中，及其他一切具體的個人與其他個人而發生之直接的師友關係或其他倫理關係中，則人與人之關係，即非純事務的關係，而爲人與人之精神及人格上之直接互相照面，而互相內在的關係。此關係之成立，乃先由對他人所實現之價值之了解，而生愛敬以成立。我有此關係後，我即存在於此關係中。此關係由愛敬之情意而建立，不由理智的計算而建立，亦即不容由理智的計算，加以撤消。由是而使我之存在，亦得始終存在於眞實的人與人之關係中。

（五）在現代式之分工合作之組織事業中，各人之專門工作之內在的本身價值，趣於彼此不相知，只有其外在的效用工具價值，可爲人所知，而人與人之平等的對立，又原有分離互外之勢；則各人專門工作之本身價值，雖在各人主觀心中存在，而同時互爲不存在。其效用工具價值，固可互相表現而互爲存在，以成就各人之工作。然此成就各人工作之效用工具價值，還是在當前各人工作之外。由此而使人仍覺其工作之價值，互爲不存在，只在此工作之未來之結果上，方有此工作之效用工具之價值，相互表現，而互爲存在。然此未來則尚未來，此卽仍歸於人之當下的現在的價值意識與價值世界之泯失，而使人只自覺生活於一純平面的工作之事實的世界中，而各生活於其自己之工作之事實之中。於是各人皆歸趣於只爲一平面的世界中之物化的存在。

在我們前所述之人與人直接照面的師友關係，與其他倫理關係中，則因人對他人活動之價值，自始有一同情的了解。人與人以愛敬，互相照面，互相內在，則人與人所實現之價值，皆通過人之共同的客觀的價值意識，而直接互相表現，互相普遍化，而爲他人所享有，以互爲存在。則我之活動便不須對他人之活動，發生其他任何外在效果上的價值，卽已對他人，爲一存在。他人之活動亦然，我與他人，愈有一共同的客觀的價值意識，則我與他人所實現之價值，愈互爲存在，亦愈互爲其繼續存在之根據；而其存在於我，亦卽其得更存在於他人之根據；其存在於他人，亦其得更存在於我之根據；以使其更無不存在之可能。此卽歸於人與我之價值意識之更大的開展，與價值世界之更豁顯而悠久的存在。

（五）古典式之社會政治倫理秩序中之等級觀念之價值

我們如果眞了解，現代式之社會組織事業中，人之分工合作而志同道異之精神，與古典式之各人嚮往同一形式之活動中之志同道合之精神之不同，便知古典式與現代式之社會政治倫理之秩序之所由構成之根本原則不同，而現代式之社會政治倫理之秩序，亦有其原則上之缺點。人類眞欲挽救現代式社會政治倫理之秩序中之流弊，並解決現代人類世界中若干問題，必須就現代社會政治倫理秩序中所保留之古典式社會政治倫理之秩序中之精神，重加以提出而發揮之，以再建立一「以古典的社會政治倫理之秩序爲縱的經」，「以現代式之社會政治倫理之秩序爲橫的緯」之社會，然後可開闢未來人類之前途。

我們說古典式之社會政治倫理之秩序，在根本上或在最初一點上，都是以人與人之直接的愛敬爲基礎而建立起來的。此價值之差等，形成不同的等級後，而表現於不同等級的人之間者。此愛敬，乃依於人所實現之價值之有差等、形成不同的等級後，而表現於不同等深淺，距理想之標準有遠近而來。我們可說，原始人因爲同有射箭之目標，而或射中與或否，與箭距目標中心有遠近，於是顯出人之射箭的能力與工夫之價值的等差。此處，能力與工夫差者，即對能力工夫好者，自然有敬。射箭之能力工夫好者，即可轉而敎工夫差者，或在與敵人戰爭時，以其較好之射術保護工夫較差者，此中卽有愛。此射之能力之有價值等差之意識，即一原始狩獵社會中，人與人有等級之形成之最初根原所在。亦爲此社會中，人與人間有命令與服從關係的政治秩序之一基礎。以此推之，凡在人與人共同向一目標之活動之事中，無論是經濟上生產之事，軍事上作戰之事，學問上之用思想以解決同一問題之事，與求如何共應付某事之方法之事，宗教上對神致其誠敬之事，文學藝術上作詩畫畫之事，以及凡人之共一嚮往一形式，共求達一目標之一切事中，人之能最先、最快、最能恰到好處的達一目標者，即爲一羣中之領導者、先進者，而爲隨從者後進者之所崇敬膜拜。而領導者先進者，亦皆可轉而教訓隨從者、後進者，以表示其愛護。此即人類社會政治倫理之縱的有等級的秩序之形成的最初根原所在。此亦即古典式的社會中，恒有各種人的階級、人的品級之分之最初的根原所在。

在此種古典的社會政治倫理之秩序中，人之價值的差等與人之等級觀念，特爲凸出。個人的目光是向上看的。所以弱者仰望強者、愚者仰望智者、無能者仰望能者、不肖者仰望賢者、後進者仰望前進者、後輩仰望前輩、年輕者仰望年老者、後代人亦仰望前代人。社會政治倫理之秩序中之高位，亦初爲強者、智者、能者、賢者、先進者、年長者、前代人之所居。於是權力財富，亦爲其所據有。此種社會漸成爲有明顯階級與等級之社會後，則社會之權力與財富，亦恒集中於上層階級，乃轉以壓迫下層之弱者、愚者，並限制桎梏後來之強者、智者等之起來；於是有階級之鬬爭，與階級之重新安排。而至近世，則有打破一切人與人之一切階級等級之差別，求一切人以平等自由之理想之出現，而有依於求一切人之平等自由之理想，所建立之現代式之文明社會之出現。

但是現代式之文明社會，是否卽人類之最後而最合理想的社會？是否其中之一切皆進於古典式之社會？照我們之意是，只有現代式之社會理想，把人類過去社會中權力財富之集中於上層階級之不平現象，加以推翻，而重新確認人與人之人格之原始的平等一點，是斷然較古典式之社會爲進步的。但是在其他的方面，則並不能定然的說。此中之最重要的一點，卽是在古典式之社會中，人之活動所實現之價值有差等之意識，是較現代人爲明白。而人之依此意識而向上看，以對賢者、智者、能者、年老者、前代人、與在上位者之精神上所表現之價值，致其崇敬的結果，確可使每一人皆能超越其個人之自我，以通達其精神於居較高等級，而成表現更高價值的人物或人格。人依價值等級，而一層一層通上去，則人人皆能崇敬一民族歷史中之聖賢、英雄、豪傑與忠烈，一國家社會中之聖君、賢相、與宗教上道德上文化上之先知先覺，一地方中之老成碩望，一家庭宗族中之賢明的家長族長。由是而使一般人民皆可由崇敬這些賢者、智者、能者而又爲先進者居上位者之人，而以這些人之心爲心，這些人之志爲志，這些人之行爲，爲自己行爲之模範；以使自己之精神向上超越、升舉，亦以整個之家族、地方、或國家社會與民族之歷史爲念。而這些賢者、智者、能者而又爲先進者與居上位者之人，亦可轉而以愛護心情，顧念不肖者、愚者、無能者、後進者與在下位者。此如前說。此中實有一具體的人與具體的人之精神，分別通過承先啟後、敬上愛下之道義關係，互相傳遞通達。此乃西方式與中國式之古典的之社會之所同。中國式之古典社會，則更能有此種形態之社會之所長，而能去其所短，如財富權力之集中於上層等者。

然而此種古典式之社會在現代式之社會興起後，則日歸於破滅；而其長處，亦日益不復爲人所識。然如我們以前之分析爲不謬，則只順此現代式之社會之發展，則必然歸於人與人之直接的互相讚美愛護之情意之泯失，與人之共同的客觀價值意識之泯失，使人生活於一平面的純事實的世界中，而人各物化其自己，於其專門的活動工作之中，更不易有向上超越升舉的精神之提起。

此中之問題之嚴重性，所以不爲人所覺察者，一因此現代式之社會中，仍有若干古典式之精神之遺存。如在宗教教會與學校教育中，即今仍有古典式之社會精神之遺存，亦理當以古典式之社會之形態，以存在者於今日者。在宗教之教會中，一切崇信者，只向同一目標以從事宗教活動。則此中先進後進之差別，對宗教修養之工夫之深者與淺者之差別，爲信一教者所同肯定。在一般學校中，先生教學生時，學生所欲知者，即先生之所欲教。一班師生之學習之活動，乃在使大家共達：得某一知識技能之目標。由是而後進之學生，必然仰慕最先進之先生。而各學生中之工夫程度之或深或淺之價值的等差，亦可爲一班之師生所公認。於是先生與學生間，以及學生之間，遂同可有眞正之相互愛敬。此外，則我們可說一經濟政治社會之機構中，凡有諸後進者直接學習於一先進者之處，同可有此愛敬；而其間關係，亦可爲師友關係。如我們把一切共在此師友關係中之人，名之爲一社會，即皆爲我說之古典式之社會。至就一現代式之事業組織機構中，諸個人大多只是平等的分工合作，以構成此組織機構來看，則不是我所謂古典式的社會。唯因在此現代式之社會中，仍多少有此古典式社會之遺存，以輔助人之提昇其超越的向上精神。由此超越向上的精神之提起，則人仍可在其作一專門之工作時，自超越其工作，以顧念整個之事業、整個之地方、整個之社會、整個之國家，或整個之人類。所以一般人可不覺我們所說之問題之嚴重性。

然而我們如果要通古今之變，以看此問題，則不能不注意到：順現代式之社會之所趨向歸結之處，以看此中之危機。此危機卽古典式之社會與其精神之日歸於消滅。如宗敎團體之愈分愈多，其間之關係之愈只爲一外在的分工合作之關係。學校之科系之愈分愈細，敎育之愈只順個人之特殊才能與個性而施。則其最後之歸結，亦卽爲研究各種專門之學之人、與每一學生之各逞所長，而與治其他專門之學，及其他學生之長，互不相知，及共同的客觀的價値意識之泯失；使一堂師友，各住於一個人之學問之世界，而使眞正之相互讚美、提携、互勉之事，爲不可能；而將只有爭取分數的數量，與畢業後出路之大小，與薪水之多少之數量的競賽。此則已爲西方與現代中國之社會敎育文化所已見之病態與危機。現代社會中人之向上超越於其所從事之工作事業以外，以關心整個社會國家與整個人類世界之精神之提起，亦由人之日益沉淪其精神，於其特殊工作事業而益難，亦已爲我們本文篇所詳論。則我們今日之欲從根救治此現代式文明社會之病，蓋捨重懸一更高之人類未來社會之理想，於此理想中，將古典式之社會精神，重加發揚恢復，使之再透過現代式之社會，而發展爲未來人類社會之一精神支柱，別無道路可走。

二十、民主理想之實踐與客觀價值意識（下）

（六）社會組織中之經道與緯道與平等自由觀念之再造

此種將古典式之社會精神重加發揚恢復所成之精神，我們名之爲一縱的經道精神，以別於現代式社會之分工合作之精神，歸向於平面世界之成就的，乃橫的緯道精神。人類之理想社會的精神，乃繫於以經貫緯，而縱橫皆備。欲達此目標，則必須人們之覺悟只求橫的緯道之拉長，只求分工合作的社會組織之日益龐大，只求增加各種人之人生文化活動之形式花樣，雖能去掉了古典式之階級社會之毛病，解放了人之能力，擴大了人類之人生文化活動之範圍與種類，並增加了每一專門的活動之外在的效用價值；然而充此精神至極，必使人物化於平面之世界中。因而人必須自覺的求節制修正此現代文明之根本精神，以復經返常。此處人們用不著怕再回到古典式的社會之缺點之再現。因爲我們乃是求在現代式社會中，重恢復發揚古典式社會之精神，其所生的成果，將只能是一古典式社會與現代式社會之一更高的綜合。

依於此覺悟，我們應當了解人生文化活動之形式花樣，並沒有無盡的變化之可能，而人之特殊才能與個性之表現，亦並無眞使個人成爲一絕對特殊單獨的唯一存在之可能。如果向此可能而趨，則爲一切形式花樣之互相更迭，而互相否定，一切個人之精神之互相外在對立，各成爲一物化之存在。人必須與他人在種種共同的路上走。如果人與人只在不同的路上走，或如人人之能乘火箭船，分別向太空分馳。此卽一切人之分別散入平面的太空。人只有在與人在共同的路道上走時，人才能彼此前後相望，而互爲內在的眞實存在。此事要成可能，則必須人與人有共同所嚮往的人生文化的形式，而分別由人以其個體之人格，共求實現此形式。唯在此處，有普遍者與特殊者之眞正的結合，與特殊的具體個人與特殊的具體個人之眞正的結合，亦卽平等與差別之眞正的結合，價值意識與存在意識之眞正的結合。因在許多不同個體人格，分別求實現一共同的理想形式的地方，卽顯出各特殊的具體個人之能力工夫，所能接近此理想之程度上的差等或價值上的差等。在有價值的差等的人與人間之聯繫者，只是我們上述之敬與愛。有價值的差等的人與人之人格間之平等，在最初只是其所嚮往之理想的平等，與其人格之先天的平等。至在由其能力工夫之運用，彼此顯出差等後，則不及者後進者，只能通過尊敬，以與能及者先進者，在人格之價值上平等，而先進者則當通過對後進者之愛護，以提携後進者，使其漸在實際的能力功夫上，能與之平等。由是而見現代社會之所崇尚之單純的自由與平等，並非一適切人道的社會理想。因此種平等與自由，可只是使各人平等各成一特殊個體，而分道而馳，其間之聯繫，可只是各人之活動之互顯一效用工具之價值；因而各個人實只由互相需要、互相利用，以結成組織，而此組織，亦可是只賴一外在之契約法律維繫者。這並非理想的社會，已如前說。眞正適切人道的社會理想，則當是透過價值的差等之肯定，而以愛敬，化此差等爲平等之平等。此中之自由，則不只是分道而馳，各有其權利意志的自由，而當兼包含人與人之嚮往同一之理想的人生文化活動之形式，而各自由其自己，加以實現的自由。此爲我們對於現代社會中之平等自由之觀念之再造。

（七）價值差等之意識與民主選舉

對於我們上述之重將價值差等之觀念，貫入平等與自由之觀念中之理想，也許要被人視爲與民主之精神不合。人們可以說我們之理想，乃對於中國與西方古典式的舊社會之等級秩序的留戀。並說在承認價值差等的「人之等級之觀念」中，必使社會依人之價值之等級，重建爲一金字塔式之秩序。此即成一貴族社會、階級社會之再來，而居此金字塔頂之人，亦可再化爲一皇帝式的極權者。因而我們之社會理想，不能成就民主政治。現代世界在民主政治上，最有成就之美國，乃正因其莫有古典式的社會階級與人之價值差等之意識。故其在建國之初，直至今日，皆只標平等自由之口號，以爲民主之基礎。因而中國之政治，欲走上民主之路，亦決不容許再提價值差等之觀念，而宜當以美國之只標平等自由爲法。

對於上列的批評，我們的答覆，簡單說是承認價值的差等，並不必然化社會爲貴族社會階級社會，亦並不必需承認有一人居金字塔之頂。此猶如我們在道德世界，同承認有聖賢小人之等，然而我們儘可承認：人皆可以爲聖賢，並不必承認只有一聖人高居一切人之頂。我們如果不能承認人與人之價值的差等，則我將說明眞正理想的民主政治的實踐，將不可能。而要使眞正理想的民主政治的實踐成可能，正必須依於人之承認價值的差等。在此，我將說明美國現行的民主政治，亦並非理想的民主政治。中國未來之民主政治的實踐，亦正須依於肯定價值差等之意識，才能眞正的有成功之可能。

民主政治之實踐，所以必須根於肯定價值差等的意識，是民主政治之實踐，不能離開選舉。選舉之活動，卽是一衡量諸候選者之價值高下，而選我所認爲有較高價值之人之一活動。如果我們不能同時選舉一切人，則我們不能莫有價值差等之肯定。價值差等之肯定，是民主的選舉中，必然已經包含了的。由此卽可說，一國的人民之辨別諸候選者之價值高下之能力如何，卽決定一國家之負責政治者爲誰，而決定一國家之命運者。則我們不特不能反對價值差等之肯定，而且我們正當求我們之能正確的、精細的，辨別諸候選者之價值差等才是。

究竟什麼人應在政治上，被選爲立法者、或行政者？這應當包括政治才幹、政治道德。政治道德，是綜合國家社會人民之各方面之要求，而與以充量的滿足之大公無私之道德。政治才幹，是依正義以協調、裁決，國家社會中各種力量之衝突，而加以配合組織的才幹。這不只是一專家，或只從事某一特殊的文化活動的人之道德與才幹之類。然而我們請問有此種政治道德才幹的人，如何能實際的被選出？我們說，除非從事選舉之人民，都不只是以一專家、或從事特殊文化活動的眼光，去選舉，而是以一健全的公民的資格，去選舉，同時能正確的、精細的，辨別諸候選人政治才幹、政治道德之價値差等；則此種人物，明是選不出來的。由此我們卽可說明，如在一社會中，人由分工愈細，而使人愈只注意於其專門之工作時，則眞能辨別候選者之價値差等之健全的公民，必然是愈少，而政治上之實際被選出者，與理當被選出者，是必然愈難於合一的。

依此，我們並無理由，說一平等而自由的社會，人人都能自由的選擇職業，在社會地位上平等，此社會之政治，卽是眞合民主理想之社會。我們儘可想像一平等而自由之社會，人只平等的自由做其工作，以分別盡其義務，享其權利，然而其所選之政治上之人物，都是庸才。他可並無眞正之政治道德、政治才幹，以求社會人民之各方面之要求之充量的滿足，並依正義以協調裁決社會中各種力量之衝突，而加以配合組織；而可只是能敷衍各方，以維持社會之表面的法律秩序的鄉愿。他儘可只以先期的空口諾言，與若干行爲對人民討好，或以其特殊的事業上成就，與金錢上之富有，或儀表之出眾，或有一羣黨徒之代爲宣傳，遂獲得更多之選票，以成爲立法上、行政上之被選者。則選他之公民，亦卽並非爲健全的公民。如此之民主政治之實踐，明未能達一理想之境地。然而我們卻可以說，在一國之公民，皆只重其專門之工作，而缺乏正確的、精細的，對他人之政治道德、政治才幹之價値差等之辨別之能力時，此一國之公民，永不會成爲健全的公民。

若從此看，我們明不能就美國之社會之爲相當平等自由的社會，而說其政治卽達民主的理想，其公民皆爲健全的公民。我們正可由美國之公民，皆分別過忙於專門之工作，過重效率與個人之成功，與過重一事業活動之實用的工具價值，過重以所得之財富等數量之增加，表示價值之增加，以言其大多數人之根本缺乏辨別人之人格本身之道德價值，與綜合性的政治才幹之高下之能力。其所已選出之議員、與政府中人，正不必是其社會中最當被選出的政治人物，而正可能是該社會中，一流以下的平庸之才。其政治上人物所以被選出，儘可多只是由於其特殊事業上的成就而成名，或金錢上之富有等，其他的因素，而非由於其在政治道德、與政治才幹上之高其他人一等。

（八）美國式之平等自由之社會之所由成，與中國民主政治之道路

至於談到中國之民主政治之路，則只是現代美國式之平等自由的社會，亦不可學，且非中國人所能學。其所以不可學、不能學，是因美國人早期之平等自由的口號，初是兼所以謀其國家之獨立，而與一建國精神相連的。此時美人之爭個人之平等自由，同時是爭諸個人共同建立獨立國家之權利，而在建國之精神中之個人，是同時是有超個人之超越向上的精神的。故美國之開國之人物，多特有一崇高的犧牲個人以爲國家之精神。美國人後來所享受之平等自由，所以較他國爲多，則由美國之人口之

由少而逐漸增多，乃與國土之由東至西的開闢，及近代科學技術的運用，而陸續產生的工業、農業、商業之事業，及文化、教育、宗教之事業之擴展，而自東徂西以相依並進。此整個言之，卽一美國文明之向一平面之伸展。在此平面之伸展中，前面並無大的阻礙，諸個人卽可分別平等的各不斷成就其事業，而各有其自由活動的天地。此事與思想上自由平等之觀念，相輔為用，卽足使美國人所享受之生活上之平等自由，較他國為多。美國人在其嚮往平等與自由之社會理想中，亦始終未離其尊重其自歐洲來之文化傳統與宗教傳統之精神。此諸精神中，卽包含種種的價值差等之意識，足以陶養美國人之超越向上之精神，使其所重之平等自由的精神，不致立刻淪為平面的精神，而卽導致我們前所謂物化之結果。我們今日如只學其重平等自由之精神，而另無價值差等之肯定，以貫入其中，則我們亦將永不能學美國，亦不能眞實成就中國之民主政治之實踐。

此中國之情形，與美國情形最大之一不同，是中國今日之建國，不似美國之建國之由西至東，在前面有可開闢之大地，容人民之以科學技術之運用，與相配合，以自由發展各種事業，促成一平面擴展之現代文明。由此而欲中國人在短期內有美國式之自由平等之生活享受，絕無可能。我們亦不必羨慕。因其中正藏一使人向平面世界物化的危機，已如前所述。人的價值，並不當以其所享受者，定其高下，而正當以所享受者，除所創造者，所得之商數之大小，定其高下。享受者愈少，而所創造者愈多，人之價值乃愈高。則中國人之不能有美國式之生活之享受，亦並非卽我們之文化之缺點，於此羨慕，決無一絲一毫之價值之可言。

依我們之說，我們要在中國講自由平等，而不能如美人之同時又尊重其所承之歐洲古典式文化宗教傳統，以保一超越向上之精神價值差等之意識，我們即只有由尊重中國古典式之文化傳統，以保我們之超越向上之精神，我們之價值差等之意識，以運之於我們之平等自由之觀念中，而成就中國之民主政治的實踐。否則我們決無路可走。

在我們本文之篇首，我們已說明中國數十年來從事民主政治運動的知識分子之所以無成，由於其不深知民主之理想之落到實踐，若只依人與人平等自由之要求，並不能形成眞正之團體結合，以共建國家。此或須賴於團體之有外在的壓力，以使其內部凝結，或須賴團體中人之客觀化其理想於社會之事業組織。否則必須內部有一有效的法紀規律之制裁。再不然則需團體內部之具體的人與人間，有直接的人格接觸所產生愛護、佩服、互助等自然情操、與道義關係。我們說在此四者中，一切革命團體主要是賴第一種之原理，以形成其團結的。共產黨與極權式政黨，與其所主宰之國家，主要是賴第三種之原理，以形成其內部之團結的。西方現代文明社會組織之原理，則是依於各種不同之理想之分別客觀化，爲不同之社會事業，而以契約法律維繫的。古典式之社會尤其是中國古典式之社會，則根本上是賴第四種之原理，以維持其存在的。我在以前數年，只看到中國之民主自由之理想，如不以客觀社會之組織事業爲基礎，決不能實際實現。我在現在則同時看到，只由現代式之社會團體之組織，亦可使人陷於平面的物化。中國之民主之理想的實踐，必須重肯定傳統之價值差等之觀念，而以中國傳統式社會組織之原理，爲一根據。因唯此方可眞實成就中國之民主政治之實踐，而亦可將現代式之社會組織與民主政治，再向前推進一步，以開拓人類社會政治之更高遠的前途。

（九）論人物的選擧與非人物的選擧，及選擧中之差別原則與尊賢擧能

我們之所以仍要以中國傳統式社會組織之原理爲根據，以眞實成就中國之民主政治之實踐，是因我們看到選擧，須依於價值差等之肯定，而選擧者與被選擧者之關係，亦要成爲眞實的人與眞實的人之關係。在此處，我們要說，在現代的民主政治之實踐方式中，無論在西方與東方，在政治上的選擧者與被選擧者之關係，並未能成爲眞實的人與眞實的人之關係。現代之競選者，對選民說，你選我，我將滿足你們之某一些需要。這只是一商業上的交換條件之說。我們之選一人，如只是爲滿足我們之需要，此只是視其人爲工具。競選者之只視選民爲投選票者，以使其被選之事成可能者，此亦是只以選民之投選票，爲其達到被選之目標或慾望之工具。現代式之競選的宣傳之注重刺激，引動選民之某一種心理，以便對其生好感而選他；選民於此，並不是直接由對其政治才幹、政治道德的崇敬，而選他。則其選擧之事，亦並非是以一眞實存在之政治人物，爲對象；而是以一能引動其好感之人，爲對象。此即使其所選出之政治人物，本非政治人物，而使在此選擧中，並無「眞實存在之選擧者，與眞

實存在之候選者之關係」之存在。至於宣傳之賴金錢作背景，而使金錢愈多者，愈善宣傳者，愈易被選；更使人之被選，非以其人而被選，乃以其後面之金錢力量而被選。則選舉者名爲選人，而實則乃選錢。此中更復無眞實的人與眞實的人之政治關係，則更不待言。

民主政治之實踐，根本是一選舉的抉擇。此抉擇只能依於差別原則，而不能只依於平等原則。依於平等原則，只能說一切人皆有選舉權和被選舉權或被選出之可能。以此原則，可以推翻一切特權階級。此無問題。然如一切人皆同只有此可能，則一切人皆可被選出，一切人亦皆可不被選出。如果無「差別原則」之加入，則積極的民主政治之實踐，仍不能成就。此差別原則，如不依於人對於政治人物本身之才幹道德之差別之辨識，則必然只能依於候選者之供宣傳之金錢之差別，及善於宣傳與否之差別，及其他之偶然的不相干的差別，以爲決定；而使民主政治之實踐中，並無眞實的人與眞實的人之政治關係之存在。此是民主政治之實踐上最大的困難。

然而我們如何能使選民，對於政治人物本身之才幹道德之差別，能有眞正的認識，以爲成就眞正選舉之根據，並使有最高之政治才幹、政治道德者，居政治上最高之位？則只有係於人民之普遍的有一本於禮讓之精神，而尊賢舉能之道德與器度。在君主制度下主權在君，依中國儒家之理想，必要求君主一人之有尊賢舉能之道德與器度。在民主制度下，主權在民，人人皆是君主，則我們亦必須要求一切人民，同有尊賢舉能之道德與器度。此只是一個道理之擴充的應用。

現在一般之意見，是說民主政治之精神，在競爭而不在讓。但是照我們的看法，則說民主政治之精神在爭，只能從民主政治之精神，要打倒特權階級，或向特權階級爭平等，及民主國家之公民，必爭其有價值的政治理想之實現，這二點說。但在一切人已有平等之政治權利，以求其政治理想之實現的情形下，要使民主的選舉成可能，並使被選出者，接近理想，仍只有賴讓。

照現在一般之說法，競選便是爭而非讓。但是我們要知道在民主政治之實踐中，重要的是人民之選舉，而非候選者之競選。人民之所以選候選者之一，而不各選他自己，此卽依於一讓。如大多數人不讓，則人人皆競選，卽無人能被選。唯因大多數人皆讓，然後有少數競選者之爭。是民主政治之實踐，所賴之於人民之根本精神，仍是讓而非爭。

然而如果競選者之爭，依於大多數之人民之讓。則競選者爲什麼獨於要爭？爲什麼競選者獨有爭的特權？如果競選者獨有爭的特權，豈非民主政治中之一根本的不平等？此處不能用競選者之獨有天下爲己任之責任感來說。因在一理想之民主社會中，應人人可平等有此責任感。此處要貫徹平等的精神，在理論上，我想不出其他任何辦法，卽只有使一切人皆讓，而以禮讓爲國，爲人之從事政治活動者之基本原則。

依我們之理想，則要貫徹民主政治中之讓的精神，終有一日，在政治世界，無一切出於爭心的競選，而只有「推選」。一切所謂宣傳爭辯，皆是爲客觀的政治理想而宣傳爭辯。一切政黨與個人之競選，皆只是提供人民以選擇的各種可能，而人實無爭心。因而現代式之一切出自爭心之宣傳爭辯，皆將只以說明理想、報導事實之形態表現。其中另無任何利用人民心理之成份然後可。

我們之所以說只有貫徹民主政治中之讓的精神，乃能使民主政治達理想的境地，即謂只有在無人有爭心時，然後選舉者之選舉之事，乃爲眞正之自動的尊賢舉能，一無被動之成份。在有爭的情形之下，則競選者之欲爭取選民之意念，及緣是而生之一切行爲活動，均在求控制選舉者之心理。此卽欲使選舉者，成爲被動。于此，卽使選舉者之精神之伸展，無形中受一委屈。而欲免此，只有貫徹讓之精神。由此讓之精神之貫徹，在只有推選而無競選之情形中，則政治上高位，乃皆由在下的人民，各本其推賢舉能之心，層層推舉而上，以建立。此亦可謂爲金字塔式。然此非自上而下，而是自下而上所成之金字塔。此其所以爲民主的，而非專制與極權的。

此上所說之徹底的貫徹推賢舉能之政治社會，只是提供一遠景，以見我們之民主建國，並非止於隨人腳跟、學人言語之事。我們還有超越於當今之時代的理想。此理想如何能完全實現？必須涉及無數具體之問題，通過艱苦之歷程，非今所能一一論，亦非一躍而卽能實現者。然欲使其實現，爲眞實可能，則係於人民之能辨別人物之政治才幹、政治道德上之價值的差等，而此事又係於人民之肯定有價值之差等，並能辨別各種人之人生文化活動之價值差等。欲使人之辨別人之人生文化活動之價值差等之事，成爲可能，又待於人之有嚮往一共同形式之活動，卽志同道合之活動，與緣此而有之客觀的價值意識。由此而我們卽不能只崇尚人之分工合作，而志同道異之社會組織；而須更重人與人之具體的愛敬關係；並不當只以形式花樣之變化增高，代表社會文化之進步，而當更重人生文化活動中之常道之建立。唯有此常道之建立，人有更多之常道上的共同活動，而後人之客觀價值意識，乃能逐漸發達，而日趨廣大與光明；理想的民主政治，方能實現。此仍歸到吾人平日所言，文化與道德，爲政治之本之意，及人類社會問題之解決，係於一通古今之變，而融貫之古典式與現代式之文化精神，以開闢人類未來之前途之論。此可請讀者再覆案吾前文所言，及我在人文精神之重建一書與其他相關之文，卽知此結論之爲必然無可逃。至於依此理想，以決定吾人對當前現實政治問題之態度，則吾人仍以爲在目前除爲一切極權世界的人民，爭取其政治上之自由平等外，同時亦須求如何本客觀的價值意識之建立，運互讓的精神，於一切自由世界的民主力量之團結之中；並將此力量·客觀化爲各種社會政治之事業。否則，一切民主自由之理想之建立與宣傳，都是只能始事而不能成事的。本文之所說之理想，亦不能例外。而從世界之局勢來說，則自由世界之散在各國民間之富與力，如果不能同時凝聚起來，共向保衞自由世界中，已實現、能實現之客觀價值之超越的目標而用；如果人們只求享受其個人之自由，只謀其個人所從事之特殊事業之發展；則自由世界仍將是隨時可以毁滅崩壞的。其餘的，則非本文之所欲論。

（一九五八年·「祖國週刊」第二十二卷第三、四、五期）

廿一、存在主義與現代文化教育問題

(一) 說存在主義哲學之起原與其問題

我今天的講題是存在主義哲學與現代文化教育問題，關於存在哲學我以前亦曾講演過二次。最近幾年，我很少有機會向諸位講話，因爲我個人的眼睛不大好。如此將近有三年了。在這三年來，在教育上亦有些前所未有的現象發生，就是在新亞這方面，我覺得也有些前所未有之現象發生。我今天一方講我對存在哲學之文化背景的看法，一方亦就存在主義的哲學觀點，來談我對這些教育現象的觀感，遂定了此題。但此題所當涉及者，亦很複雜，恐怕非如此短的時間，所能講完；不過，講不完亦不要緊，講多少算多少好了。

關於存在主義，唸哲學的人多是知道的，一般人則不大知道了。存在主義哲學，簡單地說就是論人的存在的問題的哲學。此一人之存在問題，在一般的想法，似是不成問題的；因爲我們每一個人都自以爲是存在的。但是實際上，人的存在，確是一個問題。我現在先從簡單方面說，比如我們每一個人覺得我自己存在，但此所謂存在，是存在于甚麼地方呢？這便可有多方面的答案。首先，我們可說：我存在于自然界中；其次是我們可說：我存在於他人心中、於人類的社會之中；第三是我存在於我自己當中；第四是我存在于比我們人更高的東西如神或是上帝，或是上天當中。我們每一個人之自以為自己存在，大概不出以上四者。我想以四個字來代替它們。自然界稱之為「地」；他人與人類社會稱為「人」；我們自己就是「我」；上帝或上天，就是「天」。歸納起來，我們人自己就是存在於「天、地、人、我」這四者之中。我們試各自想一想，究竟各人是著重於存在甚麼當中？也許有人著重存在在自然界中；也許有人著重存在於他人心中、人類社會之中；也許有人著重存在在我自己當中；也許有人著重存在在上帝上天之中。這就見各人對其自己存在於甚麼之有不同的想法了。

至於說今所謂存在主義哲學，則此初是現代西方哲學之一支。此一支之哲學之起原，我可以說，初是原於一些西方思想家之感到人似不能存在於此「天、地、人、我」四者之中。這種人不能存在此四者中，亦是我們一般人偶然會感覺到的。如有時一個人會覺得對他人，或對人類社會而言，我不存在，因他人或社會中沒有我的地位。有時一個人亦會覺得：我不存在在我自己當中，我討厭我自己，而我自己跑到我自己之外去了。有時一個人亦會覺得：我不存在於上帝或是上天那裏，上帝不愛我，上天遺棄了我。再一個人亦有時會覺得：我不存在于自然界中。這皆是我們一般人都可以有的感覺。不過，人這種感覺有不同的深度與廣度：有的人於此感覺得很深而廣，有的感覺得淺而狹，有的人甚至好像沒有這種感覺。感覺深而廣的人，有時會深刻地感覺到我在這地方不存在，在那個地方亦不存在，在任何處皆不存在。亦即在上述之四者中，自己既不存在於自然界中，亦不存在於他人與社會中，亦不存在於自我之中，亦不存在於天、或上帝之中。此時人可覺其生命其精神，懸在此四者之間，一邊都靠不上；這便是最嚴重的情形。諸位同學，有沒有這種感覺，我不敢說。但在某一個時候，人的生命精神，是會有這樣的感覺的。當人有此感覺，而人又能反省到此感覺，而試加以思想時，人的存在便成爲一最嚴重的問題。照我的看法，西方近代的存在主義哲學史，便是一「逐步發現人在此四面都不能存在」的歷史。這逐步發現的歷史，是怎樣一回事情呢？我今天可以簡單的講一講。

關於現代西方存在哲學之起原，有種種說法。有上溯至蘇格拉底的，有上溯至奥古斯丁的，有上溯至巴斯噶（Pascal）的，有上溯至俄之陀思托也夫斯基（Dostoevsky）的。但如這樣去上溯，則即近代十八、九世紀之浪漫主義的思想主義之思想中，皆可說同有存在主義的思想成份。不過一般說，西方現代存在主義之起原，多只追溯到丹麥的哲學家杞克果（Kierkegaard），許多人再加上德國的尼采。這二人，可說是近代西方存在主義的開創者。這二人所感覺到的存在問題，在杞克果，是他首先深刻的感到在理智思辨的哲學中，一切文化藝術的生活中，皆不能發現出他自己生命的眞實存在之處所。以至在愛情中、婚姻關係中、在世間的教會組織中，亦不能安頓他自己生命的存在。於是他一個人只有獨自面對上帝，尋求上帝。但他又同時深感人與上帝之間，有一深淵。人跟上帝，似彼此生疏，而互相脫了節。此深淵，只有由跳躍，才能過得去，以與上帝連接；但又似無力跳過去。此便成了其一生的問題。由他之感受這問題，他曾寫了許多自己分析其內心所體驗的精神奮鬪的書，但都是用筆名發表。當時人不知道，現代人才一一考出來。他爲什麼要用許多筆名寫書呢？照我的解釋，此便表示其要掩藏「他寫書時之自己的現實存在的生命或生命」於他人之前，並表示其生命之不能或不願存在於當時的社會。而他之書用不同的筆名，又表示其寫各書時其前後之自我生命之間，有裂痕存在。寫前書時之自我，不必存在於寫另一書之自我之內。他時時在求逃出他自己，而存在于此自我之外之另一自我。總之，杞克果是對其生命存在問題，有一最深刻之感受的。但其所感受之存在問題之焦點，仍只在人與上帝關係之宗教問題。此一宗教問題，在我們中國人來說，是不大成問題的。因爲中國人之宗教的感情，不像西方人那樣明顯和強烈。杞克果卻正是在其深感到此一其自己生命與上帝之關係之問題，即感到他之「要求存在於上帝，而又不能存在於上帝」之問題，而成爲存在主義哲學的開創者。此外的，我不再多說。

至於尼采，則他是牧師的兒子，而又失去了宗教的信仰，便又不同於杞克果之尚深信上帝的存在者。尼采因失去對上帝的信仰，而宣告上帝已死亡。此頗似俄之陀思托也夫斯基之小說中，寫到人之「退還上天堂的入境證」的事。尼采於此所感到之生命存在之問題，亦有比杞克果更進了一步之處。因既然上帝死亡而不存在，則人非上帝所生，「人只是自然的產物」。此即同於生物學上的進化論之說。不過他於此尚更進了一步。他認爲人既是進化的產物，人便應該再進化。既然阿米巴進化爲猴子類之生物，猴子類之生物，再進化爲人，那人將會進化爲什麼東西呢？他認爲人將會進化成一個比人更高的東西，這就是「超人」（Superman）。要講進化論，人必繼續進化爲超人，亦似是必然的結論。在這地方，他另感受一種人之生命存在之矛盾，卽人一方面爲自然之產物，一方面人又應當力求超過他自己，超過現有的自然，以當少數的超人之一，而不安於爲一自然的產物，爲庸俗的人們之一，要求超過現有的人類社會。這樣，諸位試想想，依尼采之思想，上帝已死了，則此超人既上無上帝，下要超過自然，外要超過現有的人類，內要超過他自己；此超人豈非更成了一「上不在天，下不在田，外不在人，內不在己」的四面不著邊的存在了嗎？然尼采則終身在此四邊之間奮鬪，故一方與信有上帝之宗敎家的觀點作戰，一方與一般科學家之「只硏究現有的自然而不求人成超人」的觀點作戰，一方亦與一切「以庸俗的大多數之意見爲意見」之民主主義的觀點作戰。再要超過自己，時時以其今日之我與昨日之我作戰。這樣四面作戰的結果，於是尼采最後瘋狂了。瘋狂了十一年後，稍淸醒，人們告訴他說，他曾寫了幾十本書，但他已不記得了。這是一個深刻感受生命存在問題的天才之悲劇。他與杞克果，都是我十分喜愛而同情的人。但此尼采之悲劇之核心，主要是由「人是自然的產物而又要超自然」這一點來的。人之是自然的產物，人又似不同於一般自然物，而似超於一般自然之上，此中所引起的種種問題，不單是尼采一個人感到，許多近代西方人同樣感到。我們可說自從近代自然科學迅速發展以後，自然界卽迅速全幅變爲我們之自然科學研究的對象。但是此中「所研究者」必不同於「能研究者」，則人研究自然時，人卽可同時多少直覺到人之不同於其所研究的自然。於此要說人是自然進化的產物，則人與自然間，既有一結合之點，亦有彼此相分離而相脫節之點。至於人用由近代的科學而生的技術來征服自然，戰勝自然時，自然更成爲人所征服戰勝的對象。被征服戰勝者與能征服戰勝者，更不同，則人與自然之脫節分離之點，更顯著。由此而人卽不能說其眞正存在於自然中。這便與近代科學未發展以前之情形，大不相同。在近代科學未發展以前，自然可只是人之生活的住所、生命的住所，初非研究的對象，或征服戰勝的對象。此時，人可說其眞存在於自然中。所以在近代科學與其技術興起以後，十九世紀中葉，無論在英、法、德許多注重以自然爲其生活的住所，生命的住所之詩人、文學家、思想家，如所謂浪漫主義者，或新人文主義者，都在情調上十分厭惡一般科學技術的文明的。我似記得英國當時之文人羅斯金（Ruskin），卽爲了深厭惡火車，而沿鐵路自造一駕馬車，傍著鐵路慢慢的行。這不是故意好怪。這是因火車鐵路當時確實破壞了人與自然的關係。人在火車中，至多只能從窗中望見自然，人此時不能感到其生命之生活於自然、存在於自然。人要求其生命之生活存在於自然，人是會厭惡火車鐵路的。所以當時英、德、法之浪漫主義者、新人文主義者之求回到自然，亦是一存在主義的問題。這一個自然與生命的問題，在十九世紀之浪漫主義者新人文主義者，如哥德、席勒、柯勒芮己、卡來爾等寫作中，都表現高度的生命智慧。這些我們亦不必多講。但是到十九世紀末葉以來，科學工業技術，對一般人日常生活上的價值，卻太顯著了。浪漫主義者亦同樣準時到火車站排隊買票，在生活上亦習慣了此無情的技術文明。而人們對此生命與自然間的許多深刻的問題，所感受者，反不如當時科學技術初應用於自然的改造時，那樣深刻，或視為沒有問題了。其實這只是此後的人之生命心靈，更麻木了。所以由十九世紀之末到二十世紀的人，最關心的人之存在的問題，已不是人如何眞存在於自然之問題，而是人之如何存在於一由科學技術之應用所形成之現代之複雜的工商業社會，人如何存在於此社會中之他人之中的問題中了。

人原存在於一人類社會或人與人之倫理關係中，此在古代中世，亦原不成大問題。但由科學技術的應用，現代之複雜的工商業社會組織形成以後，此卻漸成了問題。此一問題，亦代替了以前人所感之人與上帝、人與自然的關係之問題。在德國之黑格爾學派之左派中，有一哲學家弗爾巴哈，他曾說一段話：卽人之第一個思想是上帝，第二個思想是自然，第三個思想是人。人對上帝與自然之想法，初皆依於人對人類的想法。但是以前人不知道，以為上帝與自然比人類更重要，但現在人才眞知道人類是重要的。此外當時講人類應比自然上帝更重要之思想家，還有孔德等。但不幸的是，由弗爾巴哈之思想之進一步，卻出了馬克斯。馬克斯初是佩服弗爾巴哈的，他作了弗爾巴哈論綱的書。但馬克斯最後發現一件事情，卽此世界自原始共產社會以後，卽已無所謂普遍的人類，只有分化為不同的階級的人類；人亦遂只各有其屬於特殊的階級的性，而無普遍的人性。於是在馬克斯，普遍的人性與人類的概念，開始不存在了。馬克斯之思想由弗爾巴哈來，弗爾巴哈之思想由黑格爾來，黑格爾之思想由康德來。康德原來是明白承認有普遍的人性與人類存在的：人類學之名詞，亦由康德始用。康德說人有四個當問的問題。一是什麼是我知道的？一是什麼是我應該做的？一是什麼是我所希望的？最後一個是什麼是人？康德對前三問題寫了不了的書，但對此最後問題，論述卻少。據霍夫丁近代哲學家，康德對實際存在的人類歷史，已有許多悲觀的看法。此後，黑格爾之精神現象學，便開始注重人類社會之階級的分化、階級的鬬爭，及生產工具的佔有，對階級分化、階級鬬爭的關係。但他至弗爾巴哈，尙承認此有普遍的人性、人類之存在。到馬克斯起，才宣稱所謂普遍的人性、人類，自原始共產社會以後，卽不存在；此後人類只分化爲各階級的人，只有各階級的人是存在的。各階級的人，亦只有屬於其階級，各爲其階級利益而鬬爭的階級性。這個思想之影響於二十世紀之世界，造成俄國與中國之掀天動地的革命，亦不能不說偉大。但這卻是康德下來的普遍的「人類」、「人性」之概念破裂之後，亦此「人類」、「人性」不存在的結果。

普遍的人類概念，在二十世紀，明顯的破裂爲各階級的人，亦破裂爲各民族的人，各膚色的人。在共產之世界，普遍的人類，破裂爲各階級的人，及爲各階級利益而奮鬬之各政黨的人。在威廉第二、希特拉，普遍的人類，破裂爲日耳曼人與非日耳曼人。在西方帝國主義者，普遍的人類，破裂爲有色人種與無色人種。今亦不必一一去說他。但所謂階級的人，或一民族的人，有色的人、無色的人，都是一類概念，皆各指一集體的人羣，或某一類的人。今說整個的人類不存在，只有集體的人羣，或某一類的人，才眞實存在，那麼一個一個的人，是否存在呢？在「一類的人」存在之觀念中，如在「階級類的人」存在的觀念中，一個一個的人，只屬於一階級，或屬於代表一階級利益的政黨……則一個一個的人，只能在其所屬之階級與政黨，發見其自己之存在。一個人卽不能眞正獨立的存在於其自己之個體之內，而亦不能各對自己成爲一眞實存在了。此是共產世界的情形。而在反共或非共之自由世界看，則自由世界之工商業社會中，雖不必處處有馬克斯所謂明顯的兩個階級的對峙，但至少是注重職業或行業的分化的。當人只屬於一階級，或只屬於代表一階級利益的政黨時，人之個體，固然不能眞實存在；而在職業行業有過多的分化的工商業社會中，一個一個的人之個體，亦同難成爲一眞實存在。此可略爲說幾句。

我們大家知道，現代之工商業社會組織形成所依之一個原則，就是分工合作。分工卽必有職業行業之分化。分工，在生產上，能增加效率，亞丹斯密斯已講過，這無人置疑。但是由分工日益細密，而有過度的職業行業的分化，以後每一個人卽只能在一龐大的工商組織中，作很小一部份的專門工作。他之作此專門工作，亦只須用其經過某專門訓練後某一種天生的能力。於此我們卽可以說，在此專門的工作中，並莫有一人之整個的人格之存在於其中，亦不須一人之整個的人格之存在於其中。譬如在紡織工廠中，紡紗的工友，是一個整個的人格。這個整個的人格今只須用他經過專門訓練之紡紗的特殊能力，去紡紗。此紡紗之工作中，便決不能有、亦不須有此工友之整個的生命或人格之存在于其中的。這道理很簡單。此算是第一點。第二點則是在分工分行業的現代工商業社會中，我做這個工作，你做那個工作。你的工作與我不同，我不懂你的工作，則在你的工作裏面，我就不存在；你不懂我的工作，在我的工作裏面，你也不存在。此是第二點。此外還有第三點，即在分工分行業的現代工商業社會中，每一人在其行業中所佔的工作，都是可以在原則上，容別人去加以代替的。你做某一工作，是不是某一工作一定要你做呢？別人有同樣的技能也可以做的，即他是可以代替你的。工廠裏、商行裏要增加一個職員，只要做得這個工就成。如果那個人做同樣的工，比你還好，則老闆可以請他代替你，你亦無話可說。但如你之工作，可由他人代替，則「工作」便不眞屬於「你」，「你」亦不眞屬於你的「工作」，而你的生命即可不眞存在於你的工作裏，此是第三點。此上之第一、三兩點，我前在「人的學問與人的存在」一文第八節已說到。第二點則我在論「民主理想」一文第四節，亦詳說。從此三點，我們便可說在現代工商業社會中，只有「屬於一類一類工作或行業的人」之存在，並莫有個體的人之眞實存在。這與在共產主義社會中，只有屬於一階級的人、一政黨的人，莫有個體的人之眞實存在的情形正差不多。由此而我們可說在現代世界中，個體的人之眞實存在，在共產世界與非共反共之世界，皆失落了。西方現代之存在主義哲學之時代的背景，亦可說即在其發見此人類世界中之「人的失落」之一事實。

此上只是就存在主義哲學之興起之時代背景或外緣，作通俗的解釋。於此我們亦可說西方之存在哲學，亦如古今東西之任何哲學，爲一時代的候鳥，亦時代的先知。至於講到存在主義哲學本身，這就尙有哲學史上與哲學理論上的問題，而各所謂存在主義哲學家之說法，亦有種種，不能在此討論。爲了要證明我以上所說，我只在西方當今存在主義哲學家，舉兩個人爲例。一個是海德格（Heidegger）、一個是馬色耳（Marcel）。海德格四十年前在其存有與時間一書中，已講到人的存在狀態，通常是存在於「不眞實存在之狀態」下。一個人如只是一 Everyday-man，便是存在於一「不眞實存在之狀態」之下的人。所謂 Everyday-man 卽「一般」的人，或一街上人，或「只屬一類概念之下」的人。通常說一個體屬於一類，如我是一學生，卽我屬於學生類，爲學生類中一份子。此在邏輯上，似無問題。但此在存在主義哲學上，便應再加一層之分辨。於此，我不能說只是學生類中之一份子，此「學生類之一份子」之概念，不同於我之爲一「眞實的個體的人」，亦不同於我之眞實的生命存在。說我是學生類的一份子，是學生之一，不能表達我之所以爲我。我不只是「一個」學生，我是「這個」學生。這個學生之「這個」，才能表達我之所以爲我。如只說我是學生之一，則其他學生所作的，我亦要作，去模仿，這便很可能使我不存在於我自己之內，而存在於我自己之外，使我失去我之眞實存在。我現在提出海德格之分辨「Everyday-man，屬於一類概念下的人」與「眞實存在的這個人」，卽所以證明：依他的哲學，一個只屬階級只屬一行業的人，皆不是一眞實存在的這個人。

其次馬色耳亦曾說到在現代工業技術所支配的社會裏，人有其財產、地位、知識、技術，有其對社會的職能，這些都是人之所有，屬人之"Having"，但不屬於人之存有或存在，即不屬人之Being。而人之自以爲存在於其諸所有 Havings 中，同時亦使人與其自己之存在生疏而隔離。這亦是說在現代社會中，人並不能「在盡其職能的工作，與所得之財產、地位，所有之知識技術中，獲得其自身之眞實存在」的意思。

總上所說，在現代人類社會中，雖然從一方面看來，一般的文明文化，都在進步，但此只是人們之分工合作之外表的成果；而人自己之眞實的生命存在，究竟存在那裏，卻成了更嚴重的問題。杞克果先發現人之恒不能眞存在於上帝，尼采發現了人之不能眞存在於自然，而現代之存在哲學家更發現人之不眞實存在於社會與他人之中：人恒在爲「一般人」之一，盡其社會的職能時，同時喪失其自己之眞實存在。自己之眞實存在旣喪失，則人亦不能眞實存在於自己。故我們可以總述此存在哲學之問題，卽由人之感到人之存在「上不在天，下不在田（自然），外不在人，內不在己」而來。存在主義哲學的問題，能否有完善的解決，亦繫於我們之能否使我們自己旣「上存在於天，亦下存在於地，外存在於人，內存在於己」，使天地人我之爲我們生命存在之「四至」之地爲定。這些都是我個人近來的看法。以前我講及存在哲學時，尙未如此講的。

至於現代西方存在主義的哲學家，對上述之四問題之解決，則不圓滿的地方還很多。譬如以我們每一個人個體性之一問題來說，此一個人之個體，如何能被自覺而凸顯出，即一開始的問題。此個體不能不被自覺而凸顯出，則一個體如何眞實存在於其自己之問題，即無從說起。對此問題，海德格在其時間與存有一書有一章論到以死來凸顯個體之說。我十五年前曾對此書加以介紹，後重印於哲學概論附篇。今可更簡單的說其以死凸顯個體之說。他說人只把死放在面前，人才能自覺其個體而凸顯其個體之個體性。他的意思蓋即因人所有之一切，如人所有之財產、地位、技術、知識，都是人與我所共有的，即都是「一般的」，可以說「概念加以規定的」，只有死才是各人死各人的。其他的一切東西，都可互相據有，互相代替。只有死，才誰也代不了誰。所以人只有把其自己之死，放在目前，作爲一背景，才能凸顯出其個體生命的眞實存在，凸顯其個體之個體性，而加以自覺。但人是否能時時把死放在目前呢？他卻未講。我看此中還有更深的問題。不過海德格確是當今之一眞正的存在哲學家。我曾遇見一個德籍的哲學教授 Weistmeister，他與海德格相識，說海德格實深感存在的憂慮，談起話來，常淚隨聲下。海德格雖馳名世界，但不是一好名的人。我又在偶然機會遇見編當代哲學家叢書之 Schippe。他說他曾親訪海德格，要求他答允在其主編當代哲學家叢書中，爲他出一專集，以與杜威、羅素、懷特海等並列。結果海德格把 Schippe 呵斥了出去。看來海德格這個人，是眞發現到了其生命存在之自身中有問題，而又自覺其未能加以解決的存在哲學家。我又見一講海德格哲學之一選集中曾說：海德格晚年見了日本禪學者鈴木大拙之談禪的文，曾說此正是他想說而未能說出的。由此卽證明他四十年前之「時間與存有」中的見解，尚不是他的定論，其中論死之問題，自亦未說到究竟。

再如沙特，在其「實與虛」一書之後部份，曾提到人之「自己之個體存在、與他人之個體存在之間，有一爭爲主體」之生死的鬬爭。此所謂爭爲主體，卽爭爲一認識的主體（Subject），把他人當爲一被認識的客體或對象（Object）；而使他人成被認識的客體，卽使他人成爲非存在者。此中卽有人與我之生死的鬬爭。由此生死之鬬爭，則人自己之個體之個體性，要凸顯出，卽似必須將他人之個體性凹下去。而人之個體性之是否皆眞能凸顯，卽亦成了一深刻的哲學問題。此沙特之意，似比較難懂。但我可以試以一二事解釋。譬如你正伏案作文，後面有一人在背後偷看你如何作文。當你發現時，你會忽然生氣。此中理由何在？此非怕人偷了你文章的內容去再作一文，亦非他人之「看」，會使你文章內容，受任何損失。此依沙特之說解釋，卽你在作文時，你是一主體，而他人之看你作文，則只是把你視爲一被認識的客體或對象。人不願只爲被認識的客體或對象，所以你不願他人只在背後看你作文。又如你是一科學家，時想去硏究動物或植物或礦物或人類社會之某一方面。但假如另有一科學家要把你置於實驗室中，把你之生理心理，全部解剖，硏究得一毫不遺，作成一博士論文，而把你之生理心理與社會倫理關係中之一切，作爲此博士論文之材料。你亦會不願意。此何以故？此我可以本沙特之意答覆，卽若果如此，則你將只存在於此博士論文中，你將不存在於此自己之內。亦可說你的存在，爲此科學家的硏究或此博士論文，所全部吸收去了，偸過去了。你自己之存在，已變成一些抽象的文字符號，而不存在了。所以你不願意。但是在實際生活上，依沙特說，我們每一人卻都想把他人成爲我的認識硏究的對象或客體，而只想自己成爲認識硏究的主體。這就形成人與人爭爲主體之生死的鬬爭。所以沙特曾說：有兩夫婦，丈夫只能在其太太睡覺時，才覺得自己是一認識主體，其生命才眞實存在。因爲此時其太太旣已睡覺，便只是其所認識的客體或對象，而不能成爲「認識他」的主體，亦不能化他爲一被認識的客體，來剝奪其生命之眞實存在了。依他這種說法，則人與我之個體的眞實存在，永遠不能同時被凸顯、被自覺，而同時建立。沙特亦可說是一最重人之自由主體之建立，而又能感此中之有此一深刻的問題，而終於一悲觀的結論者。但沙特之說，可能全錯了，錯在其不知人可以不只爭爲一認識的主體，而在求一爲道德宗敎的主體，而此一道德宗敎性的主體，可以涵攝其他同類的主體，而不必有此生死的鬬爭。然人在不能互爲道德宗敎性的主體之前，沙特所提出之問題，亦極深遽。此人之爭爲主體，亦可以引致出無數其他極難解決的人生問題。這點我不擬多說。

至於此外之被人稱爲存在主義哲學家的，如馬色爾，則承認人與我之關係，如果是 I 與 Thou 卽「我與祢」之關係，不是 I 與 It「我與它」之關係，則無此沙特之問題。依雅士培之說，以論人與人之精神交通之關係，亦可無沙特之一套問題。此外還有以色列之馬丁布伯（Matin Buber）與俄之流亡哲學家貝加葉夫（Berdyaev）亦可納之於存在哲學之的思想流之中。馬丁布伯，亦講 I 與 Thou 之關係。貝加葉夫則講「神人」與「人神」是「互相成爲」之關係，亦無沙特之一套問題。但他們之說是否可使人眞正爲一道德宗教之主體呢？還有可討論的地方。但此如何使人皆能自己凸顯其自己，皆能自覺其自己，而皆能自己存在於自己，正是存在主義問題，須由東方或中國之人生智慧來加以照明的地方。以東方或中國之人生智慧標準，來評判當代西方存在哲學，可能尙皆是「望道而未之見」。此說來話長。又依我的意思，此四問題中，不能以人求存在於上帝、於自然、於他人爲本，而應以如何存在於自己爲本。前三者皆求諸外，後者才是求諸己、求諸內。人如果以求存在於上帝、於自然、於他人或人類社會爲本，如西方現已有存在哲學發展的情形，人之眞實存在，亦永無法眞實建立。沙特所提出之問題，亦終無法解決；西方之存在哲學，亦將爲人之所厭棄，而本身成爲不存在。而實際上當此西方之存在哲學，成一大學的課程與博士論文之題目時，此存在哲學，已客觀化爲不眞實存在的了。我今說人之在其自己中之存在，不必妨礙到人求在上帝自然與他人中存在。此只是說，我縱要在他人心中求自己的存在，此他人亦先要在我的心中存在；而此「有他人在我心中存在」之我，亦要在我自己中存在。我縱在上帝或自然中，求我的存在，上帝或自然，先要在我之生命中存在；此「有上帝自然，在我心中存在之我」，亦要在我自己心中存在。所以人之眞實存在問題之解決，關鍵在人如何能有「在其自己中存在」之智慧。但理由則不能在今天再多講。而在根柢觀念上，亦很簡單。以上卽算作一結束。

（二）說現代大學教育之若干問題

此下我要說的，卽存在主義哲學、與現代教育問題，並附帶說到我近二三年對新亞教育之感想。我在這二三年，因目疾之故，少問世事，而今再睜眼看世界之時，我發現我們現代大學教育之組織，由仿效現代工商業之組織而儘量分系分科，亦儘量擴張膨脹，雖有種種的使學術研究之成果、教育之成果增多的好處。有如工商業之組織之龐大，有使工業產品增多，產品流通速度增加的好處。但現在亦同樣出現種種嚴重的問題。而此種種嚴重的問題，亦正同可依存在主義的哲學之角度來，加以解釋。我們上說現代工商業組織，以分工分職愈細，而使在其中工作的人之整個人格不能於其專門工作中存在，又使在其中工作的人與人間，愈不在其工作中，互爲存在；同時使在其中工作的人，亦皆成可互相代替的一般的人，或屬於類概念下的人。現代大學組織，仿效現代工商業組織，而儘量分科分系的結果，亦正有同樣的情形。如在現代大學中的教授與專家，恒只有在其極專門之範圍內之學術中，才敢發表意見；對於其他教授專家，在其專門之範圍內之學術，卽不敢贊一辭。於是各教授專家所治之專門學術、其價值，卽亦愈不能有彼此間之欣賞、讚美、鼓勵，而實際上互爲不存在。大學愈大，專門學者亦愈只在一人之書齋、與實驗室之小天地中工作，而其心情亦愈孤獨。卽如像愛因斯坦這樣的大物理學家，三年前我到普林斯敦大學，一位得物理學博士的同學便告訴我，說愛氏在晚年極感孤獨，曾想多一助教合作，而不能得。他之遠地的名聲，並不能補償其近處的孤獨。此皆由學術日益分化之故，方使學者與學者雖對面，而彼此若隔萬重山。雖然在現代大學教育中，亦有人提倡輔之以通識教育，各專門學術間，亦有種種媒介的學術之存在；但媒介學術本身，又可爲一專門學術。當今學術教育之大勢，仍是趨於逐步分化，專門又專門，使彼此無從了解，亦無從批評，而估量其對人之生命存在的價值。專門學者視通識之學爲空洞，亦怕講通識之學者拆穿破壞其狹小的學術之天地。但當今之專門學者，卻偏不願在一專門學校中教書從事研究，必慕此大學之美名，居於大學中。此是一奇怪的現象。在大學中，隨從專門學者作研究的學生，自然必需更求專門，才能出人頭地。而一代一代的學者間，遂愈趨於互不相知其學術之價值。其「學術之價值，愈互爲不存在」，其人格與生命，亦愈互爲不存在。此亦正如存在主義者之所說於現代工商業社會中之工作的人的情形。然而說到人之人格生命存在的問題，一般人總覺虛玄不實，把握不住。但是此三年中，世界之大學教育中，卻爆發出三種前所未有之現象。此三種現象，一是LSD之爲許多大學生所服食。前年我在紐約哥倫比亞大學，據說校中學生服LSD者，有十分之一的人數。二是許多大學生變爲嬉皮士。三是全世界大學學潮遽起。此在香港，亦多少有一些徵象，似尚只由外感或摹仿而起。嚴重的情形，尚未到來。對此三種現象，當然可以分別解釋。人亦可自各種不同之專門學術觀點，如社會科學的、心理學的、歷史學的、教育學的、宗教學的的觀點，去作種種不同的解釋。但是我們亦可由此三種現象之同時並起，視之爲有一共同的原因。在此，我們亦可試依存在主義哲學觀點，加以解釋，而說此皆由於現代之青年在現代之大學教育中，其生命之眞實存在中，原有之若干眞問題，爆發出來了。我們明似可以說，學生之食LSD，是由於其要由此起幻覺以另求一生命的眞實存在之所。青年變爲嬉皮士，則是要逃出現代文明的虛僞，自求在一自由結合的嬉皮士羣中，得其生命之眞實存在。至於各地大學的學潮之與起，此明不同於過去之學潮，都有一社會政治偉大理想爲號召。今日之各地學生之要求改革校政，各有各的理由，而無共同之理想。如說甲地之學生因甲地之學校之校政有甲弊要改革，則乙地之學校校政無此甲弊，亦應共同慶幸此乙地之無甲弊，而更擁護乙地之學校才是。但是現在世界學潮之趨向，似乎是：如甲地之學生發現甲地之學校有甲弊，乙地之學生於乙地之學校不見有甲弊，則必找出乙地學校之弊，來鬧起學潮。故此世界各地學潮之與起，依邏輯上說，不能單純以學校之校政之弊來解釋，而當說是由此一時代的青年，都共同感受了現代教育中之某一問題而起。此一問題，我們即可依存在哲學之觀點，說是由於現代青年之發現「現代之學校，不能成爲其生命之眞實存在之所」的問題。此一問題，亦不只是爲學校中之學生所感受，實亦已爲學校中之教師所同樣感受。依我個人的反省，我認爲現代之分科分系太多，而規模太大之大學，即在本質上，會使人之入於其中，感其生命不眞實存在的。譬如我個人到了日本與西方許多大的大學，看見許多人，我不知他學的什麼，他亦不知我學的什麼，我卽直接覺到「我與他們之間之互不存在」而感到孤獨。此種人在人羣中之孤獨感，可遠超過一個人在自然中，面對天地時之孤獨感。天地原可不知我，故人在天地間之孤獨感，尙可忍受。人們是原可知我的，而今全不知我，便更感孤獨，乃使此孤獨感，成不可忍受。但是通常人不自覺此中之理。我亦近二三年，才逐漸發現此現代大學中人多，而反使人更增孤獨感的理由；同時亦發現到「許多在大學之師生，其靈魂實大都是十分單調、孤獨而又彼此互爲不存在的人」。我以爲此便是各地大學學潮之興起之一背後的、共同的、根本的原因。在大學中的先生，因年齡較長，亦有一定的社會地位可以依託；在一專門學術上已走上一路，亦可以依託。故雖孤獨，而不易自覺其孤獨，亦似無大的不安之表現。而學生則無社會地位可依託，於專門學術多未走上路。今之學生畢業便如工廠中的貨物，一批一批的送出，投入人海中，誰亦不認識誰：便特預感到一未來的渺茫，而亦引起種種先期的不安。原來人除非是「能眞實存在自己」之聖哲，皆是先要求被人認識而先求存在於他人心中的。人不被人認識，便都在深心會感到孤獨與不安。此時人亦會無理由的鬧事。有如家中之小孩，大人不理他，他就要鬧。鬧出聲，是爲使大人注視他，知道他的存在；此外別無目的。詩人說「頻呼小玉原無事，爲要檀郎認得聲」，亦是同類之意。一人鬧，無人聽，便集成羣體來鬧，亦只是爲要人注視他們的存在。此中之鬧的理由，是臨時方便找出來的，並莫有一定，亦不能當眞。現在各地學生之鬧學潮，亦卽由現在各地學生，先感到種種不安，而要人注視他們的存在，其鬧學潮所持之理由，亦並莫有一定，不能當眞。故依我的看法，此二三年中世界學潮之興起——現代學生之食LSD、化爲嬉皮士，其實同一根原。此根原卽在現代之工商業組織化的大規模的大學中，師生們之生命，原早已不互爲眞實存在，而學生則特感受其生命之不眞實存在於其老師心目中、於學校中而已。此便是我對現在之世界學潮之起因之解釋。或許大家會說我講得太玄妙，我亦很難把我的意思全部講明白，使人心服。我只請大家注意：此學潮，不是在類似手工業的師徒關係中所有的，不是在傳統的英國之導師制度下有的，亦不是在中國過去之書院的學校制度中有的。今試想想，此中何以無學潮之故，便可反證我上之所說。此卽因在此中國傳統之書院教育制度中，或英國傳統之導師制度中，師生之關係，是互爲存在的。其所以互爲存在，在其互相認識、互相了解之故。而現代的大學，因其太大，則一專門學術之師，與其他專門學術之師，是不互相認識，互相了解，互爲存在的。師生間只有講演與聽講之關係，亦是不互相了解，而不互爲存在的。學生與學生之各學其專門學術，亦是彼此間不互相認識了解，不互爲存在的。這就是在現代大學中師生之生命存在上感到不安之原，亦是現代大學的學潮興起之原。至於此外的原因，則各地不同，都屬於第二義以下的，尙不是此世界學潮何以一時俱起之共同的根本的原因之所在。

（三）說新亞教育之今昔

由此我再說到我三年來對新亞書院的教育與師生關係的感想。即新亞書院原始的教育理想，正是要學中國過去之書院的。在書院制度下，老師與學生互爲存在的。所謂互爲存在，是說一學生不只是「一個學生」而是「這個學生」：一老師不是「一個老師」，而是「這個老師」。「一個」則可以代替，「這個」則不可以代替。「這個」是一個體，不是一類中之一份子。這個個體，是眞實存在的個體。人對人亦只有互認爲一眞實的存在的個體時，才互爲眞實存在。所以在中國昔日之書院制度下，老師與學生是一倫理關係，學生與老師，在一倫理關係中，是互爲眞實存在的。老師與學生之關係，最初可以互相選擇，選擇定了，即終身不改。這不同於現代的大學，學生是學校招的，老師是學校聘的：師生關係，是由學校作媒人拉上的，有如媒妁之言而成之婚姻關係。但處當今之世，不通過現代的學校，學生無法自去選擇老師，老師亦無法自去選擇學生。現代學校，供給許多學生，任老師選擇，亦供給許多老師，任學生選擇。則老師與學生之關係，仍多少由師生自由決定。故我們可比喻現代學校之師生關係，如媒妁之言所成之婚姻關係。此媒妁之言的婚姻關係，亦可白頭偕老，重要的只在彼此認定：此婚姻關係是天長地久的：則現代學校師生關係，亦可天長地久，但亦須師生之間，彼此有此互相認定。由此說來，則在現代學校中，便仍可保持爲昔日之書院制度的精神。新亞書院的初期，亦是嚮慕此一書院精神，以求融攝之於現代式之大學之中的。所以我個人雖然亦讀了三個大學，教過五六個其他大學，但是仍最喜歡新亞書院的初期。然而此新亞書院之初期之教育，後來逐漸變，亦似不能不變，又似應當變，一直變到現在。現在的新亞書院，亦無論在經濟上、在社會地位上、在教師人數上、學生品質上、學校所表現之各種成績上，都較新亞書院之初期，不可同日而語，更不要說以後的發展了。但是在我個人主觀的感覺上，新亞書院的教育，亦有墮落的地方。卽大家漸漸忘了新亞書院教育初期的精神的意義和價値；或以爲說新亞初期精神，便只是留戀過去，只是復古，或只是少數校中若干老同事之「誇大過去，自我陶醉」的說法。其實這些話，完全不對。而在我個人方面，特別是在我最近病目二三年之後，看看新亞書院的教育，明有下列之變化：卽教師們之分系分工，不相聞問的情形，更顯著了；有通識教育的意義之共同課程，更被忽視了，一班學生人數更多了。此皆不必便是進步。依存在主義哲學說，學生們選這一系的課，更不選別一系的課，則另外系的先生，對這一系學生卽等於不眞實存在。先生敎許多的學生，而他不必一一認識，則一一學生對先生而言，也就不眞實存在。如今日許多同學我已認不得，這些同學便在我心中不存在。同學認不得我，我也慢慢的也在新亞書院的同學中不存在了。我有這個感覺，我想此外的先生與同學，亦同樣可有此一感覺。這是因分系多了，各系課程多了，先生學生多了，有通識教育意義的共同課程，被忽視了，就有這個現象。但是這現象究竟好不好呢？如不好，又以何辦法加以改進呢？如何在新亞書院之發展中，再多少保持以前新亞書院那種師生互爲存在的精神呢？這便成一問題。老實說，到了現在，我亦無好辦法解決。我只是提出這個問題，希望大家先行注意。

於此我還要順便提出一事，以顯出此新亞書院師生關係之今昔的不同。譬如在以前之新亞書院學生，出壁報、辦刊物、寫文章，都送給老師看看，爲什麼呢？因爲他心目中有「這個」老師，老師心目中也有「這個」學生；故學生自動地願意把文章給老師看一看，讓他與他的文章，在老師的心目中先行存在，對學生所作之文，多少加以斟酌改正。此正是「師生互爲存在」的教育之結果。但是，大約是去年，我便聽見有的同學說先生先看學生的文章，然後發表，便是審查；我們之文章，不要學校先生來審查，我們要爭取言論自由。這種種論調卻令我十分奇怪。照我的意思，審查與言論自由之爭取，皆政治上之概念，於學校教育中，皆不能用。所謂學生要「爭取言論自由」之「爭取」是什麼意思呢？是不是我的文章只要在我的心中手中存在，不能先在學校老師的心目中亦存在，容其加以斟酌改正呢？是不是學生與老師關係，同於政治上的統治者與被統治者的關係呢？如非政治上之統治者與被統治者之關係，如何可用「爭取」之名辭呢？實際上所謂「爭取」，卽師生成爲「互爲對立，互相外在」的存在，亦等於彼此未能互爲眞實的存在。老師如有統治學生的觀念，是老師的觀念不正確；我們當老師的當自己反省。學生如自視爲被統治者，要向統治者爭取權益，是學生的觀念之不正確；我望同學們亦要反省。學生心目中有老師，老師心目中有學生，師生不當是對立的存在，應互在對方之心中存在，然後可以有共同的教育、理想，而一切實踐理想時所遇之困難，亦才可以互相體諒，共同擔當。要使師生互在對方之心中存在，這個責任，老師要負一半，同學也負一半。但各人卻不能先放棄自己的一半，而只去責備他人所負的一半。如放棄自己的一半，只去責備他人所負的一半；則自己心中已先無對方的存在，而只要求自己存在於對方中，便不合人與人求互爲存在的道理，也不合從前中國人的忠恕之道。依忠恕之道，人當先盡自己的一半以待人，讓人去自然盡其自己一半，以待己。這卽是人與人互成爲存在的道理。說到此點，我個人很願意在我之工作之小範圍中，自己勉力求合此忠恕之道，亦希望與大家共同勉力，求合此忠恕之道。此是我對於新亞書院之內部之師生關係，我個人的一些近年來的感想，和意見。其次對於新亞書院在中文大學中，如何在中文大學中眞實存在，對其他二學院互爲存在，則可說是一團體之存在問題。但存在義主義哲學，不講團體之存在問題，只講「團體之存在與個人之生命之眞實存在之關係」的問題。若從此一點說，則我個人以爲學校教育之團體大，未必都是好，如中文大學之三個書院，合成一個更大的大學，把一切都統一起來，亦未必是好。這不是說我要新亞書院自己封閉起來，這只是從我感到在大的大學中如師生，彼此互爲不存在，不如在小的學校，師生彼此互爲存在的好。同時我亦認爲從前書院的教育制度，與英國之老的導師制度，亦確更有一「使師生互成爲存在」的價値之故。

我今天之題目本是存在哲學，本不該多講這些具體的問題。談人之眞實存在與教育的關係，亦尙不能概盡人之眞實存在問題的全體。教育中之師生關係，不過人與人之關係中之一種。此外，人對人間，還有其他之種種社會關係、倫理關係。人之眞實存在問題中，還有「如何眞實存在於自然、於上帝或天，與如何眞實存在於自己」之種種方面的問題。存在哲學與敎育之關係的問題，尙不過此中之一極小的部份，而新亞書院，又不過全世界之無數之敎育機關中一個。談存在哲學，而只及於現代敎育，已是大題小做了。不過，我們大家都是新亞書院之一份子，都存在於新亞書院之中，新亞書院亦存在於我們之中。則我今天以新亞一份子之資格，來講講有關存在主義哲學與現代敎育，以及新亞敎育之一些問題和感想，並論到如何使我們新亞師生之間，成爲「眞實相互爲存在的師生」，不只是一「互相對立而互相外在的存在的師生」：亦可說是一把存在哲學，應用於我們當下的存在之一種說法。希望大家亦不要忽視。如果我們學校的敎育，眞能使師生互爲存在，樹立此一敎育的風範，於香港、於世界，說不定亦可啟示出一「使全世界之學生如何不再化爲嬉皮士，不食LSD，不鬧學潮，而可在學校中獲得其生命之眞實存在」的道路，以解決「由存在主義哲學所指點的當今之人類問題中」之一部份。此一語，自然似乎誇大，但亦非決不可能。今天所講，卽止於此。謝謝各位。

（新亞書院月會講區慕弘、黎華標記錄。一九六九年九月。「新亞生活雙週刊」第十二卷第五、六期。「人生」第二十四卷第十二期）

廿二、中國教育史上之私學與官學

中國教育史乃一專門之學，我全說不上研究。我今天所講的只是本我個人的常識來談此問題。此問題亦關係到我們對中文大學的前途及新亞書院的前途之一些觀念。記得在新亞書院的前期之哲教系，因無人擔任教育史，我曾濫竽充數，勉強擔任此一課程。我覺得相當辛苦，爲此亦看了若干中西教育史的書，自己亦得了些此方面的知識，可惜今多已忘了。只記得我當時即頗注意中國與西方教育史上之官學與私學之關係。現在先從官學與私學的這兩個名詞說起：所謂官學，就是由政府機關提倡之學問，成由政府主辦的學校中之學問；而所謂私學，卽學者自己私人在社會傳道講學，私家開門授徒，私人設立學校所成之學問。所以這個「私」字並不是「自私」之「私」。官學主要是爲滿足從政府觀點看來所需之學，而私學則是爲滿足一般社會之需要、與學者個人在學術上繼往開來、承先啟後的要求而有。從教育史上看：一方面官學與私學，是相對立，而相輔爲用的；又一方面，官學與私學，又是相互轉化的。從西方學術教育史上看：希臘之哲人講學都是私學。柏拉圖、亞里士多德之學院，亦是私人設立之學校。雅典大學是後來才設立的，但在西方教育史上無特出之地位。在中國，夏、商、周之學校初皆屬於政府，用以教貴族的子弟。故從中國教育史上看，似先有官學。但從先秦諸子起，卽漸有私家講學，卻又無柏拉圖、亞里士多德之學院式的學校。此中西之教育史，初期何以有此不同之原因，現在不擬討論。我以下只想就中國有私學興起後，官學與私學之相對而相互轉化的情形，大體略說。我們可以說在中國教育史上，凡新興的有朝氣的學術與教育，初皆是私學。此是第一點。但私學盛行到某一階段、某種程度時，它便要求成爲官學。此是第二點。私學一旦成爲官學，官府用它來考試，學術只成功名利祿之途，一門學問跟著便衰落，而其他私學再興起。這是第三點。這三點可說是三部曲。今天我便想就中國學術教育史之幾個大階段的發展，來證明此上所說之三點。這樣大家可以想想，如以新亞書院爲例，以前爲私學，現在成爲政府的中文大學之一員，也慢慢地成爲官學；是否亦會走到上述之第三階段，並如何避免走到第三階段之終局的危機。在我看來只有一個辦法，卽使中文大學或新亞書院在形式上雖是官學，而仍當繼續保有原初之私學的精神。以下再稍詳一說，希望大家指教。

從中國之學術教育史上看，我方才已說，初是私家講學。但先秦諸子之學是怎樣起來的？淮南子說是起於救時之弊，卽皆應社會需要而起之私學。但漢書藝文志說諸子之學，起於王官，則重私學由官學來。二說孰是？實則諸子之學之滔王官之學而生，亦不礙諸子之學皆是私人講學，乃初在社會存在。孔子便明是周遊列國，私人講學。後來墨子、孟子，他們也是如孔子一樣周遊列國，私家講學。但當時亦自有官學。兼論當時官學與私學並存的文章，是莊子天下篇。莊子天下篇分道術或學術爲三支：其第一支學術是「明在數度者」，他說此支之學問「以法爲分，以名爲表，以參爲驗，以稽爲決……百官以此相齒……皆有以養民之理也。」卽說此支之學，以政府之名位法制之參稽考核爲本。但他說之第二支之學術，爲鄒魯之士所講之詩書禮樂者，可說這一類學是上層社會的士大夫講的，卽已不一定是官學。至於第三支之百家之學，所謂「其數散於天下，而設於中國者」，便全都是私學。莊子天下篇又說第一支之官學，屬舊法世傳之史。只看此一舊字，便知其屬衰退之學術。只有第二第三支之學術，才是當時學術的重心，亦代表當時學術的朝氣。這就證明我上所說之第一點，卽私家之學總是新興的，政府之官學，總是落後一步的。

但是我們亦可由先秦私學之發展的情形來證明上說之第二點，卽私學興起以後，總要求成爲官學。這種現象，亦似是必然的。因私家講學的動機，亦原是想影響到社會；但要想影響到整個社會，又恆須要通過政府。所以，當時之儒家也好，墨家也好，他們都想他們的學問能說服時君世主，而影響到政治，由政府來提倡。比較來說，只有道家人物不大去求說服當時君主。但道家亦有應帝王之道。漢初之黃老之學，亦影響政治。不過，在先秦來說，則法家之學者，如商鞅、李斯，能獲得政府及人君之重用；而法家之學，也是中國最早成爲官學的。秦不許人民私藏詩書百家語，要學者以吏爲師，卽只許有官學，不許社會有私學。其實法家之學，最初亦是私學，但他成爲官學以後，卻要禁止其他之私學，以杜塞智慧。然而社會人民的智慧，卻不容許此一錮蔽。於是秦政制與法家之學，雖延至漢代，卻再不能有商鞅、李斯的聲威。漢代思想之主流，已不能說是法家了。

漢朝初年，有人講黃老，有人講縱橫，亦有人講儒家，這又代表我上所說第一段的學術朝氣。然而這些私學起來，同時亦要求成爲官學。此各家學者亦都有對政治之影響力。儒家之董仲舒，由政府之採納了他的建議，而設立五經博士、博士弟子員等，則影響到當時整個教育制度，最爲凸出。民國以來，許多人說因董仲舒之要漢武帝罷黜百家，獨尊孔子，故後來之中國學術教育便不進步。此卻說得太遠，亦不合事實。實際上董仲舒之理論，被採納到何種程度，這事實情是很難說的。所謂罷黜百家，獨尊孔子，是何義？都要考察。實際上董仲舒所謂罷黜百家，並非禁止百家之學在社會流行，如西方中古宗敎徒之壓制異端之學術；亦不是如秦之焚書坑儒的辦法，來壓制百家之學。這只是說要政府依孔子之仁義之道來行政，不要以黃老雜霸之術來行政。此只是要孔子之學成官學，而並非要廢私學。關於這個問題，大家只看看柳翼謀、錢賓四、徐復觀、牟宗三幾位先生論及董仲舒的文章，便知董仲舒之抱負何在；不要閉眼瞎說，將以後中國學術之不進步，皆歸罪董仲舒。實際上中國以後之學術亦非無進步。一學術要求影響政治成官學，乃我上說之學術發展之第二階段必不能免之事。只要成官學以後，不制裁社會流行之私學，便已很好。但雖如此，漢代儒學成爲官學之後，許多經學家想爭立博士官，儒學成利祿之途，亦卽儒學衰落之始。在漢代眞正代表儒學之生氣的，亦恆不是附和政府所提倡之學的。如西漢之今文經學之博士官比較多，而西漢之末之有朝氣之學者，如劉向、劉歆、桓譚、揚雄等，便皆反此今文學之潮流。但劉向、劉歆講古文周禮、左傳，助王莽建新朝，其學又成官學。到東漢末期之馬融、鄭玄之私家講學，卻盛極一時，而傾向於融通今古文經學。當然人可說漢末之鄭玄、王肅等，都破壞了以前經學之家法，但卻不能不說他們之在漢末是代表生根於社會之私學。

漢朝講經學，魏晉講玄學。玄學究竟怎樣起來？章太炎說玄學亦原於鄭玄、王肅之經學之義理。王弼、何晏亦是經學家。但玄學之所以爲玄學，自別有一番精神，其與淸談之關係，更密於其與漢代經學之關係。淸談是社會上之貴族子弟的事。談名理、談藝術文學、談人物之風度，都不由政府提倡。而淸談與玄學，皆代表一時代之新風氣、新學問。當時之王侯將相談玄學，亦是以私人資格談。玄學初不是官學而是私學。然而到南朝的劉宋政府設立文學玄學之館，要使玄學成官學時，卻已屆玄學衰落之時。這亦證明一學術之衰與其成爲官學，總是同時。

再下面跟著談繼玄學而興之佛學。佛學由印度來，卻原是印度之私學。印度之官學是婆羅門敎，屬於秉主政之婆羅門階級；而佛學則爲社會之各階級人士講的，即初生根於社會的私學。然佛學亦曾爲阿育王所提倡成官學。然成官學之佛學，由阿育王朝衰，仍只能在社會存在。在印度，佛學不能與婆羅門敎競爭，便向外發展，而佛學流入中國，以至東南亞諸國。此亦如基督敎之不爲祭政合一之猶太人所容，而傳敎世界。此可見不得志於政治之宗敎學術之活力與動力，亦見私學之活力與動力，大於官學。佛學到了中國以後，最初也是少數私人講，但到了南北朝時，許多君主要找和尙幫他們貢獻政治上問題的意見。如石勒之對道安，姚興之對鳩摩羅什，都曾希望這些和尙佐政。和尙亦未嘗不想憑其在政治上的地位來傳教。由此而和尙與和尙之間，亦同會爲爭政治上的地位而鬬爭。譬如當時華嚴宗佛陀跋陀羅一派，便被鳩摩羅什下面的人排斥南下。後來和尙之封爲國師，皆不免帶官學意味。如禪宗之北宗之神秀，他便是爲國師的。南宗的慧能則沒有被封，便只是私學。他的學生神會，爲他爭取禪宗法統，至於「不惜身命」。現存六祖壇經中，亦說有人要殺慧能，可見慧能亦有成國師的可能。但據壇經，慧能棄了衣鉢。這個衣鉢原是代表一個社會政治上所承認的法統。今棄了此衣鉢相傳之制度，從此而每一大德法師，皆可自己各人傳授學生。結果：宋明以後，南宗之力量卻遍滿天下；而北宗的神秀雖被封爲國師，他的學問之傳，卻反而不盛。至於清以後禪宗之衰，我以爲雍正皇帝自己講禪，而滅除法藏法嗣，正可能是一大關鍵。這一切同證明連佛學亦是在成官學時卽衰，而私家傳授則盛之一眞理。

再下面我們說宋明的儒學之發展的情形，亦不在例外。宋明儒是怎樣起來的？當然在宋朝也有國家公立的學校和私立的學校。書院原於唐，也有政府的和私人的。如范仲淹受學戚同文之書院，初是私立，後改爲公立。據宋元學案，開宋學先河之三先生，都是私人講學。書院縱然是公立的，但去講學的人，則還多是以私家講學的態度來講。如范仲淹聘胡安定在蘇湖講學，乃由胡安定自定學規。至於孫明復、石介所在之泰山書院，則全爲私立。宋元學案不以范仲淹、歐陽修等曾作大官的人爲首，而以私人講學之三先生爲首，亦如明儒學案之以私人講學之吳康齋爲首，同是認定只有私學，才能開一代之學風。宋代之王安石，是一大學者大政治家，但他要手訂三經新義來考試，卻使後人更不看其三經新義。二程從遊的周濂溪，無異一隱者。程朱之學在當時皆曾被禁爲僞學，卻能師弟相傳，直至宋亡之殉國之文天祥等，還是接其餘風。然到明代永樂以後，編宋儒之書成性理大全，訂爲考試必讀，程朱之學亦即衰了。明代王陽明雖曾爲大官，但其學問之成，卻在其貶謫之時，其講學亦只是以私人資格講學。王陽明之學，後來傳滿天下，都是通過書院講學與講會的方式，而明末有許多學會起來，三教九流都可參加。然清代君主插手要對書院學校，加以管理，而宋明理學之精神亦衰了。

清朝初年，尙承明代學風。如李二曲、顏習齋，他們都是私人資格講學。但在政府方面，仍專以程朱之學來考試。乾隆並將書院之師，皆定出官品，將老師官僚化，書院精神從此更衰退。但清朝之考試，雖是考程朱，而社會上之學者，卻傾向於講與時文之考試無干之所謂漢學。清末阮芸臺辦學海堂，黃體芳辦南菁書院，朱一新辦廣雅書院，都重在提倡樸學，阮芸臺稱之爲實學，皆不是講政府考試所考的學問。提倡這些學問的人，雖可以是做大官的，如阮芸臺，然他們不是以政府考試作標準，而是提倡社會所崇尙之學問，仍然是重私學。故他們在教育史上皆有一席之地位。

民國初年袁世凱，亦要以政府之力來提倡孔教，親自祭天，卻反使孔子倒霉。打倒孔家店之思想，正是由打倒袁世凱之帝政之思想轉變而成。可見一成官學，卽孔子亦被厭惡。民國以來，一般學術的教育，表面看起來，好像國立大學佔的地位很高，但我們眞正看一看，亦不盡然。譬如說北京大學對後來之學術教育影響很大。但北京大學之所以能夠發生影響力，卻賴其中之教授私人所辦的雜誌，如「新青年」、「新潮」等對廣大社會的影響。此外，在南方如東南大學，也是國立的，而其中之先生們所辦的雜誌如「學衡」等，也是私人資格來辦的。然而這些人之辦雜誌與講學，後來也是希望在政府方面發生作用。譬如北京大學這批人，後來便變成了中央研究院一些創辦人，卻莫有早期的活力了。而三民主義、共產主義若作學術思想看，皆在未實現爲政治力量時，有朝氣，到成爲官方之教條時，卽失去生氣與活力。如大陸之共產主義，照我看民國十五六年左右，倒還有些著述，有學術意義；然現在全成爲官府的學問，卽全無學術教育的意義了。但通數千年之中國教育學術史看來，則官學衰時，總有私學繼起，以振衰起敝，這卽中國之教育學術史之生機所在。

上面我走馬看花的從先秦說到現在。今我們再說一下我最初所說的三部曲，卽一切學問之興起，最初都是私人在社會中所講之私學，以代表學術教育之生機。然而私學盛到一階段，又恆轉化爲政府的官學，此卽見私學總是有活力，官學只能跟著私學走。然而在一學問成官學後，卻又歸於衰落，必待於新興之私學之繼起。此又是什麼道理？我們可以說，此乃由於學術教育一由政府管理、提倡、統制，便必歸於求齊一化、形式化、機械化，而失去活力。亦可說由一學術成官學，便同時成功名利祿之途，而講學的人，亦非眞心誠意的講學。又可說政府所能注意到的學術，只是合政府之現實需要的。眞正的學者與教育家，更知對全社會之歷史文化之過去未來負責。故只以政府所需要之學術教育爲學術教育之標準，必失去教育學術之理想性。故學術教育必須有由私人在社會提倡傳播者，才能有活力有朝氣，私學必當爲官學之領導，而當其化爲官學後，卽恆趨於衰落。

由此我更說到現在的新亞書院或中文大學的教育。此是由大說到小。在教育史看，新亞書院或中文大學太渺小了，尙佔不了地位。但因切近眼前，故亦須一說。新亞書院或中文大學，若作爲現代之大學教育來看，其形式兼是西方式的。西方式的大學，始於中世紀，初連於教會。教會初是生根於社會，故近代大學亦可說初生根於社會。近代初期大學中，教會權威極大，恆代表大學之官方。新的哲學、科學思想之興起，皆恆受代表官方之教會之壓力。新哲學、科學思想之興起，亦多先在社會上號召，然後在大學中講述，此亦是由私學開始。歐洲之大學，以近代國家主義之興起，而多改爲國立，漸成官學，但仍尊重由社會興起之學術思想。只法西斯時代之德國、意大利與蘇俄之大學，由政府控制，全成官學。此爲西方現代教育史中之逆流。英美之大學，則自始多保持私立。然在近數十年，以大學費用增加，私立大學之經濟困難，故英國之大學需要政府補貼；美國州政府之大學，亦次第興起，凌駕私立大學。很多人說此是西方大學教育之一危機。至於以殖民地之大學言，則初皆由政府發動領導，並以行政長官爲大學校長，卽見其基本形態是官學。如香港之香港大學，亦初不在例外。唯有中文大學之興起，則先由有社會人士所辦之三間書院之存在，而香港政府卽加以承認。此原有類於尊重私學之西方傳統教育精神，亦合於中國傳統教育史中私學恆化爲官學之常軌。但對英國殖民地之教育史言，則爲破例。然此三間書院由私學成官學，卻又初無中國傳統學者之以教育與學術影響政治之抱負，而只是由三間書院之感經濟上之困難，而後合成一大學，求獲得政府之幫助。故與政府間初並無眞實的文化理想之聯繫，只是彼此相需要，而以利合。由此而若干人，亦可儘量求納此大學入殖民地之官學之常例，而使之失去其原初生根於社會之私學精神，而化之爲純官學。然私學化爲官學，則教育失其活力，而只求「齊一化」、「機械化」、「形式化」，而更趨於「功名利祿化」、「現實化」，而失去教育之理想性，則其必然之結果。我們只要稍具教育史學術史上之常識，便知此中之理有必至，勢有必然。若要求免於此必然之勢，只有大家多少有些學術教育史上之知識，眞正認識「教育必生根於社會」、「必尊重私學精神，學術教育乃有活力」，並重新回顧三間學院之原始精神，原是生根於社會，其原初創辦之活力是三間學院之靈魂，更加以發揚光大；然後此三間書院合成之中文大學，有其眞正的前途，不致蹈中西教育史上一切私學化爲官學的覆轍。

（一九七一年三月・「新亞生活雙周刊」第十三卷第十七期）

廿三、中國之祠廟與節日及其教育意義

(一) 導言——社會教育、教育、及小道理與大道理

今天承謝永年先生要我對諸位同學，作一次演講。我對社會教育，毫無研究，想來想去，想不出好題目。最後乃選定此題目，看起來似很生僻。祠廟與節日同社會教育，亦好像不相干。而眞要講中國文化中之祠廟節日之意義與其歷史，應視爲文制或禮制來講，不能只限在與社會教育之關係上講。此不是本人之學力所能勝任。但是我個人對於中國之祠廟與節日，卻有一番深切的喜愛，一些根據個人之體驗而有的意見，亦值得一說。同時我認爲中國將來之理想的文化社會生活中，必須看重這兩種東西。這兩種東西之價值，亦儘可說之不盡。以我個人數十年所學的哲學，全部用來加以說明，亦是不夠的。我看一切哲學、科學及其他學術知識，如全不與人之具體的社會文化生活相聯繫，其價值亦不能眞顯出。而祠廟與節日之關聯於人們之社會文化生活，則是多方面的，又極切至的。諸位既然學社會教育，應當是最重視人們之社會文化生活的，故選了此題目。亦許在將來之一日，諸位會想到重建中國之祠廟，並共謀使中國人之節日的生活更有意義、更有價值。不過，我們此時流亡在香港，香

港又是一西方的殖民地，一單純的商業都市，此時要坐言起行，便做不到。我所講的，大家亦不免視爲太不切合時代與環境的需要。然而我亦不能管這許多了。

一般所謂教育，大約分爲學校教育、家庭教育、社會教育。但除此以外，我想還有個人對自己的教育，及自然或宇宙對我們之教育。我們個人之修養，即我們自己在教育自己。人由自然的災荒知節儉；人由自然的險阻，知造舟車；人由觀天行健，知君子當自強不息；人由觀地載重，知君子當厚德載物；仁者樂山，山之敦厚亦使人仁；智者樂水，水之活潑亦使人智。這都算是自然對人之一種無心的教育。

我很慚愧，很少去看論社會教育的書，不知社會教育之概念，如何規定，其內容如何分類。我想社會教育之內涵，似包括：一、屬於學校教育之補足者，如所謂勞工教育、民眾教育、婦女教育，失學兒童之教育、成人教育之類；二、屬於對人之社會性、合作性、人之社會生活、人道觀念、社會感情、人道感情及其他一切社會化的行爲習慣等等之本身，加以指導、陶養之教育。如團體活動之教育、公共衞生之教育、敬老慈幼之教育及家事指導、育嬰指導、守法習慣之養成之教育等；三、社會文化之機構，如公共圖書館、歷史博物館、科學館、藝術館、體育場、廣播機構、文化會堂、講演廳、教堂、出版及新聞機構，所舉辦之各種長期性的文化事業，及臨時性文化活動，如公開演講、書畫展覽、戲劇表演、音樂演奏及其他游藝等，皆有教育意義，應皆屬於社會教育中。

在此一般所謂社會教育之範圍中，我們所謂祠廟與節日，似乎並不佔一地位。我們一般之新知識份子，對此二者，亦不加以重視。但我們試去看，大多數的中國下層民眾的生活，卻可發現此祠廟與節日之被他們所重視。即以香港來說，諸位看看大家過舊歷年，過端午節、中秋節的熱鬧，新年時期去車公廟的人之多，豈非遠多於我們知識分子之參加有計劃的提倡之任何社會活動、文化活動者？諸位千萬不要以為這些只是愚昧的民眾之所保存，而應加以革除之不合時代的舊風俗。眞正講來，我們今日自稱為知識分子者，大多數只有一些淺薄片面的舶來的觀念，便要以之批判一切，而自以為智，實則恒遠較一般之民眾，即古人所謂「愚夫愚婦」，為更愚。在此處我們正當自己多多反省，多多學習。世間有些事很奇怪，如社會上之眾人或愚夫愚婦，常羨慕為知識分子的我們；然我們一般知識分子都想學專家、才人、學賢人，但眞正之才人專家賢人又常想學聖人。聖人又學什麼人呢？在此點上，中國從前人都說聖人應倒回來學於眾人，聖人同於愚夫愚婦。這個話是很有意思的。對我們方才所談的問題上，我們亦當最後從眾人與愚夫愚婦身上去學。我們應多想：何以中國之祠廟與節日，被中國民眾如此重視呢？這中間總有一道理，我們應去知道。我想如果知道了，我們亦許就不會只去想加以革除，而知實應加以保存、改進，並加以提倡了。

中國民眾之重視祠廟與節日，究竟有何道理呢？此不易說。我們總易想，此不過一歷史傳下來的風俗吧了。但風俗之最初形成，及其相沿若干年，仍應有一道理。人總不會作全無道理的事。這道理，亦不必一眼就能被我個人所見得，因我個人不過許多人中之一。我個人所見的道理，比起許多人之行爲中所表現的道理，常只是小道理。此小道理要不斷擴大，才能與許多人之行爲中，所表現之大道理，相應合。只有聖人，因其心中常有許多人，所以恒能見及此大道理。而我們一般知識分子，因其只知其所治的一點專門學問，只在自己之一點專門學問中，唯我獨尊，他心中莫有許多人，所以最不易認識此許多之行爲中，所表現之大道理。就我個人來說，亦不是卽能免於一般知識分子的缺點，但因生性尚不算薄，所以多年來總在努力從小道理中翻出來，求契合上述之大道理。這中間的工夫，亦實是艱難。講出來，要使大家共喻，尤不易。因爲流行的小道理太多，一一皆應其理，加以疏導，太費時間。我今天只能應機，就我個人對此問題，經思想後，所了解的一點，同大家一講。但是能否有所契合於上述之大道理，或仍只是我個人之小道理，就不敢說了。

(二) 節日與祠廟與時間段落及空間處所

節日與祠廟，並非只有中國才有。一切民族都有其節日，或某形式的廟宇。節日是屬於時間之一段落的，廟宇是屬於空間中之某一地位的。然二者皆是具一種非實用的意義的。人生總有時要去工作，而人生的日子，卽可分爲工作日與非工作日。非工作日，可分爲假期與節日。假期作爲休息之用，休息是爲恢復精力，再從事工作，此外無他意義。節日則不同於假期，而另有其意義；然又不同於工作日，因其無實用的目的，無實用的意義。節日中有所謂個人的節日，如個人之生日、結婚日、父母沒時之忌日。又有所謂一團體之節日，如一學校之周年紀念日、商店開張之日。更有所謂一社會、一民族國家或全人類之共同的節目。此中又分二種，一種是一社會、一民族或全人類爲紀念一特殊之歷史事件而有之節日，如國慶紀念日、聯合國之成立紀念日等。另有一種非爲紀念一歷史事件，或初意雖在紀念一事，後來變爲不重在紀念歷史事件，而只在節日中作某一類之非實用性的活動之節日。如中國之年節、中秋節，皆非紀念一歷史事件。端午節及耶穌聖誕節，則皆可能初是紀念屈原之死、耶穌之生，但後來則人只於此節日作某類之非實用性之活動者，如以粽子來弔屈原，及對耶穌作祈禱禮拜等。我們今日所要談之節日，則將以最後一種節日爲主。此種節日，我們可界定之爲：「涵具一種非實用的意義的，一社會人民之非工作日、亦非休息日的日子」。

至於祠廟，則是一定空間的處所，而可與人之工作處所，及休息處所相對而說者。人之工作必有工作處所，此在家爲厨房、書房，在社會爲農場、田地、工廠、商場、政府官署、教育文化機關所在地。人另有休息處所，此在家爲寢室、廳房、庭園，或厨房、書房中之供休息之椅櫈上。在社會爲公園、茶館、游樂場、廣場、郊外、道路旁之椅上。然外亦有既非工作亦非休息之處所。此在家庭爲牆上、壁上、可懸掛書畫像片之處，及中國舊式房屋之堂屋，用以置祖宗之神位及行禮儀者。在社會爲紀念碑、紀念堂、公共禮堂、教堂及中國之祠廟。而此數者之分別，則紀念碑、紀念堂，重在紀念一特定之歷史事件或人物；公共禮堂可作任何公共典禮之用，而教堂與中國之祠廟，則只與某一類之典禮相連，而其意義則初皆雖可能是紀念一特定之歷史事件或人物，然後來則不重在紀念，而重在人之於此處，所作某一類之典禮，及其他活動者。而西式之教堂，實亦祠廟之一種。於是我們所論之祠廟，可界定之爲：「涵具一種非實用的意義之社會人民之非工作處、非休息處，亦非只爲紀念及作公共典禮之用的一處所」。

我剛才說，節日非工作日亦非休息日，祠廟非工作處，亦非休息處，這是人在時間空間中生活之一段特殊的時間段落、空間處所之所在。人爲什麼需要此一非工作非休息之一段時間、一處空間？此理由可先略抽象的講。即我們之工作日工作處，表示人生之緊張一面，有所事事一面；休息日休息處則表示人生之弛緩面，無所事事一面；而非工作休息之時地，則表示人生之非緊張、非弛緩、非有所事事、亦非無所事事之一面。人有所事事，則人之生活有目的，亦有實用意義，簡言之爲「有用」。人無所事事，則人之生活無目的，無實用意義，簡言之爲「無用」。非有所事事、非無所事事，則非有用亦非無用，而是於無用中有一用，或有用而似無用。緊張與有用的，是人生之「實」一面，弛緩與無用的，是人生之「虛」一面，而此則非虛非實，亦虛亦實。故人在節日與祠廟中所作之活動，所過之生活，一面看來，似無目的而無用；然人於此確有所活動而在生活，並非沉入空虛中，而無用中仍有一用。此種活動或生活，大都是具有藝術性、宗教性、道德性，而有社會教育之意義的，因而都是純精神性的。不過雖是精神性的，它們又是隸屬於一時間之段落，及空間之處所，連繫於許多人之外表行爲的。話再說回頭，它們雖是隸屬於時空之段落與處所的，它們又與我們之工作日工作處所相分離、相截斷，而不是工作日中間的假期，亦不是工作處所中間的休息處所。節日好似我們的人生之相續不斷的工作日與休息日所成之時間之流中，所冒出之一段與前後時間截斷，而似脫節的時間段落。祠廟好似我們的世界中，密接並排的工作處所與休息處所成之空間面中，所冒出一塊與左右前後之空間分離，似不相鄰的空間處所。由此「截斷而似相脫節」，與「分離而似不相鄰」，人之心靈卽可沿之而由時間的世界超拔，通到任何時間，或超時間的「永恒」Eternity；或由空間的世界中超拔，而通到任何處所，或超空間的「遍在」（Omnipresence）。但這樣講去，諸位會覺得太玄妙，我亦不能多所解釋。我只是姑妄言之，諸位亦姑妄聽之，存留於心就是了。但我相信我所說的這些，至少是古往今來之一切民族之所以都有節日及祠廟的道理之一部份。

（三）中西之祠廟與節日之比較

關於中西之祠廟與節日之比較，更是一大題目，我個人所知者實不多。但大體上說，人類最初之節日與祠廟，皆帶宗教性，如希臘之雅典神廟，與奧林匹克節，猶太之神廟及祭日，印度之廟宇及節日，皆帶宗教性。今之西洋之廟宇與節日，亦大皆限於基督教相關者，西方節日如耶穌誕日、復活節、感恩節之類。此亦皆與在一定處所的教堂中之活動，直接相連。至於如所謂父親節、母親節、兒童節、婦女節之類，則有一定日子，而不與教堂或其他一定之公共處所相連。此外之紀念堂，如法國巴黎之英雄偉人堂、美國之華盛頓、林肯之紀念堂，……及世界各地各種形式之紀念堂，則又恒不與節日之活動相關。講到中國之祠廟與節日，則在其開始時，固同樣帶宗教性。但中國古代祭天帝、祭社稷，初只有壇，而無廟宇。祭祖先乃有宗廟。而人在宗廟中，亦可兼祭祖與祭天帝。後來之發展，大約在晚周後，祭五帝之神、太一之神、山川之神，乃各有廟，以後政府祭天地社稷，即成廟宇與壇並存之形勢。如今北平之天壇、社稷壇之旁，兼有祈年殿之廟。關於中國之祠廟與其祭日、及其他祭祀的禮制，諸位可以去看史記之封禪書、漢書之郊祀志、後漢書之祭祀志，以知漢以前情形。至於此後至清的歷史演變，則諸位可看圖書集成之祀典部，及其他通典通考一類的書所載。此乃中國古所謂禮學之一大宗。其內容亦極複雜。我說不上專門研究，今亦不擬多從歷史方面去敍述，而只擬將中國祠廟，與節日的情形，對照上面所提及之今日西方之節日與祠廟的情形，作一總括的比較，並對其價值意義之不同，作一總括的論斷。

以中國後來之祠廟與今日西方之祠廟作比較，首先值得說的，即如方才所說西方之祠廟，迄今仍大皆爲宗教性的。而中國之祠廟，則初雖爲宗教性的，其逐漸之發展，則爲通於全面之人文世界及人格世界、人倫世界之人物的——亦可稱爲廣義之宗教的，卻非狹義之宗教的——此大約與中國古代帝王之祭祀，原是祀祖宗與祭天地百神並重，而宗廟原重祀祖宗之一點，直接相關。祭祖宗是祭人而神者，乃廣義之宗教的；非如其他民族之狹義之宗教，只祭超人之太陽神（Apollo）、朱比特（Jupiter）、耶和華、阿拉（Allah）、溼婆（Siva）之類。由此中國古代宗教之原為廣義之宗教，而重祭祖宗或人而神者，所以以後之祭祀之發展，即大體如禮記祀法所謂「法施於民，則祀之；以勞定國，則祀之；以死勤事，則祀之；能禦大菑大患，則祀之」。而中國之祠廟制度，在歷代政府方面，除直接祀天與上帝及祖宗者外，又有先農壇，以祀發明農業之后稷；有先蠶壇，以祀發明蠶絲之螺祖；有三皇廟，祀先醫；有先牧廟，祀先牧；有孔廟，以祀孔子及先聖先賢。民間則除此外，尚有各姓之祠堂，各地之鄉賢祠，與為各種之立德立功立言之人物所建之祠堂廟宇，如流寓廣東之韓文公蘇東坡之祠廟，及香港之車公廟。而治水之禹王之宮，衞國之關岳之廟，濟人民衣食之神農螺祖之廟，亦遍在於中國之民間之各地。此皆見中國之祠廟所祀者之範圍，遍於全面之人文世界、人格世界、人倫世界之人物。再除此以外，則有佛教、道教之廟宇、道觀，及不為中國以前之政府與高級知識分子的重視，而為應一般人民及未及第之儒生之需而有之城隍廟（所以平寃屈）、財神廟（助人得財）、月老祠（助人婚姻）、送子觀音廟（助人得子）及文昌帝君廟（助入科舉得中），以及其他種種之淫祀等。此各種之祠廟，其精神意義、文化教育意義之高下不一。大約凡祠廟之建立出於感恩、崇德、報功之意而修建者，則意義較高；只出於求福祿、避禍害而修建者，則意義較低。然要之不同於西方之祠廟之唯以教堂爲主，亦不同於西方之紀念堂，只重歷史文化上之紀念意義，而兼具有宗教性的意義。在西方，人爲求靈性生活之提高者，固赴教堂，而只爲求福祿避禍害者，亦赴教堂。個人在教堂中祈禱時，其高下之動機，亦恒互相夾雜而不純。在中國，則人之或往高等之祠廟，致其瞻仰祭祀之誠，與或往低等之祠廟求福避禍，皆目標清清楚楚，不容自欺。此則因中國之祠廟中所祀之神靈，各有其精神之特性，各有其所司，並非如西方之上帝之全能，主持一切人生之事之故。自此而言，我們亦可說中國之祠廟所反映之神靈世界，似爲多元的、民主的。此與希臘羅馬之情形略近，而猶太中世及近代西方之教堂，所反映之神靈世界，爲一元的、君主的。而其對人之內心生活之啟示，及所表現之社會教育之意義，亦卽因而可截然不同。

究竟人所修建之祠廟，是否應只限於狹義的宗教的或一神的？此是我們當前應略談及之一問題。其實我個人亦欣賞西方之一神論之宗教的精神。我亦承認，一切形上學講到最後，可講到一唯一之眞宰或眞實，而我個人亦是承認有此眞宰或眞實的。但我不信人類只有唯一的道路可通至此眞宰或眞實，而此眞宰或眞實，亦不能只對我們超越而外在，必須兼是超越而內在於一一個人或一一衆生，以爲其本心本性的。依此，世間卽亦不能只有唯一的世間的神殿、或廟宇。人之契合於此眞宰或眞實，可由個人之盡心知性，以直通直達。如一些人必須要通過一客觀外在神靈性的存在，以之爲媒介，才能達此眞宰或眞實的話，則我認爲人亦可通過與不同之神靈性的存在之接觸，而以之爲媒介。此媒介不必只有一個。所以我不反對任何宗教在中國傳教或建立廟宇。這不過是在中國之許多廟宇中，再加一些。然而我卻斷然反對任何宗教要以他的廟宇來代替中國原有的祠廟之全，或以其節日代替中國原有之節日。這種宗教上的帝國主義，與一切文化上政治經濟上之帝國主義，我們同必須加以抵擋。西方人之宗教上的偏執狹隘，我們必須加以化除；然後能保持住中國文化中之最偉大的「道並行而不相悖，萬物並育而不相害」的精神，以救人類於不墜。這些話說來太長，我以前亦已有多文論及（多見人文精神之重建、中國人文精神之發展及中國文化之精神價值三書），現在亦不想專從宗教問題上，去論中國祠廟的意義，亦不必連著宇宙眞宰或眞實或神靈世界的構造等形上學問題來討論。中國民間一些淫祀，亦非皆值得保存者。我現在只想直就中國之祠廟及與之恆相關連之節日，對於我們一般的社會文化生活及日常生活上的價值意義，同諸位一談，可以比較切實一些。

（四）中國祠廟與節日之生活上的價值意義

（甲）中國之祠廟，我們方才說是非狹義之宗教性，而為兼通於全面的人文世界，人格世界，人倫世界之人物的——或屬於廣義之宗教性的。此所謂廣義之宗教性，卽係指我們對於高於我個人之精神的存在之一種崇敬性而言。人有所崇敬，而其自己之精神，卽隨此崇敬之所往而俱往，此卽成就一自己精神之向上升起，而達於超脫與高明——此卽一切創造人類社會之文化智慧之原。故卽就一般社會文化生活的發展上看，人亦不能莫有他所崇敬的。但人所崇敬的活人，都是原則上人可以因種種我與他間之利害關係，或其人之墮落，而成爲不堪崇敬者。故人必須崇敬死了的古人之精神，或超越的神。然而此古人之精神又不能只存於我個人主觀之內心中；我們必須在現實世界中，將此不可見的精神，求加以客觀化，爲之安排一現實的地位——由此而爲之鐫碑，爲立牌位，爲之畫像，爲之塑形，爲之設殿——由此而有祠廟之修建。有祠廟而人之入祠廟者，乃能由念其名、瞻仰其形、徘徊其廟中，以遙想其不可見之精神，而亦致其崇敬之心。我們只要深知此中人之必當有崇敬之心，及此心之必求客觀化其所崇敬者，便知祠廟之必當有。同時我們不能獨斷的認定：人只能有某種狹義宗敎性之祠廟，而不能有他種之祠廟。此卽謂我們不能只有敎堂，而無孔子廟、關岳廟、韓文公廟、蘇東坡廟，以及香港之車公廟。而你們諸位中之基督敎徒，如果想把中國人一切祠廟皆毀壞，或認爲不必要者，我就要說你們所崇敬的東西之範圍，太狹小了。

諸位或許要問，如果只爲寄托我們之崇敬之心，則一張像片已夠寄托，何必勞民傷財，爲之修建祠廟呢？如果諸位如此問，我又要說諸位太不了解人性的崇高方面了。須知人類就是願意爲他所崇敬的東西，而寧勞民傷財的。有人統計世間最珍貴的黃金、珠寶之半數以上，都是用於廟宇中供養神聖的。古代人類最大量的勞力，更都是用於廟宇之建築的。一切最早的文學家、藝術家、雕刻家、建築家，都是爲其所崇敬的神靈，才肯貢獻其心力的。這中間必有一道理。此道理卽在人性有其崇高的方面。諸位說一張像已足夠，但一張像只是一小平面之物，小平面便要求伸展爲大平面；平面亦要求凹進或凸起爲彫刻；彫刻的深度，便要求化爲建築的立體；建築便要求連屬建築，成一大祠廟。這中間有一人性要求之自然的發展在。這是不可阻止的。

（乙）說到此我就要再說到，西方的祠廟與中國祠廟之又一不同所在，卽西方中世至今之教堂之建築，在立體性的發展上，是能表現一高卓莊嚴之意義的。然而其立體感又太強了，忽略了建築之要求平面伸展的意味。故高卓而不濶大，莊嚴而不寬疏。這就不如中國之孔廟與寺院之能莊嚴，而不失其濶大與寬疏。高卓的教堂，可引起人之一種肅穆崇敬之心，再依此崇敬之心，向上升舉，以化爲崇拜之情，而低首降心，再回頭懺悔認罪，這亦有一價值。但教堂之四面不透風，上尖下濶，則同時凝固封閉人心於此教堂之中，使人心亦化爲尖銳，逼向一頂點。此則不如中國之孔廟與寺院之濶大寬疏，建築皆平順方正，使人之崇敬之心無一定之頂點，而旁皇通達，開朗平正。此種建築之形式與人心之感應，皆其幾甚微，而涵義甚遠，希望大家不要忽視。

中國祠廟之建築因重平面的伸展，所以總不只一殿。正殿以外，兼有旁殿、後殿，再有廊廡以通之，或園林以繞之，又常建於山明水秀之地。此皆所以使來瞻仰者，兼可徘徊其間，而引致其心靈之趨於通達開朗，並使此人造之建築，有實有虛，與自然之空地、及地上之林木，能相依而無隔者。故人在此所興發之向上的崇敬之心，亦不致使人藐視此自然與人間，而能回頭與以一瞻顧、一安撫。此對自然與人間之一瞻顧、一安撫，卽爲將此崇敬心所開出之智慧，還用之於一般之社會文化生活之發展，及日常生活之情調之培養者。

（丙）對於中國之祠廟，我還有一特加以欣賞的地方。卽其中之碑碣、對聯、匾額及題跋之多。這類東西，乃所以表示人自己對其所崇敬之祖宗人物的一番紀念、崇敬、讚美、感恩、懷想之情意。這些情意，初乃修建祠廟者及來此瞻仰者之一種精神上的主觀感應。西方的教堂以及紀念堂之類，不大重視這些東西。此蓋由西方人視此主觀感應，比起其所崇敬之偉大神聖之客觀對象來，太卑微不足道，或以爲此乃多餘之附加物之故。中國之祠廟重視這些東西，而視爲必要，則表示中國人之視此主觀的感應與其所崇敬之對象，在精神上爲可以互相激揚，而可同升至一精神境地；而表現此感應之碑碣、對聯、詩文、題跋等，遂亦當書刻於祠廟之中。由此而中國人之瞻仰祠廟者，乃非只是直接對祖宗人物致其崇敬，亦兼是透過其所懸之匾額碑碣之文字中之情意之了解，以引發其崇敬之心。此匾額碑碣之文字本身，是前人之精神上之感應之表現。我們之了解此文字之情意，則爲我們對前人之感應之表現之本身，再引生一精神上之感應。此前人與後人之精神上之感應，與對於祖宗人物之神靈之直接的崇敬，互相交織滲透，則爲形成瞻仰祠廟者，一種更深厚崇高的精神經驗者。此卽是多有匾額碑碣之中國祠廟之一特殊的價値意義之所在。

（丁）由此我們再略說中國之節日之價値意義。我們已說西方之節日多爲狹義之宗教性的節日，或不與祠廟之一定處所及祭祀相連之父親節母親節等。中國之節日，則為廣義之宗教性的，連於人文世界、人格世界、人倫世界與自然的節日，初是與祠廟或其他之一定的空間上處所或祭祀之禮儀相連的。中國今日尚存於民間的節日有過新年、上元、清明、端陽、乞巧、中元、中秋、重陽、多至等節日。此皆與自然之時節，及人倫與人文直接相關者。此諸節日，遠原於古代之月令。此可去看大戴禮呂氏春秋淮南子等書。所謂月令，卽一年十二月中，人皆當應時而行為。此中卽包括應四時而祭祀神靈。依月令，時間與空間又原是相配合的。如在春天，則向東方之神靈致祭，在夏天則向南方之神靈致祭等。故中國人以後之過節，亦是與人所往之空間上的處所相連的。如過清明節，則到郊野祖宗墳墓所在地。過端午節，則至水中划船。過乞巧節、中秋節，則至庭中望星望月。過重陽節則登山，過年節則守在家中。此中之每一節日，皆涵一人倫及人文的意義。如清明是掃墓，致孝子之思；端陽是弔屈原，致忠君愛國之心；乞巧是遙念牛郎織女之情；中秋望月，是月圓人圓之夜；重九是登高懷遠之時；過年拜年是一家團聚，親朋宗族鄰里共聚之期。而此外之文聖節，則地在文廟，武聖節，則地在關岳廟，至于工人商人及各行業之崇敬其創始者之節日，亦是皆有祠廟地點為聚會之所。所以我說中國之節日一方帶自然性、人文性、人倫性，一方又是與一定之空間上之處所相連的。西式的節日只有宗教性的節日，忽略了與自然、人文與人倫的關係，只知耶穌之降生受難復活，不知於人文世界及人格世界人倫世界之祖先及聖賢人物，致紀念崇敬之意。今既知其不足，乃任定一時間為父親節母親節以補之。不知父母爲一體，豈有分爲二節之理？人之孝父母之心，亦不能只限於某一日。唯人之具體的祭祀及禮儀之行爲等，不能日日行之，乃有一定之時間，此具體之行爲又必須連於一定之空間之處所，乃有眞實意義。故清明上墳，有具體眞實意義；過年時於堂屋或祠堂祀祖拜親，有具體眞實意義。西方之宗敎節日與敎堂之活動相連，亦是有眞實意義的。然其父親節母親節，則只有抽象一般之意義，而無具體眞實之意義者也。

（五）中國之祠廟與節日之教育意義

我們以上說了中國之祠廟及節日之價值意義，此尙是一般的說其對人生之價值意義，而非扣緊今日所講之本題說。但我們可說，凡對人生有意義者，皆可以之施敎，亦卽有敎育意義；恒可敎及社會上之各個人，以化民成俗，而有社會意義。依我們於本講開始時所擧之一般社會敎育之內容來看，則我們說，在社會文化機構中，如只有公共圖書館、歷史博物館、科學館、藝術館、文化會堂、講演廳、體育場及敎堂等，其中實有一大缺漏。卽此中除文化會堂、講演廳、體育場、敎堂外，皆只是些人類文化之已成成績之聚積處。而講演廳、文化會堂、體育場則只是臨時用以講演、展覽、及運動者，敎堂又只是應狹義的宗敎之需者。此中便缺乏了一種專爲提高人之精神，與發人之志氣，而開闢人之智慧之原的場所。如人之精神不提高、志氣不興發、智慧之原不開闢，則社會文化之日新不已的創造，卽不可能。然人欲求其精神之提高、志氣之興發、智慧之原之開闢之道，則首在有過往之人物之精神，足資其仰慕，常在其感念中。此卽西方近數十年來亦重紀念館之設立之一因。然只言紀念，而不與崇敬之意相俱，則亦同於歷史博物館之擴充，只所以與人以歷史人物之知識而已。自此而言，則中國之祠廟之一種原帶廣義之宗教性，自始卽以啟廸人崇敬之意爲本者，其提高人之精神，與發人之志氣，及開闢人之智慧之原之價值，卽更純粹而更切摯。照我的想法，如中國之祠廟制度能保存下去，則若干之圖書館、歷史博物館、藝術館，及講演廳、文化會堂等，皆當儘量環繞人物之祠廟而設立。如一般性圖書館，儘可建於孔廟之旁；道教圖書館，可建於道觀及老子廟；佛教圖書館，設於佛寺旁；天文圖書館設於張衡之祠，工程水利圖書館設於大禹廟，姓李之著作集於李姓之宗祠，姓張之著作集於張姓宗祠。而公共講演，亦可於陶淵明、杜甫等人之祠廟中講詩，於朱子、王陽明之祠廟中講理學，文天祥、岳飛之祠廟中講國防。此亦同如基督教徒之於教堂講新舊約。而中國人要爲西方之哲學家如蘇格拉底，科學家如牛頓，設一祠堂，講西方哲學與西方科學，亦未嘗不可。凡由此所導致之講者聽者精神上之感奮與起之效用，皆似虛而至實，似無而眞有，而亦非全不可加以理論的說明，惟非我今日之所能及耳。

至於中國之節日，我們既言其具自然人文及人倫的意義，此皆爲養成人與自然及人與人之親和之情者，其必須保存，自毫無疑義。卽就社會教育之觀點說，我們前說社會教育中包括人之社會性、合作性、人道感情、社會感情，及一切社會化的行爲習慣等，加以指導陶養之敎育。人在祠廟節日中之活動，皆可爲人與人之共同活動。此正爲可藉之以指導陶養人之社會性感情者。中國古人亦早於宗廟之祀，認識其具有和協社會之意義。如國語楚語中觀射父曰「昭祀其先祖，肅肅濟濟，如或臨之，於是合其州鄉、朋友、婚姻、比爾兄弟親戚。」禮記大傳，所謂「宗廟嚴故重社稷，重社稷故愛百姓。」西方之宗敎性活動之有團結同敎之人，而固其情誼之效用，乃人所共知；則人之一切節日中之共同活動，亦應同有此效用，而無可疑。此外人們之許多社會文化性之活動，如音樂、戲劇、體育、其他工藝美術等，都可與節日相配合。如中國之民間之藝術技術，與年節元宵相配合，希臘之奧林匹克節與希臘之音樂、戲劇、雕刻等相配合，則節日亦兼具其他之社會文化敎育的意義甚明。

我以上講祠廟與節日之具有社會敎育之意義。但此社會敎育之意義，尙不能盡祠廟與節日之敎育意義。照我們前所說，敎育中除社會敎育之外，還有家庭敎育、學校敎育、自然敎育，及自己對自己的敎育。中國之宗祠，乃一宗族之祠堂。一宗族可一直溯至遠祖，則可通一古今歷史中之同姓之一切人物於一世系。此世系中必有許多歷史上之人物，可以爲後世之子孫之模範者。故我們到一宗祠中，見其名字，亦卽可引起我們之效法之心，此卽涵具一廣義的家庭敎育之意義。而學校之一名在英文爲 School，此不只是指一排課程授課的機關，亦可指一學派。今我們亦可引申其義，而以我們所學所師的歷史文化中之人物之和，視爲組成一無形的學校之敎師。則圖書館，固可視爲一學校；而眾多之祠廟各爲歷史上之可學可師之人物而修建，並各藏有其手跡著作，及後人爲之所作之碑碣、對聯，及其他文字等；則我們於一定之時節，分別去瞻禮徘徊，誦其詩、讀其書，以想望其爲人；此亦等於輪流在一無形之大學校中，至各教室上課。我們以前又說，中國之祠廟，必向平面之空間伸展，恆有園林以繞之，並常建於山明水秀之地。孔子說智者樂水，仁者樂山，周濂溪由草不除以知生意，程明道由魚以知萬物之自得之意。自然對我們之教育，常是至深至微的。則中國之祠廟之倚山傍水而修建，卽具有我們前所謂自然教育之意義。而我們自己在徘徊瞻仰而興起崇敬之心之後，念先生之風，山高水長，便自然會想「舜何人也，予何人也，有爲者，亦若是」，而自生愧恥之心，便知自強求進。此卽我們自己對自己之敎育。是中國祠廟不特有社會敎育之意義，亦涵具家庭敎育、學校敎育、自然敎育、及自己對自己之敎育之各種意義。中國之節日因其特與自然及人倫相連，故亦卽特富於家庭敎育與自然敎育之意義。凡此中國之祠廟與節日所涵具之敎育意義，亦原是我們在第四段所講之中國祠廟之本身意義中，所必然引出的，大家可一思之，便知我並非隨便附會也。

（六）餘論——略述個人生活上之若干體驗為證

最後，我還要說一些我個人親身的體驗，來作一例證，以說明祠廟與節日之敎育意義，確是很大的。我讀小學以前，住家在成都。成都之祠廟是很多的。如南門外有崇祀諸葛武侯之武侯祠，西門外有崇祀杜甫之草堂寺，東門外有紀念唐代女詩人薛濤之薛濤井及送別之望江樓；北門外有佛寺昭覺寺，城外西南有道觀二仙菴、青羊宮。城中有縣立文廟、省立文廟及關岳廟。我父親曾在成都教中學及大學，但他對我幼年時的教育，即常是到這些地方去遊覽時，即爲我講杜甫、諸葛亮等人物的事。有時與我解釋解釋對聯及碑碣上的文字。這些教育，細回想起來，其對我之一生之影響實是最大的。我所以對中國文化尚有尊崇之心，實植根於此。所以我在讀大學之五六年中，雖誤受一些由西方稗販而來的思潮的影響，但不久就能回頭，加以評判，而能對之作自主的選擇。雖然我三四十年來，實際上仍是花在讀西方的書的時間精力，約要佔我之時間精力之一半以上，然西方學問，在我心中之比重，卻只佔十分之三。我常自慶幸，尚不失爲一中國人。這些都要歸功我的家庭環境與所在之社會文化的環境。所以我後來雖然足跡到中國南北各地，然幾乎我每到一地，便要去看該地之名勝古蹟及廟宇祠堂。我並不一定要去瞻拜，我只一人在那兒徘徊眺望，或獨坐。這中間，由遙念古人，再環顧當世，所啟發出的思想智慧，眞是說不盡的。當然我亦相信，人可不憑一切外緣，而靈知炯露，志氣如神。但我自己並不把我自己看得如此高，我常願在人前受教。而與時賢之接觸，與對過去的古人之感念，同可使我受教。於是祠廟成了我最好的去處。即數年來我旅行歐美，亦只喜歡看其歷史人物之故居，及紀念堂。大教堂我亦總去看的。他們建築之雄偉莊嚴處，我亦能暫忘掉我是中國人而加以欣賞讚嘆。但是除覺其歷史嫌短外，細想其所涵之人生意義、文化意義、教育意義，仍覺其不如中國及日本的好。此理由約如第四節所說。在香港很少中國式的祠廟，可爲嘆息。我曾兩次到臺灣，許多地方我都覺只值去一次，但臺南的文廟與臺北的文廟，我各去了兩次。鄭成功祠堂、吳鳳廟，各去了一次。但因爲皆是去開會，匆忙遊覽，所以莫有得到很多之啟發。臺北之文廟，已西方化了一部份，我不大贊成。但臺南之文廟，則尙保存舊有風格，外有古柏石橈。六年前，我在兩日內曾一人去徘徊瞻仰二次。其建築之結構，如廟前有相對之二拱門、上書禮門、義路。此一設計是有象徵意義的。此禮門義路，是人可走過去的，這就象徵禮義之道爲人人之所能行踐。此與敎堂之只預備人去膜拜者，意味截然不同。又中國孔廟中，孔子及十哲之神位與兩廊兩廡之先賢之神位，皆只書名字不設像，亦是極有意義的。此乃使人之崇敬之心，直接透過名字以達其精神（詩人及其他英雄人物應有像，聖賢則可無像，此理有機會再談）。記得當時我一人從兩廊兩廡之董仲舒、周濂溪、程明道、程伊川、朱子、陸象山之神位前走過。本來對於他們的思想，我在敎室中都能分析的講解，一講數小時，是不難的。但當時卻覺他們之思想與爲人，都似化爲一句話，或一種精神氣象，一一更迭呈現於心。然而其間，卻並無連屬關係，都是迥然獨立的。在不滿廿分鐘的時間，二千年儒家中之賢哲，都好似一一與我覿面相見。這一種精神上的感受與體驗，不是世俗之所謂宗敎的崇拜，不是藝術的欣賞，不是文學的靈感，不是哲學的思辨，亦不是一般之道德實踐，更不是一般心理學之所謂幻想或一般的情操。這如實說，乃是一種與歷史上的人物、神交默契的生活。這一種生活，我是只偶然有，而且有的不夠深厚。然而只要偶然有一點，我卽頓覺心靈之天門眞正開了，許多平時不懂的道理，頓時可懂。這時的思想，很少是如平日之在嘗試與錯誤中進行，亦不復只是以思辨強力推求。許多道理好像自己會直接呈現昭顯。而「義理之悅我心」的話，這時亦才多少加以證實。然而這種偶然有的，眞只是偶然性的嗎？這卻不然。實際上這種偶然，在我們超凡入聖時，卽化爲常然，而爲一切人亦皆可同有者。不過我們自己之習氣私欲之障蔽太重，平時之意見之膠執太多，遂只爲偶然有而已。

至於對於節日的意義，我親身的體驗，在幼年時卻不多。我家客居成都，亦不重過節。我還記得在十三歲時，見人過年熙熙攘攘便討厭，曾作了一白話詩，反對過年。當時的理由，是根據我當時之科學知識，說地球繞太陽便成一日，而地球繞太陽，乃日日如是，不能指定某一日爲年之始，我們亦可任定一日爲年之始。後來直到四十歲，於一切節日，我皆只視如放假，亦不思其意義，極少隨俗拜年。中秋除夕，我更只照常做我的事。直到了香港，寫中國文化之精神價值第九章時，乃忽然發現了中國節日的意義。從今後，我乃開始覺節氣有意義：遇節氣，亦祭祀祖先；過年時除同事往還外，無論如何忙，七十歲以上二、三老先生處，我一定去拜年。只恨客居香港，不能回家掃墓。然每逢清明節，見報載香港人，皆羣至郊外掃墓，終覺此中見人類之一肫肫懇懇之至情，時不免爲之感動。而香港中國人之重此類風習，亦過於南京上海的人。此處我亦是受了香港人所保存之風習的教育。

於此我還要附帶說到，中國之節氣，必與陰曆相連。陰曆與陽曆並用，原表示我們對日月之光明，皆加以尊重。易傳說：「日往則月來，月往則日來，日月相推而明生焉。」如只有陽曆，人便會忽略月之來往，亦不知何時月團圓，因而亦無上元節、中元節、中秋節了。記得我幾次到美國，手邊無陰曆，遂全忘了月之光明及月之存在。我回來後曾與人說笑道，別人說美國之月亮比中國之月亮圓，我看美國根本莫有月亮，因為他們莫有陰曆。此雖是笑話，但卻亦是從我生活中體驗出來的。世間的東西，似乎他本身要先存在，人才有觀念；但我們亦可說，人如對之無觀念，無預期，則客觀的存在對人即為不存在。人無陰曆的觀念使人預期月亮之來臨，月亮確實是可對人不存在的。而與陰曆相關連之節氣，及其意義，亦就同時對人不存在了。所以五四運動的人，要廢除陰曆，迄今仍不能廢掉。此是一大幸事。而我們方才所說的，人當兼尊重日月之光明的道理，能為大家所承認，陰曆亦就永遠不會廢了。由此又可連帶說明，人類之觀念的樹立，是非常重要的。人無某一些觀念，便少了某一些東西的存在。中國數十年來，人們之觀念不斷在變，所以有許多很好的東西，本來存在的，或其意義與價值本來存在的，現亦漸不存在了。我們今天所講之祠廟與節日，在中國一般知識分子心中，漸不存在，即其中之一例。不過幸而在中國的民間，此祠廟與節日之意義，仍可說是大體上是存在的。這時我們需要向民間學習，對其意義與價值，重加以虛心的眞切的了解，才能加以保存。不過，我今天的講演，只是就我個人所了解的一點，向諸位講講。我想其中所潛伏之意義與價值，尙可有其他更深之處，非我之所了解及、今日所能說及者。希望大家更加以體會、研究。至於了解了其中之意義與價值以後，於加以保存外，再如何加以提倡與改進，以重建中國未來之祠廟，及如何充實豐富中國民間之節日活動，以與一套新的禮樂相配合，並與現代之文化生活及都市建設互相適應，還有很多的問題。對這些問題，十年來實常在我心中，我認爲比一切問題都重要。我亦有一些零碎的意見，但多尚未成熟。而且因其所牽涉之廣，亦非我個人之心思之所能一一加以解決。今天講了以後，如果諸位中有以一建設中國以及人類之未來之一更合理想的社會文化生活爲志願者，能在此多用心思，那就功德無量了。

（在德明書院社會教育系講詞・一九六二年八月・「民主評論」第十三卷第十五期）

廿四、東方人之禮樂的文化生活對世界人類之意義

——由京都醫院說到東方人之日常的禮樂文化生活，及我對日本與世界之期望——

附註：我在十四年前到日本，承亞細亞問題研究會招待兩週，又承他們在「亞細亞」雜誌中登載我的講話並翻譯我一些文章。後來此刊不幸停刊，但近又要復刊，來函要我寫一文。我義不容辭，因寫此文，並藉玆表示對日本文化與世界文化之一些期望，亦期望大家不要看錯了道路。今將我中文之原文在此發表。

(一)前　言

我五年來以目疾之故，曾在美國、菲律賓、香港、及日本之醫院就醫。在病中無事，便將我在各醫院中所感受者，連著人類文化生活的問題，加以思索。各處的醫生，皆曾對我之目疾，有所裨益，同使我感謝。但在日本京都醫院之三月餘，及出院後在京都四月餘之養息，與京都一般人民生活之接

觸，卻最使我感念不忘，使我多少理解日本人之生活，同時使我回憶我少年時在中國大陸的生活。此皆是東方人之傳統的文化生活，而今皆遭遇到現代之西方式之文化生活之挑戰，似逐漸在被淘汰代替者。但是我仍將說此東方人之傳統文化生活，對世界人類之未來生活，有其莫大之意義與價值，應當對尚留下的加以保存，已失去的加以復興，更加以發揚，然後人類才值得生活於此世界，此世界亦值得我們生活於其中。我之此文，即擬由我在京都日本醫院，與出院後在京都居住之八個月中之若干感想，由小至大，次第說到我對日本及世界文化的看法和期望。

(二) 對京都醫院的感念

在京都醫院中，承淺山及錦織兩位醫生治我之目疾，當然他們之醫學技術，是極好的。但醫學之技術，是世界性的，其來源亦多是西方醫學上的發明。在美國等地，我亦接受同類的診治。最使我感念的，乃是專負責我之目疾之錦織醫生，總是在辦公時間之前一二小時便到醫院，直至夜間九、十點鐘，還不回家。他似乎莫有「工作」與「娛樂休息」分別的觀念，即以其工作爲樂。而醫院中之護士，對病人的耐心與關切的情味，多是超出規定的職責以外。他們幾皆有愉快的面孔，好像很安樂於其職業，而自足。在醫院中，同是病人者之間，常互贈一些極小的東西，如一個餅，一個鷄蛋。來看我病的人，有的是病愈將出院的，有的是前曾患同一之病在醫院住過的。還有一個人是三歲便盲目，而現在任盲人協會會長的。我在醫院中，因專住一室，有時請護士及其他病人來坐坐。其中有數位二十歲左右之女孩子，皆失明而已無治愈之望，但仍無憂愁之色，而照常談笑。她們入門一定要把木屐排齊，出門亦有一極自然的禮節。我後來在京都住數月，同一般人民接觸，我才發現以前只當過路的旅客時所未發現的，卽下層的日本人，幾都有一敬業、樂業、安業的情調。日本的車夫與食店中侍者之不貪圖小賬，亦表示一安於所得不奢求於人的自足心情。這些瑣碎的感想，都使我回憶我少年時所處之中國傳統社會人民之生活的情趣與德性。在今之中國，在歐洲美洲，以至在我所居之香港，都幾全看不見了。

在京都之八個月，再使我感念的，是我全無被視爲一外國人之感。雖然與日本人間語言不通，但相視而笑，與以手作勢，亦可彼此表意。我常想人與人之間，彼此不談政治、不談宗教、不想彼此有不同的國籍、亦不講學術思想的異同，只以人的資格相遇相接，這應當是生於今日之世界最快樂最有意義的事，亦應是最正常最主要的人的文化生活之所在。但此意已很難爲今日之知識份子所理解了。

（三）禮樂文化所遭遇之批評

對於此日本尙僅存的這些民間的社會文化生活，我認爲卽中國傳統文化中所謂日常的禮樂的生活。但此種禮樂的生活，在現代卻亦遇著強烈的批評。在中國的情形，是自五四以來，禮樂的生活的價值即被認不合科學與民主，而被批評而被否定。後之共產黨人，更只視傳統中國之禮樂生活，只是封建社會的殘餘，更加以徹底的破壞。以日本來說，則日本人的禮節繁多，亦恒被視爲虛文或虛僞。日本一般下層人民的知足而敬業樂業安業的精神，則被視爲奴性的服從。日本人的飲食中之很少的食物，分別置於大碗大碟之中，禮物有層層的紙盒加以包裹，更被視爲儉嗇或寒陋，表示物質的缺乏。日本人的插花、茶道、棋道，被視爲時間的浪費。日本人舉行典禮的廟宇、神社與花園、石庭，亦或被視爲空間的浪費。日本人的厠所中亦插花掛畫，更或被視爲對藝術的褻瀆了。這些批評，正是把我所最喜歡的東方文化中之事物之價值，全加以抹殺了。

當今之世，一更有力之對東方之傳統的禮樂文化生活之批評，則是西方傳來之一文化觀念。即此文化是應當分爲科學、藝術、文學、哲學、宗教、政治、經濟、法律、軍事、體育、教育之種種不同領域的。我亦嘗深受此一文化觀念之影響。依此觀念，每一種文化領域成一獨立的世界，與社會之某一特殊行業及專門之學術文化工作者相配合，一特殊領域之學術文化工作者，皆有其專門人才與專家。專門人才與專家中，又有特殊的天才。這些天才被認爲人類文化之主要的創造者，最值得人崇敬、歌頌、讚美的。如牛頓、愛因斯坦之科學，康德、黑格爾、叔本華、尼采之哲學，奧古斯丁、多瑪斯、杞克果等之宗教思想，貝多芬、華格納之音樂。科學與哲學是書齋與實驗室中之事。宗教是教堂中的事，宗教中之大彌撒卽是禮。音樂是音樂廳中事，此卽是樂。由此以觀，此東方文化中之禮樂生活，重在與平凡人的生活相結合，則似亦不足以當禮樂。這正是當今之世對東方之禮樂文化生活一更有力的批評。

（四）批評的還答——東方之文化觀念與文化之普遍的受用

但是這些批評，亦可以再加以還答。如果東方的禮樂，只是虛文或虛僞，當然是可有可無。但如其不只是虛文，則我將說此日常生活中的禮樂，仍是人類最正常最主要的文化生活之所在。西方傳來之文化觀念，以爲人類文化必須分爲種種之領域，雖可使人在不同文化領域中，分工合作，易增加效率，但只有種種文化領域之分的文化生活，未必卽人類文化生活之常道。東方人已往之文化生活，未來人之文化生活，正不必如此。須知此西方傳來之重文化領域之分別之觀念，乃始於西方文化之本原，自始是多原對立。希臘之哲學，是西方文化之一原；羅馬之法律政治，又是一原；猶太之宗敎道德，再是一原。東方技術傳至西方與其科學結合，成近代技術，又若自成一原。此諸原不同，而相對立、相激蕩，卽產生西方文化的精彩。但東方之文化，初無此諸源頭之對立。中國之原始文化，是宗敎的、道德的、政治的，亦是文學的、藝術的；一切技術有「道」，亦皆是藝術。宗敎、道德、政治，在禮之中，藝術文學在樂之中。人之最高之哲學、科學的知識智慧，亦卽是連於禮樂生活之知識智慧。東方人之文化生活，並不同於西方有許多源頭之對立，亦卽無各種文化領域之截然分立。這不是說，在東方不容許有人專在宗教道德方面、或政治方面、文學藝術方面、或科學哲學方面，有特殊之天才的表現，以爲聖者、爲畫家、爲哲人、爲聖君賢相之政治上傑出的人物。此是說此宗教、道德、政治、文學、藝術等，只是人之整個的文化生活之不同方面，同以一整個的人之人性，爲其本原。故一切文化上之創造與表現，其效用亦必須配合融和，合以形成一一人之整個的文化生活，使一一人之生命，皆覺有意義與價值。此才是東方人對文化生活之基本觀念。

依此基本觀念，以看人類文化，則文化之創造與表現，固是重要，然享有與受用，更是重要；而享有受用之事，則必須使一切人，皆得享有受用。如文化之各方面皆可統於禮樂，則禮樂的生活，必須存在於民間，使人人皆得享有受用，而皆於此感到安樂自足或心安理得。文化生活的事，亦不只是一一專家或特殊的天才之事。而一西方式之特殊的天才，如音樂家之貝多芬、華格納，哲學家之叔本華、尼采，追求上帝之奧古斯丁、杞克果，他們之獻身於某一特殊的文化領域，他們之生命，如各逼向一尖端，而各在其領域中有特殊的表現，誠然亦可讚美。但他們之生命，逼向一尖端之結果，而貝多芬耳聾，尼采瘋狂，華格納、叔本華皆易怒之人，奧古斯丁、杞克果，則常在悔罪與煩惱中。他們之音樂、哲學或宗教上的特殊創造與表現，他們自己不能加以受用享用，以使他們心安理得；又如何能使一般人民在生活上眞加以受用，感到心安理得？我們儘可讚美他們的天才，與他們之承擔悲劇命運的精神；但至少民間之家家戶戶的人，不能以他們之生活形態過日子。他們之生活形態不能成爲正

所謂中正庸常之人生之道者。常的人類文化生活的理想。他們這些人，只是孔子所謂「爵祿可辭、白刃可蹈」的人，而尙未知孔子

（五）日常生活與文化之合一之理想與日本之幸運與危機

能成爲正常的人類文化生活的理想的，是使一切最初出於人之自然生命與日常生活的文化生活，能還滋養人之自然生命與日常生活。此即必須使人之自然生命與日常生活，本身成爲文化的，而文化亦皆是日常生活中的，亦屬於自然生命的。則知識與智慧，不只是書齋與實驗室中之事；藝術與文學不只是畫室、音樂廳、與創作室中之事；宗教道德，不只是教堂中的事。人與人之日常的衣、食、住、行的生活，亦應該處處有藝術、文學、知識智慧、宗教道德行乎其中。此即是禮樂的文化生活。在禮樂的文化生活中，衣不只是禦寒，食不只是充饑，住不只是爲蔽風雨，行不只是要到一目的地。此中如專以食來說，則不應當碗碟皆充滿食物，應使人於碗碟之空虛處，見得一些生命的靈氣流行，亦能兼欣賞碗碟之形相之美。人到厠所，亦不只是大便，而亦可欣賞厠所中芬香的瓶花。人如因飲食而生病入醫院，亦不只爲去治病；入醫院後，亦不只被視爲一病人，而應是於入醫院後，仍感受到其自己是人，其自己亦同時被視爲一「人」。此即回到我在京都醫院之所感，與在美國醫院之所感之比較。在美國醫院，雖然醫生亦很好，但我只感我是一病人；而在京都醫院，則我同時感到我是一個

「人」。此卽因我覺在京都醫院，我與醫生、護士、及其他病人間，有一禮樂之意流行，其中有東方之傳統文化生活的氣息，如上第二段之所說。

此種人之日常生活中之禮意樂意之流行，不只是在日本人中才有，在東方之韓國及海外華人之社會中，亦多少有之。在歐美社會，亦不能說全莫有。因西方人與東方人之人性，亦原相同。他們之文化思想中雖無此具綜合意義之禮樂之一名，但他們之人性之自然的表現於其日常生活中，亦有自然的禮樂。但當今之世，美國正爲領導世界的事業忙。歐洲則在美蘇勢力之夾縫中，謀經濟力的生長。中國大陸，只想集中人民力量，以爭世界霸權。海外華人所居之地，初又只是中國文化之邊緣地帶。越南韓國，在南北韓、南北越之對峙中。故日本仍是東方或世界中之一最幸運的國家。百年來在日本本土中無戰爭，所以若干東方傳統社會文化生活中之禮意樂意，有最多的保存。然而日本之產業，在二十年來突飛猛進，在國際商場之地位，日益提高。最近的日本正由經濟力之對外競爭，走向政治力、軍事力之對外競爭，以更提高其國際地位。順此方向去發展的結果，日本人的心思，必日益外用；而重視效率的觀念，亦益使日本人向西方之功利主義看齊。日本之文化資財，如廟宇、花園、與古物及藝術性的生活，亦漸轉成觀光事業的資本了。又日本產業社會之下層階級，與前進的青年的反抗思想，正要求摧毀日本之傳統的禮敎。此表現於我前年重到京都時所見之學生之暴亂，連京都大學中之歷任校長的銅像，亦塗滿汚穢；京都醫院亦貼滿反抗的標語。這會使我當時十分感嘆，如失至寶。於此我即特感到日本文化危機，而此亦似無異是東方文化快要完全崩壞的信號。但我不期望如此。而對日本與未來之世界，另抱一期望。

（六）對日本的期望

我對日本的期望，是目前日本之產業的進步，經濟力之對外競爭，不應走向政治軍事力之對外競爭，將日本人之心思，只導向外用；而應回頭看日本人對於世界人類文化之前途，可能眞有貢獻之處何在。日本人縱然在經濟上、政治上、軍事上嬴得亞洲，以至世界，而失去其靈魂，此只是基督教聖經中所謂魔鬼的誘惑。日本之可貴，仍在百年來內部未經戰爭破壞，民間的生活尙多少有禮樂之意流行。此有禮樂之意流行的生活，其原乃在中國傳統文化、與日本民族原始的天性與宗教的結合。此是日本文化生活中最珍貴，尙未爲西方文化所侵蝕的地帶，應當加以保存而發揚者。西方的生產技術，東方人當然可以使用。但經濟上的生產，再生產與生產所得的交換，不是經濟最後的目標。社會主義共產主義重生產所得的分配，亦不是經濟之最後的目標。此最後的目標，應在如何消費此生產交換分配之所得。消費之事，最後是一個人如何消費其所得於其日常生活、與文化生活中，而心安理得。如人與人間之生活無禮意流行，衣食住行中，無藝術的情趣，無樂意流行；只兩眼觀看財富的累積之數目字的增加，此只是虛浮的光榮。現代世界上各國之經濟政治軍事上的競爭，只爲貪求此虛浮的光榮，這並不能使各國的人民在生活上感到心安理得，覺得生活有意義。所以一切的反抗、詛咒、厭棄現代文化的聲音，都從現代社會之深處起來。世界上許多百萬富翁的子女，要去當嬉皮士。現在時代，人所眞正要求的是一種優美而正常的文化生活，要一切生產的財富，都爲此文化生活而使用、而消費。今後只有對財富使用消費得最適當，而最足以形成人之優美正常的文化生活的國家，可以成爲世界人心之所嚮往、所讚美。所以我對日本產業的進步，希望其目標不只是爲生產、再生產，在世界市場有更多之商業的交換、再交換。我並希望日本人亦都承認社會主義、共產主義者之只重一切生產所得之平等的分配，亦不是經濟改造、社會改造之最後的目標。此最後目標，只能是人人可享用受用之優美正常的文化生活之形式。生產之財富之多，不必表示文化生活之優美。有如用大量的油漆之物質材料畫出的畫，並不必比用淡淡的顏色或水墨畫出之畫更美好。人只求平等分配得財富，亦如人之平等分配得一大堆油漆。若其失去了繪美好之畫的能力，則油漆之堆滿房屋，將使人只感其臭氣的壓迫，到不如不要此油漆的好。

我說這些話，不是意在教訓日本人。有智慧的日本人，及其他國的人，早已見到，而說過同類的話。但是以今日之世界看，則日本人以其近年產業的進步，應最有責任，亦最有資格，把人之經濟生活目標，定置在爲形成「美好的人之文化生活」之消費，以轉移百年來世界人類對經濟只重生產交換與分配的視線與思想方向，不把生產的財富，用在國際上的政治軍事上的競賽；而只用以形成一更有禮樂的文化生活社會；使從世界各地來日本的客人，都有如我在京都居住時那樣「賓至如歸」之感。使日本早成爲一眞能保存發揚東方傳統文化於現代世界之一國土。這是我對今後日本最誠懇的期望。

（七）對世界前途的看法，與對人類未來之文化生活的期望

由此再說到我對當前世界的看法與期望。我已不相信國際間的政治軍事競賽，要長此下去。百年來的東方諸國成西方的殖民地，而引起東方民族的反抗，使東方民族亦想爭霸世界。第二次大戰中，日本的大東亞共榮圈，趕走了西方的勢力，促成了印度與東南亞國家的獨立。百年來的中國，兼受西方諸國及日本的欺負。第二次大戰，中國對日本成戰勝國，國民政府更收回臺灣，及一切外國租界。後來出了中共政權，亦繼續排除西方資本主義國家在大陸之勢力；亦與蘇聯及美國罵戰。現在要說西方人一定敢輕視欺負東方人，已不能說了。兩次世界大戰發原於歐洲，歐洲及今仍有東西歐之對立。歐洲只與中國一樣大，而自身不能統一，豈能再想統一世界？美國與蘇聯，在軍事上互相競賽，但誰亦不敢發動核子戰，以使大家同歸於盡。所以今後之世界局面，東方總要升起。但日本人在第二次大戰中，以推行東方的王道，爲發動戰爭之宣傳口號，而亞洲諸國當時卻只覺其實只是西方轉傳來的霸道。日本以後亦再不能假借此東方文化中的王道，來尋求大和民族的光榮了。大陸的中國，雖有世界四分之一的人口，但中共要當秦皇漢武之一同天下，亦是迷夢。世界性的社會主義共產主義之理

想，不能容俄國包辦，又豈能容中共包辦？

又共產主義的經濟只能分配他人已創造的財富，原非生產財富最好的方法。至於如何消費財富，以用於人類正常優美的禮樂文化生活的形成，使人人能享用受用而心安理得，更在共產主義者之思想系統以外。共產主義者縱然能爲人之財富分配的不均，打抱不平，但不能告訴人分得了均等財富之後，如何過有情趣、有意義的人的生活。共產國家之人民生活的機械乏味，明已不爲其外之國家人民所嚮往。則說人類未來的世界，會由蘇聯中共去統一，亦決無此可能。至於美蘇之登陸月球的競賽，我看亦不過彼此之軍隊，不能互相登陸之一變態的發洩。這一種競賽，亦如紐約有一百數十層之摩天大厦，芝加哥便要造一比之高幾層的；巴黎有一鐵塔，東京卽要一更高之鐵塔。其實此皆如小孩之放冲天的炮竹，一人放了一個上去，另一小孩亦要放一個上去。這都是人類只向外鬬力逞強的兒戲。鐵塔不能眞供人遊覽，月球亦不能供人居住。登陸月球，只使人發現月球的醜陋面目，驅逐了東方人之月球中之嫦娥與玉兔，同時浪費了人間無數的財力。這些競賽的無意義，我相信不久卽會被人們所共同發現。

今日人類世界中，既不能再有一國想作統一世界的迷夢，而發動戰爭。登陸月球的競賽亦將被人視爲無意義。則人類的智慧與能力，必將回頭而轉在其自己所生活之人羣社會中運用，以求改善美化其文化生活、禮樂生活；而不同社會不同人羣間，可能只有一文化生活、禮樂生活之優美程度的競賽。但人之文化生活禮樂生活，又本不是拿來競賽逞強的，而只是拿來享用受用，以自求心安理得，而亦容彼此觀摩倣效的。人如莫有使人心安理得的文化生活禮樂生活，莫有一社會能安定，亦莫有一政權能穩定。共產主義之東德靠城牆來阻塞人民逃走，中國大陸要禁止人民出境，關起門來鬧文化革命，其政權決非穩定的。世界上分裂爲二的國家，如東西德、中國大陸與臺灣、南北韓、南北越的命運，均不必決定於戰爭，而將決定於其人民在文化生活禮樂生活能否有一滿足。如不能滿足，而人心嚮慕者在其外，政治局面便要傾側，而倒向其所嚮慕者的一邊，而這些國家亦皆要歸到統一。此中有自然的運轉，以向其統一之幾，惟非目前所見。但以爲此諸國之分裂之局面爲不可變，而夢想法定化爲兩個中國、兩個德國、兩個韓國與兩個越南，則不知此中有自然運轉，以向其統一之幾的存在。此處必須我們眞認識人之生活，必須是有文化禮樂之生活才能滿足，便知只重財富之平等分配而不知消費之於優美的文化禮樂生活者，使人民感心安理得之一切政權，必變、必敗、而無疑。至於如說只知重財富分配之共產國家，亦會化爲重視禮樂文化之生活之國家，則到那時這些國家，亦走上人類生活之正道。共產主義爲人文主義所代替，我們自亦不必加以反對了。

（八）天民或單純的「人的文化」

依此上所說，則我們亦不必對未來人類之前途悲觀。實際上，人類到了現在，國籍之不同、政治上之主義信仰之不同，亦如宗教之差別、膚色之不同、階級之不同、語言之不同、不能成爲人類的分野。以現代交通的發達，人們之互相往來於各地，在一現代之大都市中，見街上之人來來往往，已無法分辨其國籍與政治上之主義信仰等之差別。但是人總是一個「人」，遇著一個人，初只是遇著「人」，而初非遇「某國的人」、「信某政治上主義的人」。人要先是一個人，而後是某國的人、信某政治上之主義的人、或某階級的人、或信某宗教的人。人對人招呼，便有禮；談笑聞聲，已是樂。至人之如何待他人，東方人最重的是賓客之禮。西方人亦知東方人接待賓客，一向是最慇懃的，故稱之爲「東方式的接待」(Oriental Hospitality)。西方人初說外國人爲 alien people，即疏外的人，Foreign people，即外入的人。東方人則只於缺乏文化之人稱之爲蠻人，但對文化大體同等者，則只以主賓之禮待之。在宗教上，東方之儒釋道之教，待另一教之人，亦互接以賓客之禮。所以東方之宗教才最易相融合。中國之地主於爲佃戶的農民，亦稱爲「客」，但未知日本如何稱呼。但西方中古之宗教對異教，初以異端審判對付。西方封建社會中之地主於佃戶，初只視爲農奴。西方文化中顯然初只發現各種族的人、各宗教的人、各階級的人，而未發現普遍的人性或單純的人。直到近代文藝復興、宗教改革、啟蒙運動以後，才逐漸發現普遍的人性、與單純的人。然而西方人之國家觀念階級觀念，在西方已逐漸喪失之時，卻傳入了東方。東方人原只覺生活於大體上相同之文化的人，即漸不重其文化之同，而重其所居之國土之異。於是近代之東方反只有中國人、日本人、韓國人，而亦無純粹的東方人了。由此才有中日韓間之百年來之互相仇視與戰爭。西方傳來之共產主義以階級觀念，分劃中國大陸、北韓、北越之人民，於是更只有所謂大地主、小地主、富農、中農、貧農，而亦無所謂中國人、韓國人、越南人了。由此才有中韓越的分裂。然而這些皆只是西方的陳舊古老觀念，轉向東方輸入的流毒。

實際上人之是某國家的人、某階級的人，亦如人之爲信某宗教的人、某膚色的人，都不關人之本質，亦不關人之尊嚴與價值，及人的生活的意義與情趣。人對人之見面問訊之禮，依於人對人之尊嚴價值之肯認，亦使人覺其生命有尊嚴有價值。人與人之談笑之樂，使人覺生活有意義與情趣。此不須問其人是來自何國、何階級、何宗教的人。當我在京都醫院時，對日本人之以一極小之物，如一餅相餽贈；我發覺一禮意，使我歡喜。我聽見醫院外小童的歌聲，亦使我歡喜。我何嘗會想到他是某一階級、某一宗教之日本人？

現在有一種亦是來自西方式的理論說，人是抽象的，只有某階級的人、某國的人、某宗教某膚色的人，才是具體的存在。但此只是瞎說與曲說。難道人不屬某國家、某階級、某宗教，卽不是一具體存在的人嗎？這明明不然。這時，人仍是一天地間的一人。孟子所謂「天民」。如是知識分子，則是一「天下士」。只有西方之哲人如柏拉圖、亞里士多德，才說奴隸不是眞正的人。只有猶太民族，才自認是選民；後來基督教徒，亦自認是選民，列寧更以共產黨人是特殊材料所成，不同於其他的人。此皆是西方過去的傳統思想觀念。但孔子不如此說，孟子不如此說，釋迦不如此說。東方的聖教，是人皆可以爲堯舜，人皆可以成佛。依人在本質上皆是一天民，一天地間之一單純的人，則人之爲某國家、某階級、某宗教的人，都是次要的。今後的一切人，必須知此人之本質，卽在其爲一天民，爲一單純的人，然後能保存更發揚此相應於此人性之傳統東方禮樂文化之生活，使人實現而滿足某人性的要求，而有心安理得的生活。

（九）結論：東方人對世界當持的態度

總上所說，對於人之平等的尊嚴，由西方近代之文藝復興、宗敎改革、啟蒙運動後之人文主義、理性主義、民主政治、宗敎寬容世界主義思想之次第起來，總算是逐漸被認識了。兩次的世界大戰，日本與中共，曾吹起東風去壓西風，西方人的優越感，亦漸消失了。但是東方人亦不應當再求更多的報復。任何軍國主義帝國主義的時代，已過去了。日本人不當再夢想八紘一宇，中國亦不當夢想秦皇漢武。但東方人尙可回念其最早發現人之本質是一「天民」一「單純的人」，並早有順此人性、而開展出之東方之禮樂的文化生活。此生活及今仍多少存於日本之民間與海外之華人社會、及其他亞洲國家之社會中，値得重加以自覺的認識、保存、而發揚之，使人生活得更有意義與情趣；而更宣揚之於世界。但這卻不只是要西方人對東方之藝術、宗敎、道德、哲學作學院式的硏究而止。學院式的硏究，或將東方之藝術品，陳列於其藝術館，書籍存於其圖書館，尙不是東方文化的普被。還要使西方人之文化生活與日常生活打成一片，如飲食不只去講營養，還能從容欣賞碗碟之美；行路不只求速達目的地，沿途有廟宇庭園供觀玩；知識分子不只有專門之知識技能，亦能畫畫、作詩、彈琴下棋，談笑風生的論天下事，如以前中國與東方之士……。必如此然後才能轉化西方之學術文化之「只分爲各專門之領域，各專家只各求有專門之表現與創造，不求其個人之文化生活之完整，亦不求其表現與創造，皆有所貢獻於一般人民之文化生活的完整」之態度；而使西方人文化生活與日常生活，打成一片，隨處覺心安理得，而自得其樂，悠然自足。然後東西方人，可相與和平共處，而再無東西風之相壓，天下可以太平。此亦卽禮意樂意流行於人間與天下之事也。

（一九七一年二月・「人生」第三十四卷第三、四期）

附錄：中西文化之一象徵

（一）文化之象徵與中西文化之傳說與原始思想

友人程兆熊先生學農於歐，歸而論中西文化之差別曰：近代西方文化之基礎在工業，中國文化之基礎在農業；工業文明爲火之文明，農業文明爲水之文明，今世戰火瀰漫，唯以水之文明，輔火之文明，寓工業於農業，庶幾有望云。其言之精義，具見其書，不待爲阿私之讚。四川劉鑑泉先生嘗書動與植一文，謂西方文化原於遊牧與商業，遊牧商業者動止無常，嚮往追求無厭，乃動物之文化；中國文化原於農業，安土重遷，敦仁自得，乃植物之文化。其引申觸類甚多，梁漱溟先生極稱道之，曾轉錄其全文，於其中國民族之最後覺悟中。世之論中西文化者多矣，皆咸以爲文化爲人之心靈活動之產物。論中西文化之差別，唯當自其心靈狀態精神表現之不同論，愚意亦如是。蓋動植水火皆無心靈活動，以之辨中西文化，疑若比擬不倫。然以物觀心，則無心非物，以心觀物，則無物非心。動植水火，固宛爾無心。然吾人之心感物而通，無所不貫，神之所注，物皆啟示精神之意義。佛在庭前柏樹子，匪特禪機而已。則以水火動植喻文化精神，又惡乎不可。夫以抽象之範疇，類別文化，義固確切，而易得一總持之概念。然中西文化上下數千年，縱橫九萬里，其內容至繁至賾，欲統之以一二抽象之概念難矣。且文化精神原是形上抽象之物，以抽象之範疇，說形上抽象之物，喻之者亦不易矣。夫乾坤至大者也，而易以乾爲馬，坤爲牛，觀牛馬而乾健坤順之義得，則牛馬卽乾坤也。象無必然，王弼言：「意苟應健，何必乾乃爲馬；爻苟合順，何必坤乃爲牛」是也。然象無必然，立象者又知其不必然，則乾又何必不爲馬，坤又何必不爲牛？得意者自能忘象，不得意者卽象以知意。立象而論賴以得喩。由立象者自知其無必然，而多象可明一義；乾爲馬可也，爲爻亦可也。一象亦可顯多義；自馬之行平地，以象乾之健可也，自馬之躍而跌於山谷，以象坎之陷亦可也。則以象表義，無確切之效，而有多方之用。而立象者又知其不必然，則可本於自由聯想以釋之，無所拘忌，而未嘗有罪也。夫水火動植，至易見之物也。物易見，而啟示之精神意義愈多，而其爲象之用愈大。觀中西文化精神於水火動植，則舉目皆中西文化精神之顯示，未嘗不可言近而旨遠也。劉先生之以動植喩中西文化之別，已詳著其義，唯兆熊以水火爲象徵之義，尙可容人之觸類引申。因別而論之，以當其書之讀後。皆自由聯想無所拘忌，任筆所之，本無必然，讀者亦不必求其必然可也。

謂西洋文化爲火之文化，中國文化爲水之文化者，宜當取證於原始之神話。希臘神話中有普洛米蘇士之神話。此神話旣膾炙人口，而羅素近著西洋哲學史，亦以此爲希臘文化中之最根本之神話。此神話謂古者火爲神物，唯神用之，人不得與。普洛米蘇士，上天盜火，私運人間，民乃火食，得繼其生。天神大怒，而普洛米蘇士遂受苦刑，身歷劇痛而無悔。普洛米蘇士則從玆而馨香百世。又有阿波羅者，太陽之神，智慧文化之神也。亦爲希臘人所共宗。火之爲神物，反映於希臘天體觀，遂有安納塞滿德謂昊昊上天之日月星辰，皆天之孔穴，天外火光，由玆以透露人間者，則火爲西方人之所仰望久矣。若言乎水，則希臘猶太之神話，皆謂上帝降洪水以滅人類。唯希臘首出之哲人泰利士，以水爲萬物之本原。然安納克塞門斯則進而代之以氣，而赫拉克利搭斯則代之以火曰：火卽萬物之本質，卽生命，卽理。人之火愈多，卽生命活動力愈旺。人之欲感覺呼吸，皆本於欲吸納充滿宇宙之火，亦卽欲吸納宇宙之生命理性。泰利士固爲希臘首出之哲人，然其於希臘思想之影響，遠不及赫氏之大，人所公認。及後柏拉圖以人居穴中上望火光，喻靈魂之求上升。斯多噶承赫拉克利搭斯有謂，人之靈魂乃自人類之始祖分於宇宙神火，由鼻子而瀰漫全身，父子相傳以迄於今者。此派哲人又有謂人之靈魂之火至世界末日，大火來到卽返於神云。基督言其來世界上洒下了火種，言焚燒罪惡之意也。火之爲義大矣哉。

然在中國，則只有燧人氏鑽木取火之傳說，此則切近事實，而毫無神話意味。鑽木取火，可事出偶然，得之誠易也。相傳湯有七年之旱。十日並出，后羿射之，九日並落。又有夸父者與日競走，抵碭谷，日出沒之地，而炎熱以死。則日神對中國之印象不必佳。中國亦有洪水。然上帝降水之說不如西方之詳，唯禹治水之傳說爲獨著，而禹稱爲神禹。

孔聖言君子必觀於水，而有「逝者如斯夫，不舍晝夜」之嘆。其他哲人之言心之官，亦多取象於水。道家老子以水之柔，喻其柔弱之教。莊子以水靜則明燭鬚眉，譬聖人之心之靜。荀子亦以槃水之動靜，言人心之清濁之故。孟子又以源泉混混，不舍晝夜，放乎四海，喻率性而行。朱子喻心之詩曰：「半畝方塘一鑑開，天光雲影共徘徊，問渠那得清如許，爲有源頭活水來。」由源泉之不息，以說其清明如鑑，則異乎莊荀以水之靜，喻人之靜止其心，以成其智之說。是乃言此心之率性而行，正所以使其能明照萬物者。凡宋明人所謂天理流行，天機流暢，活潑潑地，所以狀聖賢之心境者，皆取象於水。則與希臘人之以火爲靈魂原子之說迥異矣。

(二) 西方文化中之宗教及科學與「火」之象徵意義

西洋文化概括而言，吾嘗論其重心在宗教與科學。西方人之道德其基礎在宗教。西洋藝術中希臘之彫刻建築，與中世紀之建築，近代之初米西爾郎格羅之彫刻，皆以神像神廟爲主。風景畫乃始於近代。德國音樂之激蕩情志，原於讚美詩之企慕神境。而西方之畫之重觀景，重明暗，則科學家觀測實物之精神。文學中之浪漫主義潮流，宗教精神之所鼓舞，寫實主義之潮流，則科學精神之所表現也。宗教精神欲人之上升，乃仰視天光，不勝祈求嚮往之情。科學精神，明察萬物，無幽不燭，心光散於萬物而不返，而或昧於自知自覺。哲學由知物而自知其知，自覺其覺，則恆返求之宗教，以達天心。宗教精神之企慕上天，火之上升也。科學家之明察萬物者智光四射，而中心則暗，火之明物，而未必自明也。火之自明，唯在其焚燒至極，通體化爲光明之際。此以喻西方之反省科學之智之根據之哲學。然此時，則火光燭天或將與天光爲一，而人間之火將熄。則此哲學之慧，或通於宗教之信仰之象徵也。

西方人仰視天光，明照萬物。理想之境呈於前，生命之力逐於後。理想與現實之對較性、緊張性，西人感之至深。其爲理想而犧牲生命之精神，中國人之所不及。中國人固言殺身以成仁，捨生以取義，然只限於道德理想。若夫爲眞理，爲藝術，爲探險，而自毀其生，則儒者之所不尙，嘉賞而已。若乃爲追求權力、愛情、財富，而死生以之，則人皆賤之矣。西方人則對於一切事物，皆喜理想化，而對之作無盡之追求，一往直前，死而無悔。而英雄野心家之失敗殉身，人之爲愛情而決鬭死亡，以至企業家之自殺，皆可爲世所讚頌。至於科學家、藝術家、探險家之盡瘁而死，即彼等全無爲國爲民之意，亦爲詩人之所謳歌，後世之所膜拜。此種爲理想而自毀其生之精神，正如火之明發於外，而薪盡於內。流光尙蕩漾於觀者之心目，而彼已自焚自化，同於灰燼，亦可歌可泣也。

西方人追逐理想，而崇尙熱烈之感情。感情之熱烈，極於爆炸。尼采以偉大人物皆有爆炸性，而代表西方近代浮士德精神之德意志民族，即最富爆炸性。其不安於有限，嚮往無限，而欲實現無限，而又不願自現實有限中，謀大解脫，如印度哲人之所爲；亦不能即有限以見無限，如中國哲人之所爲。遂欲膨脹有限，以成無限。欲膨脹有限之現實以成無限，則或爲個人人格本身之爆炸，而構成精神與現實生活之衝突，內心激烈之矛盾，與突如其來之靈感。天才與瘋狂，由玆而出。或表現爲求征服其他有限之事物，而造成外在之爆炸，此爲戰爭性之根原。對此韋尼采嘗予以權力意志之解釋，達爾文、馬克斯予以生存競爭階級鬪爭之說明，實則其根原，唯是欲膨脹有限，以成無限之動機之外在表現。此義非希特、黑格爾知之。彼等卽由此論戰爭之不可避免。然其中實有一大迷妄，蓋此乃一永不能安住於世界，又不能上升天國之人生觀。此卽德意志民族之所以爲悲劇民族也。赫拉克利搭斯早有見於火爲矛盾鬪爭之原理，蓋其無限之燃燒性，永不能在有限之材料中完全實現。則只有使一材料自行爆炸而膨大，否則便須另求材料，以供其燃燒，於是不能不有戰爭。戰爭而烈焰橫飛。不能安土敦仁，亦不能交輝日月者，火之命運也。

（三）中國文化中之道德及藝術與「水」之象徵意義

中國文化之重心，我嘗論之在道德與藝術。其宗教皆道德化，科學皆藝術化。宗教精神，仰視天光，企慕靈境，以希上達天心，奉持天命。而道德精神，則重實踐其所應爲。應爲者何，盡其性，以盡人性、盡物性是也。性之原本是天命，亦上通於天心。然宗教精神者，由下而上達；道德精神者，由上而下達。超形以事天，宗教精神；踐形以盡性，道德精神。超形以事天，則宛若臨之在上；踐形以盡性，則質之在旁。臨之在上，則道體爲超越，如鳶飛戾天；質之在旁，則道體爲內在，如魚躍於淵，宗教精神必貫注於道德，道德精神未嘗不根據于宗教，理固宜然。但中西文化，於此二者偏重不同，則觀於古往之歷史，而有徵矣。夫超形以事天，如火之上升。踐形以盡性，則性體流行，源泉混混，逝者如斯，不舍晝夜，放乎四海，蒸爲雲霞。人觀火之上升，而不知其升自地也。人觀水之下流，而不知其本於天也。黃河之水皆自天上來，而源於星宿海。星宿者，天光直映於性源，言天命之凝爲人性也。

科學精神明照萬物，心光四射。外明而非內明。內明之始，必須暫忘所對，使萬物之呈於前者，皆爲宛爾凌空之具象。此則藝術觀照之本源。科學精神有求，藝術精神無求。窮幽索隱者，科學精神，卽事多所欣者，藝術精神。窮幽索隱，心光透入具象，以得其則。卽事多所欣，則心光宛轉於具象，而玩其妙。光直射而不還，則宛轉於具象以玩其妙之心，不宜喻之如光，而宜喻之如水。世間善往善返，善屈善伸，善縈廻宛轉之物，莫妙於水。往返屈伸者，韻律之本。縈廻宛轉，則象有盡，言有盡，而意無窮也。

西洋哲人自明之道，恆由自知其眾知入，此卽認識論之所爲。認識論由自溯其眾知之所以成之條件，而或知心爲眾知之所依。知識有普遍性，則此眾知所依之心爲一普遍心。或卽以此普遍心爲宗教上之天心。故自明之道，歸於信天，則哲學歸極於宗教。中國哲人原不重知外明物之眾知，故其求自明，不自知識論之自溯其眾知之所以成之條件入。其求自明，乃直接自明其心，自知其性入。道家重明心，儒家則由明心以知性。（陽明言卽心卽性，其心非道家之心也。）明心者，知心，原是虛靈之體。虛則無相，靈則不滯。見此虛靈之體，其道不在溯衆知所以成之根據，而在忘其所知之衆。故曰爲學日益，爲道日損。科學者爲學日益，超科學則爲道日損。爲學日益者，用其明；爲道日損者，保其明。保其明，老子曰和其光，莊子曰葆光。明不用於外，乃不昭昭而沌沌，七竅閉而渾沌復活。若愚若昏之極，而知天，致虛守靜之極，而清明見。莊子言天府曰：「注焉而不滿，酌焉而不竭。」言清明，則喻如水鏡之善照，皆取象於水之常止而常照，而老子則法水之柔而善下，以同塵。自明之義，老子有之，而未能取象於水鏡，則老子之不及莊子也。虛靈之心，無善惡，性則至善而無惡。徒保其心之虛靈之體，不足以顯性，必盡心之感通之用，乃可以顯性。性顯則自明矣。道家能明心，而實未嘗知性。性者生生之仁。儒家之哲學之求自明，不似西洋哲人之由知天事天，以自明其性，故不重由形上學之思辨以知天，不重宗教上之信仰與祈禱與懺悔，以知天；而重盡心知性卽知天，存心養性，卽以事天。盡心知性，存心養性，要在當下之反身而自誠。自誠者，自信非信天，求諸己而非祈諸天。不重向至善之神，懺其與生俱生之罪惡；而重自信其性之善，以誠其好善惡惡之意，而爲善去惡。故明者不外明此誠，誠不外誠此明。此不可以火之上達於天爲象，而惟當以水之盈科後進爲象。盈科者充內，後進者形外。合內外而致誠明，則異乎祈禱神之啟示以求明之意矣。

西方人爲任何理想皆可犧牲生命，任何理想皆可爲超越境，皆能使現實生命，得超越而上升。此是優點。然不爲最高之理想，亦可犧牲生命，則非能自覺求充量實現生命之價值者。人眞自覺求充量實現生命之價值，必唯對最高之理想之實現，乃願犧牲其生命，故輕生非所許，而「愛其生所以有爲」之教立。西洋人於企業家之失敗而自殺，英雄之死權，男女之殉情，探險家之殉難，科學家、藝術家之盡瘁而死，皆歌頌讚嘆之。中國人則唯膜拜殺身成仁捨生取義之聖賢，而以殉財者爲貪夫，死權者爲夸者。古有尾生者，與一女期於橋下，女子不至而水至，生抱橋柱死。其爲愛情而死也，西方人所當歌頌，而中國人以爲笑談。烈女之烈不在其從夫以終，而尤在其善事翁姑，而善撫遺孤也。登高履危之事，孝子不爲，況探險乎。爲學而苦思極力、槁木形骸，爲詩而「二句三年得，一吟雙淚流」，皆爲學爲詩者之下乘。唯思慮有得，沛然有悅豫之色，而容光煥發；詩成若不經意，而怡然自喻，足以養情適性，於生不傷，斯爲貴矣。凡此不肯獻身於一般理想之教，使中國人不讚一往直前，死而無悔之行，而浪漫之情調以少。乃使凡俗之人，苟生苟存，而少趣味。然爲成仁取義而捐軀者，令德流芳，百世馨香，則中國人實深知所欲有甚於生者之義。其以理智計較於鴻毛泰山之辨，固有恐其死不重於泰山，而苟生苟存者矣。然誠自知其死之重於泰山，則從容就義，又貴於慷慨成仁者矣。此中國之所多，而西方之所少也。此中得失，不及細辨。西方人爲任何理想，皆可一往追求，而犧牲生命，一無顧忌，吾喻之火之自焚。中國人愛生而必求有以繼之，不許爲仁義以下之理想而輕生之行，故志士仁人從容就義之際，清明在躬，咸知其死，乃所以不負聖賢之遺訓，續文化之慧命，留民族之正氣，樹百世之風聲，是念念仍在天下後世，望後人之繼之也。故其捐軀，不可喻以如火之自焚，而當喻以如水之流。一波逝，一波興，波波皆求有以相繼也。繼之者，善也。於一生之中，欲繼其生，不輕殉一理想，繼也。念念在先聖之教與天下後世，亦求有所繼也。殉理想者，著眼在超世間，必求其繼者著眼在現世間。著眼在超世間者，舍生即超昇，不問其足以使之舍生之理想爲何種，皆若可以使之近於神明。如但丁之爲彼粹斯引上天國，浮士德歷經知識、魔術、愛情、美術之追求，以升天是也。著眼在現世間，則唯浩氣長存，念念在天下後世者，其英靈斯爲不朽。此所謂不廢江河萬古流者也。

火熱烈而水潤澤，火有爆炸性，而水有涵容性。西方人欲膨脹有限，而成無限，故造成人格內部之爆炸，顯靈感成天才，亦成瘋狂。天才瘋狂者，一物之二態，西方人論之多矣。西方尙天才而中國人尙中庸。瘋狂天才之瑰意奇行，皆無限之精神，自有限之現實生活，爆炸而出之產物。無限之精神，與有限之現實生活相融順，則人無瘋狂，亦無所謂天才。夫精神必求無限者也。欲無限之精神與有限現實生活相融順，至難者也。故中國人重器識與胸襟，器識廣而胸襟大，則現實生活雖有限，而心之容量無限。天才之精神，求無限之表現；聖賢之心量，求無限之攝受與涵容。精神求無限之表現，乃奮迅於有限之現實生活中，復脫破其藩籬，而自然之現實生活被破壞，則瑰意奇行出，西方式天才瘋狂自玆生矣。然精神求無限之攝受與涵容，則現實生活還他有限，而胸懷洒落，上下與天地同流，左右與世俗共處，其器度，汪汪乎若萬頃之波，澄之不清，攪之不濁，推恩以仁民愛物，如泉源之不息，而不覺精神之有所限也。

中國人善容，故自個人而言，無精神之爆炸；自民族而言，則尙和平而不重戰爭。欲使自己之民族權力無限擴張，必求征服他民族以供其宰制，而散發其內熱，則不能不戰。以自己之民族雍容博大之精神，包涵其他民族，則必與其他民族求協調，求相安。觀於水之由地中行，而無所不貫。水必相涵濡，而其衝突，必歸於相容，不似火之相焚而相燬，則水可喩民族間之和平相處，而火只可喩爭戰可知矣。故易比卦曰：「地上有水比，先王以建萬國，親諸侯。」親諸侯者，水教也。然中國人之求相容，亦有缺點。人與人相容，而胸量器度不足之濟之，則羣趨於勉強之貌合。貌合而神離，外相和而內相忌，委屈之情無樂教以舒之，乃相與阻抑其生命力。或者諂於前而讒於後，則人與人相處之道苦。不如西方人之率眞而善表現其自我矣。此中國人之情志之鬱結病，則喩如水之濡滯而不流，將凝固而冰化，可弗懼乎。

中西精神如水火，皆有其價値，亦皆有其弊。去弊之道，世之論者謂宜截長補短，使水火相濟，毋使相滅。然相濟亦非求諸外，易坎二離卦，相反相成，原自旁通，互爲其體。反而求之，亦未始不可，然此非所及論矣。

三十七年四月三十日於南京

（一九四八年五月・「文化先鋒」第八卷第八期）

廿五、中國現代社會政治文化思想之方向，及海外知識分子對當前時代之態度

(一) 清末民初之社會政治文化思想中之「民族」與「文化」問題

今天承你們歷史系中國近代史研討小組，要我同諸位講話。實際上，我莫有資格談中國近代史的專門問題。我這方面的知識，實非常之少。不過，我們大家都生活在中國近代之歷史演變之中，亦莫有人不多少對若干中國近代歷史演變的事實，有若干零碎的知識，如加以連繫起來，即皆可以構成一圖像——有如將一些紙上的點，加以鈎勒，便都可成一圖像——同時看出其演變之凸出的焦點與方向。又我仍相信中國傳統的歷史學觀點，即歷史學應該是一面顧往，一面瞻來的學問。諸位要認識中國，亦要包涵認識過去中國、現在中國、與未來之理想的中國三方面。而所謂未來，通常是過去與現在之綜合的結果；現在只是一過渡。大家能重視中國歷史中屬於最近的過去之一段，即中國近代史，亦最可以幫助大家形成對未來中國的構想。所以諸位能成立此研討小組，是值得鼓勵的。諸位能請我這學哲學的來講，亦表示諸位已能超出狹義的分門別類的人文學術的觀點。對此狹義的分門別類的人

文學術之觀點，在我個人，是一向不以爲然。在新亞書院的最初十年的教育，所有學生都要學一點歷史、文學、同哲學。對此事，我一直回念不忘。然而自新亞書院參加中文大學後，大家只重專科考試，各系之師生，多自我封閉起來，不想在學術上求通識，以至在研究人文學術的學院之學風，亦趨於此。我覺得非常遺憾。對自然科學與社會科學的事，今暫不說。至少人文學術是以人爲中心。人只是一整個的人，其事，是歷史；其思想，便屬哲學；其情感想像，即表現於文學。人不能割裂，人文學術即不能割裂。所以諸位學歷史，亦實應該多注意歷史中的人之思想義理的方面，與其情感想像的方面。這是題外的話。但近來我總是一觸卽發，亦不能說是廢話。以下我卽把我對於中國近百年來之思想演變的粗略看法之大體一說，並試提出一些觀點，希望大家作進一步之研究。

要談近代的歷史與思想演變，最難脫去個人的思想立場，因而亦難脫去個人的主觀。在我個人以及新亞書院之初期的同事，在二十三年前，除共同辦新亞書院以外，亦同時在二通俗雜誌，卽徐復觀張丕介先生主編，辦了十七年之「民主評論」，與王道先生主編，辦了二十年之「人生」雜誌寫文，以表示我們自己思想立場；與依此立場而有之對近代歷史文化社會政治的看法。我們當時未注意香港之殖民地政府問題，因爲我們當時只是流亡在此。流亡在此，莫有什麼罪過，如馬克思曾流亡英國、列寧曾流亡德國、朱舜水曾流亡日本、鄭所南曾流亡到南洋。天地間的地方，天地間的人，本來都可以住。何況香港本來屬於中國。住在此地，我們還是頂天立地的中國人。在當時，我們亦與此地政府毫無關係，可以說，我們與香港政府，互為不存在。當時我們所注意關心的，亦非香港，只是中國當時的時代情勢。那是在新亞書院成立以後，中共才仿效東歐衞星國家之名稱，改國號為中華人民共和國，並宣稱只簡名中華民國，同時宣稱一面倒於蘇聯。如郭沫若更作了一詩，說史大林在克里姆林宮頂上，指揮宇宙的旋轉，並要兒童呼喚史大林為爺爺。中共說中國社會政治的前途，只係於馬列主義之普遍眞理，在中國之特殊情況下的應用，一切中國今後之學術文藝與歷史研究，亦只能以馬列之唯物論、唯物史觀為標準。對此政治上之一面倒，與以馬列主義統制學術文化，我們堅決反對。海外有良心的中國知識分子，亦實莫不反對。如果說此是反共，這是因中共要倒向蘇聯、倒向馬列，而打倒中國文化，然後大家才加以反對。但當時我們作文，亦只表示我們知識分子的良心，並不敢期望什麼一定的效果。誰知到了今日二十三年後，中共亦放棄了一面倒，亦不再無條件的崇拜史大林，這亦不能不說是一進步。但這亦只符合我們大家所理想的一半。馬列主義至今仍然是中共之社會政治學術文化之最高指導原則，因而產生種種對中國民族與文化的禍害，下文將多少說到。這在我個人仍決不能同意。我亦決不能只以馬列主義的觀念，來看中國近代歷史文化思想的演變。近二十三年，中國大陸之文史哲學著述，照例要引一馬列敎條為證，然後才敢下筆。如最近中共大力宣傳之文化革命後的第一部書：毛澤東之恩師章士釗之柳文旨要中，中華書局編者所加之前言，仍以章之書未全合馬列主義標準為憾。柳宗元文是風牛，與馬列主義之馬，毫不相及，亦要連馬列主義講。這只能說是政治壓力下中華書局當編輯的知識分子的悲劇。莫有任何理由，可以加以解釋、加以辯護。

對中國近代之歷史文化思想的演變，我們可姑從太平天國之亂起。太平天國之起，最初當然代表漢族的民族主義。但是其主導思想，卻是一變態的外來的基督教思想。由此而要廢棄中國傳統的倫理，以孔子之經書爲妖書，造出上帝鞭打孔子的神話，到處焚燒孔廟、佛寺。此可以稱爲最早之文化大革命。當時曾國藩、羅澤南、胡林翼幾個書生，反對太平天國之檄文，並未特別提到效忠清室，而只是視此爲中國五千年文教之奇變；由此而在鄉里練兵，討伐洪楊。洪楊則兼失敗於內部的爭權。曾國藩等看其與太平天國的戰爭，只是一文化的戰爭。人們亦卽在此點上，對曾國藩等加以推崇。但太平天國的人，則自視爲代表民族主義，而可罵曾國藩爲漢奸。如清代末年之鄒容革命軍一書，亦嘗罵曾左李爲滿淸之奴隸。在此點上，後人的評論，亦可分爲此二形態。但是此大歷史事件的教訓，則是一單純的民族主義，夾帶文化思想上的外來主義，而產生之太平天國之運動，不能成功。曾國藩等所代表傳統的文化主義的觀點，雖然打平了洪楊，卻亦對中國後來之政治社會文化，不能有更多的建樹，仍無補於晚淸之喪亡。此二者合起來，證明一件事：卽中國文化與中國民族，必須兩足同時站立起來，不能跛腳以站起來。此一大事件之教訓，卽指示了以後中國從西方之侵略中站立起來的根本方向。

由此說到清末之變法與革命。變法派的康、梁思想，所注意的是政治制度的改變。此乃承馮桂芬、薛福成、郭嵩燾、鄭觀應等注意政制之革新者之思想，一路下來。諸位可以看皇朝經世文鈔正續編所輯之文，以發現此中之思想線索。康有爲之大同思想，本是超種族主義，亦超民族主義者。梁啟超初只主張變法，而反對革命；並認爲如經革命，則中國必有長時期之混亂。他在清末有一文章，曾作此一預言，幾全部應驗。我後來讀了此文，曾十分佩服他之遠見，並曾以爲如康梁之君主立憲能成功，更是中國之幸。但是在清末，中國民族與文化思想，必須同時站立起來之大方向已定，所以康梁終於失敗。孫中山、鄒容、章太炎、黃興之革命運動成功。我特提到鄒容、章太炎，因「中華共和國」之名，首見於鄒容之革命軍一書。鄒當時只是十九歲的青年，二十一歲死於獄中。此書是章太炎爲他作序。一九零四年孫中山在美印發此書，一萬一千册，以宣傳革命。後來同盟會之宣言，才有恢復中華，建立民國之二宗旨。但在政治上說，孫中山與黃興，當然更重要。孫中山先生之較洪秀全進步處，一在他雖有洪之民族主義，亦是一基督教徒，但只以基督教爲個人之內心信仰，而不以之爲政治上之指導原則。二在他承認政治制度的客觀性，知道基本民權的重要。所以他能讓位與袁世凱，只要能保存民國之國體。三在他於一九〇五年前之民報發刊辭中，即注意到現代社會中之土地與資本集中的問題，並看到此一問題，在中國尚無西方的嚴重；謂中國如預爲之計，可以一舉而同時完成政治革命、與社會革命，而走到西方社會的前面。但當時之梁啟超，仍著文說中國不須社會革命。我是數年前在日本，才見到孫中山在民報第一期之原文，不能不佩服他的遠識。所以他在同盟會之四大宗旨中，除驅除韃虜，恢復中華，建立民國之外，特加上平均地權一項。此即他後來之民生主義中之平均地權、節制資本的張本。至於其重視基本民權，則成其民權主義。其承認洪秀全之民族主義，不以基督教爲政治原則，而提出孔子之天下爲公，中國之王道政治、及民族道德，如忠孝仁愛信義和平等，則成其民族主義。孫中山先生的思想，並不以精深見長，但在晚清，與他人相比，則顯然最平正博大，所以才爲人們所歸往。

在清末民初另有一思想，亦値得一提，卽當時之無政府主義。章太炎之五無論之一無，卽無政府。民國初年孫中山的同志朋友，如吳稚暉、李石曾皆是無政府主義者。民國二年有劉師復，極力鼓吹無政府主義。前天到新亞來講演之黃文山老先生，早年亦是信服無政府主義者的。

在所有的社會主義者中，我在青年時，亦看馬克思恩格思與列寧之書。他們之哲學性著述，我全看過。當時俄國之蒲列哈諾夫、布哈林、德波林、米丁之書，大皆譯出，我都全看過。我又曾一字不遺的看了李季譯的三大本之馬克斯傳，及程兆熊先生之朋友所譯之列寧傳，與伍光建所譯之列寧與甘地。我只在民鐸雜誌看了一文，記講無政府主義的克魯泡特金之生活，並看了其互助論一書。

對馬克思與列寧之爲人，我讀完馬克思傳記未發現其特別可愛處，列寧心胸更狹。對他們理論，我則初信後疑。對早期與馬克思爭論之巴枯寧之爲人，我亦不喜歡。但與列寧爭論之克魯泡特金，及甘地之爲人與思想，則十分佩服，至今不改。克氏所講，其實不只是消極無政府，而是不要中央集權的政府，重視社會上之自由自動的組織，而以組織的聯繫，代替集權政府。此理想甚美，而不易實現。在中國與俄國之社會主義運動，都是無政府主義打前鋒。所以孫中山在民報發刊辭中，亦特提到無政府主義。後來在民國十四五年國民革命的時期，我偶然認識一些無政府主義者，他們都是巴金的朋友。我問及何以無政府主義者，一直與馬列主義者爭論，其根本異點在何處？他們說共產主義者只共產，不共政權，我們要共產，亦共政權。我從此便了解無政府主義更能尊重民權，亦了解吳稚暉先生等，後來信服孫中山先生之理由。但是這些早期國民黨的先生們學術思想的方向，卻並不十分清楚。大約在民國十年左右，廣州由孫中山先生領導所辦一雜誌，名建設，其中有胡漢民、廖仲凱、戴季陶的文章。我記得他們即講馬克思之唯物史觀。似乎孫中山亦嘗稱列寧是革命的聖人，由此而聯俄、容共。改組後之國民黨，亦學共產黨主張一黨專政，以爲訓政時期；過此時期，再還政於民，爲憲政時期。此即無異以專政爲達到民主的過渡。這與馬列主義者之以少數黨人專政到底，直至全世界統一於一共產天國，然後才對政權放手者，畢竟不同。

(二) 五四時代之社會政治文化思想之代表人物

在民國七八年，大家知道有由北方發起之五四運動與新文化運動，後者以科學與民主爲口號。但我要說，民國以後特堅持政治制度的重要性的，是梁啟超以下的傳統。梁啟超在清末主張君主立憲政制，而不變滿清之國體，民國以後便堅持保存民國之國體，反對袁世凱之帝制。其前後之精神，亦正自相一貫。他與蔡松坡等，再造共和，其功實不可沒。由梁啟超至張君勱、張東蓀，是一脈相承。在所謂科玄論戰時期，張君勱、梁任公，主張人有意志自由，胡適之、吳稚暉等，說其是反科學之玄學鬼附聲。此只見當時提倡科學的人之幼稚淺薄，今不必去說他。在民十六至民二十年國民黨力行一黨專政。張君勱先生與現在此地之李幼椿先生，曾在上海辦一新路雜誌，反對一黨專政。後來張君勱先生又與張東蓀先生，在北方辦再生。現在本校之牟宗三先生，當時只有你們的年齡，便在再生寫文。然而在民國十五六年時的國民黨，卻內部充滿派系之爭，黨外無黨，黨內必有派。古今中外，決無例外。當時之國民黨人，不重學術思想，於是當時一般文藝界與思想界，反成了馬列主義辯證法唯物論的天下。這即後來中共之精神資本。此時只有張東蓀編一書名辯證法唯物論論戰，反對辯證法唯物論。我要特別提出此兩位張先生，因為他們上無政權，下不合當時之文藝界思想界之一般趨向，純依個人之思想上的良心講話。這是中國傳統知識分子的典型。此一重視個人之思想上的良心之潮流，亦與新文化運動時期之自由主義有關。新文化運動時期之自由主義，可以胡適之先生為代表。他的思想清淺，而不深厚，識量亦不廣大。故其所領導之中央研究院講人文學術，只能走向一極狹窄專門的路，對哲學、文學、宗教、藝術、思想史、文化史、皆不知重視。但他個人對自由主義的信仰，卻能始終堅持，亦值稱許。自由主義可以解放思想，與資本主義亦無必然的聯繫。五四時代之新文化運動口號，雖是民主，但實際上談民主，更要重民主立憲制度的建立。講民主立憲制度，在中國近代思想中，我認爲更要從康梁到張君勱這一傳統中去找。新文化運動的精神，則在多少有自由主義的朝氣。但從自由可以走到民主，亦可走到反民主。反民主，亦可以是出於個人的自由。自由原是學術人文發展之必須條件。但學術人文之獨立與尊嚴，不被人眞正認識，民主政制建立不起，則浪漫性的自由主義，亦可爲人所厭棄。人亦可本其浪漫的自由主義，反民主，反自由。這可以說明陳獨秀主編之新青年，何以在後期轉到講馬克思主義，不再講自由，亦不講民主，而再嚮往俄國之無產階級專政、與一黨專政之故。

陳獨秀之一生思想——値得特別注意。它代表幾個時期。據章士釗在民國十五年之甲寅周報之一文說，他少年讀書，一身長滿蝨子亦不知。他能背誦杜詩，不遺一字。他在清末便從事推翻滿淸的革命；後任敎北京大學，爲文科學長，同時辦新青年。早期新青年，是羨慕日本之富國强兵，中期是標榜民主與科學，反對孔子與中國文化，再變而講馬克思主義。他由辦新青年，而到上海辦嚮導。這是中國第一個宣傳馬列主義的雜誌。他當了第一任共產黨最高領袖，在武漢革命時期，乃一時之風雲人物。蔣光赤稱之爲「鋼鐵般的意志與水般的機智」之領袖。但他之領袖地位，再被黨人推翻以後，晚年卻再覺悟到，若無民主，社會主義亦不能成功。他有兩個兒子都是共產黨，被國民政府槍斃。他亦曾在南京被國民政府所逮捕，章士釗曾爲他當辯護律師，後來釋放。晚年與高語罕（與陳獨秀淸末即同事。近見明報月刊中周策縱先生之文，才知他是當時出版最多之新文化運動書籍期刊之亞東圖書館的編輯。他亦是早期之共產黨員）同居江津，曾從歐陽竟無先生問佛學。恰巧昨日程兆熊先生告我，他曾向歐陽先生借武榮碑，有一詩與歐陽先生。詩曰：「貫休入蜀惟盆鉢，老大無依生事微，歲暮家家餘豚鴨，老饞獨羨武榮碑。」又有游江津江面詩：「匆匆二十年前事，燕子磯邊憶舊遊。何處漁歌驚曉夢，一江兩月照孤舟。」可見其心境之一斑。我在江津曾看見高語罕，但可惜未見到陳獨秀。此人一生之思想演變有悲劇性，亦使人感念，值得專門作一研究。從陳獨秀的例，最可見中國近代社會政治文化思想問題之複雜，所以我特多講一些關於他之故事。

在新文化運動時期，一方有打倒孔家店之陳獨秀等，一方亦有重新要復興東方儒佛之學之傳統的人。此時在北方是梁漱溟先生，南方是歐陽竟無先生。熊十力、馬一浮兩先生，還是後起。今先說當時東南大學，有柳翼謀先生，提倡正宗中國史學。又有吳宓先生辦學衡，講西方文學中之人文主義，而求與孔子道德思想配合。此與我們年來所講之人文主義，直從中國傳統之「人文化成」之意立根，重人對其全部文化之自作主宰，尚有不同。但四五十年前，在中國首標出人文主義之名者，似即始於學衡派的人，不應加以泯沒。東南大學以科學與人文並重，而不像當時北大一般人，只專講科學方法，以懷疑中國人文傳統。然東南大學卻出了許多眞正科學家。不過東南大學的人，講中國固有人文學術，初雖有一番精神，對後之教育界亦有若干影響；可惜他們對時代問題，太缺乏反應，故不免爲世所遺忘。此外，我更不提其他承繼晚清學術傳統的學者，與新文化運動中作整理國故工作的學者。此不是說他們對專門學術無貢獻。但是在應付時代文化的思想問題上，他們之專門的學術研究，卻無能爲力。他們之人格，亦多缺乏眞實生命力，經不起時代的浪潮的衝擊。今再回頭說說歐陽與梁二先生。歐陽先生與中山先生年輩相若，亦相善。中山先生死時，他有一輓聯是：「並世而生，分河而飲；小盜移國，大惑移心」。從此對聯，我深體驗到學者之所以自任之重，更有甚於政治家者。我曾問他中山之爲人態度畢竟如何？他說中山面貌很慈祥。歐陽先生此一語，對於我而言，勝於國民黨人對中山之千百萬言之宣傳。歐陽先生講儒佛之學，而有悲願，對國族興亡，常念念在心。他之學問乃是連著其生命講的。梁漱溟先生在民國十年左右，於北大講孔子之學，亦能連著他的生命與人格去講。他敢於在大家要打倒孔家店時，爲孔子釋迦、打抱不平，並將孔子之學，扣緊人的生命與生活講。同時他說西方之科學民主精神，尙只代表人類文化之第一期之精神；更進一時期，則是中國儒家之生命生活之學，普遍於世界。當時之梁先生，尙是不到三十歲之青年，而能有此膽識，實不容易。後來梁先生覺得在北大敎書莫有意思，遂先閉門讀書，與幾個學生在一起。到民國十八九年，遂專從事鄉村建設運動。此是承宋儒如呂氏鄉約、朱子設社倉、陸象山、王陽明皆重治鄉里之事的精神下來，而注意到中國之問題，要從社會之下層起，而政治經濟與禮俗文化，則要配合爲用，以重新建設中國。他之爲學、作人、作事，三者並重，是眞正之儒者之典範。但中日戰爭破壞了其在山東之鄉村建設的成績。抗戰時期，他曾爲中國之和平與統一，努力調和國民黨與共產黨之衝突。但大家知道，他在任民主同盟之秘書長的時期，有意無意的大大幫助了共黨。他的哲學，與共產黨全不同。但毛澤東以老師稱之，他亦欣賞中國共產黨之從農村作起之作風，並誤以爲毛能接受他的思想。在二十年前，他與我私人一信，說有一書預備獻與中共，但後來此書卻石沉大海。後因在會場批評中共，幾遭殺身之禍。但我對梁先生，卻始終尊敬。他只是欣賞中共之由農村作起。在這一點上，我附帶要請大家注意：中國百年來的情形，是外國人欺負中國人，上海、南京、天津之大都市的中國人，又欺負內地的人，城裏人欺負鄉下人，外國回來之知識分子，欺負道地的知識分子。然而中國之道地的知識分子，原大都出身於農村。我個人之祖先原由廣東五華，而到中國最偏僻的四川之宜賓，與夷人接近之區，當開荒的農人。所以我雖從小住在成都，亦算道地的鄉下人，能切身感受這一些事實。我深切了解中國之道地的知識分子靈魂深處，總是懷念在中國的農村，而厭惡西方式之工商業與政治勢力，透過中國都市，而破壞壓迫中國之農村。梁漱溟先生注意到中國農村之建設，同時注意到如何使中國之禮俗文化，與農村之經濟行政之建設相配合。這是使中國文化禮俗落實的偉大思想。此主要見於其鄉村建設理論一書。但他的思想太王道，當然不像中共之有一套控制組織農民的方法。中共是靠在抗戰時期，在後方邊地，組織若干農民爲游擊隊，而表現若干鄉土氣，與民族主義精神，方有其後來推倒國民政府的軍事力量。由共產主義的知識分子之鄉土氣，以鄉下人打城裏人，以內地之湖南人、四川人，打上海等大都市的人，以中國人打洋人，這是爲受欺負的中國鄉下人、內地人、中國人出了一口大氣。但我仍認爲此與馬列主義，初不相干。若非因中國之道地的知識分子，原多是農村出身，亦不會有中共之知識分子，以組織農民起兵的事。故從中共之原始之最好的方面說，只能說是亦代表中國文化原有之一農民革命之傳統。馬克思心目中，只有中古的農奴，而無中國之農民。其所謂無產階級，只是對工業生產工具、無所有權的現代工人。馬克思爲一無祖國之猶太人，而主張工人無祖國。列寧並明以農民爲革命的阻力。而早期之中共奉第三國際之指令，依馬列主義而發動之城市工人之暴動，亦無不失敗。列寧作帝國主義論，說資本主義之發展，必化爲帝國主義。此反帝之意識，自然與百年來中國民族之要抵抗西方侵略之要求，可以互相連接。所以馬列主義在中國之近代思想中，會爲若干中國知識分子所接受。這不能說莫有理由。但是這中間主導的力量，只是中華民族與其文化，要自己站起來，而初不是馬列主義。故馬列主義亦決不能長成爲中國社會政治文化學術之指導原則。

（三）中國現代社會政治文化思想中之五個基本觀念

然則，什麼原則可以成爲中國之社會政治文化學術之指導原則，從百年來之思想歷史演變中看起來，這不應當只是一個。譬如說社會主義是要盡量求平均土地財富，使人人有產，而非使人人「無產」。則這在中國文化思想中看，從孟子主張井田，租稅十分取一，反對商人壟斷，而斥之爲賤丈夫以後，一切限制商賈之過份利得，一切均田、限田之主張，以及祖宗遺產均分，不由長子單獨繼承等，都是要求平均土地財富。這不必一定要溯原於西方之社會主義或馬列主義。西方的歷史，可能自希臘便有自由民與奴隸階級之對峙，中古有封建地主與農奴之對峙，近代有資本家與工人階級之對峙。然在中國歷史中，可能這些都莫有。卽有亦不是一個形態。然則爲什麼一定要以馬克思主義來解釋中國之歷史社會的發展？照我看，中國歷史中，很早卽有一超級或平階級之社會政治思想。論語說：「禹稷躬稼而有天下」，孟子說：「舜發於畎畝之中，傳說舉於版築之間，膠鬲舉於魚鹽之中……」卽說聖君賢相，是從農工中起來，以由勞力而勞心。後來卽成中國知識分子之耕讀傳家，而不喜歡壟斷經濟利益的商人的普遍心理。由此變成近代知識分子之反對西方之經濟與政治侵略。但是近代中國人被西方之經濟與政治之侵略，壓迫到不能出氣。五四時代的人只知中國文化的缺點，而自怨自艾，無人敢提出此中國傳統之社會政治思想，加以發揮。於是才有陳獨秀、李大釗等之找二個外國人馬克思與列寧，來作神牌，組織共黨，反抗西方之資本主義、帝國主義的侵略。此事從好處說，亦是清末之「以夷制夷」、「以毒攻毒」的變相。從壞處說，則是自己不敢提出中國之傳統思想，還是要以西方神牌來開路，以反抗西方。如其不然，則我們豈不可卽講中國社會主義來平均財富與土地，如孫中山之民生主義，梁漱溟之鄉村建設之類，何必去拜此馬列的神牌？以前之中共依列寧與史大林主義，以蘇聯爲社會主義之祖國，在江西成立蘇維埃政府。但畢竟抵當不過中國之民族主義意識，而在陝北時期，自動取消蘇維埃政府之名稱，同時由共產主義倒退到所謂新民主主義。後又學蘇聯以社會主義爲標榜，作爲到共產主義之一過渡。今則中共反蘇，崇拜蘇聯的列寧、史大林，又說現在蘇聯是修正主義，我才是馬列正宗。此則如爭眞假王牌子的剪刀，亦正如過房的兒子，要奪取親生的兒子所承的宗祧。蘇聯人豈能甘心？你說蘇聯是修正主義，不能承繼正宗馬列主義。卽無異謂馬列主義未能在蘇聯實行。這只證明馬列主義無力統治蘇聯。馬列主義生根於蘇聯，尙不能統治蘇聯，豈能統治其外之中國？現在蘇聯陳兵百萬，在中國邊境，自然是蘇聯人可惡。但我可說，這亦是你自己先要爭當眞王牌子，奪其宗祧，燒香引鬼上門。試問燒了列寧的香數十年，列寧的鬼如何不從蘇聯來？列寧的鬼當然愛蘇聯過於愛中國，不會承認過房的兒子來亂宗。我們以有五千載文化之神明華胄之中華大國，而立國之靈魂掛在莫斯科的鬼上，豈不羞死先人。這證明中國人要講社會主義，亦要自己獨立來講。至少亦要能放列寧的鬼去打其洋鬼子之後，亦能收鬼，才可以使中國人堂堂正正的站起來。

但是中國只講社會主義就夠了嗎？單純的社會主義，可只是蜂蟻的社會。一個蜂王或蟻王，一羣蜂蟻分工合作，享受亦未嘗不平等。但以蜂蟻社會爲理想，只是人文進化之大逆流。如依馬克思所謂之唯物史觀之公式說，只要有社會之經濟變革，爲其反映的上層之政治文化，自然一齊變革。然而這只是馬克思的神話。當然經濟變革，可以多少引起政治文化變革。但是政治與經濟，亦各成一相對獨立的領域。譬如說，政治上之民主制度，此卽有其獨立的意義。講社會主義的人可相信民主制度，亦可不相信。如德國之柯次基相信，列寧不相信。又如布哈林、托洛斯基相信黨內的民主，史大林不相信。共產是一回事，共政權又是一回事。民主制度是原則上肯定政權可共。當知權力的分配之當求接近公平，亦如財產分配之當求接近公平。前者可以社會主義制度，來助其實現，後者只能賴政治上之民主制度，來助其實現。現在中國之大陸之一個國家之主席，要發動一全中國之文化大革命，才能改變。這只能說是無正常的民主制度以和平轉移政權的結果，莫有任何理由可以辯護。其次莫有政權分配的公平，則必然產生新階級。這已經許多人講過，而比我講得好得多。

再其次學術文化對政治經濟，又是相對獨立的領域。如學術自由、宗教自由，即學術文化領域中的事。一定要在學術上只講唯物論，當然要否定宗教，視如鴉片烟；只講唯物史觀，必然不能容許不依此史觀而講之一切學術。中國文化學術要發展，對於學術自由、宗教自由等，亦同必須作原則上的肯定。學術自由、宗教自由，以及獨立人格、與其內在之精神生活等，不是什麼奢侈品，亦不是隨便的口號。其有與無，是人文世界、人格世界之存亡之關鍵所繫。只從政治策略上歷史階段上，將此等等凍結幽囚，無論如何說得天花亂墜，絕不能代替對此等等之原則上的肯定。

以上所講只講到民國二十年以前之中國近代思想，此中共有五個基本觀念：一、民族主義，二、中國文化傳統之發展，三、社會主義，四、學術文化自由，五、民主政制。這五個觀念，綜合起來可稱爲中國民族、人文、自由、民主、社會主義。但此名太長，可約之爲「人文民主社會主義」，或「人文社會」主義，或「人文」主義。但將此五觀念分開來看，則似並非必然互相連繫，所以人可以肯定其中之一個。如太平天國只肯定民族主義。曾國藩只重中國文化。中共則只肯定社會主義，今日反蘇，乃加上民族主義。無政府主義之社會主義，有共產與共政權，亦兼有民主主義成份。對此五個觀念，孫中山重一、三、五。早期之國家主義派的人，則民族主義特別強，但亦重國體與政制。梁漱溟重二、三、五。陳獨秀一生跌宕於五者中，而在其一生之任一時期，皆知其一，不知其二，遂成悲劇。此五個觀念，人或只任取一個，或任取二個，或任取三個，或任取四個，便有種種可能。這可就複雜了。至於如何理解其中之任一觀念之內容，則又更複雜了。但自民國二十年以後，及今又四十年，人們之一般社會政治文化思想，亦只在此五個觀念中轉動。在對一觀念之深入的省察方面，可以人各不同。但自大思想方向上說，則我尚未見有一人能全跳出此五觀念之外去。至於專門的學術思想，宗教道德思想，則又當別論，非此所及。對於這五個觀念，在我個人是，在原則上，全部加以肯定，並以之爲互爲根據，互相規定配合，以成爲統一的全體。但我亦可以說，由於人們對此五個觀念取捨，有種種可能，而對此五個觀念，又可有不同的理解，所以如果諸位要對中國近代思想，作純學院式的學術研究，卽可將此五個觀念，化爲五種觀點，而使之成爲一種研究中國近代思想的格度。如果諸位對此五觀念都相信，則一方可更尋求其關係，定其主從、輕重與先後，其可以相規定配合互爲根據而相統一之理論基礎，以走到社會科學與哲學思想的研究；一方亦可以之爲評斷當前之個人、或政治團體之思想與事實之標準，看其是否合此標準。再看其不合者，如何可加以引導，使之由不合到合，而貢獻其個人的力量於由現在到未來之中國歷史文化的進步。則此五個觀念，不只可成爲一研究的觀點與格度，同時變成諸位對中國之未來所抱的理想；便可使諸位之學問知識，由直接間接連繫到此五個觀念之實踐，而發生客觀的價値。我們生活在歷史中，而了解過去歷史，評論現在歷史，同時亦都能多多少少創造未來歷史。我們不能妄自尊大，亦不能妄自菲薄。這中間可開闢出無窮的學問，與無窮的事業，及無窮的天地。

（四）中國文化與中國民族兩脚俱立

說到評論現在歷史，以求有所貢獻於未來的歷史，無論在個人、在團體、在國家民族、在人類世界，人在一時，都可有許多惶惑迷亂。由最近因國際形勢變化，有的同學爲中共入聯合國而歡欣；亦有的同學，爲臺灣之國民政府被擯於聯合國，而流淚。有的同學希望中共早來香港；有的同學怕中共來了，而憂慮到自己之生活方式不能適應。有的同學希望中國早統一，臺灣與大陸連香港，合爲一大中國，有的認爲暫時不可能。而如何統一，則有主張和平方式，有主張武力方式，或由大陸打臺灣，或由臺灣反攻。這些問題，在國際政治家心中，在政論家心中，亦在若干青年同學的心中。這樣便使一些同學，不能安心讀書，想搞運動，對國家民族，現在便盡一些責任。但有的同學，卻想在學生時代，還是讀書第一。然而又爲何目標而讀書呢？只爲考試得學位，或爲現實政權，直接間接作點宣傳，亦不能使有志氣的同學滿足。然則又爲什麼呢？對於這些同學心中的惶惑迷亂，所引起的不安，無論從那一個觀念方向出發，我都很同情，亦相當了解。我忝爲諸位的老師，我心中亦未嘗無同樣的問題，亦很願幫助大家解決問題。但是我認爲這一切的問題，在客觀上如何立刻解決，我固無力，諸位亦無力。然而我們個人，卻未嘗不可本其對中國歷史最近一段之了解，而確定一對中國歷史之未來方向的看法，亦確定我們的態度，與爲學的方向。現在便依我個人的看法，試對這些從不同觀念方向問題，都毫無忌諱的，從不同角度方面，一一加以涉及。我不希望諸位在學的時期去搞政治。但亦希望諸位有由過去看到未來之一健全政治觀，依此政治觀之確定，諸位便能爲未來的事業，而安心向學。使同學們能安心向學，這亦是教師的主要責任。

照我的意思，你們所感之一切問題，都由馬列主義的連繫於中共政權而起，亦依中共的人們要依馬列主義來解釋中國之歷史文化而起。那你們便應先研究一下馬列主義的思想，由辯證法唯物論、唯物史觀、文化思想之反映論、勞働價值論、階級鬬爭論、資本主義論、帝國主義論、共產世界必然降臨論，是否能成立？中國社會歷史文化之性質，是否可用馬列主義加以解釋？馬列對東方社會所論本少，馬列並未曾說過中國過去社會是封建社會。有人說以中國過去社會是封建社會，是先由於史大林欽定而後中共加以奉行。但不管由何人先定，我們總可問此說中國過去文化只是封建主義的，是否眞能成立？由此而更說近百年之中國社會，只是半封建半殖民社會，我們亦可問其是否眞能成立？中國人近百年來之思想，是否可只以或屬於封建社會思想、或屬殖民主義，加以概括？這些問題，豈易一言斷定。討論這些問題的學術著作，大家看了多少？如對中國社會文化，以及現在近百年之中國社會文化，以及思想，認識不清，你豈能即根據之，以構想中國未來歷史的方向？又豈能即依此方向，以解釋或評論由過去到現在的事實？更豈能由此以確定個人的態度，以對中國未來之貢獻自己之力量？想這些問題，都要目光四射，去形成識見。才能說有自主的抉擇。否則所能自主，只是被動。如依我以上所說，對中國百年來之中國歷史文化思想之演變的看法，則我希望大家認清此歷史演變中，只有一個根本動力。即此一老大帝國，受了西方的侵略後，其民族生命、文化生命，要向前發展，必須求一齊站立起來。而其思想核心，則是中國原有的社會人文思想、民主、自由、社會主義之觀念，在基本上，亦原生根於中國之社會人文思想中。但民主政制中之自由人權之列舉，與如何由法律加以保障，社會主義之政黨組織等，則初來自西方。它們之所以多少爲現代中國人所接受，則因其多少符合於中國社會人文思想中原有之若干觀念之故。這在我個人一二十年前之中國文化之精神價値、人文精神之重建、與中國人文精神之發展三書，已討論不少。總而言之，照我的意思，中國過去之社會、歷史、文化、學術思想，絕不容許只以封建主義一名，加以概括；中國近百年來之社會文化，應以西方文化與政治經濟之力量之互相衝擊，加以解釋。說中國社會只是半封建半殖民社會，尙未走到馬克思所謂資本主義階段，更不到共產主義階段，這只是對中國社會文化之一侮辱。什麼是封建？是周代的封建？則此封建已過去了二千年。是歐洲中古的封建？中國數千年之文化，難道現在才只走到歐洲中古的階段？這太看不起中國文化了。歐洲中古的封建，豈與中國之封建爲同一物？又豈與秦以後之二千年社會爲同一物？馬克思、列寧，對中國社會文化歷史根本無知，而今之中共硬要引申其說，對中國社會文化之過去未來，作判斷，說他是普遍眞理，中國只是其普遍眞理應用的場合，亦太看不起自己，太莫有出息了。但是對這些，我都以最大的忍耐與同情，加以解釋。卽只因百年來之中國人，已被壓迫得不能出氣，自己無面目見人，不得已而在思想上亦只能以夷制夷、以毒攻毒，如上所說。我亦曾想過，對西方的霸權，勢不能以中國的王道思想，加以馴服。如果中共不用馬列主義號召，亦不能在亞非民族中，取得若干領導地位，使西方人畏懼，對中國人另眼相看，使海外的中國人得稍抬頭。這亦是眞的。但是中國人是否必須與西方爭霸？中華民族在世界只使人畏懼，而不能使人敬愛，以文德使天下人「近者悅、遠者來」，如在漢唐之世的情形，便不是今日之中華民族之眞正光榮。所以馬列主義之對外的價值，亦只能是暫時的。總之，它要被超越否定。

照我看來，中國的馬列主義，實已漸僵化爲唸唸有詞的政治上的符咒。對東歐的思想，我前年在夏威夷開東西哲學家會，看見幾位他們的哲學家，他們無不反對官方之馬列主義，而講少年馬克思的人文主義，亦講晚年的恩格斯之「由必然的世界，到自由的世界的飛躍」，以爲衝破馬列主義教條之第一步。記得那次的會，本來請了馮友蘭，中共政府不許其出境；亦請了兩位俄國哲學家，但俄國政府亦不許他們出境。如果俄國哲學家來了，我倒願向他們領教領教。但據說俄國之學術研究，亦漸自馬列之教條解放。今中共尚要死抱住馬列之正統，反對修正主義，在共產主義世界中，亦是思想落後。照我看，中共政權如存在下去，必然會向修正主義走，而逐步放棄馬列主義。否則馬列主義之鬬爭、矛盾之理論，必使中共政權從核心一直鬬起，永無寧日。無論任何有利之國際情勢，皆不能阻止其政權中心之核子爆炸。馬列主義之鬬爭、矛盾之理論，是中國人民的禍害，亦是中共的禍害之總根原。中共一朝覺悟到此，而抛棄它，以至放棄共產黨的名稱，中共的人卽可變成道地的中國人，不是半人半馬的人頭馬。這只是隨便作一文字上的玩笑。中共的人，亦原是中國人所偶然變成的，不是如列寧所說，「共產黨」是一種「特殊材料」做成的、世界「第一因」。

對於中共，我亦有許多朋友、學生、親戚家人在裏面，我當然還是把他們當中國同胞看。如上述之陳獨秀之一生，晚年重回到中國文化，亦是浪子回頭一片寶。二十年來，我與一些朋友寫文章，只希望喚醒中共之中國人的成份，使之反本還源爲中國人，去掉其由馬列而來之鬬爭、矛盾之理論、以及唯物論之思想成份。只要此事作到，則中共，與國民政府，及海外的中華兒女，自然融融洽洽，天下太平。我們過去如此說，今天還是如此說。我認此事很簡單，只是換一些觀念與名辭口號就行。此是孔子名正則言順，言順則事成的大道理，不只是一書生之見。照我們的看法，中共之「中國性」與其「馬列性」，原有一種內在矛盾。依此內在矛盾，而以其「中國性」，揚棄其「馬列性」，這亦是一辯證法的發展，而合乎馬列主義中由黑格爾而來的辯證法的成份。我個人的態度，是認爲只要能促成此一辯證的發展，臺灣國民政府，卽不須反攻大陸，兵不血刃，而無異完全勝利。諸位同學中深愛臺灣的國民政府的，亦可以如此去想。人類的一切事，都可以「功成不必在我」。如我們二十年前反對一面倒於蘇聯，中共能自己做到，我們亦一樣高興。老實說，中共今日之反蘇，亦實無異跟隨國民政府先提出之抗俄之路線走。只是中共還應負收回外蒙古的責任。外蒙古的事出於雅爾達密約，國民政府應負責任，但亦當時內外形勢所逼成，則中共亦有責任。現在國民政府的地圖中，仍有外蒙古，而中共之地圖中卻莫有。至少應先繪入地圖中，然後加以收回。除此以外，要談中國的社會文化思想，我們站在知識分子之立場，只須爭原則，不須爭政權。這就比較簡單。誠然，現實政治，太爲複雜。在大陸政治未脫離馬列主義的控制之前，臺灣的國民政府，仍然可以「楚雖三戶，亡秦必楚」的精神，主張反攻，來凝結人心。這我們亦無理由反對。不過，我想我們身在香港與海外的人，則重要的事，只是爭原則。依一定之原則，我們在海外的知識分子，今後應當可以共樹一風範，共立一燈塔，以照見中國大陸之一切好好壞壞。照我的看法，凡中共之所爲，出於其中國性者，大多是好，如反蘇、消滅寄托於上海外國租界之流氓集團、在聯合國說中國話、重視中國醫藥之價值、發揚民間戲劇、整理、標點若干古書、出版物校對認眞、生活之樸實、知識分子不高居農民之上、不使商人有過份利得、農村之集體生產、一般人民之生活水準相當平等，及章士釗，近在其柳文指要中，所大爲誇張的無娼妓、無梅毒，梅毒亦原是西方帶來的。這些好的，不能說之爲壞。這亦是中國文化精神之自己托胎還魂，中國民族原有之美德之表現。任何人不能貪天之功，以爲己力。我們亦大可不必將一切光榮歸於毛澤東上帝，對這些好的，亦爲海外中華民族所散佈之地區所當倣效。但中共之所爲，凡出於其馬列性之「生於其心，害於其政；發於其政，害於其事」者，大多是壞。如以馬列教條統制學術文化之研究，曲解中國社會歷史與學術文化，以爲馬列主義註腳；知有階級的人性，而不知有普遍的人性；有階級教育無普遍教育；依政治立場，叫兒女淸算父母（如林彪女兒之密告其父母之逃走），不敬中國之聖賢忠烈（如封鎖岳王墳）；摧殘宗教；無言論與緘默之自由；無基本人權之肯定；不依法律，而作人民公審，利用羣眾情緒判罪；無確立之制度，以決定政治上領導人物之進退；不斷一分爲二，以製造矛盾鬬爭，使人與人互相監督、尅制，以便統治；不信任社會與個人之良心，視一切人之思想言論，皆是爲個人或階級之私利辯護，而不看其眞理價值，更加以惡意的曲解與誣蔑；文化大革命之破壞文物，將知識分子，加以凌辱，如投入封神傳中之黃河陣，削去頂上三光，使之成爲「呼之卽來，揮之卽去」的物質工具。此一切罪惡，則皆是馬列之鬬爭、矛盾之理論、唯物論、與由之而生之專政極權主義，及暴力主義，生心害政，所直接間接帶來的梅毒，到處傳染蔓延，而遺害無窮。如果將來有機會，我可以從理論上指出「只有對現社會之批判，而在本質上缺乏正面的人文理想之構想」的馬列主義，應用於現實政治上，只能幫助革命與破壞，因其只是如孫中山先生所謂只是社會病理學家；而非社會生理學家。其理論如用來建設，亦只產生破壞，更必然產生這些壞東西，絕無可逃。對這些壞的，亦無任何詭辯，可以說之爲好。如果我們有燈塔，將大陸之好好壞壞，全部照見，亦不加曲解。不於其好處，說其動機是壞，而加以抹殺；亦不於其壞處，說其動機，未嘗不好，而加以原恕。因此動機，我們無法猜測。只能就事論事。好就是好，壞就是壞。認識好壞明白，然後才可存好去壞，而大家有事可作。則順周恩來、尼克遜所開出之一孔，如以後海外與大陸，眞可以自由交通，有學術文化交流，我們可以第一步要求書籍出版物的交流。大陸的出版物，可以到香港海外，香港海外，當然有權要求將出版物，在大陸流通。自然科學我不懂，若就人文學術之著作，及後起的人才而論，此海外之二三千萬華人中所出產的，在此二十年中，斷然超過大陸。海外言論界，亦超過大陸。二者已可合以形成一海外文化長城，以與大陸之言論著述作競賽。其次再把馬列主義拿來在學術立場中，平心靜氣，公開討論，看它配不配爲中國學術文化思想唯一指導原則。如此便可使爲馬列主義所驅散於海外之中國性的社會政治文化之觀念、理想，再回流反哺。此事之最近的前例，有清末之康、梁、孫中山之思想，都是由香港與海外，向中國大陸回流反哺。卽足以爲我們之模範與鼓勵。如此則我們可將此上述之燈塔，逐步向大陸移動，使此燈塔之光明，與大陸中之散於中國人民心中之「中國性」所顯的更大的光明，合起來，共同照出一中國文化，與其民族之兩足一齊站起來之中國前途，則亦可不經內外的戰爭，少殺些同胞，爲國家多保存元氣。我們大家在海外所學得的知識技能，亦有早貢獻於我們之祖國的機會。此方是我們之生命精神對祖國之眞正的回歸，我們所當寤寐以求之者。這正是一最積極的理想，大家亦正應爲此理想，而充實自己之知識技能才是。

如果大家一定要問個人抱上述之理想以後，畢竟中國以後社會文化如何？政制形態如何？是否中共仍存在、或名存實亡？中共既能改掉蘇維埃政府之名，我提議中國共產黨脫離馬列主義，自行在中國之社會文化思想、與其發展中，建立理論根據。正式改名爲中國社會黨，自居民主政黨之一，以名副其實，不必學蘇俄之假借一永不能實現之共產主義之名，以便永遠把持政權不放。則中共之所爲，可較蘇俄更超進一步。至於將來臺灣與中共關係如何？中國如何統一？香港何時還於中國？還於中國後香港之社會文化如何？則莫有人能預知。對臺灣的事，國際形勢如何？我不懂。很可能若美國艦隊撤出臺灣海峽，蘇聯艦隊卽來塡補此空虛。但我不談這些。我們可以去掉一切勢利觀點，只依上所述之五個觀念爲本，而學孔子作春秋之法，斷是非。如對臺灣已往之上層社會風氣、政治風氣，我從未有一言恭維。國民政府，亦有不夠民主的地方。臺灣之土地改革，不用清算鬭爭，而作到耕者有其田，雖是一大成功，但都市土地仍未作到平均地權。此二者都該大力改革。但直到現在爲止，臺灣人民生活，仍比大陸人民生活好數倍。國民政府在原則上肯定中國文化，而將政治上的主義，隸屬於中國文化之大傳統之下。其社會中至少有學術自由，連大陸學人之學術著作，亦還能流行。如梁漱溟之中國文化要義，大陸亦不許發行，臺灣仍正式加以重版。又在臺灣能對政府黨多少持異議的二個政黨，亦還存在。徐復觀先生可以寫文批評到蔣總統，仍可照常出入臺灣。大陸有人敢批評「毛主席」

嗎？對於這些問題，只有超黨派的人，有權說公道話。中共要以武力取臺灣，內心能不慚愧羞恥？在廿二年前，中共之打國民政府，自覺理直氣壯，或未嘗不可以一舉而下臺灣。但現在的中共，年年鬧內部鬪爭，內部不能互信，則亦不能自信其用兵臺灣，能必然勝利。照我看，除非臺灣自己敗壞，大陸人民生活方式與文化思想，斷然好過臺灣，否則大陸以武力打臺灣，只能帶來其自身之內部爆炸。故中國一時，勢無統一之望。臺灣與大陸，將只會處在一社會、政治、經濟及學術文化敎育之互相競賽，而由人類之良心評判是非公道的局面。由此競賽局面之存在，亦正可以逼使雙方之負政治責任者，必須自求改進，以爭取中國與世界之人心。此未嘗非中國人民之福。沿此而形成之中國之統一，亦可說爲黑格爾辯證法中，所謂經對立、而形成之更高的統一。中國本是一個中國，只因有馬列主義的刺插入，才把中國人民之血肉分離、互相對立。今日重要的事，只是拔除此刺。罪魁禍首，全在此刺。杜甫千二百年前詩已說「射人先射馬」，此馬卽馬列主義也。所以我們亦不必自己責備中國人無力使自己成一統一的國家。如果須經由上述之對立，而後有更高之統一，則我們亦正常肯定由此「對立」與其所形成的統一，爲歷史發展的必然與當然。

至於說到香港的政治命運，其內部如何改革，是一問題，將來如何合於中國，是一問題。如果將來是和平的合於中國，則我們當想屆時香港能特殊貢獻於中國者是什麼？香港的知識分子，所能特殊貢獻於中國者，又是什麼？若有特殊貢獻，則相互皆必有影響。若無特殊貢獻，以中國之大，看區區之香港，亦大可不在眼中。如我個人未到香港以前，心目中卽亦無此香港之存在。我之來到香港，亦是因先到廣州講學，而偶然來的。至於如果中共現在立刻要取香港，當然亦垂手可得。但在大陸與臺灣未統一以前，它亦不好意思要收回失地。如其要立刻收回此失地，更要在香港施行大陸式之清算鬭爭，這當然誰也逃不了。因香港人無一人是貧下中農出身。香港至少有二三百萬人，其中包括你們的父母親戚，皆是由大陸逃亡來。然而我們如因自覺逃亡來，便是罪孽深重，而要帶罪立功；則縱然到了劉少奇、林彪的地位，仍逃不了被清算鬭爭，又有何用處？中共一旦到香港，要來清算鬭爭大家，則我們亦可以試想一想：大陸人民受了二三十年之清算鬭爭之苦，我們只是幸而免。今後在不得已時，上天無路，入地無門，也只有赤手承擔，分享一些他們的苦難。在現在，我們亦不必事先畏懼將來的世事變化，有種種可能，亦無人能預測。但在現存的局面之下，大家仍可各本良心，作人說話，安心造學問，作自己當作的事。當然對香港之社會文化政治，作改進的工作，亦應在其內。此改進的標準，亦可卽在我上所提之五個觀念。大家可以將香港現實的社會政治文化的情形，與此五個觀念一一對勘一下，亦便知改進的方向。

此外我還要說，我們要談文化思想，亦並非必需管現實政治如何演變。我們儘可以從歷史看，文化思想的力量，實可以如水銀之瀉地，無孔不入。它是以「天下之至柔，馳騁天下之至堅」，其力之鉅大，無與倫比。戰國時之魯國，不及香港大，秦朝可以滅亡魯國，而第一個反秦的，是爲儒生所歸往的陳涉。漢高祖可以用儒冠小便，然而儒家思想仍成爲漢代之社會文化之主導。秦漢的政治自外壓迫儒術，儒術自內變革秦漢的政治社會文化。羅馬可以滅亡雅典，而雅典之哲學，仍然可以領導羅馬的政治。羅馬法主要依斯多噶派之思想而建立。羅馬之軍事，自外征服雅典；雅典之哲學，自內征服羅馬。後來羅馬之征服猶太，亦是自外征服。而由猶太教變出之基督教，則自內征服羅馬，與一切北方之蠻人。中世紀末期歐洲的政治混亂，可以使歐洲本部的知識分子，無處寄身，而到意大利；然文藝復興仍從佛羅倫斯、米蘭等小城市開啟，而還影響到歐洲。德國可以使馬克斯、恩格斯，不能容身，俄國可以把列寧、克魯泡特金驅逐出境，但斷絕不了社會主義的思想的傳播。元朝可以使鄭所南到南洋，清朝可以使朱舜水到日本，亦斷絕不了中國文化的慧命。從長時期看，文化思想的力量，必然超過現實政治權力。政治的力量，只能改變人的身體，文化思想的力量則直接改變人的靈魂，以旋乾轉坤。這樣我們卽能守道不移。但只是守道不移，對當前現實而言，或亦是一最不得已的悲觀想法。

然而在另一方面，我們亦可不必如此悲觀。我說，大陸中國人的智慧，亦很可能卽順其今日之「反一面倒而反蘇」的趨向，更在社會文化思想上，逐步移樑換柱，（如以毛語錄代馬列聖經，以周語錄代毛，以某甲代周之類。）使馬列主義初步只留個門面，而漸名存實亡，再連名帶姓，送子歸宗。此有如朱元璋原是參加一外來的宗教波斯教卽拜火教的團體而造反。據說其得天下後，改國號曰「

明」，卽因此故。然朱元璋得天下後，亦可更不提此團體，而只談中國文化。又如孫中山先生亦曾稱道列寧，胡漢民、戴季陶都講過唯物史觀。國民政府定都南京時，亦曾取銷孔子紀念。後來之國民黨人，卻可視同未嘗有這些事。只要中共能自己移樑換柱，回到中國文化，如周處之除三害，而改過自新，我希望國民黨人亦視同其「反共抗俄」之完全勝利。我們當老百姓的人，只以天下蒼生之未來爲念，不必亦不能一一去算舊賬。則天下亦可太平。這是最好的希望。

現在我把此最不得已的想法，與最好的希望，一齊擺在面前，無論是那一個，其所歸之方向，只是一個。卽：中國的文化與民族必兩腳俱立，而非只跛腳的勉強支撐。此一方向，乃由百餘年之中國兼受西方之文化政治的壓迫，所引起的反抗，加以規定。此反抗，必到此民族與文化之靈魂與身體，一齊頂天立地站立爲止。中國人之靈魂，本來是開放的，故以往能攝受印度文化；五四時代蔡元培竟以杜威比孔子。我少年時，亦作過以歌德比孔子的糊塗文章，而贊成當時還不反對孔子之郭沫若「請馬克斯入聖廟，列於孔子弟子之位」的話。我還讀過中俄大學，十分稱讚俄國之首先廢除其與中國所訂之不平等條約。青年人有點左傾幼稚病，這是常情。害了一次病，以後就會有免疫的機能。我相信只要眞是中國神明華冑，其靈魂之攝受量，都是無量無邊。馬列主義絕對不能使中國人之靈魂滿足。「趙孟之所貴，趙孟能賤之」。我能賤棄馬列主義，一切中國人亦同樣能加以賤棄。此處看得穩，不必擔憂中國文化會滅亡，更不必把馬列的神牌，死抱住不放。你要死抱住，我保證你抱不住。說句笑話，它必然要化為輕煙一縷，飛向封神臺下當孤魂野鬼去也。此時中國人之靈魂，必會自馬列主義中解放。須知後之視今，亦由今之視昔。二十年來，中共之「一面倒」，既失敗於中國民族主義之前而反蘇；至多一二十年，中共之馬列主義，亦必然失敗於中國之人文社會的思想之前。這是我們今日之合理的希望，與應抱的信心。

（五）對海外中國青年之期望

但是我雖然反對以馬列主義為中國社會學術文化之指導原則，我亦不是完全反對多少以馬列主義加以其他社會學理論，來分析西方式的資本主義社會，以及香港之殖民地社會的若干現象。馬列主義與資本主義、殖民主義，原是西方文化的雙生姊妹。有此就有彼，都不是中國種。但西方文化的精彩，亦並不在此兩個東西。西方文化中對基本人權的肯定，對學術自由、宗教自由、言論自由的尊重，及其科學、哲學、宗教、文藝的價值，與其資本主義、殖民主義，並不必然相干。我們亦決不能對此西方文化之精彩，加以一筆抹殺。這亦合乎中國人的良心，與中國文化中的開放精神。開放精神只與封閉精神相對反。資本主義、帝國主義與馬列主義，皆趨向於經濟政治文化之獨佔與封閉，所以同要不得。今以馬列主義，加上其他社會學理論，分析資本主義殖民主義，而打倒之，亦至多只能是上說之以毒攻毒。如果諸位只以馬列主義反對英國殖民主義，英國人可說馬克斯之資本論，亦是在英國之自由環境下寫的。你仍然未逃出英國人的掌心。如我們不根據馬列主義，同時反對此西方之二毒，只有使我們站的立場，更乾淨、更正大，而無可疵議。我們之反對此二毒，亦不能等於否定整個西方文化的價值。要以毒攻毒，此以毒攻毒之主體，亦不能是此中任一有毒的東西。這只應該是中國人之生命與中國之人文精神。以毒攻毒，要于歸兩毒俱銷，不可服藥再成病。諸位同學生於香港，身份證上刻了「香港的英國人」的字，或許會忽然有一先天罪業感；同時覺到自己是二等公民，而對殖民地的不平等，感受得比我們外來的人更強。亦可能有少數人，以此而更偏愛馬列主義之反殖民主義。但我以為我們只須自認是神明華胄，就可以平視此地之英國人與一切高等華人。諸位以前只生於香港，長於香港，只關心香港，連諸位之小學地理教科書，亦主要只講香港的地理。小學教師，還要考你們前任總督的名字、女王的生日。我二十多年來，亦一直為此難過。直到現在國際形勢變化，大家或想著中共會來香港，然後才能仰首伸眉，自覺自己之生命本原，是中國的神明華胄，要認同於中國。這覺悟，由外在之國際形勢變化而引起，仍是以一崇外、慕外的心理為根。這並不算很好，亦靠不住。但總是一覺悟。而進一步將此「覺悟」內在化，亦不算太遲。如果莫有此一內在的覺悟，則我所談的一切，亦全無意義。但是我更希望，大家不必太看重身份證上的白紙黑字，與西方的國籍法。為了方便，今日之中國人，入外國籍的人很多。西方的國籍法，乃依人生下來，所呼吸的第一口氣，所在之地而定。此乃依唯物論，與依地理而定的國籍。此與依你們的生命本原與歷史，而定的國籍，河水不犯井水。你們還是一樣的神明華胄，亦莫有什麼先天罪業。歷史的意義，比地理的意義，當然深厚重大得多。地理意義的香港人，當然應該自覺到自己是歷史意義的中國人，而以之爲自己生命的本質。但是如果諸位只自覺自己是種族的生命意義上的中國人，而非文化生命意義上的中國人，我還是要不客氣的說，諸位作中國人，還未作到家。大家必須在文化生命上，作個「仰不愧於天，俯不怍於人」的中國人。然後無論在個人之思想、學問、德性上，作自我訓練，要改進香港教育，改進香港社會政治，要爲七億之神明華胄，作開天闢地的事業，才能看見更遠更大的路。再其次，諸位當知中國不過一集體名詞。中國當然不能等於某一政黨或某一政治領袖之個人。劉述先先生先前有一文，談認同問題，亦是自此著眼。這絕無可疵議之餘地。批評者的話，毫不相干。若問中國在那裏？就在諸位的生命裏。我們每一人，皆有資格代表中國，毫無慚愧。要說認同，卽要先認同於自己個人心中之中國民族，與中國文化生命。你只說中國在羅湖那邊，在臺灣，那些山河美麗，風光明媚的地方，我一定要回去看一看，當然可以。這本應該是我們自由出入的地方。今天不能自由出入，罪過決不在我們。但是你們只想那山河卽等於中國，以認同於此山河，爲認同中國，亦仍然只是唯物的地理的觀點，不是歷史的觀點，文化生命的觀點，還要百尺竿頭，再進一步才是。

今天的話，就說到此，不完備的地方很多，亦莫有什麼嚴格的條理，只能算隨便談談。再說一個笑話。我之所講，有如三國演義中諸葛亮之八陣圖，外面看來，只是一堆亂石，但若進入圖中，則飛沙走石，亦能打人。許多話之所以溢出原初的論題以外，只是因爲許多同學，近來多同我談這些問題。我知道大家心中有許多惶惑，以至不能安心讀書。所以我就把我的意思一無忌諱的說了。我是對不同角度與方面的觀念而來的問題而說，所以不能偏主一端。我希望大家以綜合的態度，思索一番，而加以理解，不能斷章取義，來看全文的宗趣。我不從事政治，亦不是政論家，我只是本中國近代之文化思想的發展方向，提供大家一政治觀，這樣可以自己決定一態度，自定一爲學與事業的方向。至於大家如已有一馬列主義之政治觀與政治態度，當然可以不需要我所提供。但我亦願當面與一個一個的人談，或許你能以統戰說服我，但我亦可能說服你而統你。不過我看一些同學，似乎已有此一政治觀與一政治態度的人，作文談話，仍然呑呑吐吐，寫文亦不便用眞名字。這卽證明他們之政治觀與政治態度，仍然不能自信不疑，內心仍然在惶惑、疑慮的狀態中，所以我的話，仍或可供這些同學們的參考。當然在此複雜的時代中，一個青年，眞要堂堂正正，站在中國民族與其文化之過去至未來之發展的立場，中立不倚，不左傾右倒，在背後找個靠山，而獨立站起來，亦不十分容易。猶如下圍棋在四邊上做活容易，而要下到四面受敵，而中間做活，卽不十分容易。這必須膽識一齊俱足。但大家現在漸自覺到自己是一個中國人，總是一大進步。但要做「中」國人，便不要做「偏」偏倒倒的「歪」人。

這十年來自新亞書院，參加中文大學，大家只知考試得學位，把各種學問互相割裂，對於人文學術不求通識，對中國之過去、現在、與未來，莫有情感思想上的關心，新亞精神，亦一天一天隨落。今天大家能本自覺到自己是一中國人，去研究學術，使中文大學不辜負其初由三校聯合創辦的初意。這卽是十分有價值的。至於對中國之過去、現在、未來的認識，自然各人可以不同。我只說我所見到的，這原很有限。我今天所說的，更不及我以前在中國人文精神之發展等書所說之百分之一。那些書寫了十多年，現在世界情勢不同，如在現在寫，當换一寫法。但因其大多皆是關涉到思想原則的問題，談中國之過去，亦談中國之未來，所以至今，或仍值得一看。此外牟宗三、徐復觀二先生，都是你們之老師。他們一、二十年來之文化性社會政治性的文章，亦皆有相當廣大的影響，你們亦該看。我已無二十年前的精力與時間，去對這許多問題，作通俗性的文章。雖然我想說的還有許多。很慚愧，只有介紹一些舊作與大家看看，以補今日所講之不足。今天的話就說到此，以後有機會談。

（新亞書院歷史系中國近代史小組講・郭少棠、王耀宗記・一九七二年六月「明報月刊」七十八期）

廿六、海外知識分子對當前時代之態度答問

——答中文大學學生問

問：唐先生，你認爲海外中國知識分子，應抱持什麼態度來看問題呢？

答：對於你們所問之中國海外知識分子的態度問題，我想可分析爲五個問題：

一、個人的人生態度問題；

二、對整個人類文化或整個世界或宇宙的態度問題；

三、對中國之當前政治社會文化的態度問題；

四、對所居之海外地方之社會政治文化的態度問題；

五、對所在之政治社會之團體機關——如師生所在學校之團體——與其中之「人」與「事」的態度問題。

這五個問題，照我的意思，原以第一第二爲最重要。此是每個人的信仰，對人生與世界或人類文化的基本看法所在，亦是一切人皆有的哲學觀念之所在。但通常人於此也不自覺，更未必對之不斷作

自覺的反省與批判。如要對之不斷作自覺的反省與批判，從學術立場說，便得多少研究哲學、宗教、與其他學術，以便自作選擇與決定。此一決定，父不能傳之子，師不能傳之弟子，只有各人自己負責，並承擔其一定的結果。但我想，大家今所要問我的，不是此一問題。如果問我，我亦只能奉勸諸位先問自己。所以可以不說。

對後面三個問題，我想是大家希望我表示意見的。但這些問題，都十分複雜。我過去二十多年所寫所說的已不少，根本思想方向亦無改變。對第三個問題，在去年對歷史學系近代史小組講的「海外知識分子對中國民族與文化的態度」一文，去年六月於明報月刊發表後，臺灣有二刊物全加轉載，並曾引起多人作文評論。有人統計在港臺與美國共有長短二十篇。只在中國大陸，才一切都看不見。這非我之文有特殊價值，只因大家有同樣的問題。這些批評文章的意見，並有許多好的，爲我所未想到的。如果我能稍閒，我可就我所見及之批評之文，作一總答覆，可說的話還多。但我之根本意思，亦莫有變動。所以大家如問我對第三問題的意見，我希望大家再看一看此文也好。其次，最近中大學生報及明報月刊八十八期所刊數同學共同簽名發表「我們對中國文化及時代問題的態度」，其中所表示的意見，亦是我與許多朋友們大體上共同的意見。這篇文章不迎合一時的潮流，無勢利眼光，有理想、有道德的勇氣、更有一青年的朝氣與生命力。此代表華夏的神明子孫之生機未斷，能自己站立起來。事先我未看此文，後來看了，十分高興。原來人世間的眞理如太陽，能站立起來的人，便能看見。我希望大家同學，亦不要以爲他們幾位不過是同學，不是老師，不是大教授，名學者或得諾貝爾獎金者，便加以忽視。這幾位同學的知識，雖不能算足夠，但就識見而言，卻比許多人高多了。所以我願意鄭重介紹大家看此一文。

說到此地，我想說知識分子之所以爲知識分子，依中國傳統說，即是眞正的士。士初是保衞疆土的武士，後變爲文士，則成爲保衞文化學術的尊嚴的士。士或知識分子，不只是要有知識技能，最重要的是有識見、有器識。識見或器識之於心，如眼睛之於身體。將人之眼睛孤立來看，它當然不能自己單獨存在。它的構造最細緻、亦最脆弱，一塵入眼，眼便不能見。但是大家知道眼睛的重要。我六七年前得眼病，幾乎瞎了。現在我亦只有一目可用。所以我更親切體驗到眼睛的重要。由此我亦體驗到知識分子，對一民族國家社會文化的重要。一民族社會國家文化的全體，可比喻身體。此全身是行動著的。眼睛亦隨全身行動。但眼睛不只看行動的身體與其所在地，眼睛之能自己運動，以指示身體行動的方向，全靠其能瞻前顧後，能看見身體不到的地方，作爲其可能行動的範圍；並看見此範圍中的行動的阻礙與陷阱，而通知整個身體。此之謂識見。如果眼睛只見其身體與其所在地，比喻人對民族國家社會文化之整體之現實行動，有許多新聞的知識，而自然的隨此整體而行動，亦可以算有知識，但不能算有識見，或可稱爲「有知無識」。眼睛不能看見身體之「可能行動的範圍，與其中之阻礙陷阱」，只隨其身體之行動而行動，則眼睛未盡其對一身之職責。如一知識分子不能看見一民族國家社會文化之整體的行動之遠大的前途，與其中之問題——何處有阻礙有陷阱——而對一切現實權勢所在，加以逢迎，使「師道」附屬於「君道」，學術成政治權勢的工具，則知識分子亦未盡其爲知識分子的職責。這不是知識分子高人一等的問題，如人的眼睛亦不會自感驕傲。

知識分子之有識見，全在能瞻前顧後，故能承先啓後、繼往開來。如人行於道上，目光要前後左右四射。此四射似乎無用，然實有無用之大用。所以要談上述之後三問題，關鍵全在大家之由瞻前顧後而形成的識見。

識見有小有大，有近有遠，亦莫有人敢說其識見能至於最大最遠。如目光向前後左右去看，亦只能次第進行。目光之進行，亦初不能無所偏向，亦要次第矯正。此中重要的，是認識此目光之重要，以目光決定行動，不以直接的刺激反應決定行動。以直接刺激反應決定行動者，如人行於馬路，左邊有車來，便向右靠，右邊有車來，便向左倒。此即只對直接刺激作直接反應的行動。很可能一倒，便掉入陷阱中去了。但先能目光四射，則不致如此。

以上的話，都只是一般的說法，似乎不著邊際，亦未答覆上述之後三問題。對於此後三問題，我的意思是：希望大家自己思索，如目光之四射，要自己去射。我不希望大家只求享一現成的結論。只隨從一現成的結論去看去想，不代表思想能力，不代表生命智慧，不代表德性的眞誠。此只是陸象山先生所謂：「隨人腳跟，學人言語」。我個人的意見，如果値得接受，我亦希望大家經過自己的思想、生命、德性去接受，否則不如拒絕接受。

依我的意思，對於第三之中國問題，大家要認淸，此在根柢上是一中華民族與其文化之一齊俱立之問題。所以我不承認馬列主義能指導此中國民族社會政治文化之整體的運動之未來的方向。但這不涵蘊：我會贊同只是追求利潤，個人成功的資本主義社會的政治文化教育觀念，或希望大家只作一殖民地的香港順民。我是根本不相信人類社會只是此一「二分法」的社會——實際上現代之世界中的人類社會，亦不能只用此二分法去理解——。「中」國人注定了要超出此二者，以行於「中」道。行於此中道，不是妥協，不是軟弱。此是中庸所謂「中立而不倚，強哉矯」的中道。靠牆站的人，才是軟弱，只有最強的人，最強的民族，才能直行於中道。如禪宗所謂「左來右打，右來左打，四邊來，旋風打，虛空來，連架打」。我相信中華民族的文化生命之流行，千廻百轉，必歸在能行於此中道，以形成一眞正的「中」國民族之「肯定基本人權」之民主的「人文社會」。

我個人的信心，當然有我個人的知識、識見爲基礎，但今天不說這些。我還可以從相反或不同的方面，來作反證。不過說來亦話長。現在我只同大家說些近乎獨斷的結論。

（一）從西方思想史，說馬克思、恩格思之理論之精彩處，乃在其對歐洲十九世紀之經濟社會之分析。但作一般之社會文化的思想來看，則馬克思主義原是西方之理想主義的社會主義，及佛爾巴哈之人文主義（佛氏以人之第一思想是神。第二是自然。第三是人。故亦屬於人文主義，不過是自然主義之人文主義而已），不能順遂發展，而受挫折後之產物。馬因有見於人性為階級私利所污壞，而只承認人的階級性，否認人有超階級之普遍的人性與理性。此為馬之背叛人文主義的基本錯誤的開始。此錯誤卽由馬克思、恩格思、列寧等之思想，超出其原所隸屬之階級，已足夠證明。對其錯誤之矯正，而向上發展的思想，是德國社會民主黨之柯茨基等將唯物史觀與康德之道德理性思想結合，而肯定人有普遍理性，肯定民主制度；在此制度下依選民意志，以決定對共產主義是否接受。此卽為後之歐美日之共產黨所奉行。此一發展，乃馬克思主義之向其原所自出之人文主義回歸。因它自何處來，原當再回向何處去。但此一發展，為列寧主義所破壞。

（二）馬克思主義發展為列寧主義之強調無產階級專政，主張用暴力獨裁，壓制言論，並強調共產黨人之黨性。由此而否定個人的人權，將哲學黨化為教條，是為馬克思主義之向下墮落之第一步。到史大林主義之進而放棄馬列之世界革命主義，刺殺主張世界革命之托洛斯基，而以一國之社會主義為可能，更以俄國為社會主義之祖國，以指揮世界革命，成變態的大俄羅斯主義，是為馬列主義之再墮落。在托洛斯基之世界主義下，中國之共產黨與俄國之共產黨，在基本觀念上看，地位還是平等的。在史大林主義下，則在基本觀念上，便是中共附屬於俄共的。至於史大林領導之俄國，在第二次大戰後之強，能造核子彈，乃由掠奪德國科學家、東歐及中國東北之資源，並實際提倡大俄羅斯之民族主義之故，並非馬列主義能使俄國富強之證明。而列寧之帝國主義論，以為只有由資本主義國家之爭奪海外資源，才有帝國主義之說，則爲史大林之「俄羅斯民族主義，亦能化成赤色帝國主義」之事實，所徹底否定。此可見史大林主義亦非列寧主義。

（三）列寧於長期失眠，兩次中風而死之前，原望托洛斯基承其遺位，勿落入史大林手，而史大林終篡竊其遺位。史大林晚年之孤寂、猜疑、恐怖之情，爲其逃美之女兒所記。然此並不能阻止其死後赫魯曉夫之加以鞭屍的清算。此證明共產主義之政權，只是一「不斷自我否定」的政權，不能成一先後相續的政權。史大林唯一可取的地方，在其於一九五〇年在唯物史觀之理論中讓步，承認人類之上層文化意識形態，如語言，有超階級性。赫魯曉夫進而清算史大林之其他敎條主義。如於一九五五年經會議，承認科學中之相對論等眞理與其哲學敎條相合。但已落後於相對論之發明二三十年了。此可見馬列主義之阻礙學術文化之進步。

（四）十餘年來，東歐之馬克思主義者，重提少年馬克思思想中之人文主義成份，及最近我於一雜誌中，見被列寧驅逐出境，一生流亡在外之貝加葉夫（Berdyaev）（一馳名世界之俄國哲學家，著述數十種，乃本東正敎之人文主義、人格主義，以反對馬列主義之唯物主義、集體主義、專制主義，而重自由，反奴役者）素被禁止之著述，今卻倒流入俄國社會，爲俄國青年所閱讀。是俄國之思想文化之再進步的契機。

（五）馬克思原是一無國家意識的猶太人。由馬克斯至恩格斯、列寧，皆以國家只是警察、軍隊、法院、特務之統治權力的總和；除此以外，莫有國家民族的眞實存在。而在馬恩列之思想中，只有歐洲問題俄國問題，並無中國民族問題。中國早期共產黨，如陳獨秀、李大釗、惲代英、蕭楚女，皆民族主義者、國家主義者。毛澤東、周恩來最初亦是，皆後來才走入歧途。故我的意思是中國共產黨乃百年來中國民族主義之挫折下的一時期產物，只能隸屬在中國民族主義運動之大流中之一階段去了解。此流自何方而來，亦必回向何方而去。如黃河自西向東流，在河套階段中雖向北，仍必再東流入海。

（六）中共在大陸打敗國民政府，實是走中國之農民造反的老路。馬克思無由農民革命至共產社會之說。馬所謂無產階級，有一定之定義，乃專指無生產機器所有權，而出賣勞力之工人，而非指無錢的農民。中共所提倡之農村階級鬭爭，對土地改革，原非必須。如在臺灣之國民政府不經此鬭爭，亦作到土地改革。階級鬭爭只能破壞，不能建設，亦不能團結人心。故近來周恩來辦外交，在海外學人與青年身上打主意，只能以民族主義與回歸祖國號召，再不能以馬列主義之階級鬭爭理論號召。但依馬列主義講民族主義，乃以之爲過渡、爲手段、爲工具。而我們是以中華民族生命與其文化生命之樹立本身爲目的、爲主體，而至多只肯定百年來中國歷史馬列主義之反帝國主義的工具價值，並主張今後根本廢棄此工具。其理由如下：

（七）馬列主義之階級鬭爭之名號之流行，必然使人於無階級處，亦要製造階級來鬭爭，如造一走資派劉少奇來歸，造一裏通外國之林彪來歸，是其例證。故此一名號之流行與實踐，只能產生毛澤東所謂數年一大鬬之政治，產生國家社會政治的分裂，永遠不能達到國家之安定，亦不能達到百年來之中國人之民族主義的原始目標。

（八）史大林以俄國爲社會主義之祖國，中共之一面倒於史大林時代之俄國，卽無異以俄國爲祖國。由此而燒香引鬼，投懷送抱，卽勾引起蘇俄之貪欲與野心。今又要在共產世界與俄國爭領導權，引起蘇俄之猜疑與嫉妬，才致有今之中共與俄國之關係之緊張。此乃中共所鑄成之九州大錯。

（九）中共如要依民族主義與俄國分裂，卽必須與「以俄國爲社會主義之祖國」之史大林主義分裂；如果求國家統一安定而去掉階級鬬爭，則必須與列寧主義分裂；如要與歐美國家建交，必不能免於歐美之民主思想之侵襲，承認民主制度之歐美日之共產黨之思想之侵襲。如要回到原始馬克思主義，則必須講少年馬克思，而認識到馬克思主義原是由西方人文主義之挫折下一時期的產物。故中華民族有智慧有魄力，便能直接承擔中國之人文主義，而去掉此西方之人文主義所經之一切曲折。

（十）依上列九點，使中共之思想，在馬列主義之方向中，莫有出路。故憲法今未定，政府無主席，教育文化學術無方針，只靠外交上之縱橫捭闔（如今日從旁鼓勵保衞釣魚台運動，爲反臺而反日反美，明日與美日建交，於釣魚台再不提。）此正如女子不能治家，而朝秦暮楚，在外面交際，其家必敗。

（十一）欲不敗，只有回到百年來中國人之民族主義之原始目標，放棄馬列主義，而以建立一「肯定基本人權」的民主的「人文社會」的中國爲目標。不放棄馬列主義，中國的政治思想、文化思想、學術思想，全無出路，中國民族國家亦無出路。簡單說，如一謎語，謎面是「此路不通」，射四書一句，即「其回也歟」。此路不通，因前面是大河。我現在是以善意說，如你硬要以馬列主義立國，我可再爲你誦中國古詩四句：「公無渡河，公竟渡河。渡河而死，當奈公何。」

（十二）俄國之進步，繫于在史大林于一九五三年之死亡。許多人說，中共之進步與轉化，亦可能在中國之毛澤東死亡以後。在極權政治體系中，一民族的命運即係在個人的生死。這當然是一無可奈何的悲劇。毛澤東今如有魄力學史大林，我希望他能如史大林之對語言文化之階級性問題，先作一決斷與退讓，則他死後，還有值得人追念的地方。此對中國之進步，亦有好處。

（十三）中國之進步，繫于中共之揚棄馬列主義，即中共不成中共，而反本還原爲中國人。對中國人不須反對，對馬列主義的精神奴役，必須反對。此反對似吃力，但亦只是打死老虎。此反對的思想，亦是由馬列主義之發展而必然產生者。馬列主義所以是死老虎者，因中共中之馬列理論家，已早被淸算殆盡。在馬列主義之發展中，馬克思有唯物史觀、剩餘價值、階級鬬爭之理論，恩格思有自然辯證法，及家族私有財產起源之理論，列寧有唯物論之重辯及帝國主義論，無產階級專政之系統化理論，史大林有「一國社會主義」論，但毛澤東思想卻無一名字。在馬列主義理論發展中，究竟其特性是什麼？誰能確定的說出。此乃因其視馬列主義至史大林已登峯造極，而自視爲隨從者。故大陸竟然以最好的連史紙的線裝，印行史大林全集，成中國出版史之一永遠的恥辱。依我說，中共如于此不服，要爭一口氣，眞要有自己的思想，其思想之特性應當是、必然是、只有是：「認識由馬克思到列寧、到史大林之發展，只是導向歸宿于俄國之社會帝國主義，此與中共所自出之中國民族主義相違反，亦與馬克思所自出之西方人文主義之本原相違反」。由此而從根批判馬列主義，而超出馬列主義，以回到中國民族之人文主義，以完成此一思想流之辯證法的發展。故中國人反對馬列主義，即中國之馬列主義之思想之最高發展。如中共之反蘇俄，即其前日之「一面倒」之最高發展；其任尼克遜踏上中國之土地，即是反美之最高發展。此發展，同有辯證法的必然性。此中有至莊嚴亦至有趣的義理。馬克思、恩格斯、毛澤東亦說過共產黨也要消滅的。今不過提早而已。

（十四）直到現在爲止，中共雖以馬列主義立國，視爲絕對普遍眞理，但對外宣傳的工具，仍是靠毛澤東室中之線裝書、中國之針灸、歷史文物、民間工藝品、民間之雜技。連打乒乓球，亦賴中國人之手巧。此皆與馬列主義無關。而中共本其馬列主義而有之一切集權統治的政治措施，文化教育措施，都只是遮遮掩掩，而見不得人的東西。此反證對中共，亦只有中國文化，才是眞有價值的。至于中國大陸之若干經濟進步，乃根原于中國民族之勤勞之美德。臺灣與海外任何地方之中國人，同有此美德，以促進當地之社會之經濟進步。若說中共於此亦多少有功，亦因中共是中國人之故，而不因其是馬列主義者之故。人類只有精神進步、道德進步、風俗與生活方式之進步、學術文化教育之進步，政治之制度與實施之進步最難。經濟進步最易。中國大陸去掉馬列主義，莫有階級鬭爭，只有使此經濟進步更加速。試看西德、日本、臺灣、新加坡、以及香港，二十年來經濟進步多少。中共迄今爲止，尙本馬列主義之經濟決定論，否定人文領域之相對獨立，與其相互爲用之價値；否定學術文化的自由；以唯物史觀曲解中國過去文化只是封建文化；以階級鬭爭，使中國人互相殘殺；以人之階級性否定普遍的人性；否定普遍的人權，使中國政治不能走上民主的路，不能本民主制度以和平轉移政權；乃爲鬭一二人如劉少奇、林彪，而發動全國性之破壞文化的「文化大革命」與大清算，使無數之中國青年與人民，爲之流血送死。又因崇尙馬列主義，而以蘇俄之衞星國爲國名，使中國大陸與臺灣分裂，中國人之人心離散，不能合力以建立一行乎中國的民主的「人文社會」，以致二十多年的歷史來之大陸中國，亦不像「中」「華」人民「共和國」，使中國只像一文化「偏」「枯」的權力「互鬭場」。再因中共依馬列主義宣稱一面倒，對俄國燒香引鬼，更要與之在共產世界爭領導權，而勾引蘇俄的野心與嫉妬心，形成中俄關係的緊張，遂使今日大陸中國人一天到晚去挖地洞，使中國之神明華胄，可能要在地洞中求生存，以躲避可能來的蘇俄的飛彈。對此于中國民族之前途「成事不足，敗事有餘」的主義，還不加以由修正而放棄，試問良心何在？

（十五）現在海外之中國人之想回大陸，乃係思鄉之感情，欲見家人親友，看中國人民的工作情形，無人是要回去看到處懸掛之馬恩列史的像。此諸像到處懸掛，如供神聖，回去的眞正中國人，無不發生反感。此證明馬列主義在中國社會不能生根。近來回中國大陸的知識分子，只是戰戰兢兢，不敢直言，我初對之頗有責難。後來想想，亦只好加以原諒。前二三月有美國之一民間團體，即初迎接中共乒乓球隊到美國。其中有一團員，先曾在中國住過多年，他此次再去回來過港時，對我說，今日之中國大陸，與以前之分別，即除毛周二人談笑風生以外，人民談話無不戰戰兢兢，失去中國人樂于自然談笑的民族天性。此言使我驚心動魄。故對於回去而不敢直言者，亦只好加以原諒。但我想回去的人多了，其中總會有勇氣而敢直言的。如此內外之批評，齊頭並進，則摧毀此馬列主義之符咒，不是不可能的。凡由此思想而生的罪孽，亦由思想崩潰而消滅。

以上的話，不免說多了。這些只是表示我個人所見到的。但是我相信我之瞻前顧後的看法，或許比只是在「行動中的人」多一點。人眼睛之所見，可能比足之所行多一點。諸位如果要馬上成爲行動中的人，當然可以視我之一切話，爲無意義。但是諸位如果自覺只二十歲左右，將來還有五六十年的生命，可以爲國家民族文化，作更多的事業，有更多的貢獻，我希望大家不要只近視。可試先想十年、二十年、三十年後的中國與世界，應當如何，去形成自己的思想學問與爲人的路向。以上是我對第三問題的意見。至于第四問題，卽對大家所居住之香港社會政治之問題，則我可只說下列五點：

（一）我看中大學生報調查同學的意見，希望香港成新加坡的很多。新加坡以華人爲主，其近年之政治社會文化之進步，代表海外中國華人的光榮。但香港很難成為新加坡，因其地理上與中國大陸接連。又新加坡仍屬英聯邦，供奉英女王，與香港中國人之根本願望，亦相違悖。

（二）香港當然有本質上的罪惡。因殖民地初卽是罪惡。我常說，西方之殖民主義資本主義，與馬列主義，乃西方文化中之雙生姊妹。百餘年來，香港社會，自來只有最下層之農民是乾淨的。在檀香山有一曾任孫中山先生之衞隊長的人，對我分析香港社會說，最早之香港之中上層社會人士中，有中英戰爭時，當英國人漢奸的，販毒走私的，後有大清帝國沒落後逃來的遺老遺少，民國歷年戰爭中失意的軍閥政客，憑藉中國政治變亂發財的商人，在中西之間作文化教育的掮客之知識分子，而經常有在英國人與中國人夾縫中，取權勢與利益的高等華人。這些高等華人，以親戚家人關係，形成集團，以其在夾縫中上下其手所得之經濟利益，多少捐獻社會，以換取英王之勛爵、大學之名譽學位，再本之以求更多的經濟利益。依他分析看，此一社會，自可認為在根柢上有無數罪惡的汚泥。但香港近二十年來的繁榮與文化進步，則主要由大陸中國來了二三百萬人帶來之知識與財富。此二三百萬人，乃由中共逼使流亡，亦不願在中國大陸現狀之下回去。此卽支持了此香港社會的存在。作為政治避難所的香港，只是天地間之一地方，中國原來之一塊土地，則不是殖民地，亦無所謂罪惡的汚泥。故除非中國大陸之現狀，能去掉馬列主義，成一較合理想，而有基本人權的、民主的「人文中國」，此流亡來的二三百萬人，不再支持香港的存在；香港社會內部亦不能爆發革命，其現狀還得維持下去。而中共要反蘇，亦必然對英美妥協。所以英國之外交官員，此地之資產階級中腐爛的高等華人，亦儘可比你們搶先，成爲中共外交場合，杯酒言歡的座上客，比你們依民族意識而左傾的青年，榮耀多了。所以大家如要在香港眞作些有價值意義的事，只能以如佛家所謂「在汚泥中生蓮花」的精神去做。汚泥能生蓮花，則穢土亦可轉成淨土。

（三）在汚泥中生蓮花，不是不可能的。清末黃花崗的烈士與孫中山先生之思想與革命事業即在香港開始。民國以來上海天津之租界，就是罪惡的淵藪。但許多新文化的思想，以至共產主義的思想——皆先在租界地中，傳播而及于全國。大家亦可以試從此去看香港殖民地之暫時存在的價值與意義。

（四）諸位如要當汚泥中的蓮花，化穢土爲淨土，先要自己作到出塵而不染。出塵的蓮花，要迎接四面吹來的風，與朝陽同其新姸煥綺。此比喩：大家不能只作一香港人，要目光四射，看人類文化的大方向理想之所在、中國的未來前途的光明所在，而準備自己的學識能力，以作今日及他日之用。

（五）對香港社會之改革的事，當然應當作。但要指向在香港之重回中國。此自然是需要一段時間，如中國要由馬列主義之封閉社會，只有黨權之專政政體，無論經由內在革命，或自然轉化的方式，改造成爲：開放的、尊重人權之民主的人文社會，還須一段時間。此二件事，應當左右開弓，同時進行。因爲只有同時進行，然後反馬列主義，不致成爲幫助此殖民地之永遠存在；而否定此殖民地之永遠存在，亦不等于肯定馬列主義，以赤化香港。同時反對此二西方文化中之雙生姊妹，固然吃力。但此二者，亦是互相否定，而互相抵消其力量的。故此仍是最正大，「合人心，順天理」之至平易徑直的道路。循此道而行，則經一段時間以後，香港的前途與中國的前途，將有自然的交會。在現在，如只以暴力將大陸現狀，強施諸香港，香港人民將寧供英國女皇像，不供馬恩列史的像。如只以現狀的香港，還諸未來的中國，中國亦可視爲臭港而不要。故除了中國大陸與香港，分別同時進行轉化以外，別無單獨解決香港問題的捷徑。故人們如只由討厭香港，而歌頌中國大陸，或只由討厭中國大陸，而歌頌香港；亦如由中國大陸逃出初去歐、美的人，初歌頌歐美；在歐美社會受了氣，又歌頌中國大陸。此皆只是左來右倒，右來左倒的直接的刺激反應之論，亦是不學無術，無知無識，而不能示人以解決問題的方向的兒戲之論。

至于對第五問題，即對你們在機關團體如學校的問題，我可說下數者：

(一)如香港社會中有污泥，一切機關團體與學校，亦不在外。香港與中國及世界的一切，都同可反映于此機關或學校之中。但文化敎育，代表社會的理想與良心，學校更不容污泥沾染。如果你們發現學校中亦有污泥，我仍希望大家先作污泥中的蓮花；然後設法掃去污泥，作淸道夫。

(二)在各個學術部門中，各人皆可有所學。但西方學術在中國必須中國化，爲中國人所用；中國傳統學術亦須現代化，爲世界所了解，並多少影響及于世界。此是一大方向。對西方文化中國文化的了解，大家都不夠，需要更深的發掘，如地下古物之須加以發掘。但學西方文字，是爲了解其學術文化，使之中國化，不是眞要成一雙重語言的高等華人。人人都會雙重語言，亦不能爲香港教育的目標。向世界宣揚中國學術文化，亦不當作將中國學術文化轉販於世界的文化商人。此後二者，與前二者之界限，必須分別清楚。

（三）學問教育的最後的目標是「做人」，使「人成爲人」，使個個人成一「人才」，或「人格」，或「人物」。但在任何團體——包括學校——中，皆有比較清潔的人或習于汚濁的人。大率「高貴自尊」與「卑賤諂媚」之分、「公正」與「偏邪」之分、「好逸」與「任勞」之分、「眞誠」與「詭詐」之分、「有所不爲」，與「無所不爲」之分，（此外，應讀論語孟子，）卽善惡、賢與不肖、君子與小人所由別。馬列主義之最大錯誤之一，卽只承認人有經濟上之階級之別，政治上的見解之別，而不承認此善惡、賢與不肖、君子小人之人品的差別，在任何階級，任何政治組織，任何社會行業中，皆同樣的有。「唯仁者，能好人，能惡人」，故人又必當好善而惡惡，尊賢而賤不肖，進君子而退小人。此是人處任何團體，與人交往之「古今不變之道」。不過我們有時亦會因知識不足，或蔽于私慾，或激于意氣，而好惡不正。而此時我們自己亦是小人。此須先求諸己而後求諸人，要自己有反省工夫。共產黨之又一最大錯誤，卽只有人與人之互相批評淸算鬬爭的學問，而不知每一人之自己反省的學問。亦不知「自反而縮（直）雖千萬人，吾往矣」的人，是何種心境，何種氣象。當知此一人之自己反省的學問，亦無窮無盡，故無人於生前能自視為君子。又在任何團體中，大皆君子潔身自好，而小人猖狂無忌，因蓮花恒不屑與汚泥爭戰。但蓮花不斷生長增多，亦可化汚泥為蓮花之養料，而使小人日少。此是積極的態度。消極的態度，則去濁存清之事，要看我們自己的力量。于汚濁小人，無力加以去除時，則不管它在團體中是什麼高的地位，皆當對之加以藐視，不輕假以辭色。此即孟子「說大人，則藐之」的意思，再由清議加以制裁。大約我們處團體中人的道理，便是如此。

對于上列之後三問題，大約我近來所想及經常與同學們談的，亦不出這些。因我留在學校，與大家談話的時間不多，所以多談一些。我所說的不一定對，但我只能本我所見所信而直說。雖然處處掛一漏萬，但亦有一整個的中心意旨基本態度，總希望同學們不要只斷章取義去看，再經一番思索後，自己選擇決定。

（梁煌佳・劉國強記錄・一九七三年五月「明報月刊」第八十九期）

附錄：如何消滅中共與蘇俄戰爭的可能性

我今提出如何消滅中國大陸與俄國之戰爭的可能之問題，希望大家正視。此一可能當然非常之大。如其不然，毛周亦不會想建立與美國之關係，讓罵了二三十年之美國總統尼克遜，踏上中國的土地。中俄之邊界相接者萬餘里，原隨處可引起衝突，而俄國的人種、社會風俗、語言、文化，自始與中國全然不同。因荒寒的西伯利亞與蒙古新疆之大沙漠及高山之隔絕，中俄民族一向缺乏經濟、文化之交流。及今連中國人與俄國人通婚的，亦莫有幾家，中國人留學俄國的亦莫有幾個。但俄國人不會忘掉元代蒙古人對俄國的征服，中國人亦不會忘掉清初俄國沙皇對興安嶺以外的土地之覇佔。在中國人心目中，恒可視俄國今日之政治領袖，爲沙皇再世；而在俄國人心中，亦可將作「一代天驕，成吉思汗」的詞之毛澤東，當做第二個成吉思汗。在俄國不能忘記：其在抗日戰後，曾將其在東北所攫取之資源與軍火，交與中共，扶植中共之事，而以今日中共之反蘇，爲恩將仇報。在中共，亦不能忘記：其曾宣稱「一面倒」，以取媚蘇俄，毛澤東在二十三年前，至俄見史大林——在此我要特請四十歲以上的人回憶一下毛澤東當時在克里姆林宮站在史大林之龐然大物側的一張像片的情景——及在莫斯科住三月之久，才得三億美元之援助，及蘇俄在中共經濟最困難時期撤走其技術人員之冷酷無情。

中共與俄共，彼此亦都不會忘記一九六九年在東北與新疆互相衝突，所引起的戰爭。而中共與蘇俄之「非馬列主義的邊界談判」亦屢陷僵局。這都可成為中俄之一直互相猜忌恐懼，而引起更大之戰爭的理由。但是中共與蘇俄之當前緊張關係，與爆發戰爭可能性之加強，則顯然由對共同信仰之馬列主義之理論與實踐方式之爭吵而起。說穿了，實卽由俄國視中共在同他爭世界革命之領導權而起。蘇俄，這歐洲人所謂北極之熊，其臥榻之側當然不容他人鼾睡，而要與之爭此領導權。在此對馬列主義之爭吵中，雙方爭眞假「王麻子的剪刀」，互駡對方背叛馬列主義，亦互駡對方投降帝國主義，再互駡對方之所為，卽帝國主義之行徑。此卽一永無結果，而只有增加兩民族間之仇恨的爭吵，使彼此更覺對方為一最深刻的心腹之患，而更增加戰爭的可能性。但是中國之大陸與俄國之戰爭，只是有此可能，尙未成為事實。我們再試問我們是否希望此可能立成為事實，或為中國民族國家之前途想，我們眞願意促成此事實？亦許有極少數反共之人，私下會望此成為事實，讓中共與俄帝，同歸于盡，然後回大陸收拾河山。但是我去年經臺灣時，我接觸一些最反共的人，亦不如此想，並認為如果眞有戰事發生，大家只能共謀挽救，以免此神聖之中華民族亡國滅種。然而大家仍不希望有此事實。因如有此一事實，受災難的仍是中國人，而且如俄國與中國大陸戰爭，俄國人必首先在新疆、西藏、東北，製造孟加拉式之獨立國，而先分裂中國。則人們又將待至何時，方能收拾此分裂的河山？我想中共亦決不望眞有此中國大陸與俄國戰爭的事實，以免妨害到中國之建設。中共亦必然希望最好無此戰爭發生。

然則我要請大家想一想；如何消滅此戰爭的可能？與萬一戰事發生時以何種名號思想保衛國土。

照我的意思，要消滅此中蘇戰爭的可能性，只有一條道路，即要大陸中國在所謂文化革命後，先有一學術思想的革命，即革掉馬列主義的命。此除無數之學術上、文化上、政治上之理論的理由以外，尚有緩和國際形勢，及萬一戰爭發生時之軍事上的理由。此中之理由，主要有三：

一、因只有如此，然後能顯示中國人無意與俄國人爭所謂世界革命的領導權，以杜絕蘇俄的猜忌，而釜底抽薪。世界革命原是一永不能實現的夢；實現了亦不能置世界于太平——中蘇之分裂，已證明單純之社會主義不能使天下一家。中國民族要站立于世界，亦不須于世界革命中取得領導權；學俄國之以霸道的方式，在世界革命中取得了領導權，亦不合中國文化中之王道精神。以至我可以說，縱然萬一中共由信馬列主義而與俄國戰爭勝利了，進而取得世界霸權，使二十一世紀成中國的世紀，這亦不是中華民族的光榮、中國文化的勝利；後世的歷史家，仍將說這只是俄國的列寧主義的勝利，中國人只是「失掉靈魂，而贏得世界」的魔鬼。

二、如果中國大陸與俄國發生戰爭，中共實際上亦決不能以保衛正宗之馬列主義，反對蘇俄之修正主義爲理由，而取得勝利。因蘇俄是世界公認的馬列主義之正宗。在理論上蘇俄人至少永遠有對列寧主義，作優先解釋的權利。此理由很簡單，即列寧是俄國人。中國如與俄國戰爭，而說爲保衛馬列主義而戰，無異中國與日本戰爭，而說是爲保衛日本天皇而戰，豈不使敵人笑掉牙齒？第二次大戰中，德國打俄國，俄國初提出之口號：是保衞社會主義，結果兵敗如山倒，德軍長驅直入，很快便至史大林格勒。史大林乃改變口號，爲保衞祖國、民族與鄉土，加上外援，乃保住史大林格勒。保衞社會主義之名號尚不能救住俄國，保衞正宗之馬列主義之名號，亦絕對不能救住中共。萬一中共眞以此名號與蘇俄戰爭，俄國的軍隊只須說句，列寧是我們的祖宗，則中國之軍隊只有全部投降。

三、中共以馬列主義立國，以最好的善意解釋，亦只能是以西方思想中之毒攻西方之帝國主義之毒。此只有反面的意義，而無正面的意義。自其正面的意義看，單純以馬列主義爲立國之最高原則，任此「馬列」隊，橫行於此綠野神州，而不獨立思想，順中國原有之尊重「人性」、「人文」、「人倫」、「人格」的精神以建立一尊重「人權」之民主政制，合乎「人道」之社會經濟；畢竟是中國文化思想大流中的叛逆。此文化思想上的叛逆，在任何地方，都同樣會製造社會政治軍事上的叛逆。在中國大陸，亦不會例外。中共多少年來的內部鬭爭，由對高、饒到對彭、黃，對劉少奇，對林彪的鬭爭，迭起不窮。毛澤東已說過去中共內部已有十次大鬭爭，今後數年還有一次，以後還有十次，二十次。這自然可說是由於共黨領導人所奉行的原是鬭爭的絕對主義，乃以權力爲生命，有如「佛家之修羅道的眾生之轉生人世」。但我寧說這更是由於馬列主義之國際主義，與百年來中國人之民族主義的基本矛盾，亦原可以不同形態而表現爲各種的鬭爭，鬭爭者皆可以不同的罪名，加於敵對的一方。如對劉、林，皆加以「投靠蘇修，裏通外國」之罪名。然而在正宗之馬列主義，理應工人當家，而「工人無祖國」。此實不成罪名。卽說其是賣國的漢奸亦不成罪名，因依正宗馬列主義，只有一社會主義之祖國卽蘇俄，此外無國可賣。在第一次大戰時，德俄戰爭，德國人將列寧由棺材中運回俄國，使在內部革命。依民族主義說，列寧明是俄奸。然而列寧要實行世界主義的革命，故甘當俄奸，而問心無愧。依同一的理由，我敢於斷言，如果在中國大陸眞有投靠蘇修而裏通外國者，必自認是眞爲社會主義的大家庭效忠，奉行眞馬列主義，而問心無愧。而如果中共與俄共戰爭，亦必眞會有此中國的列寧出現，甘當漢奸而無愧。不只無愧，而且可本正宗馬列主義舉出無數的理由，斥責中共內部有民族主義意識者，爲背叛馬列主義的狹義的民族主義、社會主義中的部落主義，而先在思想理論的鬭爭上，贏得絕對的勝利。然後，在政治軍事上，在中國大陸，製造孟加拉式的政權以次第吞併中國。最後是此列寧式的漢奸，成爲馬列主義之眞正的孝子賢孫，主此綠野神州、蒼茫大地的浮沉。

依此上之三理由，無論爲臺灣與海外的中華民族想，爲大陸之中華民族想，中國的出路，皆在對馬列主義先舉行一思想上的革命，亦只有經此思想上之革命，才能團結中華民族，以應付此可能有的民族大災難。中華民族之站立於世界，與其文化社會政治思想之獨立，絕對不能分離。現在的形勢，是大陸中國人的民族意識，已逼使中共在政治上、經濟上、軍事上不能隸屬於社會主義的祖國蘇俄。文化革命已使其原有之黨組織癱瘓之後，下一步的事應是順中國民族主義的伸展，而自馬列主義的名號旗幟之下解放。否則中國大陸如與蘇俄戰爭，將必有第一次之大戰中之列寧式的漢奸，馬列主義之眞正的孝子賢孫在中國出現，以使中國之神明華胄，萬世爲蘇俄之奴。反之，則只要我們能使大陸中國之人民自馬列主義的意識形態中解放，眞正的中國必然會出現。此外的話，暫時可不多說。

（一九七三年二月・「中華雜誌」第十一卷第一一五期・「東西風」第四期）

廿七、中國文化之原始精神及其發展

(一)中國文化之原始精神之表現與形成

我今天所講之題目，乃同學所定，實在太大，眞是無從說起。而我個人及許多朋友，此二十年來，關於此題，所講的已很多。我二十年前所寫之中國文化之精神價值，及人文精神之重建，中國人文精神之發展等書，幾已將我個人要說之汎論的話，幾說盡了。此外，應是專門學術的問題。但是汎論的話，亦可改頭換面，依另一方式說。我今天講此題目，只想對中國古代之文化之原始精神，略爲指出。其下卽擬試就中國文化之發展，皆由其所經之內內外外之挑戰，而更加以回應處，去看。如此去看，亦有若干新意可說。此挑戰與回應之二名，乃取於湯因比之歷史哲學。湯在其歷史研究之大著，歸到一民族文化之興亡，係於其對所遇之挑戰，能否有正當的回應。依中國之名辭，說「挑戰」屬於「感」，「回應」屬於「應」。依感應，觀宇宙人生歷史之事變，原是中國思想中之傳統觀念。但感應一名太文雅。故今借湯氏之名，使多一些喚醒的作用。照我看，此中華民族所經之內內外外之挑戰，可以說一次比一次大，回應亦一次比一次難。此中有一「道高一尺，魔高一丈」的情形，亦有「

魔高一丈，須道高十丈」才能應付的情形。此中之挑戰，亦一次有一次的特性，都是前所未有。於是此挑戰與回應，亦皆形成一歷史發展的秩序，可以加以清楚的界定與把握。但詳細的內容，則尚須加以研究。我對此中之歷史知識亦不夠。即我所知的，亦多非今天之短短的時間中所能盡及。但我願把中國文化之原始精神，在此各歷史階段中所經之挑戰與回應方式之特性，獨斷的指出，以供大家進一步的研究。

究竟中國文化之原始精神是什麼，若要專本中國古代文物與文獻，作一內部的分析、考察，才下結論，即成一古代文化史的專門問題。但我們如自外部，將中國文化與世界其他現存之民族文化，作一粗枝大葉的比較，則可說中國文化之特性，即此文化乃「住居於其本地之無數古代民族，合力創造起來，而迄未斷絕的」。此一句話看來很平常，但其意義，則極深長，亦很特殊。譬如以猶太民族之文化說，它是五千年不斷，但猶太民族早亡國，而散在世界，不能住居本地；直至第二次大戰後，才建立一以色列國。次如印度文化，亦數千年不斷，然創造印度之婆羅門敎之宗敎文化者，乃征服印度原來土民之雅里安民族，而印度原來之土民，則被打成下層階級之賤民。印度社會之層層階級，自今未能大變，大約即由征服者次第由上層壓下來的結果。再如希臘文化，則希臘之自由民，亦是外來的征服者，而其奴隸則是被征服者。希臘文化即此自由民在希臘本土與其殖民地中創造出來的。又如羅馬文化主要接受希臘文化，而希臘文化亦初非羅馬人所創造的。阿拉伯人接受希臘羅馬猶太及其他東方之文化，而亦自有其對文化之創造，但其民族乃一游牧而無定居之民族；亦不是如中國文化之是由定居在中華之土地上之民族自行創造的。至於近代之西方文化，主要創造者，乃日耳曼民族。依黑格爾、卡萊耳與斯賓格勒說，日爾曼民族在歐洲北方森林中爲蠻族時，卽有其特殊的靈魂生命。此或是眞的。但日耳曼民族，卻是先經羅馬、希臘、猶太文化之陶養馴化，才變成創造西方近代文化之民族。而此希臘、羅馬、猶太、阿拉伯之文化，卻皆非由日耳曼之民族之靈魂生命中，自然生長出的。此外，則如日本之大和民族，在其原始宗教思想中看，亦有一特殊的靈魂生命。但今之日本文化，則主要是由接受中國文化，與印度佛教，及西方文化所形成的。然而中國文化，則初全是住居於中國土地上之古代民族，於其地理之自然環境中，由其生命靈魂，自然生長創造出來的；後來才絡續遇到中國中原本土以外之民族與文化之侵略輸入，而遭遇到種種之挑戰，更加回應，以形成其發展。此卽形成中國文化，在世界文化中之特殊的地位，與特殊的性格。此中國文化之特殊的性格，在中國古代文化中，至少有三點表現爲常識所共知，但其意義，須加以思索，作點醒的說明，此則恒爲人所忽略。

第一點自所崇敬之神聖看，是在中華古史傳說中，宗教性的神話與神話中的人物很少。在古史傳說中，中國古代之聖王，如伏羲、神農、黃帝、堯、舜等皆曾創製種種人在其自然環境中生活之種種「器物」或「文物」者，而不是天上掉下來的神靈。此伏羲、神農之名，或只是反映中國古代民族之嘗由畜牧時代，至農業時代，但他們之被尊崇爲發明器物或文物之聖王，則證明中國文化之創造，始於中華古代民族先在其原居之地理環境中，用器物以勞動生產，再用器物或文物，以表現其文化精神。此文化精神，必是自然生長出來，而不是由外來的。人類學家考出五十萬年前，已有北京人，亦證明中國文化當是原居中國之地理環境中之民族自己創造的。

第二點自民族看，是中國古代民族散居中國各地，結成之邦國很多。故古史中亦有許多不同民族的名稱，其各自發展，或互相征戰，而有共主以形成，由唐．虞，而夏、商、周之歷代王朝。在戰爭中當然不免有其中一民族將其他民族打敗，而擄掠其人民爲奴隸，以幫助其生產服役之事。故若干史家謂中國古代有奴隸制度。但我們很難相信中國古代之奴隸制度，其性質與希臘羅馬及印度之情形一樣。此希臘羅馬及印度之情形，是征服者自外來，而壓在原來之土著之上層，以次第形成層層階級。中國古代民族之互相征服擄掠，則當不是一民族把另一民族，全然壓在下層的情形，而當是一民族之力量擴張，而成天下共主以爲王，其他民族之力量則縮小，而退居其原來之居住地，或向四方蠻荒之地另求發展的情形。故在中國古代當很少有一民族整個變爲被征服的奴隸，或整個成爲征服者的情形。必如此去想，才能理解何以在周代，仍有殷人之後居宋，夏人之後居杞，及舜之後居陳……的情形，及居邊地之齊晉吳越秦楚日大之故。由此去理解周初之封建制度，便知其乃「一方封同姓諸侯，一方對異姓諸侯，亦不能不予以承認」的制度。在此制度中，卽包涵一切中原民族平等共處的精神。其所形成之社會，卽一在本質上不必同於希臘羅馬印度之階級統治的社會。在此社會中，自有奴隸主人之分，居鄉之野人與國中之君子之分，然其決不同於希臘羅馬印度之社會純由奴隸負勞働生產責任，則可依情理加以推知。而依歷史傳說，亦說中國古代之聖王賢臣，一方是發明器物文物者，一方亦是親自從事勞働生產者。如孔子之說「禹稷躬稼而有天下」。孟子之說「舜發於畎畝之中、傅說舉於版築之間……」、「伊尹耕於有莘之野」。詩經中亦載周王之躬耕之事。此皆可證中國古代社會中之統治者，即初由勞動生產者出身，而不同於爲統治階級之希臘羅馬之自由民主全不務生產者，亦不同印度之婆羅門階級，專管宗教的祭祀，而只從事玄想者。

第三點自文物看，中國古代所留存至今之器物文物，最值得注意的，是殷周之鼎彝。此不同於希臘羅馬之只留下雕刻與神廟者。殷周之鼎彝，以青銅合金製造，皆非常笨重，而其所刻鏤之花紋文字，又極富於變化。由此可想像中國古代民族生命之敦厚樸實中之仁，與活潑靈巧之智。至其所以如此笨重，則正如常見之所刻之文字所說，是爲「子孫萬年用」「子孫永保」。此即一方表示對此鼎彝之珍重，一方亦表示一對民族生命之現在與未來之尊重。此鼎彝是日用的器物，如尊爵可用以飲酒，亦同時有藝術的美，並用於祭祀以致其對鬼神之敬，用於待賓客以成其禮，故同時是有文化意義、宗教道德意義的文物。此文物與器物之合而爲一，不同於希臘之雕刻、神廟是文物，而非器物；亦不同其他民族之遺物，如陶器銅器，多只爲日用之器物而非文物者。此器物與文物之合一，乃表示人由勞働以生產此器物，而此以滿足其自然生活之需要時，同時要使此器物成文物，以形成其文化生活。此即亦證明此中國古人之文化生活，卽由其在自然環境中勞働生產之事，自然生長而出。則其一切勞働生產之事，亦不當是奴隷階級的事，而是一切有文化教養的人的事。

由上列三點，我們可以進而說中國文化之原始精神，歷唐虞夏商至周，卽可以周代之「禮」、「樂」二字表示。在周代之禮樂之禮中，有祭祖先之禮，與祭祀發明文物器物之聖王之禮，祭祀其他有功業於人民者之禮，而不只有祭昊天上帝之禮。祭祀祖先與保子孫，是表示民族生命之延續。祭祀發明文物器物之聖王，及其他功業於民者，卽爲文化生命之延續。禮之冠、婚、喪、祭，出於對個人之生命之愛敬。禮之朝覲聘問，以對同姓或異姓之天子諸侯，則是對於共原於一血族，或共處於中國之土地上之一切民族之愛敬。方才說到之鼎彝等，爲器物，爲文物，卽同時爲禮器。禮器卽表現人與人間、道德性、宗教性之愛敬之情感的器物。世間之任何勞動生產之器物，無不可以待賓客，事鬼神；而此一切物質性的器物，卽無不有文化性、宗教性、道德性的意義與精神。由此而眞實的人間世界，卽一人文的世界，個個人格結成人倫關係的人格世界，或人倫世界；而非如馬克思之所說爲一唯物的，只有人對自然之勞動生產，人與人之經濟關係，以滿足人之自然需要之物質生活經濟生活的世界。

在周代之禮樂之文化中，禮有文化性、宗教性、道德性的意義，亦有政治意義。故政治亦卽在禮制中。政治在禮制中，乃謂政治當以敬人愛人爲本。由此形成中國政治思想之基本觀念。敬人愛人之政治理想，即王道之政治理想。行禮必用樂，樂包涵音樂、舞蹈、詩歌，即一切今所謂文學藝術之事。將禮與樂對言，禮是成就人與人之生命精神之活動之秩序、節制與條理；樂是成就人與人之生命精神活動之充實、和融、與歡喜。此中可講者甚多。總之，我可簡單說，中國文化之原始精神之形成於周初者，即此一禮樂之精神。我想，是人由此一精神之力量，乃使周代有八百年之久，爲人類歷史中之最久之王朝。禮樂之表現是文，其精神是文德，即此文之質。此質、此文德、即人德。人德見於其文，亦見於文物、器物之製造與運用。此即易傳所謂「人文以化成天下」。此即中國之人文精神之原始。此一精神在本質上是充實而健康的，偉大而莊嚴的。中國後來之學者之無不嚮慕三代，嚮慕文王周公之德教，亦即嚮慕此內涵的精神。而中國以後數千年之文化，皆本此原始精神，而經種種挑戰，再加回應，以次第發展至今而未嘗斷絕。以下即將此所經之挑戰與回應之概要，略加說明。

（二）中國文化過去所經之七次挑戰之性質，及其回應之方式

（一）此中之第一挑戰，是春秋時之內部之禮壞樂崩，及外部之無禮樂文化之夷狄之侵襲。其回應，則是孔子之降生，以維護此禮樂之精神之仁與敬爲己任。孔子教人爲士。士原爲武士的士。此士，是在貴族與平民間的人，不同於當時之腐爛的貴族，亦不同於無知識的平民。孔子教人爲士，教人爲「剛者」，說「三軍可奪帥也，匹夫不可奪志也」，即教人以武士的精神擔負華夏民族之「保衛禮

樂之文化精神」之重責。故此「士」更是任重而道遠。孔子之在「內部求保存此禮樂之文化，在外求攘夷狄」之意，表現於其對當時之功業蓋世之管仲的批評。孔子一方稱讚管仲之相桓公，九合諸侯，使齊為五霸之首，以抗夷狄。故說「微管仲吾其被髮左衽矣」；一方面又說「管仲不知禮」。此即表示孔子之「一面外抗夷狄，一面內存禮樂」的精神。以後數千年之中國的「士」，凡遭遇民族與文化之危難或挑戰之時，即恒以孔子之精神之兩面表現，為其最高的型範與嚮往。但在不能兼有此兩面之表現時，則或只有一面的表現，而一時不能無偏的情形。

（二）秦亦是周之宗親。秦穆公能霸西戎，表示中原民族之力量。其吞六國後，築萬里長城，使胡人不敢南下牧馬，亦代表一能抗北方夷狄的力量。此乃原於秦自商鞅起，廢井田，開阡陌，以增加生產，而使國富，更有法制，使人民好武，而使兵強。然只有富強而無禮樂，不合儒家之理想。故荀子到秦國，雖極稱讚其吏治，而責其無儒。即謂其不知禮樂，以養人生命精神。後秦之亡，原因很多。但大家不能忽視最初從陳涉抗秦之陳餘，即是好儒術的人。陳涉稱王時，魯諸儒，即持禮器往歸。而孔子之後孔申，為陳涉之博士。故陳涉之造反的勢力，同時代表：儒家思想，要革秦之法家政治的命之一時代要求。何以由陳涉發難，當時人便羣起造反革命？此理由很難說。但我可說，人對只要崇尚法制的極權政治受不了，覺其生命精神不能發抒，便會革命。此時之對秦革命者，先是陳涉，後有項羽、劉邦。項羽可說為楚之貴族。陳涉乃一雇農。劉邦則只是一無業的遊民，他是在秦始皇出巡的車馬人叢中，遙見秦始皇，便想「大丈夫當如此也」，而開始有造反之想。何以一雇農之陳涉，無業遊民之劉邦，會有此造反之想？此乃因在中國之歷史傳說中，一切聖王原由畎畝之間而起，孟子亦原有「匹夫而有天下」之說。在希臘羅馬印度之階級社會中，我想絕不可能出陳涉劉邦此一形態的人。

劉邦自然是一流氓，但他豁達大度。他初雖極討厭儒者之儒冠儒服，但叔孫通穿短打去見他，爲他制禮，使他自覺得意，他終於以太牢祭孔子。叔孫通雖只爲權變之士，非大儒，亦能馴服劉邦。由此而漢帝逐漸肯定儒家之禮樂文教的價值。當然，儒家之文化思想，與漢帝如漢武帝之好大喜功，貪利集權，在根本態度上，亦還是衝突的。漢武帝使張騫通西域，打匈奴，匈奴西移，間接逼使歐洲北方蠻人南下。又當時中國之絲，經西域之絲路到羅馬，使羅馬貴族爲買絲，而人民日窮。此二者，皆促使西羅馬帝國崩潰。此二者亦反證漢代之武力與經濟力量之強大。然而兩漢之能有四百年之歷史，則在漢代文化之能在大體上肯定儒者所傳之禮樂文教，以凝固社會。至於漢代之武力與經濟力量之影響，嘗及於世界，則是西方史家先考出來的。在中國文化的眼光看起來，此二者亦算不了什麼。西方史家可重此武力與經濟力。中國儒者可不然。如漢武帝，以鹽鐵由政府專賣之政策，集中財富，窮兵黷武；在昭帝時經「賢良文學之上」，本儒家「藏富於民」之義，與「政府公卿」一大辯論之後（詳見桓寬鹽鐵論一書），其政策卽廢。後代儒者對漢武帝之窮兵黷武，更貶多於褒。總之，漢之勝於秦，卽在比較秦更能接近孔子之民族與文化俱立的理想。

（三）東漢之末之內部政治的腐爛，使代表儒者傳統之士人，與外戚宦官形成鬬爭，雖出了許多節義之士，而無補於漢之裂爲三國。由三國時之內部紛爭，至晉，而北方夷狄日益坐大，東晉南北朝遂有五胡亂華之禍。是爲中國民族所遭遇之北方夷狄之更大的挑戰。在漢末魏晉，同時有印度佛學之傳入。佛學要人出家、薙髮、「沙門不敬王者」。當時人之斥佛者，視爲「入身破身（指薙髮），入家破家，入國破國」。然佛學卻不斷於此時輸入，是爲外來之印度文化之挑戰。此外來文化之挑戰，更前所未有的。

對於此魏晉南北朝時期之北方夷狄之亂華，及印度文化輸入之二挑戰，中華民族之回應，是逐漸形成門第制度，以世家大族保存文化，同時使五胡漸在風俗文化上歸於華化，由此而北方夷狄與中原民族次第同化。對佛學，則一面引申當時之玄學之義理，加以接受；一面運用智慧，創造印度所原無，而帶中國文化色彩之佛學宗派，如天臺、華嚴與禪；另一面則後來在佛教中漸出現，如仁王護國經、父母恩難報經、目蓮救母之變文等教忠教孝的典籍，使與中國文化之重家國之文化傳統相配合。高僧如東晉之慧遠，亦成喪服禮制之專家，中國士人如雷次宗等尙須向他請教。而佛教之師徒間，以父子相稱，佛教徒之辦理民間之喪祭之事，高僧之兼學中國書畫，以詩文與人唱和，個人組織寺院，其生活行事之中國化之處，更不可勝數。於是印度文化之佛學融入中國文化中，爲中華文化所轉化。連此上所說北方民族在南北朝與中原民族之同化，遂合以形成隋唐之再歸大一統的盛世。在唐代之學術宗教中，則除中國之佛道儒三教外，亦容納了西來之波斯教、景教、猶太教；而唐代之天子稱天可汗，爲世界之君主，長安亦成世界性國都。此皆表現中華民族對魏晉南北朝所遭遇之外來民族與文化之大挑戰之回應的成功。

（四）唐代之國力及於世界，其對外來之宗教藝術等文化，皆能加以包融。但唐之國力，向外膨脹，而中樞空虛；其藝術文學之重感性的表現，引使人們重感性的生活，而習於奢侈。由此再進一步，卽成晚唐五代人之多欲好利，驕奢淫逸，寡廉鮮恥，而成五代風俗之頹敗，爲昔所未有。故歐陽修著新五代史傳序，開始皆以「嗚呼」二字著筆。此五代之道德墮落，卽更形成一中國民族文化生命中之最深刻的內在病痛，亦成爲中華民族文化生命之發展之一最深刻的內在挑戰。

對此內部的挑戰的回應，是宋初儒者之堅苦勵行。後有理學之興起，以自反省其民族文化生命中之內心的病痛，而再復興先秦之修己治人的道德精神。宋儒一方倡尊王攘夷，一方亦反對唐五代下來之綺靡的文學，再一方亦反對不能直接擔當民族文化之興亡之責，而近空虛之佛老之學，以救晚唐五代之文教之弊。其願弘、其責重、其志高、其識遠，而凌越漢唐儒者之上。若非宋儒之崛起，歷五代之亂中華民族，早已由歐陽修之「嗚呼」而「哀哉」，完了。

（五）宋儒由對五代之道德文教的墮落之回應，而復興之儒學，確能正人心、善風俗。此是成功的。其反唐五代之綺靡文學與近空虛之佛老之學，亦可說成功。但在尊王攘夷之事業上，則終於失敗。說此由宋儒只講內心之學，不重此外王事業，乃致亡國，只是胡說。此乃因夷狄之力太強，內政之積病難返。實則在宋亡時，仍由宋代儒學之傳，出若干節義之士，如文天祥等，以送宋之終，而抱此宋儒之精神與宋之文化，入於永恒之世界。北宋之由金入侵，而成南宋；南宋之亡於元，乃北方夷狄全征服了中原民族。此乃中國之第一次的亡國。元滅宋後，以蒙古人為第一級人，色目人第二……七匠、八優、九儒、十丐、中國傳統之儒之地位，乃在倡優之下。此一階級社會之形成，與中國儒者之降居至下之階級之位，皆昔所未有。故此時中國民族再遇一空前的挑戰。

（六）在元代之中國文化之回應的方式，是一方有若干儒者如許衡等，在元帝之下求苟全，多少講明儒學；一方面是道教中之出一偉大的全眞教，「勤苦似墨，遜讓似儒，慈愛似佛」，融合儒佛道墨四教精神立教；以維持人民之道德生活、精神生活、社會生活，而保存傳統中國文化於民間。終於在民間產生推翻元朝之統治的力量，而有明代之起，重見中華文化之光明。明代之建國學唐，而不及唐，其學術文化承宋，而互有長短，然在應付元代之挑戰上，仍是成功的。

（七）明之亡，是先由內政不修，流寇入京，繼有滿清之入關，征服全中國。此是中原民族之第二次亡國，而又與元代之情形不同。此不同在清初之帝，雖亡中國，亦同時學習中國學術文化，而至雍正，更集政教大權於一身。此清初之帝更與文字獄，以摧殘士人之士氣。當時中國人講民族主義，講夷夏之辨者，本於儒學與宋明理學。雍正亦講儒學與宋明理學。他之著大義覺迷錄，乃本儒學中之世界主義，大同主義，以駁斥主夷夏之辨之呂留良之弟子曾靜。雍正的書，表面上全是依理辯論，而使曾靜自認理輸，然後加以放赦，以示寬大，只將其師呂留良戮屍。此以理學打擊理學，以提倡中國學術文化的手法，摧殘中國學術文化，則爲元代之帝王之所不能爲。故中國之民族文化在清代所經之挑戰，又比元代之情形更進一步了。

中國民族對清代之政治統治，文化學術統治之回應，初步是只埋頭於樸實之考證文字之學，而漸不講宋明儒學。以至如戴東原之反對宋儒之理學，爲「以理殺人」，以影射雍正之事。但樸學家之生命，無力氣。再進一步，是中國之民族主義之通過洪楊之反清的太平天國革命運動而表現。至於中國宋儒之保存華夏文化倫理風教的精神，則通過曾國藩、羅澤南等之討伐太平天國而表現。此二者皆有力氣。此中之太平天國之革命，其文化原則，乃一變態的基督教，不合中國文化傳統。曾國藩、羅澤南能維護中國文化傳統，亦同時維持了清代之統治，此卻不合中國民族主義之精神。曾羅之能打敗太平天國，表現中國文化之勝利；但中國民族主義終未能伸展。由此而終於有辛亥革命，「驅除韃虜，恢復中華」的中華民國之建立，以完成此中國民族主義之伸展的要求。於是中國民族對清之大挑戰之回應，仍終於算成功了。

（三）中國文化當所遇之挑戰及其當有之回應之道路方向

大家對我以上所說，可以再反省一下。便與過去中國民族生命與文化生命所經的挑戰，與所歷的磨難，其性質各不相同，是一次比一次重，一次比一次強。此磨難之本身，好似在發展。回應之事，亦一次比一次難。然而此回應，總算有了。此回應之方式，亦在發展，亦大體上都成功了。由此說到民國以來，則中國之民族生命、文化生命，所遭遇之磨難的挑戰又更大，而此回應，則直到現在仍未成功。此可證明中華民國是一眞正之苦命的民族。但亦是最神聖的民族。所以上天才不斷予以更重更強的磨難與挑戰，加以試探與考驗。中國民族生命文化生命，現在所遭遇的磨難，是內憂外患，一齊俱至。所謂內憂者，乃由清代之中國之民族主義，與文化思想，乃由太平天國與曾國藩、羅澤南等分別代表。此卽表示在中國民族與其文化，在其原始精神上看，初是合而為一者，今卻由歷史情勢，分裂為二，以互相否定。此亦一空前之事。由此而辛亥革命雖成功，而此二者之互相否定之結果，已使中國人之生命疲敝而乏力，對自己之民族與文化，乃漸喪失信心。此是百年來之中華民族文化之一切內部的紛亂或內憂之根柢。大家可試想想。此時又再加上外患。此外患則由外國之帝國主義而來。此外國之帝國主義，不同於以前之夷狄原無文化，乃其本身亦有相當高之文化的；又不同以前印度之佛教之輸入中國，乃純文化的輸入；其挑戰，乃純文化的挑戰。此今日中國所遭遇白色與赤色帝國主義，屬西方文化系統；所遭遇之日本帝國主義，則本身便是唐代便接受中國文化，近代又接受西方文化的。這些帝國主義之文化，中國人亦原有自感不如的地方。而這些帝國主義之侵略中國，更自謂負有文化的使命。如西方之兵艦商船，亦同時帶來敎士，來爲中國人贖罪，辦醫院、與學校。日本之侵略中國，自謂要保衞東洋文化，其中包括中國文化——因中國人已不能保持其自己文化了——。而俄國之馬列主義之傳入中國，亦是要使中國民族同入共產天國。由此而這些侵入中國之外來之政治經濟文化之勢力，在中國人心目中看來，乃既有「勢」，亦有「理」；似魔鬼，又似神聖；似敵人，又似朋友；似侵略者，又似救主；遂使中國人眼花繚亂，面色倉皇，三魂無主，七魄動搖。於是中國人有反抗西方帝國主義的，亦是歌頌西方的；有親日的，亦有抗日的；有迷信馬列主義的，也有反馬列主義的。而這一切外來的政治經濟、文化勢力，皆以中國爲戰場，以中國人自己爲戰士，互相戰爭，以共同破壞中國文化。此又不同於淸代皇帝，以中國文化破壞中國文化，而是中國人各本其所崇尚之外國文化思想，所依傍之外國勢力，而互相戰爭，以血肉相拼，既共同破壞中國文化，亦共同從事於民族之自殺。於是此所謂的外來的侵略或外來的巨患，亦一一全轉化爲中國民族生命之內在的深憂，以合二爲一。此之謂中國民族生命文化生命所遭遇之在中國歷史空前，亦世界一切民族所未有之大磨難，大挑戰。

對於此大磨難大挑戰，中國人尙在回應之歷程中。畢竟能有正確的回應否，客觀說來，尙在不可知之數。此亦很可能如唐僧之取經，在九九八十一難中，有過不去的一難。

記得西遊記所記唐僧取經之九九八十一難中之第八十難，是唐僧到了小西天。此小西天是假佛。中華民族生命文化生命的面前，現在正有很多由「外來帝國主義」、「外來文化」、及清末以來中國人「自失其信心」而有之「慕外求進之心理」四者結合，而神魔混雜所成之假佛。此假佛最不容易加以拆穿，則此難很不易過去。今說來亦一言難盡。但有一點希望的光明我可以指出，即此一切神魔混雜所成之假佛，亦是互相衝突，同時互相抵消其力量的。在中國赤色帝國主義、白色帝國主義及日本帝國主義，卽是互相抵消其力量的。西方的基督敎與馬列主義中唯物主義，是互相抵消其力量的。單純之英美式之個人主義之民主自由，與俄國式之極權社會主義，又是互相抵消其力量的。故今之中國人若只在此一切互相抵消的勢力，偏偏倒倒，別無一立根處，絕對是不能建一直往前進的正當道路的。須知中國之民族生命文化生命，亦自有其數千年的傳統。此一民族，乃世界上唯一於其本土之綠野神州中，自己創造延續其文化的神聖民族。外來的民族入侵的挑戰，外來文化的挑戰，內部問題的挑戰，它都分別在一時期經驗過，亦都回應過去了。其能身經百戰，屹立至今，卽證明其中有一冥權密運的眞實生命，眞實力量。現在所經的挑戰，雖好似過去所經之挑戰全部再來，以前遭遇之一切磨難，結合成一大磨難；但是中國民族亦可回顧其過往之經驗，將其過往之回應方式，亦來一大綜合，以應付其今日所遭遇之大磨難。此乃要在將磨難中之有神聖意義的成份，與其魔性的成份，先加以分離，以自求回應之道。則我們之祖先能對一切磨難，有成功的回應，我們當自信其亦能以更大的努力，求其能。此回應之道，簡單說，卽當如中國人之接受佛學，更超過印度佛學，創中國佛學而轉化佛學之道，以接受今日所遇之世界文化有價値的部份，而超越之轉化之。如對西方科學技術可引申中國文化之格物致知精神，以接受之；但當加以藝術化，卽使之具「樂意」，使技術性器物，兼成文物，以轉化超過外來之純技術主義。此兼成器物文物之「以人成物」之思想，則又可兼超越馬列主義之唯物主義而轉化之。再如西方之民主，可引申中國民本民貴之義，以接受之，但當以尊賢讓能之禮意，以超過之、轉化之。西方宗教可引申中國傳統之敬天之義，以接受之，但只視爲三祭之一，此外更有祭祖祭聖賢忠烈之祭，以超過之、轉化之。此等等皆有義理上之當然與必然，我昔皆有長文論述。亦見於中國人文精神之發展一書。簡單說，此卽依於一將西方之科學技術，與民主宗教等，加以「中華禮樂化」「中國人文化」的理想。至於日本文化中，其民間之禮樂，則我個人亦頗欣賞。但此乃原出於中國，中國人亦當禮失而求諸野；但須知中國禮樂之精神更潤大，不同於日本之侷促。此上之對西方文化日本文化亦承認其長處，而加以接受，欣賞，更超過之，轉化之，使西方來之科學技術、民主、宗教、人文化、禮樂化，以形成一莊嚴潤大之人文世界，禮樂世界，卽學「魏晉隋唐之接受佛學，而更超化印度佛學，轉化印度佛教」的回應方式。但人要能接受文化，創造文化，則係於其生命主體之健康充實而有力，無內在的病痛；而對此生命主體之力，有信心。此則待於一生命的學問，或精神修養的學問。則中國傳統之儒佛道之內聖之學，以及其他宗教之靈修之學、文藝之學，都有用處，可容人自擇。但不能不有此學，以成就此生命主體之力的信心，以救活清末以來之信心喪失之病。此卽是學宋明儒之對內在生命的病痛的反省，而以生命的學問、精神修養的學問爲回應的方式。至於此中國民族生命之現實的存在於中國土地上，更須有一外抗其他民族之侵略之民族主義精神，及相當的武力與經濟力。則秦皇漢武之對夷狄入侵的回應方式，亦值得今之學習。合此上三者，卽綜合「秦漢以來中華民族之對外來之民族侵略、文化流入、對自己生命之內在病痛」三種挑戰之三種回應方式，以成爲我們現在對「外來之帝國主義之侵略」及「外來西方文化流入」，與「淸以來之中國人之生命之內在病痛而疲軟無力」之內憂外患所合成之「大挑戰大磨難」的一大回應方式。此中所綜合的，皆只是中國民族在秦漢、在隋唐、在宋明之時代，所已表現。故此綜合之事，只是承先、繼往。但此綜合之自身，則是新的，而爲的啓後開來。此中國民族當前所遭遇大挑戰大磨難，乃空前所未有，亦我們之列祖列宗由伏羲神農周公、孔子至後之賢哲，所未嘗遇。故此綜合的回應之事業之艱難，亦是空前。若能成就此事業，則其偉大亦空前。如怕艱難，則我們可思之，更重思之，試問此外何處有更簡易的回應方式，以對此複雜的挑戰？此乃一歷史的命運，無可逃避，只有承擔，自求回應。須知此中回應之綜合性，乃與此中之挑戰之複雜性正全然相應。而於此相應處看，則亦未嘗不簡易而單純。其目標，亦只是單純的成就「中華民族生命與文化生命之合一的發展」，以應合於中華民族文化之原始精神。此中之民族生命是人，文化生命是文，故不出「人文」二字，此豈非單純簡易之至？當然，話說回頭。此一簡易單純，只是名號上的，思想觀念上的，其內涵仍是一複雜艱難的事業。如只追求躲閃於名號觀念之單純，此仍只見一小西天的假佛。此中華民族之第八十難，還是過不去的。

綜上全文所說，我希望大家對於中國之文化精神之發展之歷史階段，與歷史動力，歷史動向，有一整個的看法。此歷史動力，是一民族生命與文化生命的動力。其動向，是此二動力，原出於一本，故雖或分爲二，終必歸向於一。依此以看中國文化之歷史之過去之各階段，直到現在之一階段，即皆分別有其特性、意義與價值。亦皆分別擔負表現此歷史動力，以完成此歷史動向的使命與責任。今如要用標題來表示中國文化歷史之各階段，我們可姑說：一、由上古至三代，乃「中國之民族生命自然生長出其文化，成爲有具備原始的文化精神的民族生命」之時期；二、由秦至漢，是「中國民族文化生命對其外之四夷，眞實樹立」的時期；三、由魏晉至唐宋，是「同化入侵之北方民族，並回應亞洲之印度文化之挑戰，而加以超越轉化，更反省民族生命之病痛，以求眞實成爲一眞正健康的民族文化生命」的時期；四、元至辛亥革命，爲「由北方民族之入主於中國，而使民族生命與文化生命之發展受壓抑而相分離，以求再整合」的時期；五、由清末至民國以來，爲「應付中國以外之西方與日本侵略勢力，以求中國民族之文化生命與世界文化相通接，而不失其自作主宰之主體的地位，而待於綜合以前各時期之應付挑戰的諸方式，以創造一對當前之大磨難的挑戰之回應方式」的時期。此即我們現在所在之時期，亦即中國文化歷史之動力與動向之當前所在之地。大家可將全文所說，自回想一番，以形成一整個之中國文化之史觀。依此一史觀去看中國之文化歷史，亦不難重新寫一部中國歷史與中國文化史。雖然不一定即是一完全的中國歷史或中國文化史。

依上述之史觀去看中國歷史與文化史，當然不同於只依馬克思之唯物史觀，去看中國文化歷史之說。詳細評論唯物史觀，非今之所及，但可簡單說：一、唯物史觀之由原始共產社會、奴隸社會、封建社會、資本主義社會、及共產社會之一歷史哲學，乃一單線進化之歷史哲學。此乃承黑格爾之歷史哲學由一人自由，至少數人自由，至一切人自由之爲一單線進化之歷史哲學而來。在十八九世紀，如康多塞、孔德、斯賓塞等之分歷史階段，皆單線進化之論。此乃當時之西方之時代觀念。二、唯物史觀，乃以一「下層之經濟生產力之變動，決定生產關係之變動，及上層之政治文化形態變動」之經濟的一元論。三、此馬克思之唯物史觀，乃由西方歷史之研究而得，但對東方之社會，所謂亞細亞社會，馬克思提及之，而實無所知。故初非其所論列之對象。須知此馬克思之單線的歷史階段論，全然忽視了不同民族不同文化互相遭遇，而相挑戰相回應，及由生命內部之病痛之挑戰與回應，所形成之其他進向之歷史發展。其經濟決定論，忽視了社會與人間關係、政治與其他上層文化，與經濟間之相互決定關係，而不同民族文化之相互挑戰，與相互回應之問題，在根柢上亦正是社會政治問題、文化問題。故依其理論，以說明中國歷史之上古夏殷，(或以爲直至秦漢)，只是一奴隸社會；其後至西方入侵以前，只是歷二千年之封建社會；西方入侵以後，只是半封建半殖民之社會，皆無一是適切的。須知中國古代民族之如何在中國地理環境中，共同創造文化，與其文化精神之如何，非一奴隸社會之名所可了。而中國古代人之從事勞働生產，以創製器物文物者，亦可非以奴隸爲主。而只說中國有二千年之封建社會，則對秦漢、魏晉、六朝隋唐、至宋明之各階段之歷史文化之特質、價值，與意義，亦無所說明。至於只說之爲一地主與農民之階級鬭爭史，顯然是不適切的，而意在對中國文化加以侮辱。又說當前中國社會只是半封建半殖民之社會，而謂其當前問題，單純是一反封建與反帝之問題，卽忽視了當前之中華民族與其文化，如何正面的回應西方文化之挑戰，回應「亦在反帝之俄國民族」之挑戰問題，亦忽視了中華民族之生命自身之病痛，與對其文化之信心之喪失，而成之種種問題。今將馬克思之說，用於說明西方社會文化歷史，雖有其所據之若干事實；但已不能說明西方過去歷史之全部。至其用以預言英德法當先走入共產主義，更全然失效；其預言共產革命必然爲世界性的，亦爲史大林之一國社會主義之理論與實際所否定。至於將其說，用以說明中國文化歷史，則馬克思初原無此意。更可說彼此風馬牛不相及。如我們稍有自尊之心，不自居於馬之思想之奴隸地位，而不自封閉於其思想中，以建立一「只爲馬克思主義之註腳之中國歷史觀」；而稍作獨立思想；則對中國歷史文化之諸階段之解釋，正另有康莊大道。如我們今天之所講，卽其一。除此以外，我們還可以自中國歷史之各階段之主導的文化力量之所在，其中之知識份子的地位之如何，政治制度之如何等，以說明中國歷史，而歷史之發展，亦尚不只有由挑戰而回應之一方式，如湯因比所說；更有不經挑戰，而由自然繼長增高，以形成發展之方式。湯氏之史觀，還可批評。須知所謂史觀，只是一歷史觀點。如照像，須在一觀點照。此中不必只有一觀點。至於此觀點之優劣，則當以其能否將歷史之各階段之特性，皆清楚照進去爲定。如對團體照像，要將一一個人皆照進去，才合理想。如觀點不同，而都能照進去，則二觀點亦可並存，而其價值，亦可相等。依此標準，以看馬克思唯物史觀，則對中國歷史各階段之特性，如或今天所講者，卽已全照不進去，而成一片糊塗像。至照其他，更不必說。大家可一想，便都不難明白。今天所講卽止於此。

（新亞書院「中國文化講座」講詞・一九七三年五、六月「東西風」第七、八期）

廿八、中國文化與現代化問題答問

問：中國近百年來有個特殊的現象，中國傳統文化愈來愈居於「退守」的地位。若自張之洞等的自強運動算起，他們提出「中學爲體，西學爲用」，所謂中學爲體，表示仍以中國文化爲基礎，但在「用」方面，則以爲應仿效西方，這是第一階段。這一階段仍沒有完全否定中國文化。但到了五四時代則是完全對傳統文化排斥，要全盤西化了，這是第二階段。這一階段一直延展到近年，在海外以若干西化知識分子爲代表，如殷海光等人，他們要以西方文化取代中國文化。至於中國大陸，自一九四九年以來，則是以馬列主義來取代中國傳統，使中國傳統文化完全受馬列思想所支配、所批判，傳統文化在大陸已經完全沒有地位，這是第三階段。請問這三個階段是否是一種合理的必然的發展呢？——也就是說中國傳統文化因爲與現代化衝突，所以節節退守，此乃必然之結果？倘若不是如此，那麼又是由於什麼原因呢？

答：中國文化是不是和現代化衝突？似當先說中國文化是什麼？現代化是什麼？

中國文化究竟是什麼？現在不能詳細講，亦不必從深處講。簡單說，中國之學術、倫理、宗教、藝術、文學等，即中國文化的核心。具體一點說，中國一般社會禮俗，如過年過節以至衣服，飲食等的生活方式，皆屬中國文化。至於現代化是什麼？則其意義原亦有種種。記得在九年前，韓國高麗大學曾開一國際性的會議，專門討論亞洲的現代化問題，曾邀請我與張君勱、全漢昇先生等參加，宣讀論文。在開會時人對現代化之意義，亦有種種爭辯。但一般總是指：尊重基本人權的民主政治，與現代科學的技術，及其應用到自然與社會上所產生的近代產業與經濟制度，合成之現代的民族國家的建立，為現代化。

問中國文化與現代化是否衝突，就是問我們剛才所說，中國的學術、倫理、宗教、藝術、文學和人的一般生活方式，是不是和現代化必然衝突？中國文化當然不排斥科學技術，也不排斥科學技術所產生的近代產業，更不排斥民主制度。只說中國以前政制是君主制度，便說其與現代化衝突，亦是不對的。試看當今的日本。日本人崇敬天皇，中國人從前對皇帝的崇敬，遠及不上日本人對天皇的崇敬。他們把天皇當作萬世一系，天照大神的後裔。日本人對天皇的崇敬，明是遠超過從前中國人對君主的崇敬。而日本天皇之存在，並沒有妨礙日本之明治維新以後建立的現代民主制度、與現代的產業經濟。至於單純的現代化是不是一定好？這裏可以暫時不談。現代化如果是不好的，怎樣改善它呢？在這裏亦可不談。但是，原則上看，說中國文化妨礙現代化，一定不能成立。日本便是一個最好的例子。因日本之傳統文化，主要受中國的影響。其倫理、宗教、學術、文學、藝術以及一般的生活方式，多仿效中國。日本傳統文化，無異一小規模的中國文化，而迄今仍大多保存，與其現代化未嘗互相妨礙。然則爲什麼中國百多年來要求「現代化」，卻引起許多人起來反對中國文化呢？

要解答這個問題，應從清朝中葉以後，中國文化與西方文化接觸，當時的特殊情勢上來理解。清代之中國是受滿清人士統治。本來中華民族也包括滿族，當然不可以定說清朝人是異族。不過，滿族人畢竟只是佔中國民族的少數，而漢族人卻佔最大多數。清代之漢族受滿族統治，漢族的民族意識受到壓制。當時，漢人可以講純粹的學術文化，但不可以講民族大義。若依民族大義，則清朝人的政權，應該至少有大半應屬於漢族。可是，當時之情勢不能夠這樣，於是漢族的民族意識即受壓制，而其民族生命站不起來。站不起來，而求站起來的清中葉以後的政治運動，通常說是洪秀全的太平天國的革命運動。這話不能說全錯。但太平天國的人之文化意識，卻主要是「變態的基督教」。於是太平天國不能接上中國文化傳統，亦接不上西方基督教及近代文化傳統。這就使太平天國，成了永不能實現於中國社會的「天國」，而注定失敗。從另一方面看，清初諸帝，因鑑於元之蒙古人不尊重中國文化而早亡，初是極尊重中國文化的。平心而論，康熙、雍正、乾隆諸帝之好學，皆有不可及之處。於是，當時中國的讀書人，遂寧願讓清朝政權統治，而不肯去附和太平天國的革命運動。這樣才有爲保護中國文化，而先在民間練團起兵的曾國藩這批人出來，從文化意識出發，反對洪秀全。這個反對，實際上亦終於成功，把洪秀全打倒了。但是曾國藩這批人，承認清朝政治的統治，卻未能使中國民族中最主要的漢族的民族生命站起來。而他們所代表之中國文化意識，遂與大多數漢民族之民族生命求站起來之民族意識，互相分裂。這便是清中葉以後中國文化的當時特殊的情勢。

在這個特殊的情勢下，我常說，中華民族意識與文化意識，一方面互相分裂，一方面即互相抵消。凡分裂而不能達於一更高綜合，其結果必然是互相抵消。由民族意識之被抵消，而民國以後，乃有張勳之復辟，滿州國之建立，及形形色色的日式、英式、俄式等漢奸之出現。由文化意識的被抵消，而在清末民初之際，雖有人能見及中國文化較西方文化，有若干優勝之處，說出來亦很難使人注意而相信。於此，我可姑說一說大家比較忽略的清末民初之學者辜鴻銘的文化思想作爲例證。辜鴻銘，在英國學英國文學多年，造詣很高。英國一文學家毛姆之一文，所談之中國哲學家，即是他。他在其文章中，曾批評西方文化的缺點。他說西方人的社會、政治、道德，只靠兩個力量維持，一個是警察（他還未說到由警察變出之特務系統）、法律，另一是教士、宗教。這兩個力量都是在人自己以外——或是在個人以外，或是在人類以外。法律的力量是超個人的，宗教力量是超人類的。西方之社會政治道德，靠這兩個力量來維持，即靠他力非靠自力。而中國之社會政治道德，則不靠這兩個力量來維持；只靠每個人的天理良心，與禮樂之教來維持，即靠自力非靠他力。他的意思大概是：人能不靠他力，維持其社會政治道德，則代表一更強有力的生命，更高的文化水準。他的話不算完全，但不能不說是極有見地。然而辜鴻銘先生的這些思想，在當時卻不能發生很大的影響。他的見解幾被人全遺忘了。當然，他是文學家，學術理論的素養不夠，不能發揮他的所見；他的生活帶名士氣，說話的態度亦不夠莊嚴，使人不加重視。但另外，還有一個主要理由。即到民國，人都剪了辮，他不剪，仍穿著滿清的服飾在北京大學講英國文學。他一定要以忠於清朝的遺老自居。他的民族意識，被其文化意識所掩蓋，所抵消了。大率清朝末年許多對中國文化有認識的老先生，都是如此，不能正視民族生命如何站立起來的問題。於是由清末至民國初年，能正視民族生命之站立起來一問題，而從事變法革命者，其對中國傳統文化思想，便多初無好感；而傾向在去批判中國傳統文化思想，而求助於西方之文化思想，視爲海外仙丹，以解決中國問題；以至走到用西方文化思想破壞中國傳統文化思想之一方向去。由此遂有許許多多以中國傳統文化思想，爲妨礙中國之立國於現代世界；要使中國現代化，必須打倒中國傳統文化思想的說法。故在清末之章太炎，尊重道家佛家思想，過於素爲中國文化思想之中心的儒家思想；他還稱讚過秦始皇。梁啓超則尊重墨家思想過於對儒家思想。——章梁到後來，才再返而宗儒——當時只有康有爲與其學生陳煥章，堅決提倡孔教。在民國，陳煥章曾上書袁世凱，求定孔教爲國教。然而康有爲是要保滿清的皇帝，袁世凱要繼清帝而爲皇帝。袁世凱行祭天祭孔的大禮，正爲其護持其帝位。試想在此情形，傳統的儒家思想，當然很難講得明白。這也就難怪在民國初年之五四運動，新文化運動時期人們，會以爲要中國有現代的民主制度與科學技術，必須要先打倒孔家店，反對講中國傳統的文化思想了。然而此一「以爲中國之現代化與中國文化之本質上不相容」的種種說法，實卽是在此由清中葉以來至民國初年，中國歷史之一特殊情勢下的產物。此並不證明：中國文化思想與其現代化，有本質上的不相容。

現在我們可再自數十年中國社會政治文化變遷的歷史，去看由人們之以爲中國現代化與中國文化不相容，而如何在中國文化以外去模仿其他現代世界的國家，以尋求中國現代化的種種道路。依此數十年之歷史事實看，人們是初想以日本爲模範，如在清末與民國初年之若干人士之想法。次想以英美爲模範，如新文化運動時期人之想法。三是想以德意爲模範，如在國民政府之一段時期，若干組織復與社之國民黨人士之想法。四是想以俄國爲模範，如共產黨人士之想法。這些想法之詳細內容，我不想多講。但是我可以簡單說：此四種「喪失對自己民族與文化的自尊自信，不自求諸己」，而有之「一切想討現成，貪便宜的使中國現代化」的想法，今皆一一全部失敗。此中，所學的日本與德意，在第二次大戰中是敵國；所學的英美，是中共在韓戰中的敵國。中共一面倒於蘇俄，以爲仿效蘇俄，是中國之最後一次的對外國的仿效，馬列主義一定能救中國。然其結果是現蘇俄的馬列主義，只使蘇聯成爲一侵略中國的社會帝國主義。這卽成了數十年來之中國人，「在海外遍求社會政治文化思想的仙丹，以達到現代化的目標，而終於一無所得」之一最大的諷刺。然而此同時是一最後的諷刺，數十年之中國人，在海外求現代化的仙丹，而學日本、學英美、學德意、學蘇俄之路，走完了以後；如不去學南美國家、阿拉伯國家、及亞細亞之印尼、菲律賓等國家；便只有反求諸己，而仍在自己之民族生命民族文化的生長發展上，求中國現代化的路了。

你們或許會問：中共在中國大陸不是奉行馬列主義嗎？馬列主義豈不可成爲中國社會政治文化的現代化的領導原則嗎？我的答覆是：中共之所以奉行馬列主義，馬列主義之所以支配中國大陸，我常說：此只是因馬列主義是一「西方的反西方思想」。中國人之會在一時信馬列主義的精神背景或生命背景，只是因中國人在此數十年在文化思想上，一方「不信自己，信西方的洋貨」；再一方，則由於中國之貧弱與西方之經濟侵略，整個中華民族似成了西方資本主義國家的無產階級，爲了求民族生命的存在，中國又必須「反抗西方侵略」。馬列主義正合此二條件。它既是西方的洋貨，又是反西方之資本主義帝國主義的。所以它會在一時爲中國人所接受。然而它只有過渡性，而無長久性。它不能使中國眞正達到現代化的目標。此乃因爲自馬列主義本身說，它是要超現代化，並非求現代化。須知依馬克思、恩格思之思想，共產主義之實現，原是以已現代化之產業社會之組織爲基礎。簡單說：即現代之「科學技術」，「生產管理方法」，必已先高度發達；今再將此管理生產之權力，由資本家一轉手到生產者的工人組織，即由資本主義社會到共產主義社會的自然道路。此在馬恩書，有無數明文爲證。此是一先有現代化，再求超現代化的思想。但對超現代之社會之如何組織，則馬克思、恩格思亦有明文說到：此不能有事先之規定。故其所理想的由革資本主義之命而成之社會文化內容如何，在馬恩思想中，只是一片空白、一片虛無；有各種的可能的色彩之內容，來塡補。於是到了列寧、史大林，乃特加強俄國共黨組織的力量，以建立一極權政府，特重發展軍事工業，更走向社會帝國主義，以爲其政治文化之內容。此俄國現在之政治文化之模型之如此，馬克思、恩格思並未事先想到。馬克思是道地的西歐人，其書中屢表示他對俄國的厭惡。他只曾爲歐洲英德法之前途著想，從未對俄國以及亞細亞國家之前途著想。此一俄國現在之政治文化模型，算不算是俄國之現代化，或超現代化？我們可以不必討論。但如中國大陸眞要走馬克思、恩格思本身的思想中所想的路，則依我看，一方面不夠資格，因中國並無高度發達的科學技術與生產管理方法；一方面馬恩亦未規定其理想的社會的圖案，供中國人之仿效。馬克思恩格思，對西方古代經濟社會至十九世紀之經濟社會之分析，固亦有若干精闢之見。但此與其所謂亞細亞社會或中國社會的問題，卻初全不相干。故中國人除可由他們之思想，學得一些「反對資本主義帝國主義」與「階級鬬爭」之消極性的觀念名號之外，絕不能學得任何積極性的供中國建國或現代化之用的東西。

至於中國如要走俄國之極權政治的路，則我認爲中國亦走不上。因俄國原有一極權的沙皇政治之傳統，卽一層級性的政教合一之政治宗教組織之傳統，可以爲史大林之極權政治的根據。此在英國史家湯因比已說過。但中國歷史文化中則無此東西。中國以前的大皇帝之權力，其透過中國傳統之「由民間出身的士人，變成之官僚的政治」而表現者，與「沙皇之權力透過俄國之貴族社會與大地主」而表現者，尙大有不同。此則說來話長。我們不能以爲中共批孔揚秦，便可學俄國之極權政治，當知秦只是到漢的過渡。中國民族經四五千年文化的陶養，一般說是「服理不服勢」「服德不服力」「服王道不服霸道」「服聖賢不服英雄」。故歐洲人可以崇拜亞力山大、凱撒、拿破崙、威廉第二、慕沙里尼、希特勒、沙皇、史大林，中國人不能心服秦皇、漢武，與成吉思汗，卽絕不能忍耐金字塔式之自上而下加以統治的極權政治。過去已不能，在現代更不能。故中國人要學俄國極權政治，決不能成功。萬一秦始皇一時幽靈不散，亦只是再返至新封建社會、新奴隸社會的時代，距現代化更相距萬里。

實則現代化的國家，在根本上莫有別的，只是尊重人格，尊重基本人權，而有限制政治權力的民主政制，尊重知識技術與其應用，亦尊重形成知識技術的學術自由思想自由。這些觀念，在原則上，中國文化思想中決定是有。中國過去政治誠然不免君主專制之種種弊害。但在文化思想上，限制君權的東西還是很多，如依「天命」觀念、「民本民貴」觀念、「師道與君道並立」之觀念、「親」與「君」「師」並尊之觀念，而有之「經訓」「祖訓」，皆可在文化意義上，限制君權。考試制度、御史制度、宰相制度，亦多少在政府內部限制君權。此卽使中國政治卽在過去，亦未走到西方式之「朕卽國家」之君主專制，與俄國之沙皇主義、史大林主義的路上去。此卽皆可爲中國之民主政制在中國建立之文化背景。

中國文化中之尊重知識分子之社會地位，尊重思想信仰之自由，極少宗教上之對異端之迫害，亦斷然可以鼓勵促進科學知識技術，與其他學術之進步。故說中國文化會妨害中國之現代化，我看來一無是處。除了中國之少數帝王如焚書坑儒之秦始皇等，可稱專制君主者外，我看不出有任何必然妨碍中國之現代化的東西。

五四時代的許多人，如打倒孔家店之吳虞，以爲中國文化只是三綱，而三綱中又根柢上是君爲臣綱之一綱，中國文化只是君主專制之政治，或反科學的民間迷信之結合體。此只能說是原於其對中國文化之無知，與受當時特殊情勢下的刺激——如袁世凱之一面稱帝一面祭孔的刺激——而有的反動的思想。沿此反動的思想，而以爲中國之現代化，只有去學日本、學德意、學英美、學蘇俄。學到頭來，想學蘇俄的沙皇，而學中國之秦始皇。這些只是中國社會政治文化思想之變遷之一大曲折、大迷途、大漩流。從此大漩流中，漩出去的流水，其正當的方向，仍只是順中國民族生命與文化生命原有的道路，如黃河之歷九曲，而依然東流到海，以向前生長發展，以成爲一精神開放，學術自由，政治民主，而能獨立自主的存在於當今世的現代國家。此未來之中國必然到來，亦如暴秦之必然過渡至大漢，此事我認爲乃絕對無疑，但我們須自信得及。

問：一些去過中國大陸觀光的人，所得的印象是，一般人民很有中國氣質，例如：勤儉、純樸、有禮、和藹、重視人情、人際關係和諧等等，所以他們說是看見了眞正的中國人。相反，他們認爲在港澳以至臺灣，中國人反而沒有那麼濃厚的中國性。由於這種比照，令我們想到兩個問題：

第一，大陸人民的中國性，是因爲馬列主義革命敎育的結果呢？還是由於中國文化有數千年歷史，深入民間民心，所以卽使馬列主義的階級鬬爭敎育，也不能把那種影響一下摧毁呢？

第二，相對於港澳來說（或者，還可以包括臺灣大都市），中國文化並沒有受到執政者的壓抑，但是，中國文化的色彩，卻也相當的淡薄。這是否是因爲西方近代文明，例如，工業主義、商業主義、都市化、殖民地主義的衝激，對中國文化精神起了嚴重的挑戰所致？

答：第一個問題，當然與馬列主義無關。勤儉、純樸、有禮、重視人情，這些都是海外華僑所共有的。海外華僑社會何嘗受到馬列主義思想的薰陶？故這只可以說是中國的民族性。中國的民族性除了這些，還有別的。民族性是歷史的產物，文化的產物。這個民族性，所有的中國人都有。若要追其歷史，有幾千年的歷史。現在就你們提出中國民族性的幾個特點講。譬如勤儉，早從詩書中，便可看出中國人強調這個德性。如周公之敎，敎人「無逸」，卽以勤爲敎。後來之儒家更發展爲：「天行健，君子以自強不息」的大道理。另外，節儉也是中國二千年來一貫的道德敎育。有些人說：爲什麼中國人節儉呢？因爲中國窮，其經濟爲匱乏經濟，所以，不得不節儉，以克制欲望。這種講法，不能成立。勤儉是中國歷來的敎訓。在中國過去社會中，有錢的人家，也統統敎訓子女應勤應儉。所以，不是因爲窮，所以才要勤儉。若是因爲這個，那麼，比較不窮的人家，就不用講勤儉了。我在二十多歲時，曾爲一書局編一書名中國歷代家書選。當時我先把兩漢至淸的名人家書都看了。今尙記得的印象，卽中國自來父兄教訓子弟，差不多都以勤儉爲一主要的教訓。以清朝的曾國藩來說，他是當大官，從他的家書，亦可知道他的生活是十分勤儉的。勤儉是中國幾千年的教訓，不論什麼人都要實踐。勤儉這個德性，外地的人不一定有。例如西方人，多有勤的德性。至於儉的德性，中古時期的人，近代初期的清教徒可以有，此乃依宗教中的「神貧」觀念下來。但產業革命後的西方人，拚命生產製造各種物品，來滿足人的慾望，來促進消費。如果人們不買東西的話，社會的生產便不能促進，經濟不能繁榮。要繁榮，便要促進生產；要促進生產，便要提倡消費；要提倡消費，便不能提倡儉，而浪費都可以。至於中國人主張節儉，其中的基本思想，則是：「惜物」、「愛物」。因爲惜物所以才儉，並不是有物或沒有物的問題，有物也應該儉。依中國思想，人生在世，要盡人性，亦要盡物之性；物的性還未用盡，就被丢掉，這就是浪費。這是不可以的。

另外，你們說中國人有禮貌，中國人重視人情，這也是眞的。這些都是原自中國民族兩千多年來的教育。如果中國原沒有這些德性的教育，只依馬列主義來的思想，來鑄造中國民族性的話，中國人絕不會有上述那些德性的表現。馬克思全部的理論，可以一句話概括之，他要變革現存之社會。而變革社會，主要是通過革命的鬬爭。當然在某一意義下，鬬爭亦是合理的。馬列主義亦可促進一些合正義的鬬爭的情感。但是，只提倡鬬爭的思想卻絕不會產生勤儉、有禮、純樸、重視人情這些美德來的。

我看馬列主義對中國社會的影響，迄今爲止，好在對於大多數人而言尙不很大，只影響及少數知識分子和黨員。此乃因爲馬列主義的書，雖然印了幾千萬本那麼多，但根本不是中國一般人民可以看得懂的。就是中國普通的知識分子看那些書，也不容易發生興趣。道理很簡單，卽這些書是針對十九世紀歐洲社會、廿世紀初之俄國社會而說。其所對的東西，完全不是中國的。我可以斷定，如果不了解西方的社會歷史，不了解歐洲社會俄國社會，大陸中國之一般人對馬列的書根本看不下去。

至於中國大陸的居少數的中國知識分子、黨員，其初之所以接受馬列主義，還是如我以前所說，是因爲馬列主義是「反西方的，又是來自西方」，可以滿足此數十年來中國知識分子「崇拜西方又厭惡西方侵略」心理上的情結而出之要求。因爲馬列主義所針對的是西方的資本主義社會，故對於多少接觸西方式社會的上海的知識分子，香港的知識分子，馬列主義亦可說有點意義。但是，對根本看不懂馬列的書之大多數的中國人民，則毫無意義。強迫人民看馬列的書，只是在精神上加以虐待。又方才說馬列主義至多可促進中國人之正義的鬪爭的情感，只是從最好的方面說。實際上人要使鬪爭合正義，並不容易。如只天天講鬪爭，結果必然只產生許多非正義的鬪爭。最初的時候，共產黨反對上海的流氓，反對土豪，不勞而獲的地主，反對西方的資本主義，今之打倒俄國，這些固然都是合乎正義的。但是，二十多年來其內部的鬪爭，例如最近之文革，打倒劉少奇，打倒林彪的鬪爭，通通是以千千萬萬的人民、與青年之工作及求學的時間、生命、血肉作犧牲，依偏邪、陰險、詭詐、黑暗、鬼祟的權術運用而進行；不是依堂堂正正、光明公開的法律程序來進行。劉少奇犯了什麼罪？事先不曉得。林彪犯了什麼罪？事先不曉得。——最近才知他們之大罪之一，在其尊孔之言論與行爲，此只是天下奇談。

在中共內部之鬬爭中，雙方的人爲什麼被拉出遊街、被驅入勞改營、被打、被殺，亦莫有人能事先曉得。故其強調鬬爭，只培植了中國若干人民間之相互敵對、猜疑、畏忌、詆毀、誣陷、嫉妬、恐怖、仇恨、乖戾、横蠻、狠毒、殘忍、凶暴的情感。對中國傳統社會文化中的善良風俗，人民之善良德性，如寬容、坦率、信賴、諒恕、直爽、忠厚、誠實、忍耐、和平、義氣、禮讓、謙順、仁慈、友愛等，只有破壞的效果，而決無加以培養的效用，這是人所共見的。

關於第二個問題。在臺灣的鄉村地方，還可見許多中國人民的美德，善良的風俗。當然臺灣的大都市的一般人，追求物質享受，乃受了美國文化、西方文化不好的一面之影響。香港亦有這樣的情形。這當然是對中國民族固有美德的一種挑戰，但是我們只要決心改變風俗亦不難改。因爲外來的風氣，是莫有根的。要變，一下子就變了。譬如過去上海這個大都市，風氣也很奢侈、腐爛，共產黨來，亦變爲樸實。二十多年來共產黨帶來的鬬爭風氣，使人與人互相對敵、猜疑、恐怖、仇恨，才是最壞的風氣。順此下去，自可使中國人民皆化爲野獸，如狼似虎，爲虺爲蜮。顧亭林先生說「易姓改號，謂之亡國」，此尚不算什麼。但「仁義充塞，率獸食人，謂之亡天下」。天下興亡，匹夫有責。

我們才不能不講話。但若我們能將一切鬬爭的應用範圍，限於正義的鬬爭，或根本融化、消滅馬列主義。此風氣再經二十多年，亦就可以改變。但幾千年中國文教所培養的民族德性，根深蒂固，還是會重新表現於未來中國的。

問：中國傳統文化對應於西方現代工業文明，或許是有互相排斥的一面，但是是否亦有相濟的一面，正可以補救工業化社會生活的缺失的。在中國傳統文化精神裏，請問有那些是對我們現代社會的生活，有其特殊意義的？

答：能補足歐美工商業化的社會文化所缺乏的，只有東方之印度日本與中國文化。歐美之工業化社會，大家都感到有十分嚴重的問題。如人一天到晚忙，功利心重得不得了。人情淡薄，對父母不尊重，年輕一代，覺得生命沒有意義，生命的意義只在性生活上。此最後一點情形更嚴重。人之性生活的本質，原是爲生命的未來。從深處說人之生命，我以爲一個人之當前的生命，如果眞豐富充實完全的話，一個人原本可以沒有性的生活的，如一些宗教信徒，獻身于學術及其他事業的人。

我們可說人乃是因其現在的生命生活不能圓滿自足，才必須有性生活，以求有未來下一代的生命，加以補足。所以人對其現在的生活全覺無意義時，卽必然只有在性生活中放縱，於此中幻現一「未來的生命的憧憬，以補其現在生命的空虛」。

現在歐美社會中對性生活的放縱，當然表示西方文化在墮落，有如像古代的羅馬文化衰亡的情形。西方人於此不覺悟，是極端危險的。但在東方之中國的情形，尚比較好。此乃因在中國文化的傳統中對婚姻的意義的看法，性生活只是佔極少的部份。東方式的家庭的組織乃以夫婦、父子、兄弟、親戚朋友等多方面的倫理關係，加以維繫，不易隨便破壞。故東方中國社會中的家庭倫理，確是可以補西方工業社會之缺點的。

除此以外，中國的禮俗之存在，亦可補工業社會之缺點。譬如中國之節日之連著自然的氣節的變化，與人間之種種倫理關係，便是很有意義的。如三月三春草生，便踏青祭祖先；五月五夏水漲，便划船，紀念屈原之忠君愛國；七月乞巧節天清望星，同時遙念牛郎織女之兒女之情；八月十五天更清，便賞天上團圓月，同時有家庭的團聚；九月九秋深氣爽，便登高，同時敬祝高年的老人都活到九十九歲。此皆見中國的節日之一方與自然之節氣變化配合，一方並有倫理意義。此與西方節日多只是宗教節日，或隨意任定一日為母親節、父親節，與自然之節氣無關者，大不相同。此我在二十多年前之中國文化之精神價值一書中曾講到。這些節日的禮俗能保存，亦可補救工業社會中的人，只知追求功利，只與機器接觸，無對自然之「情」，無人間之「義」，而「無情無義」之缺點。

此外，中國人的日常生活，皆有廣義的藝術意味，如喝茶、下棋、喝酒等。中國人喝茶喝很久，喝酒喝很久，下棋下很久。在現在來說，似浪費時間。但現在工業社會的生活，太緊張了，大家都忙。其實有許多忙是不必要的，忙中偷閒，以使生活增加藝術性的情趣，還是有可能，而且值得的。

人對於生活自身無藝術性的情趣，以使其生活有意義，便只有以欲望的放縱爲樂，如現代的西方社會的新潮派青年，或如一些共產黨人之以鬭爭人、打倒人爲樂，其實是太可憐了。

現代工業化社會有許多毛病，我們應該想辦法去改善它。工業社會原莫有固定的形態。美國社會的生活，和歐洲日本的社會生活，便已有些不同。歐洲的社會生活，就沒有美國那般緊張，那般繁忙，亦有更多之文化氣息。在歐洲，如狂放叫囂的野心家希特勒，亦能知命令德國人在城市之街道間，皆造一公園，供人遊息。此乃希特勒之政治唯一值得人紀念者處。然亦只是因他多少尙有歐洲文化氣息之故。至於東方的日本，則更能在工業社會中，力求保持許多超工業社會的東西。此則是因其曾自覺求模倣中國傳去的唐宋文化之故。日本歐洲尙可以保存許多傳統文化生活的優點，當然我們中國人應更可以保存許多中國傳統文化生活的優點。這只看我們對工業社會，如何設計，如何安排。此要在能顧到人之文化生活情趣，亦要人先有深度之人生文化思想。只從粗糙、淺薄、庸俗的馬列主義的唯物論思想出發，是不配談這些問題的。中國人之人生文化思想，必須自馬列敎條中解放超越，才配談這些問題。

問：如果說中國文化精神對人類生活有價值，但文化精神是抽象的，眞要發揚此精神非要落實到風俗、習慣、禮儀制度不可。也就是說，在現代工業文明社會裏，怎樣才可以使中國人在生活上實現中國文化？

答：文化的理想最後是要落實的，是要實現在日常生活上面的。譬如方才說到中國的風俗中的過節，現在大家若善於運用節日，可以一方連著此節日之自然意義、倫理意義，再仿效希臘 Olympic 的節日，使人們於節日中表演唱歌、表演戲劇，或講學。如果我們能向這方面去運用節日，那是可以有很具體而多方面的文化意義的。其次，在中國每個地方，都有當地的許多歷史人物，如詩人、哲人、政治家、民族英雄、對地方有其他功業的人。我們都應該如中國之過去，爲之修建祠廟，加以紀念。每年到某個時候，各祠廟皆可有許多盛大的聚會，連到各種文化的活動，如歌唱、戲劇、講學等。若是講學，則可以連到祠廟裏的人物講。如在陶淵明的祠廟中，講文學；岳飛的祠廟裏，講軍事學；朱子王陽明的祠廟裏，講哲學。這樣把當前的教育文化，和地方的歷史人物連起來。或者把不同之性質之學校與行政機關，分別設在不同之祠廟之旁，以使人轉化其瞻仰崇敬之情，於爲學與從政，此大可有不可思議之奇效。

中國各地方皆有好山水，祠廟、學校，以至行政機關，皆應建在山水好的地方。我看歐美的海岸還有些好的。至於其內陸的山水，皆不及中國的山水好。瑞士的山水，我看亦比不上中國山水了。而歐美有山水之處，一般少歷史文化的人物，足資紀念，少古蹟，更爲無法補救的缺點。然而中國則因歷史文化久，歷史人物多，所以中國之山水所在，即是中國之歷史人文所在；中國歷史人文所在，即山水所在。中國人應當算是最有資格去建立：眞正的四度空間的「自然與歷史人文合一的社會」，亦卽

「天人合一的世界」，於此地球之上者。此是一最偉大的藝術性的建國工作，亦是將中國孔子所謂詩樂之教，眞實加以體現的最偉大的文化工作。中國文化除樂教以外，是禮教。關於禮的問題，是很複雜的。譬如是婚禮的意義，現在中國人便不大講。從前在國民政府時代，集團結婚要讀總理遺囑，我卽覺毫無必要。近二十多年來在大陸上要結婚要黨部批准，婚禮中要唸毛語錄，更不成話。毛語錄是敎人鬭爭，此只是破壞婚姻。在敎堂行婚禮，比較嚴肅莊重。但是基督敎的婚禮，亦有個根本缺點，卽父母在婚禮中的地位太低，只坐旁邊。中國從前的婚禮，重視父母的地位、師長的地位。西方敎堂的婚禮，只有牧師的地位，亦不是理想的婚禮。從前的婚禮，拜天地，天亦可說是上帝，地是自然。此外，則拜祖先，拜其他親友。民國後，請德高望重的人證婚。我認爲如此之婚禮比較合乎宇宙人生人倫的道理。此可使結婚不只是二人間的事情，亦是整個家庭中的事，倫理社會中的事，天地間的事，便使婚姻意義擴大，並神聖化。但在當今之亂世，如何制禮文，尙說不到。又如中國古禮冠婚喪之外，還有祭禮，以表示後人對先人懷念悲悼。西方只有喪禮而無祭禮，人死了，基督敎說便歸主了，後人亦不必再加以懷念，至多在墳墓前獻花而已。無祭禮，則不能眞培養孔子所謂愼終兼追遠之情，故其風俗只有同歸於澆薄。中國的祭禮並不是宗敎，可以說是禮敎，其中兼涵道德與宗敎的意義。這在我之書中論到的很多，今日不能細講。從一方面看，中國從前的文化，亦可總括於民間所祭之「天地君親師」。天是上帝，地是自然，君代表政治，親代表家庭，師代表學術文化。五者是平列的，皆須以禮儀規範。其中天地不作惡，親與師亦少作惡。但君最易用政治權力作惡，而控制家庭、控制「親」；控制教育文化，控制「師」。故此君之行動，尤須要有禮儀來加以規範。禮儀要怎樣？我隨便說一種。譬如西方的總統，就職前先要到教堂，日本天皇就職前要先到神社，中國以前的君就職前亦要先到祖廟，都是要使政治上居君之位而爲領導人者，先要知道自己不是至高無上的。這些禮節之意義，說小很小，說大亦很大。行此禮之事，要虛僞就虛僞，要眞誠亦卽眞誠。

對於政治人物如何使之免於權力的濫用，是人類之一大問題。須知人類社會的罪惡，以政治人物之貪權力所產生的罪惡，爲最大。在古代社會的政治人物，賴宗族之力、武力、人民之效忠等，以貪取權力。近代之資本主義的罪惡，如從深處分析，亦由人之貪權力而來。關於此一點，與馬克思同樣反對資本主義，而馳名廿世紀初年的美國經濟學家韋布倫 Veblen ，其所見較馬克思更爲深刻。馬克思只發現現代資本主義社會中，資本家對於勞動者的剩餘價值的剝削，以不斷積累資本，集中社會財富，於自己手中。但他未嘗說明何以資本家會無限度的貪求財富？韋布倫卻能解釋資本主義的產生、資本家之拼命貪財的心理動機，在根本上，乃只是透過財富之獲得，來獲得社會政治上之地位與權力。卽資本家之所以要過奢侈的生活，如一個資本家的太太，要買名貴的衣服、珠寶，其心理的動機，亦主要是爲了炫耀於人，顯出自己地位之高於別人。此其目標卽已是在權力。一般說，資本家有了錢，亦多想到政治界去，或求影響社會政治，而歸在獲得政治權力。此亦有無數事實足證。故資本家的罪惡，並不在積貯財富之慾本身，而在其通過財富來間接支配控制社會政治以高居人上的權力慾。他的意思，大略如此。我是在二十多年前，初到香港時看了他一二本書，詳細的記不得了。

人若不用資本家的方式取得財富，奪取權力，用別的方式一樣可以，譬如人利用羣眾心理，以煽動羣眾，組織羣眾，建立極權政治體系，更可取得權力，以滿足其權力慾。現代人在發明此後一滿足權力慾的方法以外，當然可以不須自己積貯資本，以先當資本家；更可反而主張推翻資本主義社會，以先奪取資本家的地位與權力。然而其所產生之罪惡，則不只是一樣，而更可大而過之。如二十世紀中，世界之最大的政治上的極權主義者，無論法西斯之墨沙里尼、希特拉，及共產主義之列寧、史大林，初皆無不有鑒於現代西方資本主義社會中之不平與罪惡，而加以反對，組織人民羣眾，以取得政權；而得政權後，終於同犯肆無忌憚的運用權力，以壓迫人民、摧殘人文之種種罪惡。西方自柏拉圖起，中國自孔子起，便知人之政治罪惡，原於權力運用的放肆。須知，人之憑藉利用體力、武力、物力、財力、血族力、羣眾力、智力、以至女性的魅惑力等，皆可取得政治權力；而或以強凌弱，或以眾暴寡，或以富壓貧，或以貴虐賤，或以智欺愚，以形成政治權力的運用之罪惡。並非如馬克思之說，只由經濟上之階級剝削，才能取得政治權力。由政治權力運用的放肆，而成之罪惡之形態，實無窮無盡。柏拉圖之對待政治人物之濫用權力的辦法，是要政治人物受哲學的教育。孔子的辦法，是要在上位者以禮讓爲國，以「出門如見大賓，使民如承大祭」的心情，對人民爲政，而「勝殘去殺」。

孔子所以要特以「禮讓」教政治上的上層階級，正因上層階級最易憑藉其地位，亂用權力，而不知禮讓。後來西方中古時期的基督教義，則是教政治上君王學習謙卑，知人帝之上有上帝，上帝是萬王之王。中國之道家，則要帝王無為而治，並知道世間有不屑為帝王之眞人、至人。佛家則要帝王學「觀空」，知人間帝王以外有佛為「大空王」「天人師」。此是東西聖哲之言中，所附帶的如何馴化政治上人物的權力慾的種種教訓。此亦不能說全是迂闊之論。試想古往今來之政治上的極權主義者，若先多少受柏拉圖式、或老子式、或孔子式、或釋迦式、或耶穌式的教育，知道天地間還有比政治權力更偉大、更高卓、更神聖的人生境界，又何至肆無忌憚的運用權力，玩弄人民，芻狗眾生？

但是我們亦可說：只想以教育文化之力，去馴化政治人物的權力慾，不免迂闊。因有政治權力者，可不屑受任何教育。他可以取「順我者生、逆我者亡」的態度，把基督徒去餵獅子，可以焚書坑儒，殺道家的隱者。此卽成了一切聖哲之教的現實上的絕路。現代人痛定思痛，才想到「徒善不足以為政」（孟子語），而合力求民主政制之建立，以客觀的限制人之政治權力之運用。不過，照我的意思，此客觀的民主政制，仍是孟子所謂「徒法不能以自行」，而可被利用、歪曲、被摧殘、破壞。二十世紀東西之極權主義者，亦初無不利用民主、或新民主之名號而起。眞正之民主政制，乃要人們有眞正的知識與智慧、強度生命精神的力量，去加以支持與維護。而培養此人們之眞正的知識，與生命精神的力量，則仍須歸在社會之有高度兼廣度的教育文化。又已成的極權人物，權勢薰天，唯我獨尊，雖已不可教，然未來社會中「可能出現的極權人物」，尚在兒童與青年時期者，亦未嘗不可教。此即如中國之賈誼知秦始皇、漢高祖，已不可教，而想教太子，以預為安未來天下之謀。則孔子、柏拉圖以來，崇尚教育文化之論，仍不全是迂闊，只是當輔以一客觀的政制之建立而已。

總上所說之詩樂之教，或藝術生活，禮儀及教育，民主政制之建立等，即我所想的中國文化理想之落實之數端。其他一切生產經濟社會之建設，皆應與上所述者相配合。此上所說，大多我在以前的書，如已出版之人文精神之重建、中國人文精神之發展，及將出版之「中華人文與當今世界」等書，更有較詳論列。但今天之談話中，亦引出些新的意思。記得數年前，胡欣平先生有一講明日之中國一書，亦對文化理想之落實，有種種構想。我覺得皆值得大家一看。雖然在現在我們仍只是空談「落實」，而未使「落實」落實而已。

（梁燕城、王耀宗、劉美美訪問、劉美美記錄・一九七四年四月・「明報月刊」第一〇〇期）

附錄：五四紀念日談對海外中國青年之幾個希望

（一）五點希望

今天是一九七四年五月四日，即五四紀念的日子。五四紀念，是紀念民國八年的五月四日的學生愛國運動。由民國八年至今，恰好已經過了五十四個五四紀念日。此即使諸位同學在今天之畢業典禮，具有一特別的意義。

五四運動是中國青年的一愛國運動，同時亦配合了當時之所謂新文化運動。對於此五四運動，與當時之新文化運動評價，可有不同的說法。但大家公認五四運動是一中國青年之自覺的求國家民族的獨立的運動，並公認當時之新文化運動，亦多少表現若干學術思想、文化思想的朝氣。今天我想連著此二點，並另外加上三點，連成五點，作爲我對諸位畢業同學，無論將來是就業或升學的希望。

一、希望諸位眞正作一個人；二、希望諸位眞正作一中國人；三、希望諸位作一心靈開放，隨時隨地好學的中國人；四、希望諸位作一尊重中國歷史文化及中國歷史人物的中國人；五、希望諸位將來能作一承擔當前之時代、及所在之地區之社會責任，延續發展中國之歷史文化的中國人物。對於這五點，我想更簡單加以解釋。

（二）作一個人

關於第一點，好像最不成問題，因我們已是人。但我們雖已是人，我們仍須學作人。在中國思想中，孔子只講夷夏之辨，孟子荀子才十分注重人禽之辨；並不客氣的斥責可使人成為禽獸的學術。孟子曾說人異於禽獸者幾希。如飲食男女之欲，爭鬬憤怒之情，卽人與禽獸之所同有。至於人與禽獸之不同，則初只幾希。如禽獸雖知求食，但禽獸可以不勞而食，亦不能製造食物。人則能勞動以製造其食物，與一切生活上享用的東西。禽獸有雌雄牝牡之事，卽亦可說有男女關係。但禽獸無夫婦之倫理，亦無父子兄弟之倫理。禽獸會因利害衝突，而爭鬬憤怒。但禽獸莫有義憤，亦不問其爭鬬憤怒是否合乎正義，是否合理。這卽是人與禽獸有幾希之別的開始。因人有正義之觀念、合理之觀念，而人能組織正義的、合理的社會，以至創造眞善美的文化，形成眞善美的人格。由此人要眞作一個異於禽獸的人，而不只作一同於禽獸的人，卽不容易。譬如說人要由勤苦勞動而食，則一個人不肯勤苦勞動，而只想貪現成的物質享受，卽不算一個人，而只算一禽獸。再如，人有夫婦父子兄弟的倫理，則如今之新潮派的青年，不孝不弟，只知亂搞男女關係，卽是禽獸。再如人動輒憤怒與人爭鬬，而不知禮讓，以至如今之反對一切人間的禮義，而只講鬥爭之思想，卽只是禽獸哲學。再如人不去求組織合理的社會，創造眞善美文化，以形成眞善美的人格，人亦只是禽獸。可見人要眞正作一個人是不容易的。人一不當心，則其思想、情感、行爲，便會墮落到與禽獸一樣。所以我們應當常常想到如何眞正作一個人。

（三）作一個中國人

關於第二點，亦好像不成問題，因我們已是中國人，或者諸位還有人會想：我們今居於香港之殖民地，應是香港人，如何能只作一中國人呢？今先從此後面一點說來。於此我要先提醒諸位注意，此『中國人』的觀念，並不是以我一時所居之地域而定，亦不是依現代的國籍法而定。此乃是依血族而定，亦卽依我們之生命之本原而定。只要我們之血族、我們之生命之本原，是中國人，則我們永遠是中國人。但我們更須常常自覺此我永遠是中國人，自覺的求眞正作一中國人。如何才算眞正作一中國人呢？此更要在常常自覺我一個人之生命，與我之血族不可分，與整個中華民族不可分，由此以擴大我個人之生命存在的意義與價值。在這一點上，我們大家可以回想五十四年前的五四的學生愛國運動，對於我們的意義，但我想不再多講。

（四）作一心靈開放的中國人

關於第三點作一心靈開放，隨時隨地好學的中國人，可以連著中國思想注重『中』、注重『大中』之道講，亦可連著中國文化的寬容博大講；更可連著五四時代尊重思想自由、學術自由的文化風氣講；再可以連著我們的心靈本來應當開放不應當閉塞講。譬如說現在中國大陸之學術文化，只局限、封閉、凍結、窒塞於蘇俄的馬列主義的敎條之下，就最要不得。因此卽違悖人之心靈應開放、應呼吸新空氣的道理，亦失去了五四時代尊重思想學術自由的文化風氣，同時違悖中國文化中之寬容博大的『大中』之道。香港雖是殖民地，但大家還可以自由的思想、自由的治學。須知學問並不限在學校，在社會上作事，一樣可以學。究竟我們能學多少？看我們之『學』的興趣。但是如心靈不開放，心靈的空間不廣大，則必不能多所容受學習。

（五）作一尊重中國歷史文化與歷史人物的中國人

第四點是希望諸位作一尊重中國歷史文化，與中國歷史人物的中國人。在五十四年前的新文化運動的思想所忽略的，卽在不知此一點，而不免對中國之歷史文化與歷史人物，缺乏了解與敬意。遂至於現在之有些人，口中說愛國，但對其心目中的中國只是一塊平面的物質的土地，一大堆不知其姓名的人羣，而對中國歷史文化視爲毫無價值，對於中國之歷史人物，如孔子、岳飛等任意加以侮辱（其指桑罵槐，藉以打擊政敵，亦是存心侮辱）。究竟中國之歷史文化之價值何在？中國之歷史人物之值得加以尊敬之處何在？這當然不是幾句話，可以講明白的。不過有一點是很簡單的，即中國之歷史文化，雖不是十全十美；但若是毫無價值的話，中國民族何能存在五千年之久，而成一中華大國呢？如果中國之歷史人物，除了暴君汚吏等之外，其古往今來之聖賢豪傑，如孔子、岳飛等皆無值得尊敬之處，何以數千年之中國人皆加以尊敬呢？難道數千年的人都黑了良心？另外有一點亦是很簡單的，即中國之歷史上之偉大人物，皆是我們自己生命的祖先。如果我們的祖先，都是些壞東西，則爲其子孫之現在之一切中國人，亦皆是些壞種，決不會是好東西。所以一個人如侮辱其歷史人物，侮辱其祖先，同時亦即侮辱其自己，而甘居卑賤，不尊敬中國之歷史文化，與歷史上之偉大人物的中國人，絕對不會眞愛中國。我們亦只有把他當中國的文化的賣國賊看，已不是中國人。亦可說他們已失去了自尊自重的人性，其喪盡良心而詆譭中國之歷史文化與中國歷史上之偉大人物，只如狂犬之對日月而亂吠，而同於禽獸之行。我們可以不必去理他。但是我希望，諸位若果自己尊重自己的生命的話，千萬不要學五四時期以來，若干刻薄文人，如吳虞、魯迅等，輕易侮辱自己生命的祖先，侮辱中國歷史上大家共同崇敬的人物，亦不要輕易貶低中國之歷史文化的價值，然後才配批評中國之歷史文化的缺點，而補其所不足。五四時代的青年知道反對政治上的賣國賊，現在的青年應當進一步的地方，即在更知反對一切文化上的賣國賊。

（六）作一承擔延續發展中國歷史文化之責任的中國人

對於第五點，是連著諸位所處之時代及地域說的。今日之時代，不同過去之時代。一時代總有一時代的問題。無論作事與爲學，總不能閉眼不看時代的問題。這不是說人只求適應時代。對一時代中的一切事物，我們都應以批評的眼光，去看其是否合乎眞善美的標準，而加以裁判、選擇。由此以決定我們自己之行爲的方式，形成我們自己的人格，以創造未來的時代的中國與世界。這當然不只是住在香港的諸位中國青年的事。但是我對中國文化歷史的發展，素有一種看法，即中國學術文化的中心，在漢唐以前，是以黃河流域爲中心，唐宋以後即移到長江流域，近百年來，則中國的社會政治與文化的變動，皆初由珠江流域的人發動，今則逐漸移至中國大陸之海外。此世運之何以若此轉移，說來話長。大約尤其是經遼金元至清之異族統治，建都北京，北方亦漸失去創造的活力，人民習慣於接受專制統治，一般說，缺乏反抗力，而使住在北京的政治人物，七八百年來直到現在，總在作專制皇帝的夢。故中國之世運，不斷南移今至海外。中國自來之外患起於西北，暴力總是由西北壓向東南。但中國之學術文化，則初起於東方的鄒魯之地。唐宋以後移向南方，民族之活力，經華僑移向海外。現在以西北方來之馬列主義壓迫，中國人之學術文化的智慧的活水，在大陸被西北風化爲冰凍，此智慧的花果，且能暫時在東南海外之地開放、種植。但將來必再隨東南風之吹向大陸，使一切凍結的智慧，再行開花結果。所以我希望諸位不要自以爲一時未能在中國之中原之地，發展抱負，而身居海外之地，便看輕自己的地位，及對中國社會文化的責任所在。當然諸位還年輕，一時自然作不了許多事。但正因諸位年輕，諸位的生命便可以由二十世紀，再活到二十一世紀，其前途實無量，千萬不要短視。我們這一代的人看不見的事，諸位會看見。我們這一代的人不能作的事，諸位亦能作。希望諸位自己珍重，並訓練自己成爲承擔時代的社會責任，延續發展中國的歷史文化的未來人物。我今天所講的卽止於此。

（香港東西風一卷五期　一九七四年六月）

廿九、孔子誅少正卯傳說之形成

(一) 導　言

近來中國大陸報章大事攻擊孔子，歌頌秦始皇。大家都視爲別有政治目標，不關學術思想之事。我亦不大注意。但傳說中「孔子爲相，七日而誅少正卯」之事，昔人早已論斷其可疑，不可信，今竟被當作信史，利用一般人的無知，盡力宣傳，想一手掩盡天下目，則不能不說是怪事。今先退一萬步說，卽有其事，如少正卯果應誅，孔子爲政，亦原可誅之。如少正卯並無顯然的死罪，而孔子方爲政七日卽誅之，此乃「不敎而誅謂之虐」，不合於孔子平日爲政以「德化爲先」之言，亦只是孔子之言行不一，犯了過失。孔子亦嘗說「丘也幸，苟有過，人必知之。」中國後世儒者，於孔子之言行，亦絕不一概盲從。此卽如朱子之說「孔子言有不是處，亦只還他不是」；又如王陽明之說「求之於心而非也，雖其言出於孔子，不敢以爲是也」。儒家所理想的聖賢，亦非一鼻孔出氣。此卽如陸象山所說：「自古聖賢，發明此理，不必盡同。譬之奕然，國手下棋，雖所不同，然均是這般手段」。孔子說「三軍可奪帥也，匹夫不可奪志也」。志不可奪，卽思想言行之不可奪。孔子決不敎後人只當其思想言行的奴才。所以子路批評孔子是可以的。他人譏笑孔子如喪家之狗，孔子聞之笑曰「然哉然哉」。人們謾罵孔子亦是可以的。古往今來之一切謾罵孔子的神情與語言，可以歸約在莊子盜跖篇所說：柳下季之弟盜跖一面「膾人肝而餔之」，一面罵孔子。據莊子載：「盜跖目如明星，髮上指冠，曰：此夫魯國之巧僞人孔丘非邪？爲我告之：爾作言造語，妄稱文武，冠枝木之冠，帶死牛之脅，多辭謬說，不耕而食，不織而衣；搖唇鼓舌，擅生是非，以迷惑天下之主……而儌倖於封侯富貴者也。子之罪大極重，疾走歸。不然，我將以子肝益晝餔之膳。……盜跖大怒，兩展其足，案劍瞋目，聲如乳虎。曰：丘來前，若所言，順吾意則生，逆吾心則死……。」此莊子書中要吃孔子心肝的盜跖，對孔子之「人身攻擊」的語言，比吳虞以來至今，對孔子之人身攻擊的話痛快多了。但於此盜跖篇，自來注莊者，皆不注；而視其文爲粗俗之小說語言；決非莊子所著。莊子決不至下流至此。如有此盜跖之言，亦只是狂犬亂吠，何傷於日月之明？二千年來儒者，見了此一段文，亦只會一笑置之而已。

但是這些借孔子殺少正卯的事來批孔揚秦的人，卻全不知孔子殺少正卯之事，根本不可信。歷代的考證，乃歸向在證其爲出於法家之徒的僞造。此與秦政之出於法家思想，原是一個根。今若要「批殺少正卯之孔子」，即必然歸至批秦始皇，亦必將歸至反法家思想，與一切極權主義的思想。批「殺少正卯之孔子」而揚秦，只能使人啼笑皆非。故我雖於考證之學，素無興趣與研究，今亦不惜花一些時間，將此孔子殺少正卯之公案，就過去人的考證及我個人所見，從頭至尾，簡單一說。此是依學術

標準，以指出孔子誅少正卯之傳說之決不可信，及其如何次第形成；以爲孔子之眞面目，洗刷法家之

徒的誣蔑；並將今之批孔者藉孔子殺少正卯事，而對孔子所畫的形像，再移交退還於中國歷史上自古及今的法家之徒與極權主義者。以上的話，只是閒話，下文才言歸正傳。

（二）崔東壁、梁玉繩對孔子誅少正卯事致疑之理由述評

所謂學術標準，即對任何的道理，是說是、非說非；任何的事實，有說有、無說無；對於任何報導記載事實的言說文字，可信說可信、不可信卽說不可信、可疑卽說可疑。以學術標準來對歷史上的記載作考證，以定事之有與無，卽考證若干之記載之可信與不可信。人憑其聯想、想像、錯誤的知覺與推理，對人的惡意，或一廂情願的希望，以及政治或其他現實的目標，可以虛構無數的事實，造作無數的虛妄傳說及誑語，於有的說無、無的說有。一切虛構的歷史故事，只須其表面不自相矛盾，而自圓其說；再因歷史上的事已過去而不在，不能再本經驗直接對證；卽似都可使人相信，而欺騙天下後世。但是歷史學的考證之目標，原不是要直接再以經驗對證已過之事實之有與無——此乃不可能的——而是考證一關於事實之有與無的記載之可信或不可信。不可信，則人不應當信。可信不可信，依證據與理由爲定。莫有或只有極少證據與理由相信其有，而有更多之證據與理由，懷疑或不信其有，卽不當信而不當說其有，更可說其無。此卽荀子所說「信信，信也；疑疑，亦信也」。信可信、

疑可疑，以拆穿誑語，卽考證之學術態度，亦考證之學術標準之所在。

依此學術標準，以考訂秦漢以後所傳之孔子殺少正卯的記載，則八百年來自宋朱子、葉適、金之王若虛，明之陸瑞家、尤侗等表示懷疑，淸之考史家崔東壁、梁玉繩等更詳舉此記載傳說之不可信的理由以來，民國學者，如梁啟超、錢穆、徐復觀諸先生，皆有文承崔、梁之說，以進而爲論。而我此文之目的，則除了略介紹評論崔、梁等已講之不可信之理由外，我還要確切證明被漢人所編爲荀子書之附錄之宥坐篇文，亦非荀子所著，而是由法家之徒抄襲荀子他篇之二段所成。並附帶說明後人如何對此宥坐篇之文，更僞上加僞，以成王肅所僞撰之孔子家語之說。由此以使一般讀者，皆能對此傳說之不可信、及其他於法家之徒，更有一淸楚的認識，決定的判斷，以免爲人所欺。如曰不然，儘可再加討論。此問題雖小，能將之弄到水落石出，亦可爲使一切討論，由政治標準轉向學術標準；以學術標準評論有關政治的學術，如評論馬列主義是否能在學術上站得住——是否可成中國學術文化政治之標準與領導原則的一開始。

此本荀子書宥坐篇之一段文，經後人輾轉抄襲附益而成之史記及孔子家語之記載，其不可信之理由，朱子講的可不說，因人可說朱子是理學家，對孔子存心維護。今據梁玉繩史記志疑卷二十五所引諸家之說，崔東壁洙泗考信錄卷三所說之理由，可約爲四，但各理由對不同之人其說服效力可不同。今亦加以指出。

一、是此孔子爲政七日、而誅少正卯之事，與孔子之言行不合。如論語明載，孔子反對爲政「齊之以刑」，反對「殺無道以就有道」。史籍中無數之孔子言行的記載，足證明孔子之反對輕易殺人。就有坐篇文所載少正卯之罪，孔子門人尙不知，則少正卯無顯然之當死之罪，亦當非不可敎誨者，孔子何至殘忍若此，而必殺之？此一論證，對信仰孔子之言行一致，亦信孔子之人格者，自有絕對的效力。然而對不信孔子之人格，先認定孔子是僞君子者，亦不信世間有言行一致的人者，則亦可無效。

二、是梁玉繩所引之陸瑞家誅少正卯辨之說。大意是：如果孔子爲司寇，眞有權能殺他所視爲無道而亂政者，則在孔子當時之「季氏、三家、陽貨，奸雄之尤者。司寇正刑明弼，當自尤者始。尤者尙緩而不誅，……」則何至先誅少正卯？此一論證，對相信人之行爲之先後，恒依理而定者，有說服的效力。但對相信人之行爲，只以依一權力之大小而定先後者，則無說服的效力。因他可以說孔子之所以不誅更壞的奸雄如季氏等，乃因其權力尙鬭不過季氏等之故。

三、是梁玉繩及崔東壁依歷史事實及當時情勢，以說孔子於「定公十四年，孔子爲相七日，而殺少正卯」之事，根本不可信。因孔子於定公十四年，已不在魯國。孟子只說孔子爲魯司寇，崔東壁、梁玉繩皆指出孔子無爲相之事。崔指出春秋時根本無以「相」名官者。此卽謂我們根本不能以後世之宰相之有大權，去想像孔子當時之地位。左傳定公十年載，魯公與齊侯會於夾谷，孔某相。此只爲相禮之相。孔子當時之地位，只是大夫。少正卯亦是大夫。崔東壁說「春秋之時，誅一大夫，非易事也。況以大夫而誅大夫乎？孔子得君，不及子產遠甚，子產猶不能誅公孫黑（鄭大夫），況孔子耶？」梁玉繩則引尤侗說，如依荀子有坐篇，少正卯「既爲聞人，聚徒營衆，無不交結三桓之事，子何能驟誅之」？此是依孔子之地位及當時之情勢，判斷孔子不可能於七日中，誅與之有平等地位之大夫、聚徒營衆之聞人。此亦合情理的推斷，而可用以證明史記世家之謂「孔子爲相七日誅少正卯」之記載之不可信。此論證對依一般正常的情理與事勢作推斷的人，皆有說服的效力。但對只依一般正常的情理與事勢的例外，作推斷者，則亦可無說服的效力。如人可說孔子是用的特務戰術，速戰速決，以殺少正卯。則崔、梁等亦很難回答。

四、是少正卯之事，在論語、孟子、春秋、左傳等先秦之書，皆所不載。如崔東壁說，凡與孔子有關之好好壞壞當時人物，在論語中皆有記載。如「三桓之橫，臧文仲之不仁不知，……賤至於陽虎不狃，細至於微生高，猶不遺焉；而未嘗一言及於卯。使卯果嘗亂政，聖人何得無一言及之？史官何得不載其一事？非但不載其事而已，亦未有其名，然則其人之有無，蓋不可知。」此卽謂如眞有此少正卯之一聚徒成黨之一亂政大夫，勢力如此大，而論語書不載，當時之史籍不載，是否眞有此人卽可疑。此一論證，對於相信一時代大事，在一時代之書籍中當有記載者，有說服之效力。但對於認爲一時代之著書之人，可以對一時代之大事，閉眼不見，或見而不載，以致漏略大事者，則亦無說服之效力。

上文綜述崔東壁、梁玉繩所提之懷疑孔子殺少正卯之事之四理由，並試分別批評其論證，亦可對若干人無說服之效力。但是我們如將此四理由合觀，卻至少可證明：孔子殺少正卯之事之記載，不可信而可疑。因依歷史考證的原則，凡一事當時之書皆不載，而後世之書載之，即可疑（依第四理由）。凡一事依一般情理事勢推之，不可能有者，而說其有，即可疑（依第三理由）。凡一事以一般情理事勢推之，當先有者竟然莫有，而不當先有者卻先有了，即可疑（依第二理由）。凡謂一人有一行為，而此行為與其平日之一切言行皆不相合者，則說其有，為可疑（依第一理由）。凡可疑，則不當輕信。故此孔子殺少正卯之事即決不可輕信。然而人之於此之「不當輕信」，則為「絕對無疑」。

（三）由荀子非十二子篇及非相篇，證宥坐篇文為抄襲荀子而成，非荀子所著

對於孔子殺少正卯的事之記載之不可信而可疑，我們可說由清代之崔東壁、梁玉繩，已提出決定的四理由。人如不能對此四理由加以回答，即更無理由再加以相信。但是梁玉繩仍引明張明徹皇明文範中、陸瑞家之「誅少正卯辨」，謂載此事者為荀子有坐篇，以為荀子實有此言。於是人可想：荀子亦是宗孔子者，荀子既言之，則此事亦可能有。我今文之意，則在更進一步指出：荀子有坐篇文，非荀子所著，謂其為荀子所著，亦不可信。

何以說此有坐篇之文為荀子所著亦不可信？此當知荀子之書說到荀子之「下遇暴秦」，到其編成

乃在漢代，距孔子已數百年。依王先謙集解，看此書編纂次序，由勸學至性惡之二十三篇，每篇論一問題，合爲一思想系統。此是荀子書正文，亦當是荀子所著，爲本書最重要部份。在此二十三篇之後，是賦篇，卽荀子之賦。此亦蓋是荀子所著，乃本書次要部份。在此賦篇之後第二十七篇，大略篇，是雜錄多已見前文之荀子之語，爲更次要部份。然後才是由宥坐至堯問五篇之雜記孔子之言行，直說到荀子之「非不如孔子」，及荀子之「下遇暴秦」。此乃荀子之書最不重要的附錄部份。在此宥坐等篇雜記孔子言行之文，又多同時見於禮記、大戴禮、韓詩外傳等書（可看孫星衍孔子集語所輯），卽證其只爲秦漢學者共同之傳說。但禮記、大戴禮，卻無宥坐篇孔子殺少正卯之記載。可見編禮記者，亦不信此記載。至於此宥坐篇之對孔子殺少正卯一事之記載，除與下一節記載孔子反對「不教而刑」，互相矛盾以外，其非荀子所著之鐵證，則在此宥坐篇中所說，孔子對少正卯所加之罪狀八條之文句，尚不只如錢賓四先生於其先秦諸子繫年所已指出：其中之四句與荀子非十二子篇之四句相類似；而是此八句之每一句，皆由非十二子篇來。除此八句外之餘二句，則由荀子非相篇來。非十二子篇非相篇與荀子之其他正文，乃荀子一家之言，自鑄語句，自成體段，應爲荀子所著。則二百多年前之孔子，決不可能是：不謀而合，或未來先知，而說同類的話，以定爲少正卯之罪狀。此卽是證此宥坐篇文，全是由荀子以後人抄襲非十二子篇非相篇而成。在此非十二子篇中，荀子未說人有此罪狀者，卽當誅殺，更未提及少正卯。此卽不只證明了孔子根本莫有說過宥坐篇所載之一段話，更同時證明了荀子亦未嘗主張誅殺少正卯一類的人。此卽見此宥坐篇之文，亦非荀子所著。今先將此荀子非十二子篇一段文及宥坐篇一段文抄錄於後，大家可試比對一下。

荀子非十二子篇說「多言而類，聖人也；少言而法，君子也；多少無法，而流湎，雖辯，小人也。」「知而險，賊而神，爲詐而巧，言無用而辯，辯不惠而察；治之大殃也。行辟而堅，飾非而好，玩姦而澤，言辯而逆，古之大禁也。知而無法，勇而無憚，察辯而操僻……，好姦而與眾，……是天下之所棄也。」此上是說小人之知與言行。下文說君子聖人之知與言行：

「兼服天下之心，高上尊貴，不以驕人；聰明聖智，不以窮人；齊給速通，不爭先人；剛毅勇敢，不以傷人。不知則問，不能則學，雖能必讓。然後爲德。……無不愛也，無不敬也，無與人爭也，恢恢然如天地之苞萬物。」

此非十二子篇之上文，明是將聖人君子與小人之知與言行，比對而觀的話。而宥坐篇所載孔子所說少正卯之罪狀，卻正是將此非十二子篇中說小人者，割裂拼合，而在文字技巧上，加以整齊化所成。試看宥坐篇之文：「孔子爲魯攝相，朝七日而誅少正卯。門人進問曰：少正卯，魯之聞人也。夫子爲政，而始誅之，得無失乎？孔子曰：故人有惡者五，而盜竊不與焉。一曰心達而險，二曰行辟而堅，三曰言僞而辯，四曰記醜而博，五曰順非而澤。此五者有一于人，則不得免于君子之誅，而少正卯兼有之。故居處足以聚徒成黨，言談足以飾邪營眾，強足以反是獨立。此小人之桀雄也，不可不誅也。是以湯誅尹諧，文王誅潘止，周公誅管叔，太公誅華士……子產誅鄧析、史付。此七子者，皆異世同心，不可不誅也。」將此二篇文對看，即明見有坐篇文爲抄襲之眞臟實據。非十二子之言「無用而辯，爲詐而巧。」有坐篇文著者，即約之爲「言僞而辯」。「行僻而堅」之語，兩篇皆有之。非十二子之「玩姦而澤」，變爲有坐篇之「順非而澤」，「知而險」變爲「心達而險」。「知而無法」變爲「記醜而博」。（荀子解蔽篇言：「知而有志，志也者，藏也。」志即記憶。故說苑將此句寫爲：「志愚而博」。）「飾非而好」「勇而無憚」變爲「反是獨立」。「察辯而操僻」變爲「言談足以飾邪」。「好姦而與眾」變爲「居處足以聚徒成黨」。就文句而論，有坐篇較非十二子篇整齊，即見是先有荀子之非十二子篇。非十二子篇前文，即稱道「孔子爲聖人之不得勢」者。如果此下所說者即是孔子所說者，則荀子決無不加「孔子曰」一語之理？至于有坐篇文之「始誅」及「盜竊不與焉」之二語，則本于荀子非相篇「姦人之雄，聖王起，所以先誅也，然後盜賊次之。盜賊得變，此不得變也。」而來。又在荀子在非十二子篇，其前是評論十二子之說，由此而附及于君子與小人之知與言行之別，以「言無用而辯」、「知而險」，……等，爲小人之知與言行，以與君子之知與言行對比。此乃由前文之評十二子之說附帶說來，並非以十二子即是小人。其與將君子與小人之知與言行對比，而說小人之知與言行，爲「治之大殃」「古之大禁」「天下所共棄」，乃在教學者自知所擇。荀子非十二子篇不特無將十二子誅殺之誅士之論，亦無將此小人立加誅殺之語。其說君子「恢恢然如天地之苞萬物」、

「無不愛、無不敬、無與人爭也。」則顯然涵具不與此小人爭之意，表現儒者之寬容的風度。非相篇前文亦言君子必辯必教，以求變化人，其誅姦人之雄，乃由其不得變之故。則宥坐篇之文，言不教而誅爲小人之少正卯，其非荀子所作，而爲後人僞造，卽確然無疑。

（四）荀子宥坐篇文為法家之徒所作之證明

此荀子之宥坐篇所記孔子殺少正卯一段之全文，旣非孔子所說，亦非荀子所作；卽只能爲一將荀子之非十二子篇文，裁剪一段，再栽誣爲孔子殺少正卯之語者之所作。誰作此栽誣？一種說法是如朱子之疑是「齊魯諸儒，憤聖人之失職，故爲此說，以夸其權耳」。但儒者憤聖人失職，何以必須把聖人說成殺少正卯一類之人者？則不可解。再一種說法是：由荀子之思想轉進一步所成。因荀子在非十二子及正名等篇曾說，如聖王得位勢，則一切爲邪說之人，自然感動遷化，亦不須再對之辯說；今只因無得勢位之聖王，才不得不辯說。由此思想轉進一步，卽把孔子假想爲得勢位，便把爲邪說之少正卯一類之人先殺了，免得多費辯說之唇舌。此說有理。荀子思想轉進一步，確可至此。但如此轉進一步，是否還可算儒家？依儒家的道理，總是先有德化言辯，以求感化人，而變之、教之，然後有刑罰。荀子亦如此。依儒家「不教而誅謂之虐」，故爲政不能開始就殺人。今如主張爲政可以不教而殺人，以先樹威勢，便成了法家。今觀此宥坐篇之文，除抄襲非十二子篇外之諸語，加以考察，亦正證明其必爲法家之徒所作。

有坐篇除抄非十二子篇者外，全是殺人的故事。「湯誅尹諧，文王誅潘止，周公誅管叔，太公誅華士，管仲誅付里乙，子產誅鄧析史付」。此周公誅管蔡，排列其中，實不倫不類。崔東壁考信錄亦說「管蔡欲危王室，非（少正）卯之比也。」崔又說「尹諧等五人之誅，不見經傳。」其中子產誅鄧析，是誤傳，餘者全無史據。然韓非子書，卻有太公誅狂矞華士之事，見外儲說右上。此事即成我們確定此文著者爲法家之徒之唯一的線索。今先看韓非子文。

「太公望東封於齊，齊東海上有居士曰：狂矞、華士，昆弟二人立議曰：『吾不臣天子，不友諸侯，耕作而食之，掘井而飲之，吾無求于人也。無上之名，無君之祿，不事仕而事力。』太公望……使吏執殺之……周公旦從魯聞之……曰：『夫二子，賢者也……』太公望曰：『……彼不臣天子，是望不得而臣也；不友諸侯者，是望不得而使也。耕作而食之，掘井而飲之，無求于人者，是望不得以賞罰勸禁也。且無上名，雖智不爲望用；不仰君祿，雖賢不爲望功。不仕則不治，不任則不忠。……行極賢而不用于君，此非明主之所臣也……是以誅之。』」

此太公望誅爲賢者之狂矞華士，簡單說即是他們要自食其力，不受太公望統治，太公望即必殺之。此事周公不贊成。此周公爲儒家之孔子所宗。孔子在政治上宗周；自謂「吾非斯人之徒與而誰與？」一生棲棲皇皇；但孔子同時稱讚不臣周之伯夷、叔齊、箕子、微子、及避世之隱者逸民，之近道家者。孔子嘗以管仲不知禮而器小。但亦稱道管仲尊周王而攘夷的功業，管仲正爲法家所宗。此卽見孔子對道法人物之博大包涵的風度，超溢于其「政治上之宗周」，「個人之行爲乃入世而非避世，並不同于隱者」之外。故孔子于伯夷叔齊不臣周，採薇而食，以至餓死，稱之爲求仁得仁。則孔子乃承上文中之周公。然而法家之韓非子，則以上文中之太公望爲宗，而其器比管仲更小。其書中處處攻擊隱者、逸民、與伯夷、叔齊、狂矞、華士之一類人，而毫不諱言：要對此一類人，加以斬盡殺絕。今荀子有坐篇文稱讚太公誅華士，正是爲法家口吻的鐵證。有坐篇又說少正卯與華士「異世同心」，由華士之當誅，以證少正卯之當誅。試問此語，如何能出于「孔子之口」？又如何能出于「荀子心目中」或「荀子口中」的「孔子之口」？此文非法家之徒所作，誰能作得出？崔東壁亦說，此應是法家之徒所作。只是他未注意韓非子之文，故提出之證據不足而已。

人問：作此有坐篇文者，旣是法家之徒，何以要託諸孔子？此不難答。卽法家之徒，皆爲目的不擇手段，無所不假借，無所不利用。他們儘可將其嚴刑峻罰的主張，假託之于任何有大名的人。試看韓非子中之堯、舜、湯、武、太公，那一個莫有刑人殺人的故事？韓非子亦載孔子稱讚湯之刑棄灰者，反對當殺而不殺。這已是把孔子逐漸化爲法家的人物。韓非子所說之孔子重刑之言，或孔子偶然說之；或是他人所說誤傳爲孔子所說，韓非卽加以誇揚。錢賓四先生之先秦諸子繫年曾說，左傳載駟顓殺鄧析，值魯定公九年，孔子爲魯司寇之年。故疑少正卯或鄧析之誤傳。駟顓曾誤傳爲子產，則誤傳爲孔子，自亦可能。徐復觀先生于其中國思想史論集辨少正卯事文中，更據左傳指出春秋時，子產嘗爲少正之官。我因此猜想此事誤傳之線索可能是緣：駟顓殺鄧析——子產殺鄧析——少正殺鄧析——殺少正鄧析——而進行，此時適孔子爲魯司寇，遂加上孔子，成孔子殺少正鄧析；析字篆文，正像卯字，遂成孔子殺少正卯之傳說。此自只是一猜想。上述之線索，亦非邏輯的線索。但人們之誤傳一史事，原是依聯想與想像而進行，而不必依邏輯的。今不管此猜想是否能成立，但孔子殺少正卯之事，既不可信，則必由誤傳，而爲法家之徒所誤信。由此再將荀子十二子及非相篇之文，各截取一段加上去，孔子亦卽化爲同于殺華士的太公而殺少正卯之法家人物，爲法家之徒所宣揚了。

如果大家還要進一步問：究竟是何時的法家人物才正式宣揚此孔子殺少正卯的故事？則此問題，不易答覆。因此故事中之太公殺華士的事，先見于韓非子。如果在韓非子之前，已有孔子殺少正卯之傳說，與太公殺華士爲同一類者，則韓非決無不加以引用之理。故造孔子殺少正卯之故事之法家人物，當在韓非子以後。按今存尹文子之一書，與他書所傳之尹文思想不合，乃後人託之尹文者。其書雖由仲長氏乃序之行世，亦可能是秦漢之際之著。然其中正有一段文，將此孔子殺少正卯之事，作爲法家理論的註腳。試先看尹文此一段文：

「治主之興，必有所先誅。先誅者非謂盜、非謂姦。此二惡者，一時之大害，非亂政之本也。亂政之本，下侵上之權，臣用君之術，心不畏時之禁，行不軌時之法。此大亂之道也。孔丘攝魯相，七日而誅少正卯。……（下文與上引宥坐篇文同）是以湯誅尹諧，文王誅潘止，太公誅華士，管仲誅付里乙，子產誅鄧析史付。此六子者，異世而同心，不可不誅也。」

尹文子之文，不同于宥坐篇文未確定此亂政之本之意義者，更當是一整全之文章。尹文子以亂政之本，在「下侵上之權，臣用君之術」，顯然是法家口吻。其言「先誅」，正韓非所謂「善持世者，早絕姦謀」（外儲說右上）之旨，此與荀子非相篇以姦人之雄不得變者爲首誅，尚有所不同。然此尹文子中只六子，不同宥坐篇加管叔爲七子。大率凡古人之文中之相襲者，後出者總多加文句。崔東壁已說管叔非少正卯之比。我懷疑是由漢初有吳楚七國宗室之亂，人乃加此周公誅管叔之句。則宥坐篇文，亦可能是由尹文子之文截取而成。然二文孰先孰後，無大關係。要皆爲法家之徒所作，時代相差不遠者。

由此荀子宥坐尹文大道之文之先出，其後關于孔子誅少正卯之記載，如孫星衍孔子集語卷十二中所輯，即顯然皆由輾轉抄襲，更以意增益而成。如在荀子宥坐篇及尹文子大道篇只說少正卯爲魯之聞人，未說其爲大夫。白虎通卷五誅伐篇引韓詩內傳、說苑指武、淮南子氾論訓，亦未言少正卯爲大夫。史記孔子世家，乃說誅魯大夫亂政者。此大夫之名，顯然是後加之傳說。在王充之論衡講瑞，劉子心隱，則更說少正卯在魯與孔子并，孔子之門三盈三虛，唯顏淵不去」。此即再加一嚮壁虛造的傳說。一日盈，一日虛，三盈三虛，共成六日，即湊合第七日而誅之說。荀子宥坐篇只說「門人問曰」，說苑、論衡、劉子、家語，則改爲「子貢問曰」。荀子宥坐尹文子大道只說誅少正卯，而說苑則說其誅于「東觀之下」，孔子家語則改爲「兩觀之下」，更加「尸于朝三日」。天下豈有于前代之事，愈至後世而所知愈多之理？如何數百年前不知是三日，而數百年後能知其非「四日」而爲「三日」？此明是後世人憑想像自加增益。今若據此最後之想像，視爲最初之事實，更本之以作評斷，全不察文字記載之虛實，與不斷附益之情形，眞可謂愚不可及。故孟子說「盡信書則不如無書」，秦始皇亦當主張焚書了。

但實際上我們並不須焚書，只須存心略求公正，稍有學術頭腦，去考察書之眞僞，知一傳說愈至後來附益愈多的情形，並考察一事實之傳說之記載自何時始有？見于何書？出自何人？其書與人之言是否可信？則眞僞之分，可信不可信之分，卽黑白昭然。以孔子誅少正卯之記載而論，則上文已說先秦之書不載，荀子書之正文，亦莫有。卽只能出于孔子數百年後之秦漢之法家之徒的僞造，欲藉孔子之大名，以維護其嚴刑先誅之理論者。此法家之徒，乃意在使孔子成爲眞正誅戮異己，焚書坑儒的秦始皇的先驅。如果孔子眞成秦始皇的先驅，則今之擁護秦始皇者，正應當先擁護如此之孔子。而若要反對如此之孔子——如此之孔子亦應當反對——則必然的結論，亦正是反對秦始皇。今贊成秦始皇，而拚命反對如此之孔子，正是俗話所謂搬了一大石頭打自己的脚，于孔子毫不相干，而不能不使人啼笑皆非。

（五）略說對儒法思想之觀感

上說孔子誅少正卯之傳說之形成已畢。大家可以學術標準，衡定其是非得失。今再略說我對儒法思想之觀感。我常說：中國之法家的思想，乃一泛政治主義，卽要以政治控制一切，亦中國之極權主義的老祖宗。而儒家之政治思想，則以其對宇宙、人生、人文之思想爲本；而爲中國人文主義的政治思想之原。在政治上，法家必主集權于中央政府與君上，儒家則主分權于社會與地方政府。法家積財富于政府，儒家主兼藏富于民。儒家尊重隱者與逸民，及純粹的技術性、藝術性、學術性的人物；法家則以凡不受政治控制者，皆應斬盡殺絕。儒家在文化教育上，主通古今之變；法家只重當今之實用。儒家于國以外，更有「家」與「天下」；法家只求強國，內政不重家庭；而「封閉人心」于「國內」，不求人心之開放，以通于其外之「天下」。法家以法術權勢爲治本，而在深心，最怕賢才與智者分君上之權，故反對儒家之尚賢智與尊師，而歸于「以法爲敎、以吏爲師」；並以儒家之政，寬緩而無近效。然儒家則以無賢智以成敎化，則法家之政雖有近效，而不能達于長治久安；人無敎化，則不成人。儒家，亦有政有法，但以政與法爲敎，爲人民而存在；而法家以敎爲政爲法而有，人民爲君上而存在。此乃儒法之根本思想之衝突。（關于這些問題，從深處去想，可看我最近出版的中國哲學原論原道篇卷一與卷二）故順法家之政，必先對賢智之士示威，卽韓非尹文所謂「先誅」，卽在法律之前之外的誅殺；而其極則爲秦始皇之焚書坑儒。然法家之徒，又皆爲儒家學者之後輩。戰國時之李悝、吳起，已有法家之功利精神。而李悝是子夏弟子，吳起是曾子弟子。韓非、李斯亦荀子之學生。故法家之人，一方反對儒家，一方又對儒家之宗師與儒家所崇敬之歷史人物，有一自卑感，自知其學術與社會地位，相差太遠。于是儘量想把自己之思想，託之于孔子及其弟子如子夏等，與其他歷史人物。由此而有造作孔子殺少正卯之事，以作其嚴刑峻罰之理論之佐證與護符。漢初儒法並用，故亦將此事輾轉傳播。直至宋儒如朱子等，乃知此與孔子之根本精神不合，而斷然不信（梁玉繩史記志疑引閻若璩四書釋地，謂朱子四書序說猶載之。按朱子之序說，只編錄孔子世家及何晏、程子等言及論語者，在一起。非朱子信世家所載之證也。）因如依荀子宥坐所載，只因少正卯是言僞而辯，便應遭孔子誅殺。則孔子成了太公，成了秦始皇的先驅。而孔子之徒，亦更無任何理由去反對秦始皇之暴政，而主張思想言說之自由與文化之開放了。

眞正儒家在中國歷史文化上任一時代所擔負之使命，通常是聯絡道家等反暴政、反君主專制，主張思想言論之自由，與文化之開放。這是爲了一完滿充實整個之人生與人文，形成人皆可以爲堯舜之人格世界，不是爲了爭政權。而儒家思想之缺點，亦正在未能將其思想，體現于一民主政制之建立。然而法家的統治者，則總以爲儒家道家之徒，皆是來分政權者，或不受其權力控制者，故必加以壓制摧殘。而整個中國之社會政治史，亦可說即是儒道諸家與法家之鬭爭史。此中有無數之血淚。而在漢代之大儒，如董仲舒，亦未嘗不知在歷史之一時代，儒道之寬緩之政，不足以御急世之民，會有尙法尙極權尙刑罰之政治的產生。如天之有秋冬之肅殺。此肅殺亦可掃除汚穢，使天地一時清明。但秋冬畢竟不能生發萬物，天必有春夏之繼秋冬而起。此卽謂人文教化之力，必繼政治之統制權力而起。故秦之極權政制之後，必有漢之文制；隋之極權政制之後，必有唐之宗教文藝之盛興。秋冬不能殺盡萬物，權勢法術亦不能永遠把持天下。此卽儒道諸家的信念。因孔子之名望太大，在秦漢之際關于孔子的傳說，不可勝數，什麼奇奇怪怪的都有。如大家都願相信，則緯書中有孔子的讖語「不知何許人，自謂秦始皇。入我房，坐我牀，顚倒我衣裳，至沙丘而亡。」此預言之造作，只是因人們始終相信：書焚不完，儒坑不完。有出面的儒，有不出面的儒；有書生的儒，有依于人性之自然嚮往春夏以成爲儒，而不自名爲儒的儒。法家的爲政者，以爲把出面的儒、書生的儒，到處搜索，加以打擊殺戮，則能絕禍亂之根。不知「野火燒不盡，春風吹又生」；終仍由好儒術的陳勝起來，與李斯同邑的賈誼所謂「一夫作難」，而秦王「身死國亡，爲天下笑」。秦要如黃梨洲先生所謂「藏天下于筐篋」，畢竟不可能。秦始皇不到沙丘，不知覺悟。此眞是古人杜牧阿房宮賦所說「秦人不暇自哀，而後人哀之；後人哀之，而不鑑之：亦使後人而復哀後人也。」

法家之政，最多只能暫用，不能長用。此是天道的大輪，亦是歷史的大輪。法家之徒，想把孔子化爲太公式秦始皇式的人物，則孔子的命運，亦是一樣。只是枉用心機。須知此中之一切，皆不關孔子個人的事。孔子可以死，孔子亦可以被加上殺少正卯的罪，以一方加以誣蔑，一方使之成爲秦始皇的先驅，法家之政治的護符。然孔子之道，如上文所說之「匹夫不可奪志」之道，「仁」道，「有教無類」之道，「和而不同」之道，「自古皆有死，民無信不立」之道等，只要有人類，仍有人加以體現。如秋冬之體現天地之殺機之後，必有春夏之體現天地的生機。此即漢之董仲舒所謂「天不變，道亦不變」之本意。

天地間只有「道」爲至尊。人應以道爲鏡自照，不要作傷天害理之事。這才是最重要的。今只爲孔子誅少正卯之事申辯，以見孔子個人之人格與道一貫，還不是重要的。實則無論人們對孔子之人身攻擊至何程度，無論焚書坑儒之政治，實現至何程度，天仍然有由秋冬至春夏之爭，本道德理性尙人文教化的政治，仍將代以崇尙政治權力，而虐殺人文教化的政治而再與。因最嚴酷的秋冬，而只能殺過去的春夏所生之物，而不能殺：依天道流行而有之來年的春夏所生之物。現在中國大陸，不能「一面倒」于蘇聯，是中國民族意識不能壓抑之證明。此亦未嘗不可亦算是孔子所謂「齊一變，至于魯」。下一步必然是中華民族之尙人文教化的政治文化精神的覺醒，進而反唯物的馬列主義思想的奴役與封閉。中國大陸的未來，必當由所謂反封建而「反封閉」，由所謂「解放」而轉求人心的「開放」。此一方向，千萬個秦始皇，亦阻止不了。必由此才有孔子所謂「魯一變，至于道」。至于今日之由宗太公之韓非子之法家思想而來之「反孔擁秦」運動，則只是日暮途窮，倒行逆施的文化思想上之逆流。

天道的流行，注定了：比周公更進一步之孔子，所說「入我堂，據我牀，顚倒我衣裳」的秦始皇，必至沙丘而亡。須知以秦反孔，正如韓愈詩之以「蚍蜉撼大樹，可笑不自量」。但依「不敎而殺謂之虐」的道理，春秋家說孔子在作春秋，以對一切當時人物，口誅筆伐以前，仍然先以師道自任，苦心開導，卽語言的誅罰，亦在苦心開導之後。我今亦願學菩薩心腸，先爲大陸想當秦始皇者及隨聲附和而批孔擁秦之一切人士，指點迷津，當知孽海茫茫，回頭是岸，以免再有千千萬萬的中國知識分子與其他人民，像在所謂文化大革命中之再無辜受難。

（一九七四年二月．「幼獅」卅九卷第二期，「明報月刊」九十八期，及「中華月報」三月號所刊之兩文合成。）

卅、中國藝術與中國文化

（一）中國藝術之價值之不容辯難

中國之倫理、道德、宗教、風俗、哲學、文學、史學、科學、政制，以及整個中國文化，其價值如何，今人多有所辯難。然中國藝術品之存于世界任何處之博物館者，其價值，則為有心有目之人所直感，而有不容辯難者。唯亦待于自種種方面，加以說明，以助人之共感。人果能共感此中國藝術之價值，則對中國文化之其他方面，以及整個中國文化之價值，亦終將共感，而知其有不容辯難者；而于今日當如何承先啓後，以開中國文化之未來之前途方向，亦終將共感其亦有不容辯難者矣。然吾于中國藝術未嘗有專門之研究，故本文唯有自一廣泛之觀點，就個人之直感，試自一方面，約略說明中國藝術之價值，在原則上高于西方藝術之所在；並緣之以約略說明此整個中國文化之價值所在。至于西方藝術，是否亦有原則上高于中國藝術之處，則他人自可更為說，非我今之所欲及者也。

（二）西方之神廟彫刻與中國之鼎彝

此中國藝術之價值，其原則上高于西方藝術者，可先自中國藝術之始于商周之鼎彝，西方藝術始于希臘之神廟彫刻說來。商周之鼎彝，中空而能貯酒醴粢盛，以養人之口體，與賓客酬酢，亦以佑神，而成禮，卽皆可稱爲禮器。而其上所刻之圖紋文字，卽中國之圖畫文字之原始，亦中國古人之宗教、人倫、道德、政治、教育之思想之所在。故此鼎彝之爲藝術品，亦兼具爲人對自然勞働所成之「實用器物」、「通人間之情」，以「上達于鬼神」之各方面之文化意義。此卽與希臘之神廟彫刻，不能兼具此各方面之意義者，大有不同。

希臘之神廟彫刻，可稱爲兼具宗教意義與審美意義。然初無爲實用器物之意義，人亦不可加以奉持，以爲酬酢之具。神廟爲神之所居，彫刻之像卽神像，亦非人所可持舉以佑神，而成禮者。故皆不可稱爲禮器。又其彫刻亦無銘刻以寄寓人之思想。此卽其爲藝術品所具之文化意義之豐富，原則上不及中國之鼎彝者。又其彫刻之神像之外形雖多極優美，然其內部則爲質實之頑石，而不能更容物。此則大不同于中國鼎彝之足以貯酒醴粢盛，而更能容物者。此中西藝術起原之異，其關係于中西藝術後來之發展方向之不同者甚大，下文當稍詳說之。

希臘之彫刻外形雖美，而爲質實之頑石，卽使此藝術品形式之美，純爲人所外加于頑石之上者。此在柏拉圖之哲學，卽謂之爲形式之賦于頑石之質料之所成。此美初乃原于形式之外加，而不原于此質料之自身。由此而有彼及其徒亞里士多德，以藝術品原于模倣一「形式」而成之說。此中人之彫刻之成，則賴于人之對爲質料之頑石之斲削，使合于人所意想之形式，而使此形式更爲限定此質料之一形相。大約希臘羅馬至中古之藝術之見于其彫刻建築者，同是人外加種種形式于頑石之所成。文藝復興時代之米西爾朗格羅，嘗有名言謂：每一頑石中皆內藏一彫像。此乃一具智慧之名言。而其彫刻之人像，亦務使其筋骨畢露，如見一生命力之自內而出。後之羅丹之彫刻亦然。然此頑石之彫像，仍須由斵削頑石而成。其筋骨畢露，而「如見」一生命力之自內而出，仍是由其彫刻之功所造成之假象，而浮現于此頑石之上者。文藝復興時代始有近世之繪畫，唯繪畫人物之形像于布面。在黑格爾之藝術哲學，嘗謂由建築彫刻至繪畫，乃西方藝術精神之由質實之頑石，求超拔升進，而至一新境。此亦誠然誠然。因繪畫唯以狀所見人物形像之一面相爲事，而此形像之美，卽更不寄于質實之頑石，亦不寄于質實之人物。質實之人物爲立體之存在，繪畫中之人物則爲平面之存在。化立體者爲平面，則質實之立體融入于平面之純形相光影之美之中。此誠西方藝術精神之大昇進也。然黑格耳更言此繪畫之精神之局限，卽在繪畫之形相光影，乃靜而非動，定而不移，則不能眞表現生命心靈之活動，由定限以達無限者。此則賴于十八九世紀以後西方之音樂與文學之興，以成此藝術精神之再昇進；而文學中之浪漫主義文學，則爲最能表現此人之由定限以達無限之生命心靈要求者，是爲此藝術精神之極峯云云。然黑氏以後，西方繪畫藝術之發展，而欲超出定限之形式之束縛者，則爲循印象派以向今之抽象畫而趨。此乃以主觀之印象所在、自由構想所成，爲美感之直接所對——正如意哲克羅齊之美學，謂人對美的形相之有一主觀直覺，卽有一內在的表現——而人之以油墨等加以繪出，唯是傳達其主觀印象、以自由構想之事，而超拔于客觀人物之形相之限制之外。故此亦初代表西方藝術精神之昇進。論者謂其乃受中國藝術之以抒意為本之影響。然中國之藝術之抒意，乃兼求通于自然之生意、人物之意趣，而不破壞其原有之形式。現代之西方藝術，則任主觀之意想構造以為意，乃不惜與自然人物之形相，舛異乖忤，則又無異自封閉限制于主觀之「意」中，而「意」成羅網。其更欲決裂此羅網者，乃或唯破壞形式為形式，任意塗抹顏料，亦任其凌亂雜沓，以表現其心靈之鬱積怨憤為事，此則入于藝術之魔道。而其原，則又正由黑格爾所謂人原欲由定限之形式以達無限，而不得其道所致也。

（三）中國藝術中對「質料」之運用

在上文所述黑格爾之意，乃謂欲由定限之形式以達無限，原非人之繪畫之所能任。繪畫必有形相，形相必有定限，則終不能由定限以達無限；欲由定限以達無限，唯賴于使原有定限之物，自作振動，發為聲音，更合韻律，以成音樂。然音樂仍有音調之單位。此單位亦為一定限。故必再進至文學詩歌之用文字以抒意抒情，而其意其情，更能如浪漫主義文學及于遙遠超邁之境，乃能引人由有定限至無限，此方為藝術精神之極峯，如上所述。然黑格爾不知中國之藝術，更能即在繪畫中，自開一由有限以達無限之境。而其原則在中國藝術之精神，初非只為外加一形式之美于物質材料之上。中國之繪畫之直由鼎彝上之紋圖文字而出，不同于西方之繪畫乃繼西方之建築彫刻而興。中國繪畫乃能直接表現人之生命心靈，而由人之生命心靈之運用紙墨筆硯，而由此筆尖中，次第流出之所成；其次第流出之韻律之美所在，即其形式之美之所在。此即不同于西方繪畫乃將顏料塗抹于畫布，以合于所意想之形式所成。故循中國之繪畫之道以爲繪畫，而畫有氣韻、逸韻、神韻，則畫中自有音樂，畫中自有詩，而于畫亦可題以詩；遂能于畫中合詩、畫、音樂爲一，而開出一黑格爾所謂由有限以達無限之境。唯循西方繪畫之道以爲繪畫，則于繪畫不能言氣韻、逸韻、神韻，不能言畫中有詩，乃不能于畫中眞開出一由有限以達無限之途。吾人由此亦即更可言中國之繪畫藝術，在原則上高于西方藝術者矣。

此上所陳，或不易解。今先由中西繪畫所運用之質料觀之，即可見西方繪畫之勢不能爲：「由筆尖次第流出，以直接表現人之生命心靈」之藝術。西方繪畫之質料，或爲油墨，或爲炭精，其質料無不粗重。水彩畫之顏料稍細緻。水彩畫始于十八世紀，亦由受中國畫之影響而有。然西方人所用水彩畫之顏料，仍不如中國書畫所用之墨，如松煙所成者之細膩。西畫所用之筆之剛硬，亦不如中國繪畫所用之筆毫，可運轉自如。其油布只容人塗抹顏料于上，亦不同于中國繪畫之紙絹之能吸墨。此皆人所共知。然此西方畫家之于此紙筆墨之材料，不如中國畫家之講究，則正由其自希臘以來即以藝術家之任，唯在「賦形式」于質料而來，乃不知此質料之粗重，即爲其所可能賦與之形式之限度。中國之藝術思想，則素無此形式質料對立之偏見。故必先求此所運用之質料，由粗重化爲細膩，而容人輕易地加以自由運用或運轉自如者。然後能意到筆隨，而意之流行中之生命心靈之活動之韻律，皆表現于其書畫，而成爲氣韻。此氣韻之爲形式，卽爲一自筆尖流出之形式，亦生命心靈中內發而次第形成次第流出之形式，並內在于墨色線條之質料中之形式，而非外加于質料之形式矣。然此境之非西方藝術家之所能達，正由其所用材料之粗重，卽與以一致命之限制；而使其形式永如只浮現于其材料之上，而不能成內在于材料中之氣韻，更不能于畫中有音樂有詩，亦不能于畫題詩，以使人得由有限達于無限之途矣。

中國繪畫之原則上高于西方繪畫，在氣韻，亦卽畫中有音樂、有詩。蓋音樂之所以爲音樂，不僅在音響有高低，而在音與音間之有間距 Interval。此間距，卽音樂中之無聲處。音樂必有此間距之無聲處，乃成爲音樂。而中國繪畫之虛白無色無形處，卽色與色之間距，而同于音樂中之無聲處也。然西方繪畫，則自古及今，皆只知用形色而不知用此「無形無色」之虛白，亦不知此虛白中有靈氣往來，以成此畫中之氣韻。此卽其畫只是畫，不能有音樂有詩之關鍵所在也。

（四）中國之瓷器之中虛與繪畫中之虛白之用

中國畫之有虛白，以供靈氣往來，以成氣韻，而西方無之，世之學者亦多能道之。然考其原，則吾意此乃由西方藝術之始于彫刻建築，中國藝術之始于鼎彝。彫刻乃外賦形式于頑石，故質實而不虛。鼎彝能盛酒醴粢盛，故中空而內虛。由此以觀中國另一特出之藝術之瓷器，則瓷器之異于西方彫刻者，(一)正在其如商周之鼎彝，乃中空而內虛。瓷器乃遙承中國古代之陶器而以瓷泥代鼎彝之銅質而成者也。(二)在彫刻乃斲削頑石而成，瓷器則由塑捏瓷泥而成。斲削之事，乃人力與頑石之奮鬪。其奮鬪之結果，是頑石有所毁，人力有所竭；而人力之所不及，則爲彫刻之形式之制限。然塑捏瓷泥之事，則人于瓷泥無所毁，又其事輕而易舉，其功在巧而不在力。故于人力亦無所傷。瓷泥之柔和，更可容人自由加以塑捏，而有具無定限之形式之可能。因有此自由塑捏，故人之作瓷器，可意到而手亦到，手到而瓷器之形出。此亦卽正如人之作書畫，可意到筆隨而畫成也。總上所述，中國代表藝術，遠者爲鼎彝，由之而出者一爲書畫，一爲瓷器。中國繪畫，原則上高于西方之繪畫，中國之瓷器，原則上高于西方之彫刻者，其故有二。一在中國繪畫之材料之筆墨與瓷器之材料之瓷泥，皆以其質之沺膩，而容人之輕易地加以自由運用，以表現人之生命心靈。二在中國繪畫之有虛白、瓷器之有虛空。由此二者皆可見中國藝術之能達于由有限以達無限之境。此當于下節言之。

(五) 中國藝術之「有限」中之「無限」

何謂有限？凡鼎彝、書畫、瓷器之既成，則皆爲一有限的存在之物，是謂有限。則凡藝術品皆有限也。然此中另有二無限之義可說，一是藝術品之所自生，是否原于人對其材料能自由運用說。能自由運用，則其運用之可能無定限，是謂無限。依此，則人對瓷泥可以自由運用，瓷泥具無定限加以塑揑之可能。中國之松煙所成之墨與羊毫所成之筆，亦可容人之自由運用，而具無定限之可能。此無定限之可能，卽無限。二是自藝術品之成，其中是否有虛空而能容說。有虛空而能容，則其用不窮。如中國之鼎彝之中空可以容酒醴。斟酌酒醴于其中，而鼎彝盛酒之用不窮。中國之瓷器中空，亦原可容物。又書之無筆墨處，有書家之精神在焉。畫中之有虛白處，則容山川之靈氣往來。蓋凡物之實處，皆有限。凡物之具虛空而能容，則無此「實處之限」，而爲無「限」；而其所容者，亦不定限于特定之物，卽亦不爲特定之物所限之精神靈氣之往來處也。由上述之二義，則中國之藝術之能卽有限以達無限，卽顯然無疑。而西方人之藝術于此，固望塵莫及也。

由中國藝術能用虛空，以成其形實，乃于物質材料不須浪用，故自昔中國畫家，有惜墨如金之語。蓋書畫能用虛空則著墨少，而意自多。此與中國詩文之句少而意多、中國古樂音微而意遠、中國園林泉石無多而有邱壑之勝，皆表現同一之藝術精神。以中國之瓷泥爲瓷器，于瓷泥無浪費者，與西方彫刻之必斲削大塊之石而成者相較，卽又見西方藝術恒浪費天然之物，缺愛物惜物之情。愛物惜物以便藝術品中物質成份少，而形式之美多，卽物少而意多，而藝術乃更爲人之心靈精神之表現矣。

（六）中國藝術與中國文化之他方面

吾上文本一己之見，自最廣泛處，由中國藝術之所以生，所以成，說明其無可爭辯之價值，尚未及于中國藝術之技術及內容題材——如于花卉之喜梅蘭竹菊，于人物山水之喜何類等，所表現之價值。然只此上所說，已可見中國藝術之原則上優于西方藝術之處，而可由之以見中國整個文化之卓越。何以故？因中國藝術由整個中國文化而生，以爲其一端故；整個中國文化不卓越，則不能有此卓越之中國藝術家故。然整個之中國文化難知，而其藝術之卓越，則顯而易見，而爲有目有心者所共知。故人能知此中國藝術之卓越，能深信不疑；則將于中國文化之卓越亦得深信不疑。人能于中國藝術中識得其中所表現之精神，亦卽知表現于中國文化之其他方面之精神。兹可卽本文所述，姑更推擴其一二義以言之。

如上文謂中國之藝術品中皆有虛白，空而能容，此一精神表現于中國人之德性，則爲中國人之度量、胸襟之能容人與天地萬物。能容而能大，能容而能與人和。在上，則能容民畜眾；在下，則能敬老尊賢。居後學之位，則以爲往聖繼絕學存心；負當今之任，則以開萬世之太平爲念。此皆以其心之中虛而能容，故能通天地萬物、古往今來于無窮也。

再如上文之謂中國之藝術品，要在使物少而意多，而其本在能愛物惜物。而中國人之愛物惜物，固亦見于中國文化之他方面。中國人之愛物惜物，非必以物之不足也。此乃本于不忍物之不盡其用，而不盡其性；亦如吾人之不忍人之不盡其才，而不盡其用、不盡其性也。聖王之治，必使人盡其才，亦盡其用盡其性。故人之于物亦然。人愈能用少量物質，表現愈多之藝術或其他文化之意義者，其智慧愈高，其人亦愈尊；亦如文約而義豐旨遠者，其文乃彌足貴也。今之西方文化于物務求增多，更浪費之而不知惜。愈浪費而物乃愈感其不足。中國則戒奢侈而懲浪費。乃物雖少而未嘗不可覺有餘。此亦如西方之畫家于顏料，恒感其不足，而中國之畫家于筆墨，恒感其有餘也。天地之能源有限，人之浪費之欲無窮，則物恒屈于欲；而爭財物之事起，終乃歸於世界大戰，人類毀滅。此皆其幾甚微，其理至顯，而人不知悟，皆由初不知愛物惜物；使「物少意常多」之故也。

再如中國之藝術，能運虛入實，故畫無剛硬之筆，必靈活而通疏；瓷器無粗糙之紋，必溫潤而瑩澤。此亦不只見于畫，亦見于君子之修己治人之道。生意活潑，溫良恭儉，所以修己；澤及百姓，使人各得其所，而不相犯，即使人之相與，如疏林春草之互不相犯，水波之容與也。

此上只舉三端，即見中國藝術之精神，亦表現于中國文化之他方面。人果能于中國藝術之精神，心領而意會之、好之、樂之、寶之、珍之，而更不疑惑；亦必于此中國文化之他方面之精神，亦心領而意會之、好之、樂之、寶之、珍之，而更不疑惑也。則觀賞中國藝術，豈必如今之只以考古爲名，或只以玩古董爲事者之玩物而喪志哉。

當今之世，學絕道喪。今之中國人乃誤以人之聚物多者，其文化程度必高，乃唯財物是爭。又或以能寬大能容者爲懦弱，而唯權力是爭。再或以無情之鬪爭爲政教之本，以導天下人皆存心，如粗硬之頑石；更無瓷器之溫潤之德。此則皆忘其文化之本原，而自化同于蠻夷，又惡能知此中國藝術與文化之精神哉？則爲今之計，吾華夏之神明之子孫，除對此自化同于蠻夷者，可以其人之道，治其人之身，摒諸化外，不許其更欣賞中國之藝術，談論中國文化之外，正當先識此中國藝術之優勝，以知中國文化之優勝，更好之、樂之、寶之、珍之，而更不以外來之邪說，如唯物主義、極權主義、鬬爭主義等，自動搖對中國文化之信心；然後能剛健邁往，以保此文化之傳承于不墜，更知其未來之前途、唯在繼此往，而更開來也。

（一九七四年十月「中華歷代文物菁華展覽特刊」·十二月「中華月報」第七一一期）

卅一、西方文化對東方文化之「挑戰」及東方之「回應」（提要）

（一）、導　言

㈠此「挑戰」與「回應」之二名，乃湯因比 Toynbee 之歷史哲學中之 Challenge 及 Response 之譯名。在中國辭語，「挑戰」屬於「感」，「回應」屬於「應」。而「感」「應」之義，較廣。

㈡漢之伐匈奴、通西域——亞歐絲路之形成——匈奴之逼使北歐蠻人南下，以至西羅馬帝國之衰亡，為東方對西方之間接挑戰之結果。回教之佔耶路撒冷，引起西歐之十字軍，與成吉思汗之西征及西歐之抵抗；皆東方對西方先挑戰，而後有西方之回應——此皆近代以前之事。

㈢此近三百年之世界史，則由西方文化對東方文化之挑戰而形成。此一西方文化之特性，斯賓格勒（Spengler）於其「西方之衰落」一書，嘗以「浮士德式之無限追求」說之；於其「人與技術」一書，嘗比喻近代西方人初如一山上之居高臨下之猛虎。故在第二次大戰前，除亞洲之中國與日本外，全球皆為西方人所控制征服。

（二）、西方文化之特性

此近代西方文化之勢力，何以能膨脹及於全世界？此可以下之三系列之觀念與事實加以說明：

㈠知識即權力——以天文物理爲中心之科學——以科學知識技術，征服與人相對立之自然——產業革命——資本主義之尋求海外資源，與世界市場。

㈡我思故我在——個體世界——個體人格其尊嚴之平等——個體權利幸福之機會之平等——國內民主政治——以保障人民之「自由競爭」、「權利」與「成功」。

㈢由希臘羅馬之城邦至近代民族國家帝國主義——十九世紀中之白種人優秀論——西方文化較東方文化進步論——西方人之「世界使命」論——此西方內部之諸民族國家之權力爭衡，不能相下——西方人之權利欲不能在西歐內部滿足，只能向歐洲以外表現；其「內部之自由競爭」遂化爲「對歐洲以外之民族之求征服與勝利」。此與其產業上之世界市場之要求，互相結合；而西方十五、六世紀之民族國家主義，化爲十七、八、九世紀之帝國主義，於全球到處建立殖民地。於是西方文化對東方人言，遂正如孫中山先生所謂霸道的文化。

（三）東方之印度、日本、中國對西方之挑戰之三種回應方式

東方之印度、日本、中國之文明，乃其民族之長久居於土地範圍之內，而如植物之次第長成——不同於同物之猛虎——其原始之文化觀念與文化成果，可依下列三者理解。

㈠知識附屬於德性——以曆法與醫學、瑜伽爲中心之科學——人對自然之技術，統於人對自然之藝術——在藝術中人與自然和協——在中國與日本之技術藝術中，重「加工」求精美，而不重資源之增多與掠取——技術藝術之成果，歸在人之消費、使用與欣賞，而不重在用以「再生產」與「在市場中交換」。

㈡我感故我在——人在故我在——在中國與日本之道德，不重個人之人格尊嚴之平等，而重人與我之生命精神「互相內在、涵容、通感」之義，以形成眞實之人倫世界、人間世界——在中國與日本之文化傳統中，禮讓政治爲最高理想——充量完成個人之謙德——有才若無才，有能若無能。

㈢天下一家——「夷狄而中國則中國之」——東海、西海、南海、北海同有聖人——人皆可以爲堯舜——在儒教、印度教、佛教、道教中，一切人皆可成聖、成佛、成仙之理想——人性平等論——文野之分，只爲先覺後覺之差別——文化教澤之流行，不待於「往教」與「傳教」之「使命感」；而待於遠地人之「聞風興起」，或「來學」——此上等等與㈠㈡相結合，而東方文化根本上爲王道之文化，非霸道之文化。

（四）結　論

依上述之東西文化王道與霸道之性質之不同，故在此三百年內，西方與東方之相遇，此東方之文明卽必然顯其文弱而無力，博大而無當。而印度、日本、中國，對此西方之侵略性的文明之挑戰，卽有三形態之回應。

㈠爲印度之宗教家、哲學家之一般堅持印度之宗教、哲學高於西方之宗教、哲學之論——甘地之以純東方式之和平，而不合作主義，對抗西方之武力、經濟力之壓迫，以求印度之獨立——然此不能解決印度人口經濟之問題。

㈡爲日本自明治維新以後，在科學技術及立憲制度上西方化；但仍保存東方式之君臣之倫理，及其他東方式之倫理與禮儀，及東方式之藝術性的日常生活，及「信人人同有佛性」之佛教。但百年來，日本又學西方軍國主義之霸道，而終有第二次世界大戰中之失敗——在第二次世界大戰後，其產業之突飛猛進，則使其文化趣向於商業化——此二者皆由日本之喪失其原有之東方文化精神而生之禍害。

㈢中國對西方之挑戰之回應，其表現於百來中國之文化思想之變遷者，則其顯而易見者，似可以下一系列之名辭加以表示。

徐桐之保守主義——曾、左、李、胡之「師夷之技以制夷」論——張之洞之「中學爲體，西學爲用」論——康梁之變法立憲論——孫中山於以民主立憲言民權之外，更言民族主義——五四運動以後之提倡西方之科學與民主，而以中國禮教爲吃人、打倒孔家店，對中國文化價值之種種懷疑論——

馬列主義者以中國之傳統文化，只爲封建時代文化論——此一系列之變遷，乃循一由「保存傳統文化至破壞傳統文化之方向」而進行。但此馬列主義雖來自西方，而反中國傳統，但其自身亦爲反西方帝國主義、資本主義之文化者。故馬列主義爲兼反傳統之東方文化與西方文化者，其所以能一時控制中國大陸之政治文化，則在其能滿足百餘年來中國之「受西方侵略而怨恨西方」，又「自怨自艾其傳統文化之不足抵抗侵略」之一「複雜的心理情結」。然不足以滿足中國人之「積極的求其民族之站立於世界，及延續、發展其傳統文化於未來」之要求。此中國傳統文化之精神，亦可稱爲東方之日本、印度之文化大體上共同之精神。其中之如以「知識附屬德性」「技術統於藝術」「以人與我之人格當互相內在，以形成倫理世界、人間世界」「人人皆平等的有成聖成佛之可能之人性論」「天下一家之理想」，皆有其無窮的涵義，與永恒的價值，亦可救近代西方文化之弊害——兩次世界大戰初皆起於西方之內在之矛盾衝突，即證明單純的西方文化，有一自己毀滅之因素，而不能維持其自身之存在——此亦爲西方若干遠見的思想家，由凱薩林、羅素、杜威、懷特海、諾斯諾圃、李約瑟等多少分別見及，亦終將爲世界人類所共認。

（東京中日民族文化關係會議論文提要一九七四年一月・「中華月報」第七〇〇期）

卅二、中國與日本文化關係之過去、現在、與未來

(一) 中日文化關係之過去第一階段之特性

以東方各民族間之文化關係而論，在魏晉南北朝隋唐時，西域印度高僧來華，中國亦有高僧至印度，而佛教至中國。然印度佛教衰亡後，卻未聞印度人至中國學習佛教。又自晉唐宋明以後，中國學術文教，傳入高麗及東南亞諸國。但中國人卻極少再至今之朝鮮及南洋諸國留學者。故此中國與印度及東方其他諸民族之文化關係，皆尚不能說是能眞正形成彼此相互的文化關係。

但在中華民族與日本民族間，我們卻可說由隋唐至現在，已有一眞正彼此相互的文化關係。此一關係，由過去、現在、連到未來可姑分爲四個階段，此四個階段之特性，今文擬憑一般常識，及個人之看法與希望，試簡單加以指出，希望大家敎正。

此第一階段是在中國隋唐以後，至清咸豐以前，卽日本之古代至明治維新以前之一階段。此階段，大家知道，乃日本仰慕中國文化，而中國文化向日本傳播的階段。故無論是如日本之最澄、空海之諸高僧、及其他人士之來華、中國之高僧鑑眞、儒者之朱舜水、與其他人士之赴日，皆是傳中國文

教入日本之事。故此時之中日二民族之文化關係，只有由「中國向東至日本」之一方向，而無由「日本向西至中國」之一方向。有如中國與印度之文化關係，初只由「印度向東至中國」之一方向，而無由「中國向西至印度」之一方向。又此時期之中日之文化關係，同時是「純文化的」。所謂純文化的關係，卽大體上不夾雜任何現實的政治、經濟利益之互相侵犯、與干涉的文化關係。此亦正有如印度佛教之傳入中國，其文化關係爲「純文化的」。又如明清之際之耶穌會士，傳入西方宗教及科學技術至中國，並帶回中國之學術、藝術品至歐洲，其間之中國與西方民族之文化關係，亦爲「純文化的」。

在此一階段之中國之純文化關係中，自然連帶具有一特性，卽一方眞心願作文化的「施與」，一方眞心願作文化的「承受」。此卽形成民族間的一「看不見的自然感情」。此日本之承受中國文化的心情，表現爲學習、模仿，與對所學習、模倣，而得的東西之珍惜、寶貴，加以保存，更求多少加以發揚光大，以實踐於日本人之個人的生命、精神生活，與日本民族的社會政治禮俗之現實之中，而不止於對所學習得的東西之一「了解」或「知道」而已。此卽遠如日本之聖德太子，自隋唐之學得中國之儒佛之學，卽有其冠位之十二階，與憲法之十七條等大化改新之律令制度。近如明治維新以前，宋儒朱子學之傳入日本，幫助日本江戶時代之學術獨立，及學人之道德實踐。日本朱子之學之早期，雖輔佐幕府：然由朱子之尊王斥霸的思想，亦促成幕府末期之「尊王倒幕」的社會政治運動。再如王陽明之學之傳入日本，亦促成了明治天皇之廢藩置縣，以建立近代化的日本之維新事業。這只是中國之學術文化傳入日本，而日本人即加以承受、付諸實踐的幾個重要的例證。其餘的如中國佛教之傳入日本，中國之文學、藝術與日常生活方式之傳入日本，而日本人如何加以模倣發展，更加以實踐的歷史，可不必再加舉例。

(二) 中日文化關係之過去第二階段之特性

在日本明治維新，至中國對日抗戰前之中日文化關係，為繼上述第一階段後之第二階段。在此第二階段中，日本逐漸成為一現代化的國家。此時之日本，在政治上的立憲制度，經濟上的工業化，及軍事上之國家主義，學術教育上之重視西方科學，皆主要是學西方。但是我們不能忽視在明治維新後之日本人，仍儘量保存其傳統之禮節、生活的藝術情調與漢文，並在大中學教育中，重視東方的學術思想之傳習。如以明治維新以後之日本之大學教育而論，則如日本之哲學系，除西方哲學外，一般皆有中國哲學、印度哲學，以並立為三。此外，在文學歷史系中，除西方之文學歷史之外，尤重視日本、中國之文學、日本國史、中國史、東洋史。此即顯與我所知之中國抗戰前中國大學中之哲學系，一般皆只教西洋哲學，歷史系中，同等學力的中國歷史的教師在大學中的名義，總比西洋史的教師低一級，北大、清華或竟以學西洋文學者任中國文學系之主任的情形，全然不同。由此而日本在明治維新以後，直至中華民國之初年，其學術界更孕育出一思想。卽日本一方自認：屬於東方文化傳統，乃以日本固有之神道教爲根，以攝受中國之儒教，印度之佛教者，一方又能更融攝西方文化中之哲學、科學技術、與現代政治、經濟之制度者。此卽使日本人自負其文化，爲能以東方傳統文化爲本根，以西方文化爲枝幹，而不客氣的以今日之東洋文化之承繼者、代表者自任。故於甲午戰爭之一年，日本亦於國史、西洋史之外，正式成立「東洋史」之觀念。我們如果多少注意五六十年前，日本人對於東西文化學術之比較的討論，便可知日本人在此時期中的文化上的自負。譬如以我所稍微知道之日本明治維新時之哲學思想界之情形來說，則福澤諭吉等在七十年前卽討論西方與東方日本之文化之比較問題。井上圓了、井上哲次郎、西田幾多郎，都是在哲學上要以東方哲學之基本觀念爲根，以綜攝當時之西方哲學的。日本早期之中國、印度哲學之教授，如宇野哲人、南條文雄等，亦多是先到西方留學，而回到日本講東方哲學的。當然，此時之日本亦有不少西方哲學的專家，日本人對東西文化的比較研究，是否皆正確，與其綜合東西哲學的成績如何，今皆可以再加討論。然而日本人在此時期之以東方文化綜攝西方文化的精神，總是值得尊貴的。

但是此明治維新以後日本除以東洋文化之承繼者、代表者自任之外；大家知道，又承受了由西方十八、十九世紀傳來的軍國主義、帝國主義之思想。由此而在甲午戰爭勝了中國後，更以亞洲的天之驕子自許，而欲在亞洲建立大日本帝國。這時的日本，一方求了解世界，亦更儘量求了解亞洲的諸國，尤其是中國。日本人此時對中國之地理、經濟情形、政治情形、中國人之民族性之調查與研究，皆可說比中國人自己之調查研究還多。日本人對清至民國之中國學術、教育、文化的情形之了解，亦不必亞於中國人自己。而由清末至民國初年之中國，正是中國之政治、經濟混亂，學術、文化、教育方針，動盪不已，而一般政治人物、知識份子與人民之風俗敗壞、道德墮落的時代。這時日本學者，對於中國民族性的論述，自然亦有從中國文化之本源的高處、深處看，而加以稱美的。但據我的印象，亦有不少自中國人當時之現實生活的表現看，而力加以輕賤、藐視、詆毀的著述。

此上所說之日本人在文化思想上的自負、及其對中國民族性之不含敬意的了解研究，亦即同時成爲日本後來侵華之「用以自慰其良心」的理由之所在。對於九一八以後之日本侵華的戰爭之起源，一般是注重此事之如何演成之歷史事實，如說其始於田中之奏摺。而對此事之社會科學的說明，則又可歸因於日本之軍部的制度，或日本天然的資源，不足應付其民族之人口的膨脹，或島國民族天然想突破島國的限制，以向外擴張，有如十九世紀之英國；或只歸因於日本人之宗教信仰中之神道教——故盟軍佔領日本以後，許多西方人以要使日本不再成侵略者，必須取消日本天皇——。但這些說法中之任一個理由，都不能必然形成九一八以後日本侵華的事實。把這些說法，全部加起來之後，至少應加上我上一段文所說之理由。我不是說：只有我上所說之理由，即必然會有日本侵華之事實。我只是說，人類的行爲必有一可以自慰其良心的理由。此理由可以是自欺與自飾，但此理由之最初的形成，亦不能全是自欺與自飾。我的意思是：日本人在明治維新以後之自負爲東洋文化的承繼者、代表者，其最初一念，亦是一文化責任感。中國人若不能自己承繼其文化，日本人當然可站在東方人的立場，而以承繼之責自任。此猶如猶太人不信耶穌，而回教入侵時，歐洲人可以保衞耶穌自任。印度人不信佛教，中國人日本人亦可以承繼、保衞釋迦自任。至於日本之神道教，是否必然是侵略的？照我看亦並不一定。因日本神社所祀之神，一般是原始的地方神。天照大神只是其中之主神，有如中國古代之上帝或天。如與西方之一神教比，中國日本皆可說是多神。以宗教信仰與戰爭關係而論，我們有種種理由，說絕對的一神教，才是導致侵略的。絕對的一神教，不許人信任何其他的神，因而對拜不同神的民族，必加以征服。此在美國哲學家諾斯諾圃 F. S. C. Northrop ；第二次世界大戰後，馳名一時之「東方與西方之會合」一書，已說過：信一神教之猶太教、回教與基督教之民族，皆是本質上侵略的好戰的，而信多神之東方民族，則是寬容的、和平的話。日本人之神道教，是多神，信神道教的日本人，亦信佛與孔子。則不能說日本之神道教是日本民族之侵略性的根源。照我的意思，日本侵華之學術文化思想上的起源，不當罪責到日本人對東方文化的責任感，亦不當罪責到日本之神道教，而至多只當罪責到此二者與自十九世紀西方傳來之軍國主義、帝國主義的結合。而此中以西方傳來之軍國主義、帝國主義爲關鍵。如果沒有此西方傳來之軍國主義、帝國主義，中日民族應當可以和平相處，如在以前之二千年。日本地少人多，要移民到中國亦是可以的；如中國歷代之有無數之北方民族、西南民族與中原民族之漢族同化。日本侵華之戰爭所造成之對中日二民族之一切禍害，其罪魁禍首，不當在東方固有之中日兩國原有之宗敎與文化，而只在十九世紀「自西方傳來之軍國主義、帝國主義」。日本人的錯誤，只在「不應相信」此主義。此錯誤的「相信」，才應由東方的日本人負責。

以上的話，似離本文之題較遠。現在重回到由明治維新至日本侵華戰爭之一階段中之中日文化關係之特性。則從日本方面看，我們可說，此時日本之研究機關，如東洋協會學術調查部、南滿鐵路學術調查部、東洋文庫研究部等，對中國之地理、經濟、政治、文化、學術、敎育之許多調查與研究的工作，其目標已顯然大不同於明治維新以前日本人之求了解中國文化，是爲了學習模倣，更付之於個人生活、與社會政治上之實踐，而與一讚美、崇敬中國文化之情相俱。此時之日本人，對中國之調查研究，其目標，除純專門學術上之求知外，乃要在由對中國之民族、社會、政治、文化、學術的情形之了解；以便如何與中國辦外交，以至進行政治、軍事上之侵略及戰爭之用。在此後一目標中，日本人卽全無對中國文化讚美、崇敬之情，而可只有一「內心的輕藐之情」與「如何由中國取得現實上的利益之情」了。

至於在此時期中，從中國對日本的文化關係方面看，則我們大家知道中國之淸末，無論從事立憲、或革命的運動之知識分子，皆以日本爲其結合同志，創辦報刊的基地。此立憲與革命之運動，亦多少獲得日本若干私人的幫助。中國之留學生，初以至日本學法政、軍事的爲最多。中華民國最早的憲法與軍事制度，皆多抄襲日本。中國學者如章太炎、梁啓超、王國維等，初皆是由日文，而有其對西方思想的若干了解，更將之轉介於中國。此與日本之理解印度佛學，初由中文的轉介，正成一對照。當時中國的日本留學生歸國，初亦對日本之禮俗、學術、文化，表示讚美與崇敬。我懷疑在五四時代，主持中國外交，而答應喪權辱國的二十一條之章宗祥之爲日本留學生，與後來參加汪精衞政府中之不少日本留學生，如周作人等，皆與其對日本之禮俗、文化，原有若干讚美、崇敬，不無關係。這當然只是我個人之一最忠厚的解釋。

然而日本對現代中國之文化思想與政治之最大的影響，卻在中國之五四時代以後，至九一八事變以前一段時期中。日本學者除了早期之內藤湖南、白鳥庫吉、桑原隲藏等之對中國邊疆之滿、蒙、西域、南海之研究，雖亦引起日本政治、軍事人物，對中國東北的垂涎，然中國人仍對這些日本學者的研究之學術價值，加以尊重。日本學者在中華民國初年，以現代方法所寫之中國文學、中國哲學、中國歷史之概論性的書，亦不少由日本轉譯爲中文。而在五四以後，日本文學家或文學理論家如武者小路、谷崎潤一郎、芥川龍之介、厨川白村等之書之譯爲中文者，尤爲青年所喜讀。而尤其重要的，則是當時日本出版界正充滿馬克思主義之書籍。日本之河上肇、俄國之列寧、蒲列哈諾夫、布哈林、德波林、米丁等之馬克思主義著述，大皆經由日文轉譯爲中文。中國五四以後，最早講馬克思主義的人，如陳獨秀、李大釗、陳啓修者亦皆日本留學生。五四時期以後的中國青年，在政治上是反日本的，但在文化學術思想上卻又是崇拜由日本轉介而來之馬克思主義的。此崇日的心理，乃初由淸末人之學日本的心理下來，而其所以崇拜由日本轉來之馬克思主義，則兼由此馬克思主義，亦是反日本之資本主義帝國主義的。此卽又可與五四以後中國青年之政治上之反日心理互相配合。由此配合，而使馬克思主義，在五四至九一八以前之一段時期中，於中國革命之思想中，迅速的打下一根基。此正可以爲說明何以在九一八以後中國人之抗日的民族運動，會逐漸爲中國之馬列主義者所篡竊的理由之一。

關於馬列主義之征服中國大陸之原因何在，當然亦有不同的解釋。對日抗戰，使國民政府元氣已傷，是一解釋；中國勝利後之接收日僞產業成「刼收」，是一解釋；赤俄之選派維丁斯基越飛鮑羅廷等，來華指導中國革命，後來在東北暗助中共，是一解釋；中共巧於利用中國農民造反革命之傳統，是一解釋。但是大家不能忽略在五四以後，至九一八時期以前之中國青年之主要經由日本，而轉介、轉譯之俄國文學，與馬列主義論述，充塞於中國之文化市場，所養成之青年普遍崇俄與崇馬列之思想意識。此馬列主義之征服中國大陸，無論就功、就罪說，皆當以此時期中之中日之文化關係爲原因之一。此可以歷史考證的論文，加以確切的證明。然而似乎現在大家對於此中之功與罪，都忘了。

以上所說由明治維新至中國之對日抗戰之一段時期之中日文化關係，總括起來看，可稱爲中國人想模倣日本而受日本傳來之文化思想影響之一時期。此與上述之第一時期，乃日本之模倣中國，受中國文化思想之影響，正相對反。此第一時期，歷千五六百年，第二時期則不過四五十年，其時間之長短自不必相對應，但其意義則相對應。由此中日文化關係之互相施報，一來一往，合爲我本文所謂中日之文化關係的過去二階段。

（三）中日文化關係現在階段之特性

自中國對日抗戰勝利至今，我姑合稱之爲中日文化關係的現在的階段。在此一階段中，中日之二民族，自然仍有其求相互了解其政治、社會、以至其學術文化之事，而仍有若干文化關係的發生。但其性質與前兩階段，又截然不同。簡單說，在第一階段，日本乃以中國爲文化上國來了解，中國則以日本爲中國文化之敷化之邦來了解。在第二階段，經甲午之戰後，中國以日本爲羨慕的亞洲先進國來了解，日本則以中國爲「八紘一宇」中的一地方來了解。在今所說之一階段，則經過中國對日抗戰之勝利，中國洗刷了甲午戰爭以來，對日本之屈辱之感，亦更無第二階段對日本之羨慕之情。而日本則以爲其戰敗，乃兼敗於美國之原子彈，非只敗於中國之抵抗。於是在戰後，日本人並不眞對中國認輸，而只對美國屈服。而日本戰後之學術文化教育，即轉而崇美。在此時期中之中日文化關係，即成一不帶感情，只求相互了解其社會、政治、經濟、軍事的現實情形的文化關係，而彼此於對方的精神文化如學術、藝術、文學、宗教等，更缺乏眞正的興趣。自中國方面說，在對日抗戰期間，中國人對日本之文學、藝術、學術等，可說全不更求了解。大學中之日本文學系，大多停辦了，市上亦極少有此類之日本書籍之翻譯了。至多只有在大學與研究機關中，對一專門的學術問題，中國學者會以日本書籍來作參考。而在日本方面說，則自明治維新以來，其大學與研究機關中，一直有一中國學之研究的傳統。在中日戰爭後，亦仍有學人繼續工作，未以戰爭而斷。但是此種研究工作，只能說是為研究而研究。亦不同於明治維新以前，出於一對中華上國的仰慕模倣之情而研究；又不同於日本在有侵華之野心時，為了侵略中國作準備，而對中國作研究。此種為研究而研究的態度，亦可說是純科學的態度。以此純科學之態度而研究中國文物、文化、學術，頗類似西歐之老一代的漢學家之研究漢學，亦如科學家研究天文，與數學、幾何，可不雜任何情感，亦可別無任何目標。其目標只是獲得純知識，寫成一研究報告，或成一論文。照我看來，此一態度，亦一直貫徹到現在之日本學者之研究中國學的態度。而現在之中國學者之研究日本學術者，其態度亦大體是如此。這一種為研究而研究的態度，我們亦可說其目標只在由寫成研究報告或論文，而使人亦獲得一些報導的知識。這與現在世界中之新聞報刊的目標，亦正有相一致之處。現在世界的新聞報刊的目標，不在與人以智慧、啓示、或教訓。除了黨報以宣傳煽動為事外，一般新聞報刊，皆只在報導新人新事，使人得報導的知識。而由為研究而研究寫成之報告論文，亦復常只是與人以報導的知識。凡此報導的知識，人多只是「知道了」，即更無下文，亦無所事事。如通常人每日看報，只是「知道了」，即更無下文。只有報上所記的事與個人之利害有關的情形下，人才會於「知道」之外，更採取一應付的態度，或行為。然而在學術文化的研究，則又通常是與個人利害無關的。於此，人如除由此研究報告而「知道了」之外，更無下文，亦無所事事，則由此種研究報告之相互閱讀所形成之民族的學術文化交流，卽亦可成一非常浮淺而表面的學術文化的「交際」。照我的看法，現在世界中各民族之學術文化交流的事業，小而言之，卽中日之二民族間現有的一般學術文化交流的事業，如學會的召開，學人之相互往來，與出版物的交換，大體上皆尚只能稱之為學術文化的「交際」，而尚不能稱之為眞實的學術文化的「交流」。眞實的學術文化的交流，尚須期之於未來。由此我們可更說到，什麼是我個人所理想的、未來的眞實的中日民族之學術文化的交流。

（四）中日文化關係之未來應有之特性

此未來的中日民族的學術文化交流，我認為似卽可以去年在東京舉行之會所提出之「中國的心」與「日本的心」之相互了解為目標。中國古人說「人之相知，貴相知心」，民族與民族間之相了解亦然。則世界一切民族之一切學術文化交流，實皆應以相互了解其「民族的心」為目標。但今文則只暫限在中日之民族間說。此乃由中日民族在其文化關係特密切之故。中日民族間曾有相互之尊敬與羨慕，亦曾經過去兩次大戰爭，而有相互之敵意，故其在現在之相互之「報導方式的了解」，如一朝再加上「相互之敵意，則立即可皆只化爲「敵情的了解」或「對敵民族間的情報工作」了。於此只有由此報導式的了解，向上昇進，化爲民族的心靈間的了解，然後才可以形成眞實而非只是外交辭令上的民族間的和平共處，與學術文化上的眞正合作，以開創未來之天下一家的世界。

此所謂以「中國的心」與「日本的心」之相互了解爲目標，而形成之中日文化交流，其形態將不是如第一階段明治維新之前之「日本，對中國文化之一往崇敬，而中國視日本爲敷化之邦」的形態；亦不是第二階段中國清末至中國抗日戰起一段時間中，「中國視日本爲亞洲先進國家，而對之羨慕，更由日本以轉介西方文化以及馬列主義於中國」之形態。在前一形態中，有日本對中國的「自卑感」，而中國有「自大感」；在後一形態中，有中國人的「自卑感」，而日本人有「自大感」。此自卑感與自大感，即妨礙兩民族的心與心間之相互了解。但第一階段的事，早已過去了一百年。由中國對日抗戰之勝利，已使日本人不能再自大，中國人不再對日本自卑。第二階段的事，今亦已過去。現在的階段，是在一中日民族平等的心態下，互求若干報導式的了解。故進一步的中日民族的心之相互了解，亦只能在一平等的心態下進行，而不同於過去之第一第二階段的形態。

什麼是心？什麼是中國的心或日本的心？這問題，皆似不易答復。去年東京的會，以此爲題，是否即能把「中國的心」「日本的心」加以指出，而使與會之中日人士，彼此了解其心？亦正是問題。今即再開幾次會，是否能將這些問題皆答復，亦同是問題。但是我們仍可以中日民族的心之了解，為中日之以後一切眞實的學術文化交流之所嚮往的目標。此目標之形成，不待於此目標之完全實現；而主要是以此目標，來規定中日民族求相互了解與文化交流的態度與方式。故對上列之問題，我們亦並非必須一一先加以詳細答復。我可只舉一些例證，以說明所謂「指向於民族的心」的了解態度與方式，即非只「指向在文化之表現，所關聯之外緣，與外在的結果」，而指向在「此文化的表現之內在的原始處或發生處的了解之態度與方式」。在人與人、民族與民族間的了解中，須包涵其同處之了解，亦須包涵其異處之了解。禮記說「同則相親，異則相敬」。同異之了解皆同是有價值，而必須有的。譬如由中日民族文化相同的方面說，此可以舉出很多。如中日民族皆「對自然」、「對人」、「對自己」能求協調、求安處。此與西方文化之「對自然」、「對人」、「對自己」，喜處處造成對抗關係，顯然不同。就對自然來說，中日民族皆能惜物、愛物。此與西方人多只知消費物、利用物者，亦不同。由惜物、愛物，而中日民族皆善於以少量物質，製造精美之日用的衣、食、器物、與藝術品。此與西方人之必須多量物質，才能加以製造者，亦不同。中日民族皆能以少量的空間與木石，造出園林，以一張紙與少量水墨作畫。試想此中豈無中國人、日本人的心靈在表現？此心靈，照我個人的意思，乃在本質上，優美於一般西方人之多缺此心靈者。近三百年之西方人之殖民地，遍於世界。今如南美、澳洲、加拿大、美國、俄國之土地，多空曠著。而代表東方文化的中國與日本，皆只在地球上佔極少的土地，而日本尤其是地狹人稠。然而中國人、日本人，卻可以在園林中自開天地，一張畫中有江河萬里之勢。此豈非純出於一心靈的創造，而代表一心靈的優美？再如在東方，儘管地狹人稠，一家中老少共處，鄰里相望，但更善能以禮節相維繫，相容讓，而一人之心中，遂能涵容一切相接之人，而相安相和。此又豈非代表一心靈的優美？再如東方的宗教、道德，主要在求自己對自己有一內在的平安，此與西方人的宗教、道德，恒只在奮鬪、追攀之境者，又豈不代表一切心靈的優美？東方之中日之文化，在本質上高於西方文化者，我認爲甚多。我數十年來，對東西文化作比較的結論，是西方文化有可使我讚美之處，但不能使我心悅誠服。此自一言難盡。但人們如不透入中日民族之創造文化的心靈的優美處去了解，則將對此一無所知，而千言萬語，亦無用處。

自中國日本民族之心靈之同屬東方文化系統言，其同處自然甚多。但此二民族之心靈，亦自有其不同之處，而此亦非只由其外表之表現而卽能加以了解者。譬如日本人常自殺，有殉情的自殺，有武士道式的自殺，與當今之許多日本文學家的自殺。其武士道式的自殺之最近者，是三島由紀夫之自殺。文學家的自殺之最近者，是得諾貝爾獎金之川端康成之自殺。但現代的中國人，卽很難了解日本人的自殺。譬如有人說：日本人之喜自殺，由於其恒有對他人殘忍的行動（如在中日戰爭時日軍之殘忍），所以對自己亦殘忍。又有人說：在日本時有地震，此地震之物理的原因，引致日本人之在生理上特感其生命之飄忽無依，於是有一先天的虛無主義，存於日本人之生命之中，所以對他人與自己之生命，皆可以殘忍對付，而有一虐待狂與自虐狂。而對三島之自殺，在日本人多加尊敬者，在中國之報章輿論，則多只責其想復活軍國主義。此外，再如日本人對天皇的忠誠與崇拜，在一般中國人，亦皆不了解。此皆見中日民族之心靈、與人生文化思想之不同。但是在我個人，則對日本人之自殺，卻自始懷有一敬意。此日本人之喜自殺，究竟其外緣爲何？我不問。是否在日本時有地震之故，使日本人有一先天的虛無主義之故，我亦不問。我是從自殺者之心境去想。此自殺者之心境，必應有一較高的精神嚮往，超於其現實生命的存在之上。此精神嚮往是如何，我們可以不知道。但我們如果眞去求知道，而知道其不得不自殺時，則我們決不能只以其外表之對自己之殘忍，而只以自虐狂等輕加責難。三島之自殺，亦必有其精神之嚮往之所在。此嚮往，亦許卽是想復活軍國主義，而其「結果」可成爲中華民族的禍害。但是純從川島之自殺時之心境去想，則他總是爲其有一精神之嚮往，有其對民族之忠誠，而有此一壯烈之自殺。則我們雖不能如日本人那樣，對之崇敬，仍可對其精神，有一讚賞。此外對日本之崇敬天皇的心情，我最初亦不能理解。那是在十七八年前我到日本，曾至一與天皇有關之皇學館去作一講演，我才忽然想到：日本之有此一由古至今之天皇，亦如中國之孔子之有七十七世的世系，同是人類歷史文化中的大奇蹟。前者代表一政治的血族統系之一貫性，後者代表文化的血族的統系之一貫性、以分別爲中日之民族文化之歷史延續的象徵。照我個人的意思，天皇世系之存在的意義，與當今天皇之爲何人無關；如孔子的世系，與今之孔德成先生之爲如何人無關。世系之存在本身，卽有一歷史文化的意義，有一足以凝聚貫通民族的世代心靈的價値。中日的人們，對天皇與孔德成先生的尊敬，乃表示對「此凝聚通貫數千年之民族的世代心靈、世系之存在」的「愛護與敬重」。此「愛護與敬重」之本身，亦值得我們更加以愛護與敬重。然而以上的話，對不承認人眞有心之唯物論者，及不自人心靈或一民族的心，去看人的行爲一民族的行爲人，則亦可說全無意義。

以上所說，不過是舉一中國人當如何透過日本之文化，去了解日本之心靈的例證，以說明此了解要以心體心，然後能有，而初非易事。今再舉一日本人當如何透過中國之文化，去了解中國人之心靈的例證。此可即從在中日戰後盟軍他國皆主廢日本天皇，而中國獨主保存日本天皇，並不要求戰費賠償說來。今試問：一般日本人如何看此事？當然日本人有由此事而眞正對中國感恩的。但亦有以爲：此中國之保存天皇，只是爲因天皇之下命令，可使日本在中國軍人服從而眞無條件投降；中國之不要求戰費賠償，乃只爲求中日兩國之未來合作、和平共處之利益。但是此二種了解，即並未深入中國人之心。今如從中國文化思想，以了解中國人之心，則中國當時之願保存天皇，乃由中國自古代以來即以亡人之國，而滅人之宗祀，爲不道德。此即孔子之所以有「興滅國，繼絕世」的思想。孟子說「湯始征，自葛始」，亦只爲葛伯不敬祀其祖先。後來漢代之春秋家如董仲舒等，皆以周之存夏殷之二王之後爲法，而有其春秋繁露三代改制篇中「三王、五帝次退位，而並存其宗祀禮樂」之說。中國後來對四夷之態度，亦一向要任其自存其宗祀禮樂。直到辛亥革命，民國興起，對滿清之君主，仍許其居紫禁城內，保存清之國號，民國總統視之同外國君主，而以賓禮待之。這皆只能從中國之文化思想去了解，而不能從任何現實上的政治經濟之利害上去了解。中日戰後，中國之主張保存天皇，正是此一中國文化精神的自然延續。中國人是想日本既已投降，又何必再去破壞日本人，對天皇的崇敬心情，而使之再傷心？此應即是當時中國人之主張保存天皇的心。然而日本人是否眞能了解此時之中國人對日本的心呢？又是否眞能了解此心之出於中國文化之原有之「興滅國，繼絕世」的思想與精神呢？我看多數日本人未必有此了解。中國文化之思想與精神，確有其極寬恕而博大之處，而非一般日本人所易體會及者。就好處說，日本人能兢業自持，能忠誠爲國，亦能以俠義對友，更有一原始生命的單純淸白。這我們中國人應當加以欣賞。但日本人卻未能如中國人之不念舊惡，而以以寬恕、博大存心。即如我個人來說，在抗戰期間，日本人天天轟炸重慶，亦曾把我書房炸倒，二本稿子燬了。但是我多次去日本，從來未想及此事。我的感覺是：對於中日之戰爭，中國人通常是想「國必自侮，而後人侮之」；故中國人怨恨日本之情，並不強。說此由於中國人健忘，並不對。中國文化是最重視歷史的。重視歷史的民族，不會健忘的。這當說由中國人由其土地之廣大，文化思想中素有「天下一家」、「世界大同」與「宇宙太和」之思想。中國民族之心靈，卽自始趨於寬恕博大。至一般只是有兢業自持等德性，而不免島國民族的胸襟的日本人，要眞了解此中國人之心靈，卽必須先有一心靈開拓的工夫。此一般日本人如都眞了解中國人之心之博大的方面，則亦當知今日之中國文化在中國大陸雖爲外來之馬列主義所虐殺，國民政府雖退處臺灣，中國知識分子卽流亡海外，其心量與心願，仍然很大，則日本人對中國學術、文化、政治與國運的前途，亦自然當另有其看法。民族間的了解，除了同處或異處的優良之點之了解之外，還有對於其共同的缺點，或各別的缺點之了解。這些了解，亦都要通過心來了解。譬如許多人說日本人外表多禮節，而實虛僞。又許多人說中國人總是不易合作，而喜互相批評，人人唯我獨尊。但是對此缺點，如何有深入的同情的了解，並如何求加以化除，則亦不是簡單的事。此中只從缺點看，對缺點加以責難藐視，固然是最簡單的。但進一步看，則可看出人之缺點，常是緣人之某種優點之過度發展而致，亦常是人之要有其優點，必須付的代價。而要補救個人及民族的缺點，而不傷及其優點，是一非常複雜微妙的道德修養、及文化教育問題。如說一日本人外表多禮節，而實虛僞。此乃表示日本人之上意識之下，有許多複雜的情結，悶在那兒。依我個人的了解，一般日本人似缺乏一「照徹其意識之下的情結」之「清明智慧」；而一般中國人之不易合作，喜互相批評，唯我獨尊，則由其心靈的聰明，恒「漫溢於自己之外」，以成一「互相批評、而互相盪漾的浮明」。這些民族性的缺點，細細去思索了解，亦皆非常複雜微妙。而我們能以心與心互相了解，以至於互相欣賞無此缺點的對方，以幫助去除此缺點，正當是不同民族文化的交流的最後目標之所在。

（五）結論及餘言

以上不過是舉些例證，以說明中日民族如何以心互相了解其文化、禮俗，以及其民族心靈、民族德性、與其缺點，更至求改正其缺點，並非易事。然而我們確可懸此目標爲中日文化交流之最後目標。而自達到此目標之方法途徑上說，則只是有上述之現在階段之報導式的了解，如只有一般之學術研究的成果的相互交換報導，則斷然不足。這必須先有一求透入對方的民族的心靈、或心靈深處的嚮往與心願。此二十年中，我前後因種種因緣去了日本六、七次，但合起來，只住了一年。我之日本語文，既不行，對日本之學術文化，亦全說不上了解。但在與日本人之接觸中，我卻直感日本人之靈魂與中國人之靈魂與生命情調，確有若干同爲東方人，而異於西方人之處。就語言文字的運用說，我亦嘗勉強用英文寫一些論述與西方人交談，而與西方之大學與學術界有更多的接觸。但我與西方人間，一般說卻恒只能有抽象概念的相互了解，而不易有生命情調上與靈魂上的共感。對日本人，則我雖不能以日文與之交談，卻常易有較多之共感。然而我亦同時直覺中國人與日本人之靈魂、與生命情調之表現於其日常生活者之不同。對此中之同異之深入的了解，而求明白的加以說出，我認爲我們應多從日本的宗教、神話、諺語、禮俗，與文學、藝術及古史上去下工夫；而以日本的思想、哲學，爲照明此宗教、神話等之意義之用。但是中國學術界對於日本之研究，似乎很少能自此日本文化之本源處下手，以求了解日本人之心靈。我再記得十七八年前，初去日本時，特別到伊勢神宮，並聽人講一些日本神話，遂作了一對日本人之原始的宗教心靈的臆測之廣播講話。而在十三年後的五年前，竟有一吉田八郎先生著一書，名萬有文明序論，對我當時之講話，全部重載大加稱讚，視我爲日本民族的知已。然而實際上我只是憑一時的靈感而說，亦並未眞下研究工夫，當時講的是什麼，都忘了。至於對於日本人之整理研究中國之哲學、文學、宗教與藝術之著述，我之一般的印象，亦覺其多只是排比材料，依一套概念，加以解釋，以成一純學院式的著作；而不必能與中國學術文化的精神、生命情調，或所表現之心靈，求直接相應，或心靈上有眞實的共感；因而不能如在本文所說之第一時期中之日本人之研究中國學術文化，同時能發現其對日本之生活與生命之價值意義。至於中日之間，對於現實的政治、經濟、外交、社會生活的情形之相互的報導。這當然總可使我們得些報導式的知識，亦可作爲我們求進一步「相互了解其學術文化，及其所代表之精神或生命情調，或心靈」之若干資料上的根據。但我尚不能承認此即足形成中日民族之眞實文化交流與相互了解，與和平相處，以共同復興東方文化，以創造未來的人類世界。

最後我還要對現在的日本人，不客氣的進一忠告。卽在明治維新以後的日本人，自覺爲東洋文化之唯一的承繼者、代表者，雖不免誇大、狂妄，復更與一軍國主義的野心，互相結合，而冒險侵華，終致失敗。然此時之日本人，仍畢竟有一對東方文化之責任感，與自信心。但在盟軍佔領日本之後，韓戰、越戰，相繼發生。由美國之援助及日本人自身之努力，而產業突飛猛進，國家之經濟力，由威脅亞洲，而及於世界；遂使日本人，在世界及日本的高明之士之目光看來，成了一唯勢利是視者。日本固有的文物、藝術，與文化、禮俗，亦皆成爲供世界遊客觀光的資本。日本對外的外交關係，亦只以目前之經濟利益之大小爲權衡。如在其對中國的外交關係上看，姑不說日本政府對國民政府之忘恩背信——日本政府還可以現實的理由，自作辯護。今只說其在外交場合中所表現之態度，亦證明其東方文化意識之喪失，而無任何理由可以辯護。如毛澤東要以馬列主義化中國，而前年當面對日本首相田中，勸日本人不要信孔子；今年六月十二日，鄧小平又對西園寺公爲首之七人訪問團，說「漢字與孔子之教之傳入日本，乃中國對不住日本之處」。然而我們卻未見田中及西園寺公七人之如何答復。此毛鄧之侮辱孔子，固然是中國文化的罪人。但日本人之田中與西園寺公等，亦應想到孔子之教，傳入日本千六百年，對日本文化的功績，而應當立卽加以反斥，說孔子不只屬中國，亦屬於東方，屬於世界人類，直指毛鄧言爲「東方文化、人類文化的叛逆者」。或禮貌地說「我們皆尙無足夠的學識，對此學術文化性的問題發表言論，還是大家再讀幾年書，再說罷」。田中與西園寺公等，不敢直斥，禮貌地說亦可以。總不應於此默不發一言。此卽證明今日之日本之政治及外交人物，已墮落至只知勢利，不知道義，而更無東方文化意識之階段。由此而若更以爲日本與中國大陸之乒乓球隊之往來，卽能代表中日文化的交流。則其見識，亦太卑下了。故我今希望日本之社會文化人士，於此有一痛切的反省，更從歷史、文化去認識其自己與中國人的心靈、生命情調、精神之價值之所在。由此亦便可知道：中國民族，亦絕對不會眞正讓西方之唯物的馬列主義，虐殺、封閉中國文化生命的發展與伸長；現在的中國之馬列主義的夢魔，不久終會醒覺。此亦只須日本人眞能從中國之歷史文化去認識中華民族的心，便自然能自己形成此信念。

（一九七四年六月　中日文化交流會第三次會議報告十月「明報月刊」第一〇六期、「中華文化復興月刊」第七十九期、「華學月刊」第三十六期）

卅三、現代世界文化交流之意義與根據

從參加世界文化交流研究所會議，談到世界學術文化之大勢及世界文化交流之可能的根據

（一）參加世界文化交流所會議之經過

各位同學：本學期新亞研究所最近幾次講演，如牟宗三、徐復觀、嚴耕望、全漢升、孫國棟饒宗頤，諸先生所講，都是連着諸先生之平生治學經過、生活經驗講。下週李璜先生講，再下週羅香林先生講，亦將如此。諸先生皆有數十年之治學歷史。這樣講，可使大家知道學問之事，不離治學者之整個的人格與生命。將學問與師生之人格、生命連起來，本是二十五年前新亞初創時的理想，亦是宋明書院教學的實際。但後來新亞大了，新來的師生，未必皆能體驗到此理想的意義與價值；又一直有種種的外力，對此理想之實踐，加以譏笑與阻抑。到了現在，新亞研究所仍留在農圃道原址，求多少保存一些新亞之原始理想。希望細水長流，流到那裏算那裏。

我今天的講演，不想連着我治學的經驗講，只想連着我最近的生活經驗講。最近我離港一個多月，先是到臺北參加中日文化交流會，後是到京都參加世界文化交流研究所所召開的一次世界性會議

。前一會之形式，與一般的會議差不多。但後一會，則比較特殊，去年我已到瑞士參加了一次。此世界文化交流研究所的負責人，巴利可先生（F. Barnicol），有許多文化構想，與新亞之原始理想相似。我今把兩次會議的情形，向諸位報告，由此更談到我最近對世界之學術文化大勢，及文化交流之根據的一些看法。

算來我在新亞二十五年，亦經常離港到他處，參加學術性會議，總有十幾次。在我個人，只是覺在旅途中，可以多有些「心靈的超拔感」。對這些會議，我參加了回來，很少作報告。這些會議，大皆或是專門學術的會議，如四次在夏威夷舉行之東西哲學學人會，在歐洲意大利及美國伊利諾舉行之兩次明代思想研討會等。或是一特定問題的會議，如在韓國舉行之亞洲近代化問題之會議，去年在東京及今年在臺北舉行之中日文化交流會。看來一般之學術會議，亦不出討論專門學術、或特定問題之形態。但是去年在瑞士、今年在京都，所參加之兩次會議，其性質則完全不同。此不是專家聚在一處，討論此專門學術或特定問題，亦不重會議的形式。人數皆不過三四十人，但其中有德、奥、法、英、美、非洲、印度、日本、與中國人。去年我是與蕭師毅先生同參加，今年則除蕭先生外，香港只有劉述先先生，臺北只有馬漢寶先生。而參加的人所治的學問，則自然有學哲學的，如在去年之會中有歐洲之存在主義哲學家馬色耳（Gmarcel），他已八十四歲，開了九日會後，一月就死了。巴利可先生，他是猶太名哲馬丁布伯 Martin Buber 的學生，亦是學哲學的。說來學哲學的是較多，但各人之哲學出發點，並不相同。其次是研究宗教的教授，亦有七八位，其中有爲天主教神父或基督教的、猶太教的、印度教的、回教的、佛教的。此外則有學醫學的、學心理分析的、學語言學的、學社會科學的，並有學自然科學的專家。如今年在京都之會中，曾得諾貝爾獎金之日本物理學家湯川秀樹，亦來作了一次報告。大家會想：這三四十個左右的治不同學問，屬十餘國籍，說不同語言的人，如何能聚在一起開會呢？這我要說到此文化交流研究所的來歷，再答此問題。

此會之來歷是在約十年前巴利可先生，與蕭師毅先生及德國之存在哲學家海德格、日本之宗教哲學家西谷啟治先生等，在德國發起一學會，名象徵學會（Symbolic Society）。此一學會之原始目標，在遙承希臘柏拉圖之對話的方式，求如何使現代世界之人們，能相互透過其所運用種種之語言、圖示，來求相互的眞實了解。此會在當時所用之象徵的圖示，即中國之太極圖。當時他們所想之「了解方式」是用「交互通信」的方式（Cross Correspondence），由交互通信，如太極圖中之陰陽往來，以求達到彼此心契的了解，以去除當今世界之人間的阻隔。而在此當今世界之人間之最大阻隔，即治不同學術的人間之阻隔，屬於不同文化傳統的民族間的阻隔；而要打破此阻隔，則須由少數有學術文化的代表性的人開始。後來巴利可先生，遂以近十年的工夫，到處去拜訪、尋求能同意其理想，而他視爲有代表性之各國學術文化界的人，並四處籌備經費。後來更改其會名爲文化交流研究所Inter Cultural Research Institute。總會設在瑞士，在世界各地成立分會，即以其地之名，名此研究所。如在日本，卽名日本文化交流所，中國的名中國文化交流研究所，擬設在香港。於去年及今年，召開了在蘇黎世與京都之兩次會議，此卽此會之來歷。

我是在六年前於夏威夷之東西哲學學人會議中，遇見巴利可。我最初很懷疑，其所謂交互通信之方式，會有甚麼眞正的成果。但我很欣賞此方式之合乎中國古人之以書信論學的傳統。後來他兩次來香港，彼此談了許多。因我素來亦以爲他所感到兩種阻隔，須逐漸求加以消除。新亞書院原始之教育理想，便是希望師生每一人以其人格生命爲中心，對不同學術具備基本的通識，而彼此共同講學。此正是要多少去除學術間的阻隔。而我們在今日之談東西文化的比較，亦是要求去除文化所造成的人類世界中的阻隔。

現在我再來答覆方才所假定的問題。卽這些治不同學術，屬不同文化傳統、說不同語言的民族的人，如何能聚起來討論交談呢？討論交談些甚麼呢？這一問題，其實並不難答覆。卽人們雖治不同學術，然一切學術皆原於人之生命存在中的具體經驗，而對之作各種不同角度的理解、思索而成。其出發點，原是共同的。只是人由出發點出發，人之理解思索等，分向各方面進行，則有千頭萬緒的各種專門學術的產生；則現在只須人能再回頭到原初之出發點，卽可重見學術之聚合會通之處。至於屬不同文化傳統，說不同語言的民族的人間之相互了解，則須賴一人把他人眞當人，而設身處地對他人之生命心靈的活動，作共同的振動。這自然比較難。但此不是不可能。若說此是不可能，則屬同一文化傳統的人們間之了解，亦同不可能。因在同一文化傳統，各人所受之文化教養，亦不全一樣。至於語言的阻隔，亦可由反覆的翻譯，以求其語言的意義之對應處，而逐漸加以打破。

此上只是抽象的說，或者大家還不能明白。今不如將此二次會議之情形說一說，大家自然可以明白。

譬如去年在瑞士的九日之會中，有人談到「空間」的問題。這空間的問題，當然可以作幾何、數學的研究；而物理的空間，則可作物理的研究；地球上的空間，則可作地理學的研究。地球上的空間，又不同于心理上的空間之屬於心理學者。如依地球上的空間，分遠近，則南極很遠。然而如有一母親的兒子，在南極，則兒子在母親的心理的空間中卻很近，而左右的鄰居，卻可相距很遠。如此看，則此空間，只是不同學術的不同題材，一一分別研究起來，亦十分複雜。但是如從我們之存在的生命之對於空間之原始經驗上看，則空間初只是當前所感覺之充滿事物之空間。母親在想着其在南極的兒子時，其心靈的空間中，卽充滿其兒子的面相。一切有關空間之專門的學術，初只始於我們人人當前所感之空間，而依不同觀點，不同方法，去理解，去思索，便成不同之學術。這大家試想一想，便可明白。

在上次會中，似乎亦有人談到「病」的問題。一般說病是生理的，但病並不能只從生理學去理解，亦可從心理分析去理解精神病。而一般所謂純生理的病，是否卽不是精神病呢？如依印度的瑜伽的觀點，則人之生理上的病，亦都同時是人之生命精神上的病。若人從基督教神學觀點理解病，則在亞當之樂園中人，初無病，病是人犯罪的結果，或罪的懲罰。佛教由生老病死去出發，則由病可使人求解脫之道。而有的人類學家，則說人原是一多病的動物。人類初乃因多病，身體不能行動，而後發展出思想，以補其體力之不足。「病」只是我們生命存在中所經驗之一平常的事。我們從各觀點去理解此病，則可有隸屬不同學術的不同說法。然而今將此不同學術之不同的說法，反本歸原而論，則生理學家、心理學家、神學家、人類學家，明明是可以有其思想談論的共同出發聚會之點的。

再如在去年之會之一小組中，我們又談到語言的問題。其中有一非洲來的回教哲學家，初主張可蘭經之語言，乃神聖的語言，與世俗的語言，應加分別。又有人談到新舊約的語言，亦是神聖的語言。然此中連到一問題，即新舊約的語言乃希伯來文。則人可說只有希伯來文是神聖的語言，而翻譯為英文、德文、法文的新舊約，即不能是神聖的語言，只是世俗的語言。則只識英德法文之基督教徒，從未接觸神聖的語言，只接觸世俗的語言。據說此神聖的語言可否翻譯的問題，曾引起神學界極大的爭辯。此問題可擴大為一切語言是否可相互翻譯的問題，由翻譯可否更使屬不同文化傳統，說不同語言的人，形成相互眞實了解之問題。記得我當時談了一大段話，大概是說如果神聖的語言不可翻譯，則除懂希伯來文的人以外，即不能有眞正的基督教徒。如果神聖的語言可以翻譯，如新舊約尙可以翻譯為非洲土人的語言，則一切語言，應同是神聖的。又說某一語言之聲形是神聖的，則印度之彌曼差之思想中有，中國之緯書思想中亦有。但語言的聲形只是「表意義」的媒介。對此種媒介之了解，正是要超過此聲形，以到其意義，而意義則當是普遍的、公共的。不同民族的人「了解同一的意義」，明明是可能的。相互了解其有此「了解」，亦是可能的。不過人之語言，既有其不同之聲形，而人只注念此聲形之不同，則可只以自己所信的宗教中的語言之聲形，爲神聖的，其他語言則不是。此是人心之膠執於特殊的感覺界之聲形，而不能達於普遍公共的意義界之所致。其實應當說只有此意義界是神聖的。而此意義界既可用不同語言來表達，則如說某一語言爲神聖的，便應說一切民族的語言，都是神聖的。我這一段話說了後，原主張只有可蘭經爲唯一神聖語言的那位先生，終於承認了我的話。今我重述此段話，亦即可答覆方才所假設之問題之後一部份。

其次我再約略報告最近在日本京都開會九日的情形。此次會有一共同的題目，即「自然」。試想此「自然」，卽顯然是治各種不同學問的人，如學自然科學的，學藝術文學的，學神學的，學醫學的……等一切人，同可參加討論的，而屬不同文化傳統之各民族的人，亦明皆有其自然觀。此豈不可成爲一共同的題目？在此會中，方才所提及之湯川，曾報告現代物理學中之自然觀。但是我卻覺其尚不如法國之一天主教神父的物理學家杜巴魯 Dubarle，能從希臘中世直貫到近代西方，連着哲學神學，來講近代物理學之自然觀的好。因只從物理學講自然，明明是不夠的。此外劉述先先生於此中曾有一簡短的講中國思想中之自然觀的論文，馬漢寶先生對西方之自然法及中國之道德禮法觀念，有一加以比較的口頭報告，都很好。我曾談到：自然應分外在的自然，與內在的自然；內在的自然卽人性。我說由此外在之自然之被了解、欣賞、讚美等，及內在的人性之自然，表現於對外在的自然之改造等，遂有人之文化。故文化乃內外之自然之交流之表現，以完成自然，而超越自然者。其中一些意思，乃會中臨時想到，我以前尙未如此明說的。此卽見交談可以創生新觀念。很顯然我是不能滿足一般自然科學家只以外在的自然爲自然的說法，故對自然之眞實了解，亦必須綜合自然科學家、心理學家、文學藝術家，與神學家、哲學家的不同觀點不同思路，才能有一整合而比較完全的了解。

關於此兩次會的情形，其討論的內容，今不擬更多說。而我對此會議之精神最加以欣賞者，則會中人大皆有超越純學術討論之外的興趣。會中節目的安排，亦連到討論以外之生活上的體驗的事。如在上次會中，曾一上午在天主堂，一上午在回教教堂，一上午由一日本禪師指導大家參禪。今年在日本，參觀寺廟花園之時間佔三分之一。他們後到臺北，則主要是爲看故宮博物館的名畫；到香港之二日，因他們願與新亞研究所構成聯繫關係，所以我們有一次宴會，除約了若干新亞同仁之外，還約了若干學不同學問的朋友，如學歷史之李幼椿先生、學法律之胡鴻烈先生、學醫之黃夢花醫生、中華月報之徐東濱、與明報月刊之胡菊人先生等，參加宴會。可惜宴會中不能論學。後來我又特請了原在新亞國樂會之蔡德允女士、王純、馮先生、胡菊人諸先生、及研究所畢業同學劉楚華女士與唐師母，作一小規模之中國音樂演奏。他們在聽了此音樂以後，其中有一人說，中國人之古琴恒有無聲處，此好似開了許多心靈的窗戶。又有一人說，聽中國音樂，如看中國之宋元人的畫。這都是智慧的語言，表示他們之心靈對中國之音樂間，已有一眞實的心契。學者亦原當除了能作學術討論以外，更能欣賞許多自然中、生活上、藝術上的東西，而與之有心契，或精神上的交流的；而此卽可融學術於生活與人格之存在之中。此會中人則大體能如此。這是我對此會中人所特加欣賞的。

（二）學術文化之天下大勢與政治經濟軍事上之天下大勢之背反

關於我最近參加文化交流研究會議的情形，卽如上述。但是我今天所要講的，是沿此更進一步去說，在當今世界之學術文化的大勢，與中國傳統學術文化精神的關係，與世界文化交流，如何眞實可能的根據。這問題比較複雜而具理論性，今天只簡單的談一談。

首先，我要說，當今世界或天下之學術文化之交流之大勢，早已存在。求交流，卽求會合，卽由分而求合。此乃與當今世界或天下另一大勢，卽在政治上、經濟上、軍事上，乃由合而分；以及西方至十六七世紀以來之學術文化之大勢，乃由合而分，皆相對反的。大家所讀之三國演義開始卽說：天下大勢，分久必合，合久必分。但整個人類世界所成之天下，則自始未合過。於是有許多人想現在之天下大勢，是趨於政治、經濟、軍事上之勢力之由分而合，以建立一世界政府，成一世界國。但是在事實上，自從在第一次世界大戰後，人類初有由國際聯盟，以求過渡至一世界政府的構想後，世界的政治、經濟、軍事的勢力，都是由合到分，而非由分到合。在西方於第一次世界大戰後，有慕沙里尼、希特勒起來都想先統一歐洲，再統一世界。但是他們只走上拿破崙的老路。在第二次世界大戰後，蘇俄之力量，及於半個歐洲，扶植了一面倒的中共，似乎趕快要統一世界。所以大約在二十年前，羅素曾以悲天憫人的心情，與杜威之高足胡克 S. Hook 有一大辯論。他主張自由世界的國家，投降馬列主義的蘇俄，以免由核子戰爭，使人類毀滅。但是俄國之斯太林，亦如法國之拿破崙，德國之威廉第二，與希特勒，意大利之慕沙里尼，終於同歸於一悲劇的命運。其命運是其生前之出現了狄托，死後之被鞭屍，與東歐國家之反抗、中共與蘇俄之分裂。由吉拉斯至沙哈諾夫、索盛尼津之反對極權統治。自天下大勢看，共產世界，明在自己崩裂。現代世界最反共的，卽共黨自己之「共」反「共」。而無論是德國、越南、韓國，與中國，皆一時不能只由政治的方式達成統一。在亞洲、非洲正不斷有由分裂而成之新國家的出現，如孟加拉國。總括的說，在第一次第二次世界大戰以後，政治上的國家，是愈來愈多，非愈來愈少。這與中國之由春秋，到戰國、到秦，乃當時國家次第被吞併，爲七雄，更統一於秦之情形，完全不同。所以在現在世界，不能產生秦始皇。中共要想當秦始皇，以秦始皇的方式對內、對外，皆必然失敗。只有將政權分散，走向民主化自由化，才是出路。

政治上之天下大勢，是由合而分，經濟上軍事上之天下大勢，亦然。在十九世紀英國的國旗，遍世界而無落日，倫敦銀行，可以控制世界的經濟。在第一次世界大戰後美國之紐約的華爾街，亦可控制世界的經濟。但是第二次大戰後，東方的日本的產業，阿拉伯的石油，以及其他未開發地區之農工礦業之不斷開發，皆逐步成了所謂先進國家經濟的威脅。在未開發地區，土地多、人工賤，新發明的科學技術，誰都會立刻加以學習應用。而一切未開發的地區，由開發而各有其經濟成長，卽使世界的經濟力量，分散於世界之各地。此正是由合到分。此外在武力上看，則今日世界之武力的核心，在核子彈。現在不只美蘇能造核子彈，中共法國亦能造，連出大慈大悲的釋迦之印度，亦最近有了核子爆炸。將來能造核子彈之國家，還要增多。此亦是武力之由合到分的大勢。

總而言之，在當今之世界，從政治、經濟、軍事的勢力上去看，是由合到分，而非由分到合。政治上、經濟上、軍事上的世界，乃向多元發展，非向一元發展。聯合國今已只成各國互相爭吵的地方，已失其存在的原始意義與眞實價值。世界政府，世界國，更是遙遠的理想。而共產主義的極權世界，正一步一步的，在內部解體。一切想當秦始皇的叫囂，無論對外、對內，皆只是內部解體，而不能不走到民主化、自由化前的絕望的呼號。我想，如果羅素今還存在，亦絕不會主張投降馬列主義了。馬列主義的時代，已決定地過去了。

（三）近代西方學術文化之「由合到分」之大勢之轉向為「由分到合」之勢之表現于科學與宗教者

在政治經濟軍事上看天下大勢，乃由合到分，不堪爲人類之求和合的精神理想之所寄；但自學術文化上看天下大勢，則正相反。此是由分而合，而漸足以爲人類之求和合的精神理想之所寄。此學術文化上之由分到合，在歐美來說，又與歐美自十六七世紀以後，其學術文化之大勢，是由合到分，正相對反。歐洲在十六七世紀以後，各種科學次第由哲學中分出來。此卽由合到分。但牛頓之物理學書，仍用自然哲學之名，十八世紀之生物學家達爾文、拉馬克之書，亦有名哲學者。大約在黑格爾以前，哲學仍公認是西方學術的高峯。哲學之名爲美稱。記得在康德實踐理性批判的附註中，說到當時人濫用哲學之名，連梳頭髮，亦是哲學，而致其嘆惜。黑格爾著了哲學百科全書，其哲學之囊括當時之學術之基本觀念，有如亞理士多德之在希臘，聖多瑪之在中古。但黑格爾死後，其哲學的綜合精神，卽遭受鉅大的攻擊。十九世紀以後，在西方學術界，乃科學次第自哲學獨立的時代。不僅自然科學自哲學獨立，連社會科學亦然。而使社會科學獨立，亦皆是哲學家自己作的事。如政治經濟學由亞丹斯密、穆勒建立；社會學由孔德、斯賓塞建立；第一個心理學實驗室，由溫德建立。而亞丹斯密至溫德等，其本行則皆哲學。這些科學自哲學獨立以後，研究這些科學的人，則漸數典忘祖，自謂是研究一專門的科學，與哲學無關。此十九世紀以後，西方科學之愈分愈專門，亦正與西方之十九世紀以後之社會文化中之各種職業之分化，互相配合爲用，以互增強其分化之勢。而在學術界，則以「專門科學」反「哲學」者，其極則或爲如恩格斯等之謂將來之世界只有科學，而無哲學之哲學滅亡論。在二十世紀又有哲學中之邏輯經驗論者，視哲學中之形上學、倫理學為無意義之語言，哲學只是科學的邏輯之論，以及現代西方哲學中之崇尚分析哲學、分析方法，而將整個哲學加以肢解之風。此則是十六七世紀以來西方之學術文化由合到分的大勢之餘波。然而西方學術文化之眞實要求，卻不是此餘波，而是由分到合。此由分到合之勢之所以成，可以從下文看。

從根本上說，此由分到合之勢之所以成，乃在每一人生命心靈之整體性，與統一性。每一人之生命心靈，有此一整體性、統一性，即必然不安於其所知之知識之分裂，其生活所在之社會文化，只分化為專門，又專門的行業，而只生活於此一行業中，作螺絲釘式的工作。故由合到分之勢，已至極時，人的思想、情感、意願、信仰，無不求由分到合。此要求之第一表現，即一方有科學間的科學的興起，如生理學與化學之間，有生理化學；物理學與化學之間，有物理的化學，化學的物理；天文學與物理學之間，有天文的物理；一方有各種比較學術的出現，如比較政治學，比較教育學，比較宗教學，比較哲學等。這種居間的科學與比較學術的興起，明表示人求將不同的科學、學術，加以聯系綜合的努力。但此居間的科學比較學術興起後，其本身又可成一專門的科學，而自己獨立。此猶如社會中有許多居間的行業，如經紀，而經紀本身又成一獨立的行業。這便尙不能眞正滿足人由分到合的要求。

但是，第二，人對於此科學知識世界之分化，可以從另一方面去求加以統一。此即如邏輯經驗論者，以哲學爲科學的邏輯者所作的工作。邏輯經驗論者，在哲學中將形上學倫理學驅逐，乃對哲學作分裂的工作。但他們亦看到不同的科學語言之邏輯的結構，又有共同之處，而其語言應可相轉化；則邏輯可成爲「科學之統一性」之所繫。所以約三十年前與卡納普爲同調之紐拉斯 Neurath，曾有統一的科學之國際百科全書 International Encyclopedia of Unified Science 之出版，卡納普、莫利斯皆有文贊助。此書只出了二册，其計劃是失敗了。但此亦表示一現代人於科學中，由分求合的努力方向。

第三，諸位知道約二十年來，美國有一承詹姆士、杜威哲學之重「行爲」，及後以語言亦是行爲之行爲主義、科學知識之運作主義（Operationalism）等思想而來之行爲科學的運動。此乃想將一切研究人類行爲之專門學術，如社會科學、人類學、心理學、語言學、哲學方法論，聯繫起來，對人類行爲作綜合研究的學術運動。此一運動，亦似尙無一定的成果。但仍可視爲現代學術文化中之一由分求合的要求之一表現。

第四，我要說：在西方現代學術文化中，表現由分求合的精神與高度智慧之一尖端，乃西方之神學與宗教思想。我希望大家注意：決定人類思想的方向，在根柢上乃在人之自覺或不自覺的，對宇宙人生之歸宿的根本信仰。此卽宗教思想與神學的課題。此根本信仰，若無互相了解而會合的道路，則一切科學哲學的知識之綜合會通，皆不可能。譬如說物理學家可共同於某一物理問題，有共同的答案，而有一公共知識。但此公共知識，如連繫於物理學家之宗教信仰，則此公共知識之意義，卽截然不同。如在信仰基督教的物理學家，只視此知識爲多少展現上帝所造的物理世界之結構；而在佛教，則只視之爲緣生無常的物理世界之一面相；在宗教上的無神論，則只以之加強物質世界的眞實感。我們可說任何的公共知識，若隸屬之各個別的人，而各個人之宗教信仰不同，則此知識在人之生命心靈的全體的根本信仰中看，其意義卽全然不同。所以人類若無在宗教信仰上交通會合的道路，我們以上所說之三種由分求合的努力，皆不能滿足人之用分求合的要求。由此我們才了解在西方現代之宗教思想與神學中，所表現之由分求合的努力，其時代意義之重大。

此現代西方神學與宗教思想，固極複雜，此乃原於西方神學宗教思想家之一深度的自我批判。此批判乃傾向在肯定基督教以外之世界宗教與基督教之平等的地位。此思想方向的逐漸轉變之客觀原因，乃由於基督教在東方傳教之多少受阻，及兩次大戰所促成之西方人對其文化與宗教精神之反省。兩次大戰中，敵對的雙方，皆同祈禱上帝幫助自己勝利，其結果是上帝幫助雙方殘殺。由此而引出的反省，則或是如羅素等之強烈批評基督教，或是如俄國之貝加葉夫 M. Berdyaev 之求回復東正教之原始精神，或是如法國之馬里坦（J. Maritain）以天主教之神秘主義的體驗，爲知識之最高階段，或是如美之尼布爾 R. Niebuhr 之由新教出身者之講人類之命運，在去除由近代之理性主義所產生人類之驕傲的罪惡，以皈命於神。或是如瑞士之巴特（Barth）之辯證神學，求回復到原始之上帝直接啟示的語言。這些神學宗教思想家，皆對近代西方機械文明、極權共產主義之視人如蜂蟻之罪惡，有痛切感，其思想皆有深度，與動力性，非今日西方一般哲學家之所及。但他們之思想，仍限在西方傳統，由他們之思想，尙只足以證明西方宗教思想之有一內在的大震動與危機之存在。而我認爲更能代表西方宗教神學思想之進一步的發展者，毋寧是如新釋經學派巴特曼 R. Bultman 之受海德格之存在主義影響，而以存在的感受，解釋基督教之始原，並望現代人，以其存在的感受，爲其體現基督教精神之根據者；或如田立克 P. Tillich 以人之存在的生命之「究極的關心」爲宗教之根據，使人成爲「新存有」，爲宗教之歸宿者，更代表西方宗教思想之向上發展之一面。田立克則明承認東方的佛教與西方宗教之有一義上之平等地位。而以宗教觀點看人類歷史社會之湯因比，與素羅鏗 Sorokin，亦皆承認東方宗教的地位。湯因比幷說基督教要有世界的意義，必須解除西方文化的束縛。只是他們尙不如第一次大戰後著哲學家旅行日記之凱薩林 C. H. Keyserling，對東方儒佛道三教，皆能深賞；第二次大戰後，著東方與西方會合一書之諾斯諾圃 F.S.C. Northrop，明主張「人類文化的未來，在科學，東方人應學西方；在宗教，西方人應學東方」而已。

照我的看法，此數十年中西方之神學與宗教思想，乃代表西方人之思想反省之一高峯。其逐步求回到原始基督教，幷承認東方宗教的地位，即同時自其十六七世紀以來之傳教士的態度中，解放超拔，而開出眞實的東西文化之由分到合的道路。西方自十六七世紀以來之傳教士的態度，乃自負有神聖的使命，向東方傳普世的福音。此乃自始以一居高臨下之勢，來傳教；後來更與西方對東方之政治、外交、經濟事事的侵略勢力合流的情形。如十六七世紀之利瑪竇等耶穌會士東來，卽初自認爲古儒眞教，進一步卽以補儒、益儒、超儒自命，而排斥宋明儒學，與佛教；全不虛心研究宋明儒學與佛學，亦不知儒佛亦有超過基督教的地方。而在中國淸末西來教士之傳教事業，並訂在屈辱的外交條約中。但在印度，則由基督教之傳教而辦的學校，卻引起印度教的思想的復興。如印度之拉馬克利西蘭（Ramakrishnan）、阿羅頻多（Aurobindo）、甘地（Gandhi）、拉達克利西南（Radhakrishnan）諸人，皆在基督教學校中受教育，而回頭來復興重光印度教。在日本，則基督教之傳教，反刺激起日本之佛教與神道教的復興。而在中國之高級知識分子，則大多對基督教取冷淡的態度。然而這些事，幷不能促進西方傳教士的反省。他們仍照常以居高臨下之勢，在近代更依恃西方之政治經濟力量向東方膨脹之勢，自居爲唯一能拯救東方人之靈魂者的地位。此卽使東西方人之在其生命心靈之根本信仰上，不能與西方人居平等的地位，以更有眞正的宗教思想上之平等的交流。然而兩次大戰後，由西方之神學宗教思想的反省與自我批判，終於使西方人漸去掉其宗教的傲慢，逐漸承認基督教以外的宗教的地位。許多神學家，於基督教之有形的教會以外，承認另有一無形的教會，可容不信基督教的人參加，而亦有其得救的道路。此卽使基督教與他教之人士間，得有平等地位的交談，使東西之宗教思想，有由交流而由分至合的可能。這不能不說是一劃時代的契機。

（四）存在主義哲學之方向

第五，我認爲最能代表西方學術文化界之由分求合的大勢者，仍不是西方之神學宗教思想、對西方文化宗教的自我批判，而是今之存在主義哲學的思想方向。此存在主義哲學各派之內容，亦似十分複雜。然皆表示一對西方近代文化與哲學，有一自我批判。此批判的目標，則在使人成爲一眞實的存在。在西方近代之文化社會中，人只作一螺絲釘的工作，其中並無整個的人之存在。學者之只研究一專門又專門的問題，其中亦無整個的人的存在。卽一哲學家，畢生只完成一哲學的系統著作，其中仍無整個的人之存在。因人除能作理智性的哲學的思維以外，還有其他方面的生活。而人之只獻身於客觀性的任何文化學術的工作，將其生命心靈中所有的一切，客觀化、亦外在化於文化學術的成果之中，卽使人的生命心靈自身，成空無所有。此一切成果，再依各種客觀的社會文化關係，而被應用、被利用、被歪曲、被出賣，亦通通非創造此成果者所能主宰。卽使人之旣在主觀方面喪失自己，亦在客觀方面喪失自己；而歸於人的失落，形成人之生命心靈之無限的煩惱與不安，亦形成無數的人格分裂，此是西方之存在主義，共有之「存在的感受」，而有其「存在的呼喚」以求人之人格如何由分裂，以再整合其自己，在此義上說，存在主義卽最能代表一西方人由分而合的思想方向者。

我說存在主義哲學，代表西方由分而合的思想方向，不是說此哲學能造一完整無漏的哲學系統，以統一人類之學術知識，如亞里士多德、多瑪士、黑格爾之所爲。存在主義哲學，正是由批判這樣的哲學起來的。現代存在主義哲學的歷史根原，大家追溯到杞克果與尼采。而此兩人，皆是反對系統的哲學的。現代的存在主義哲學家，雖然亦作大書；但此大書之思想方向，在大書之外，而要在叫人各回到他自己的眞實存在。大體上說，西方之存在主義的哲學的哲學家，皆不以系統哲學的語言，爲唯一能表哲學義理者。如沙特、馬色耳，皆同時寫戲劇。海德格則以詩的語言，能表哲學語言之所不能表。雅士培承認日常交談的語言中的哲學意義。如海德格等又都承認人類在用語言時，說話與聽話，同樣重要。而聽話時最需要的，則是沈默，與心靈生命的開朗。唯由此而後人可由語言而有相互之眞實了解，以形成人之生命心靈，由彼此分離，而得其相互交通與會合之處。在此意義上說，存在主義哲學，乃正是西方之傳統哲學家，人「各以其哲學語言，各造一哲學系統，以互相對立之風」之一自我批判的產物。其嚮往乃在使人之語言，通過人的沈默時之生命心靈的開朗，以眞實的成爲生命心靈的交通會合的橋樑，亦卽成爲人之一切以語言文字表達的學術文化，互相交流的橋樑。而此橋樑，是要由被經過、被超越的。

在當今之諸存在主義哲學家，自然各人說法不同。其中有只重視個人之當下的存在於自己之主體的，如早年的沙特。其中有兼重視人與人之「交通」或「我與你」之互爲存在的，如雅士培、馬色耳。馬丁布伯亦重此人與人間及人與神間之此「我與你」之關係，亦可視之屬於存在主義之潮流的思想家。照我的意思，沙特之個人主義思想，原是偏見，其立論自相矛盾，故終歸於其後來之投降另一偏向之馬列主義的社會主義。雅士培、馬色耳、馬丁布伯之肯認人與人生命心靈間可有眞實交通，以互爲眞實存在，以形成互爲主體 Inter-subjectivity 的關係，更爲存在主義的正宗。大家可以看看他們的書。在美國近二十年有一佛朗（E. Fromm）乃由社會心理學出發，以論及人與人互爲存在之問題，但無人說他是存在主義者，其書亦値得看。總之，此求人與人之互爲眞實存在，應爲當今之分裂的世界、文化的世界、學術的世界，由分立到交通會合之一根本動力之所在。

（五）中國學術文化傳統中之「語言」的存在地位

此一西方之存在哲學之求人與神之互爲眞實存在的一方面，乃屬於宗教思想；其重人與人之互爲眞實存在，則爲一倫理道德思想。而此二思想，皆可爲西方之思想轉向東方之宗教思想、中國之倫理道德思想的契機。這些話說長就長，說短亦很短。大家不難明白。在中國文化與哲學中看，語言本只是人與人之生命心靈交通的橋樑，被經過後，即須超越。又形成此交通的語言，除純理論性的語言之外，文學的語言，自來被中國人重視。中國的哲學著述，亦大皆帶文學性。再則中國之哲學，自來即是在人與人面對面的對話中，表現、進行。如孔子孟子的哲學，即其與其弟子的對話。墨子的哲學亦即在其說教之語言中。道家的莊子，原是一人獨語，但亦要造許多子虛烏有的人物，以變其文爲對語的記載。後來玄學在清談中產生。佛學最後成爲禪宗之對語。宋明儒學自二程起，卽不重一人著書，而重對話與書信論學。中國數千年來的哲學傳說，正是將哲學語言，置放在、亦存在於有生命心靈的活人之對話與書信往還之中，而亦存在於爲諸活人之生命心靈之交通會合之中。至於謂：在語言中說話與聽話，同樣重要，聽話時須沈默，更須有心靈的開朗，則在中國思想中，自孔子便有默而識之的話。此大家可看我在中國哲學原論中，論中國哲學中之「言」與「默」之長文。我們大家知道：中國之民族文化最初之本原，亦很複雜，但是其何以逐漸融合，成爲一民族文化的整體，卻大不同於歐洲之各民族之各文化，一直對峙分裂，而融合不起來。此中之原因，固然可以很多。但一主要的原因，我想卽在中國自來將哲學思想以及其他學術思想的語言，放在人與人之活的生命心靈之「聽話與說話」的「偶語」（秦始皇最恨的）中進行。由此而人的思想，連帶其情感與行爲生活方式，卽一人傳十，十人傳百，而自然逐漸融合，成一偌大之一整體的民族文化。直到現在，中國人之傳播其思想觀念，對人對事的評論，照我看，由古代之街談巷議，到後來之茶樓酒館的談話，仍是一主要的媒介。此茶樓酒館的談話，凝聚爲成語、格言，或以擺龍門陣方式次第擺出。其對人之思想觀念、對人對事之評論，加以迅速傳播的力量，遠超過於今日之一宣言、一演講、一論文的力量。這都依於中國文化思想中，原有一將人之思想觀念，置放在亦存在人與人的活的生命心靈間的傳統之故。

由此來看，西方存在主義的哲學，歸向在人與人之形成「我與你」，互爲主體的倫理關係，並求將人之哲學語言與其他語言，置放於人與人之倫理關係中，而重視到此中之沈默與心靈的開朗等，可以說一點不新鮮。這些話的內容，即我個人亦在未看他們之書之前，早依中國思想傳統，從多方面講過了。但是當我發現西方哲學思想，能發展到此一步，而接近中國傳統，則不能不說是一新鮮的事，而為之欣喜。當我數年前遇到文化交流研究所之巴利可先生，告訴他說：你想承繼之馬色耳、馬丁布伯，而從事世界文化交流的事業，所取的方式，在中國文化中，自來便是如此時；他亦覺到新鮮，而為之大喜。此種新鮮與欣喜之感，不原自「內容」，而原自發現此內容之能在不同文化傳統中存在，而其間有一「存在的遭遇」。

（六）心靈之開朗之根據——虛靈明覺心

然而我今天還要進一步，同你們講，即西方人雖然已有少數人知道學術文化交流之眞正基礎，在把學術思想語言置放在亦存在於活的生命心靈的對語之中，此中需要有聽話時的沈默與心靈的開朗；但是他們還未必知道如何成就此心靈的開朗。譬如馬色耳，雖然口裏說要使人與人在對話中，有我與你之關係，而能互相聽話。但我在去年之會中，卻覺其聽話之態度與能力，尚不如日本人的虛心。去年參加會議的蕭師毅先生，又說他曾與海德格翻譯老子。海氏並不懂中文，而堅持某一句要如何翻譯，終於鬧翻了。我看海氏聽話之態度與能力，亦可能有問題。實際上，說心靈要開朗是容易的，眞要成就心靈的開朗，還須另有道德與哲學的修養。此簡單說，要在培養我年來許多文中所說之虛靈明覺心。在中國儒道佛三家思想中，皆有如何培養此虛靈明覺心之道，爲此三教的共法。由此而人必須能掃除人之生命心靈之底層之種種私欲、氣質之昏蔽、意見、情識、意氣、習氣，才能深度兼廣度地，培養出此虛靈明覺心，而後有心靈之廣度與深度的開朗。這中間，無論從義理上說或實際培養工夫上說，皆有無窮的學問。我體悟到此義已三四十年，仍覺工夫相距太遠。我看西方的存在主義哲學家，於此蓋尙望道而未之見。西方之一般心理學家，幾於此一無所知。但是他們能知道此心靈的開朗，爲人類世界學術文化交流的眞實基礎，要將語言置放在存在於人與人之面對面的交談與書信來往之中，已比一般西方思想家以爲只造幾個科學之間之科學、比較學術，或發現一切科學之共同的邏輯結構，或由一行爲科學之整合、或再造一黑格爾式的哲學系統，卽可統一學術文化世界，形成人類文化的交流之說者，只知道在客觀化的知識世界求綜合，而不知在主體的生命心靈的交通處求會合，則已高出萬萬倍了。

說到此，你們或會問：縱然有人由修養工夫以有其心靈的開朗，以互相交談聽話，是否卽能實際上把人類之一切不同的學術文化都使之互相交流，以整合統一的人類學術文化呢？現在世界不同的學術文化，其內容如此複雜，又有那一個開朗的心靈，能全部加以攝受、加以整合統一呢？但是實際上，這問題不應當這樣問。因爲我們談學術文化的交流，並不須要使世界學術文化之內容，全部爲一個開朗的心靈所攝受。如有一人能全部加以攝受，則亦不須有其他從事學術文化工作的人了。此學術文化的交流工作，乃如江水之交流，以一波次第攝他波，而不須一波頓然攝盡一切波。一波要去攝他波，必須一波之水，自有空處，可容其餘他波之往來。此卽喻人要有內部通明的開朗心靈，以攝受其他心靈的內容，以形成相互間之眞實的交通與遇合。此波波之往來，乃一無窮的事業。心靈與心靈之交通遇合，亦是一無窮的事業。但是從另一面說，則人在一特定的情境中，此交通遇合，亦要有就有。而當其眞有時，卽當下完全具足。如我說一句話，你聽了眞知道了，我知道你知道了，你亦知道我知道了；彼此「相視而笑，莫逆於心」，如莊子所說；卽當下有一完全具足的「我與你之心靈」間之交通遇合，如佛家所謂印證。於此要從此當下看當下，不要亂想。則此當下之交通遇合，卽彌綸天地，充塞萬古乾坤。如果諸位於此有疑，則可姑記下此語，一朝自能豁然大悟。

（七）個人主義、極權社會主義、與倫理的人文主義

我們以上所說之求人之互爲眞實存在，而由學術文化之交流，以由分而合的道路，不是一籠統含混之世界主義的文化融合的概念，也不是只依於個人之求其自己存在的個人主義；更非只求將個人泯沒於一集體存在的極權社會主義。個人主義，只求自己的事業的成功，求個人之存在於由其成功而得個人的財富、權勢、名位之中，必須以他人之失敗爲代價。卽使他人由失敗，而失去其存在之所，爲

代價。這不能成爲一切人共生共存的道路。個人的財富，乃他人的勞働的果實；權勢、名位、賴他人之服從、稱譽與尊重，而獲得。故個人之成功，其所依賴者乃在「他人」。而個人卽又不能必然由此其外之他人，以保有此所得之成功，或更擴大其所得之成功。個人亦卽不能必然於此成功中，得有其個人之眞實存在感；而必然不免由此而生無窮之憂慮與煩惱不安。此是崇尙個人的成功之美國式之資本主義社會，不能安頓人生之理由所在。而在學術文化上說，如依個人主義而求學術文化的事業上成功，其情形亦是一樣。又人只求個人之學術文化事業上的成功，其本身卽是一學術文化活動的封閉。卽決不能與他人有學術文化上的工作之互相欣賞讚美等，亦不能爲世界之學術文化奠立交流的基礎。至於在個人泯沒於集體的極權社會主義中，則只有極權統治者，由其權勢，而得在千萬羣眾心目中存在。至於一般的個人，則在此統治者心目中，只爲一無名無姓的羣眾之一，而根本不在其心中眞實存在。然而此極權統治者，亦同時隨時恐懼其權勢之不存在，而一方不斷加強其統治，一方不斷加強其憂慮，因而亦同樣不能有其個人之安穩的眞實存在感。再在極權的社會，此統治者必須將其思想觀念，注入羣眾，使人人服從，然後才能保存其權勢。由是而在學術文化上，亦必然走向封閉更封閉的道路，而阻止一切學術文化上的交流。

在今之放任的個人主義的社會，與集權的社會中，有一個共同點。卽個人之成功，而得財富、權勢、名位，固然要依賴他人，極權的統治者之權勢，亦由他人之擁戴而有。於是人之貪求權勢等，卽貪求其對他人生命心靈的支配的力量，而使此力量存在於他人之生命心靈中。此卻又正是表示：人之不能只存在於其自己之中，而必須求存在於他人之存在之內。然而人之權勢的慾望，只求自己支配他人，而不顧自己被他人支配，只把他人視爲滿足其權勢之慾望的工具，而不把他人當作與自己平等存在的人。此則在根柢上，違悖了人的良心的理性所認知之人與人在本質上平等的正義原則。所以我們今依良心的理性而作判斷，則必須對此個人主義與極權社會主義，一齊加以斥責、反對。個人主義者之封閉其一切工作，於求個人自己的成功的目標之內；極權主義者之封閉人之思想觀念，於極權統治者之個人的思想觀念之內；亦同是人類之以開放的心靈求學術文化交流的大敵。

在我們走出了個人主義與極權社會主義之外，而以開放心靈求學術文化之交流的人間關係，即只能是人與人平等以「我與你」之倫理道德關係，所結成之人類社會關係。而此人與人之倫理道德關係中，人不只存在於其自己中，而亦存在於與之有倫理關係之一切人之中，然後人各獲得其主觀的對己的存在，與客觀的對他的存在。此卽是緜野神州的中華民族之天縱聖哲的睿智，早已發現之最淺易而又最深邃、最精微而又最廣大、最平凡而又最神聖的人間社會的眞理。對於人之存在的問題中，如人之存在於自然的問題，在今日之科學技術之下，並不難解決。人之求存在於上帝，亦可在一人的祈禱冥想中成就。人類社會的最大問題，是人與人相互存在於其生命心靈的問題。此相互存在作不到，如丈夫心目中有妻子，而妻子心目中莫有丈夫，夫妻關係，立刻天翻地覆。故君子之道，造端乎夫婦。

而父子、兄弟關係，亦然。人必須先在其家庭中存在，更於散在天下的朋友心目中存在。就是在政治之上下統屬的君臣關係中，亦要「君事臣以禮」，然後「臣事君以忠」；要「君之視臣如手足」，然後「臣之事君如腹心」。這是梁漱溟先生所謂早熟的中華文化中，二三千年前之孔孟的老話。然而其意義，則千古常新。以現代西方存在主義的名辭說，此倫理關係，正是人與人之存在之互爲主體的關係，不多亦不少。此中國之五倫中，朋友之意義最大。一切天下世界之人與人之學術文化的關係，皆是廣義的師友關係。故人之從事學術文化的工作，不只是對客觀的眞理負責的事，亦不只是對上帝負責的事，而最重要的是對一切可能的人與人之師友關係負責的事。一切學術文化的工作的意義與價值，即存在於成就此人與人的師友的倫理關係之中。因而一切學術文化的工作，亦都是形成此人與人之倫理關係，以使人與人得互爲存在的橋樑。此即中國傳統之人倫的學術文化觀。簡名爲中國之倫理的人文主義。

現在有許多人說，人類的道路，只有二條。一是個人主義，一是集體的社會主義。其實，個人主義是孟子所反對的楊朱主義，集體主義是孟子所反對的墨子主義。今日之個人主義與集體主義之二分法，正是孟子所謂「天下之言，不歸楊，則歸墨」的說法。實際上中國的聖哲，早開出第三條道路的人類社會的理想。此即個人與個人，依對偶關係，而求互於其生命心靈中眞實存在之倫理主義。此一理想，其中亦有種種問題，更不易完全實現。在中國過去的社會文化中，亦未能充量實現，而隨時會遭遇阻礙破壞。如秦始皇之極權主義，至今日毛澤東之秦始皇主義，及人之一切自私自利的活動，皆可成爲一阻礙破壞的力量。

此一理想，要充量實現，必須人人皆有充量發展的虛靈明覺心，更以其眞實性情，相互涵攝其存在，如交光之相網而後可。此自是一從未完全實現的理想。但亦只有一從未完全實現的理想，可爲一永恒存在的理想，而足爲無窮的生命心靈的力量所由滋生的泉源，而可以爲世世代代的一切人所共行的大道。

我現在可以正告諸位，一切個人主義、或極權的社會主義的政治社會與學術文化，都是本質上涵有自我封閉的因素的，都不是依於一開放的心靈，而亦不能成就人類文化之眞實交流，亦不能使人得在自己與他人之生命心靈中安穩的存在的。當前西方之存在主義哲學的課題，亦只有在成就此開放的心靈，與人與人如何有的互爲主體、相互眞實存在於其生命心靈中的道路中，去求解答。而此正旣是中國文化中之最古老的而千古常新的道路，同時是一能開創一超越於當今世界之一切依個人主義、極權社會主義的人類社會文化之遠景的道路。此一「人與人之互爲主體而眞實存在」之一觀念，其在政治經濟上涵義，亦如其倫理上、宗教上、哲學上、日常生活上的涵義，皆極豐富而廣大，非一時所能盡說。讀者可先參考本書「人的存在與人的學問」及其他文，以補本文的不足。而對個人主義與極權的社會主義之政治經濟之現實言，亦可說爲有爆炸性的理想，雖然此理想是要安和天下。使天下「兵氣銷爲日月光」（杜甫詩句）。故我們可以說這理想正是一銷毀現在世界之一切核子彈之一精神的核子彈，只要大家能對此理想深信不疑。

現代的人類在煩惱絕望之餘，或盼望奇蹟出現，如耶穌基督之救主再來，彌勒佛之早早降世，或孔子之復生。但我不相信此說。我不是說他們已經死亡。因自宗教信仰上，聖人無所謂死亡，亦隨時可以降生。我是說，現在的世界，卽古往今來之一切聖人降世，亦救不了。因爲一切聖人，先要在一切人之心中存在。如人無開朗的心靈，則一切聖人降世，亦可一齊被摒諸門外。聖人是不能用權力，以強迫人開心靈之門的。至於此信一基督降世，或一聖人降世，卽能救世的今之宗教徒，其心靈卽先已封閉於一特定的聖人，此卽不是眞依於一開朗的心靈。依開朗的心靈，應承認每人都是一可能的聖人，皆有成聖之道路。孟子所謂人皆可以爲堯舜，佛家所謂人皆有佛性。聖者，通也，聖人亦只是有通達而開朗心靈之至極的人。如此則不須聖人重新降生，只須現代人之行於其永恆的光輝所照耀出的道路，以自求其心靈逐漸至於通達開朗之至極而已。

依我今天所講，只有人之通達開朗的心靈，能爲世界學術文化之交流之眞實基礎；而使學術文化之世界，由分到合，亦使人與人互得其安穩的眞實存在的地位，於彼此之生命心靈之中，以安和天下。諸位或覺得太抽象，或太誇大，或太空洞；或仍會去想應有其他方法，如一新創的主義之類，以使世界學術文化交流，人類世界天下一家。但是我可簡單答覆說，縱然眞有此新創的主義之類，亦須先預設人之有一通達開朗的心靈，才能加以接受，而使此主義得存在於此心靈中。則此通達開放的心靈之存在，仍爲其根本與基礎。故我以上之說，乃是不可駁，亦不可逃的。這是眞理。如何成就此通達開朗之心靈，其中亦正有大學問、大工夫。此大體上說，卽中國之儒佛道三家之所講。但今天則不擬更說。其實如大家能直下悟會承擔，此眞理亦極淺易明白，當下現成。如對此淺易明白，當下現成者，不能眞實看見，則諸位同學可細看我之中國哲學原論所述，那就有一二百萬字了。又由世界學術文化之交流，我相信世界仍將有政治經濟上之由分而合之天下一家之局面，會在未來出現。但這決不當是、亦不能是秦始皇式之以武力統一天下之事。這只是由世界人各以其開朗的心靈，一面有學術文化的交流，一面互相涵攝其生命存在，所成人與人互爲主體之倫理的人文世界之天下一家、大同世界、太和世界。但此事之出現，則必能待人類之心靈有高度廣度的開朗，眞實的學術文化的交流以後。至於在現在，則人們的工作，在主觀方面，只在各人自己培養其開朗的心靈，同時求打破個人主義的一切封閉；而在客觀方面，則以此開朗的心靈，以與人有學術文化生活的共享與交流，同時對極權社會的一切封閉一一使之開放。這卽是我們這一代的人之時代責任。而我們這一代的人，只要能眞抱此一大同世界，太和世界的理想，使此理想充實於其生命心靈之中，則每一人亦皆同可見大同世界、太和世界，在一義上，卽在目前，而存在於我們每一人當下的內在的主體的世界中。今所需要的，只是將此充實於內者，更表現之實踐之於客觀外在的世界。故亦用不着爲此理想之尙未實現於客觀外在世界，而感到絕望與悲哀，則能常「憂以天下」，而亦常「樂以天下」以「無入而不自得焉」。如諸位於此有疑，亦可記下此語，一朝自亦能豁然大悟。

（一九七四年十二月・「明報月刊」總第一〇八期）

肆、附錄之部

肆、附錄之部

一、海上遐思記

(一) 旅途

我三年來，總在一房中工作。下午的事，早晨已預定。明天或幾天後的事，今天已預定。似乎一切工作皆爲責任感所推動，而實際上則一切工作都只是還願。一切還願，都是還過去的願。這使當前的工作與生活，莫有本身的意義。所以我決定坐船到長州鄉間去住幾天。

到了船上，看看山水，一時心境甚平靜超脫。任何人只要上了旅途，我想當都有一平靜超脫的心境。當我們在家時，縱然一切事不做，但所見的東西，都是平日用慣了的。既是用慣了，牠們接於目時，便會暗示我們去用。書暗示我去看，筆墨暗示我去寫文，牀暗示我睡眠，壁上掛的衣服，暗示我去換一件。這些暗示，不管我們自覺不自覺，都在那裏進行。這些暗示，卽我們日常生活的枷鎖。這些枷鎖，實際上在一天一天磨折我們的生命。我想擺脫此枷鎖的意志，即宗教的意志。而旅行與到一新奸地方，亦即我們通常人暫擺脫此枷鎖的方法，所以旅行與到一新妍地方，亦潛伏有宗教的動機。旅途與到一新妍地方比起來，還是旅途比正式達到一新妍地方，更有意味。當人在船上、車上、飛機上、或馬上、驢背上時，人的心是兩頭不著邊，兩頭皆無事可作。當前所見的一切，不斷呈現，亦不斷消逝。我方才注意到見到的，它又去了。這些山水林木，都非我所有，亦隔得太遠。我的心縱記住它們，我的手亦捉不住它們。所以我想旅途中所見的景物，實際上與夢中之景物是一類。它們對我只是一些不斷呈現，而不斷消逝的影像。佛家說一切法如夢如幻。旅途中的景物，實際上正是如夢如幻。

人在旅途中，離開了自己的家。將到的地方未到，我只能在回憶中，想到我家中房屋的情形，亦只能在想像中，想到我將到的地方。我在當前，只見此不斷呈現、不斷消逝之山山水水的影像。回憶中的與想像中的，對現實的我，其實並不存在。如果說它們存在，它們好像存在於一朦朧的霧中。此霧，似隨時可以濃厚起來，把它們掩蓋。只有此現前之山山水水，是我親切的覺其存在的。這是眞呈現的實有。至於記憶中、與想像中，所有的，則似是在一「無」的覆蓋下的實有。我想它們，它們自霧中冒起。不想它們，它們沈到霧下，「無」把它們覆蓋了。於是我想有一種徹底的懷疑論，不是莫有道理。依這種懷疑論說，在記憶中的與在想像中的東西，都可能是不存在的。因爲你不能在當前現實的經驗中，去證實它們的存在。當前的東西，雖明明是現實的，然而它們不斷的呈現而有，亦不斷的消逝而無。有加無等於無。於是整個世界，實莫有任何東西存在。

我現在不要講哲學。從哲學中說，此懷疑論亦是可駁的。但是當我在旅途中時，我明覺在記憶中的過去，在想像中的未來，皆若隱若現，若有若無。而當前所見之山山水水之影像，亦不斷的由現而隱，由有而無，向過去之無底壑沉淪。「過去心已滅，未來心未生，現在心不住」。我確什麼東西，亦抓不住。專自此抓不住上說，我手中確什麼亦莫有。我爲什麼不可說世界空無所有呢？

縱然世界不是空無所有。然而我們可姑從其中一切事物，會由有而無上看，而宛然形成一空無所有的心境。這心境始終是可寶貴的。我們縱然不能達到一念不生之空無所有之心境，然而逐漸求接近之，使心中的意念，稀疏一些，如太空中只點綴稀疏的白雲，則是可能的。而旅途則最有使我之意念稀疏化之效用。當我之意念稀疏了，我對我自己之負擔，亦卽不如此沉重了。

(二)「有」「無」之際

人生在世。總想抓住個什麼，而求有所有。如有衣有食，與有妻有子，有一本著作出版等。這似乎是一事實。但是我想：人所最喜歡是有所無，或有上的無，或有無之交界。我喜歡住寬大的房屋。但是什麼是寬大？寬大是指其中空間寬大。空間大而空無所有，於是我可自由行走。我喜歡衣服有一袖子，亦因其中有空間，我之手可穿過去。我喜歡大皮箱，大櫃子，大碗，亦因其中有更多的空間。人爲什麼喜歡鏡子？我想亦只因鏡中可開闢另一空間。不過此中之空無所有的空間之用，可以說是爲我們安放我們所有的東西。如以房屋之空間，安放此身，袖子安放手，大碗可安放肉，鏡子可安放自己之容貌。在此我們之喜歡空的空間，是爲的我們要安放我們之所有。但我們尙喜歡另外一種有所無。如莫有盜賊來，莫有討厭的客人來，莫有憂愁苦痛，與一切不幸的事等。不過，這仍可說我們是以此「有所無」，來保護我之「所有」。無盜賊，才能保護我之財產。無討厭的客人，才能保護我之清靜。無憂愁苦痛，我才眞有了我的快樂與幸福。這仍只證明：我們之喜歡有所無，乃爲保護我們之所有，而原自我們之喜歡我們之所有。

我們之喜歡莫有盜賊等，雖原自喜歡我們之所有，然其本身畢竟是喜歡一「有所無」，喜歡一「莫有什麼」。我們通常之喜歡，必有所喜歡的什麼對象。如喜歡一猫一狗，此猫此狗，都是一實有的對象。然而我們喜歡莫有盜賊時，我們此喜歡，卻可說是莫有對象。我說我喜歡莫有盜賊，盜賊便非我喜歡之對象。我喜歡的，是「莫有盜賊之對象」。或者可簡單說，我所喜歡之對象，卽是「莫有盜賊」。但是「莫有盜賊」本身，卻不是一實有的東西。此四字，只表示一消極的「莫有什麼」的情態。然而我們偏偏在此會喜歡此一「莫有什麼」。這已是一奇怪的事。這倒像一哲學問題。

但是，我們如果常到自然界，我們都可發現，我們眞會喜歡一種莫有什麼，或有所無，或有上的無，或有無之交界。我們喜歡曠野之無垠，喜歡蒼天之無際，喜歡大海之無涯。我們亦喜歡寂靜之無聲，喜歡此心之空濶無邊，喜歡朋友之相對無言。由此我們才會愛隔斷林木的煙霞、愛瀰天的大霧、愛湛冥的暮靄、愛無色的陽光、愛月的暈。我們愛這些東西，這些東西當然都是有。但是我們在此所愛的，是這些東西之有所無或有上的無，曠野是有的，是黃色的。曠野之「無垠」，是曠野之有上的無。「無垠」非黃色，非非黃色。然而我們就會愛此「無垠」。此無垠在何處？你抓不著。它只在虛無縹渺間。它使人無以爲懷。蒼天之無際、大海之無涯、寂靜之無聲等，同使人無以爲懷。一切無以爲懷之情，都是由於人之懷了一有上的無，抵達了有無之交界。而人在世間所可能的最高懷抱，亦卽常懷此無以爲懷之情。人接觸了有上的無，抵達有無之交界，人隨處都可覺一無以爲懷之情。此情，人可以默默的感受。但是莫有語言眞能說出它。語言只能及於有的世界，而不能眞及於有上的無，抵達有無之交界。

(三)　新奸感、有所是、與無所是

我想人之不僅喜歡有所有，而且喜歡有所無，由上段已可算指出一經驗上的證明。我想不再說下去。通常我在旅途中，上面一般的思想，恒會自然的出現。但亦只到此爲止。過此以往，便是我書齋中的玄想了。這次出遊，亦便是在對海之無涯、對青天之無際之體驗中，到了長州的市鎭。

人在初到一地時，都有一新妍的感覺，任何一個地方，猶如一個人之像貌，總有其特殊之處。凡有特殊之處的東西，都可使人有新妍的感覺。其實，我們平日所接之事物，它亦總有其特殊之處。就是我房中的佈置，與街上的情形，今日與昨日總有一點不同。然而我們通常只是利用房屋來作事睡眠，而不眞注意此房屋。我只經過街到另一地去，我實未眞看見街。於是它們之特殊性，被掩蔽了，而全引不起一點新妍的感覺。然而當我們到一新地方時，因我們尚不知如何「經過」一處，至另一處，於是，處處便都可使人留戀，有一新妍的感覺了。

我們到一新地方之新妍的感覺之另一泉源，是我們每到一新地方時，總常發現它不是如我先想著那個樣子。這猶如我們常發現一先知名的人，不是我在遇見之先所想的樣子。我們在遇見一先知名的人時，常會覺到他好像不應當是某人。這證明我們在聞人之名時，在無意之間，已爲某人繪出一樣子，規定了一樣子。到新地方時，我們亦會常覺這好像不當是我先聞名的某地。但是，亦正因某人某地，不是我們最初無意中，替他繪出或規定的樣子，所以我們在會見一先知名的人，與到一先知名的新地方時，有一特別新妍的感覺。——因爲他莫有我們替他想的樣子，他就會更是他自己的樣子，而把他自己的樣子凸陳於我們之前。猶如我們想著一水是熱的，而它竟是冷的時，便驀然使我們覺到特別冷。

人到一新妍地方，最好那裏莫有朋友或相識的人。如果有，這地方爲你朋友所熟識，你又熟識你的朋友，依一不合法的三段論式之推理，這地方馬上便會宛若已爲你所熟識。一地方對你的生疏性，不能保持，則其新姸性亦不能保持。

一個人到一新姸地方，如果莫有朋友相識，再加以莫有先知道我之名字的人，我便可以有一特殊的解脫感，自由感。一個在社會上久了，總會有許多未見面而聞我之名的人。依於上段所說，人一聞我之名，人便會本其自然的聯想，不知不覺間，亦不經我同意，而替我規定我之身體面貌的樣子，與精神氣度的樣子。人如果聞我之名是一某一類的人，人便會把他所經驗所知於某一類之人者，加在我之頭上。人如果聞我之名是一詩人，人或會不知不覺間，已判斷我與他所見之第一個詩人之像貌與神情一樣。人如果聞我是四川人，人或會不知覺間已判斷我與他所最相知之四川朋友差不多。當西方的小孩，只見一個圖畫中的中國人梳瓣子，帶瓜皮帽時；再聽說你是中國詩人，他亦可以不管你願意不願意，在想像中與你梳上瓣子，帶上瓜皮帽。縱然人只知我之名字，此外什麼亦不知，名字本身亦可引起人之聯想，而使人判斷我之樣子。一個姓翁的人，很難使人先想其是一童子。一個姓徐的人，雖然他走路極快，亦會使人先想他是從容緩步。誰能知道，究竟世間知道我之名的人，對我作了多少判斷？這些判斷，不管你願不願意，都隨你之愈出名而不斷的增加堆積，好像天羅地網一般，套在你之頭上。其中有幾個是眞的，實十分可疑。

莫說人們對我之判斷，很少有是眞的。縱然是眞的又怎樣？在邏輯上，我們可說每一對我之判斷，都是對我之個體之主辭，加上一個賓辭。但是每一賓辭，常只是一類名。莫有一類名，能窮盡一我之個體的涵義。我慚愧我說此話，又墮入我哲學的積習中去了。不過這並不是深奧的道理。譬如說：我是學哲學者。學哲學者是一類名。此名可指任何一個哲學家。哲學家之名，不能窮盡我之涵義。因我不只是一學哲學者，我還可是一四川人。我是我妻子的丈夫，又是我父親的兒子。又根據我的傳記，把對於我所能說之一切，一齊加起來，仍不能窮盡我之主辭的意義。因爲我還「是」一新到長州島的人。「新到長州島的人」亦是類名。因新到長州島的人，不只我一個。又縱然把此一名加到我之主辭上，仍不能窮盡我之主辭之涵義。因爲我還要「是」在長州住的人，要「是」長州海邊游泳的人。除非我到岸便死，我之傳記不會再莫有材料，我不會莫有另外所是的。我一天存在，我便要一直是這樣，是那樣，一直是下去。而且縱然我死了，我仍要一直是下去。如我死了，我將是朋友所悲悼的人，是埋葬在某一地的人，是屍體在若干年後，成爲某一動物之養料的人……。對百年後之人，是一百年前之人；對千年後之人，是千年前之人。……莫有人能把我之所是舉得完，亦卽莫有人眞能用語言文字，來把我之爲我之涵義，說得完。此之謂一切我的賓辭，都不能窮盡我之爲我之一主辭。我一天活着，我卽一天要自動去求新有所是。如我方才是到長州島的人，繼將是在長州海邊游泳的人等。我不斷去創造我所是，開闢我所是。每一創造開闢之「我所是」，都是自盤古以後所從未有的。譬如，以如此如此之我，以如此如此之心境與態度到長州，便是盤古以來第一次。而且永遠只有此一次。下次再來，又是如彼如彼之我，以如彼如彼之心境與態度來了。我又另創造一我的「新是」、開闢一我的「新是」了。必待我已開闢我的新是，才能用語言文字，來判斷我之所新是。一切語言文字最大的能力，只是跟蹤我之所新是，而加以表達。然而它卻永遠趕不上。我似永遠可被語言文字所判斷，然我永遠能超越此判斷所及之範圍。我永可對判斷之神說，你不能窮盡我之涵義。縱然有無數的判斷之天羅地網，亦網羅不了我。用盡世間的語言文字尚網羅不了我，更何況區區的人們聞我之名而對我所施之判斷？那如果亦說是天羅地網，那是太渺小的天羅地網了。

（四）名與無名

當我看穿了語言文字的不足，與他人由聞我之名，而對我作之判斷的虛幻；我才眞了解隱者的心情，亦才眞了解到一生疏的地方，莫有朋友，莫有相識的人，亦莫有先知道我的名字之人的意味。在社會的交際場合中，人常會問你貴姓大名。如果不幸而爲人說久仰，你應當想你的樣子未必是人所先仰望的樣子。其實他常是仰望另一個圖像，而不是你。人到了生疏的地方，除了住旅店，人可不問你姓甚名誰。而且，只要不在特務國家，法律未嘗規定，行不改名，坐不改姓，則對旅店主人，你用任何名字都可以，只須照付旅館費用便行。對於旅館主人，如對於商店老闆，他們都從不會注意你之姓名的。他們不特不注意你之姓名，抑且不注意你是什麼人，以至不注意你是否一活人。這事想來，亦可令人懊惱而悲哀。試想縱然世間的女性，都化為時裝店之玻璃櫃中的假人；它們到時裝店去量體裁衣，只要其手能付錢，時裝店老闆一定照常歡迎。試想縱然每日在旅館中的住客，都是活的殭屍，只要莫有可怕的容貌，亦手能付錢，旅館主人亦會一律招待。對於旅館主人，與對於商店老闆，住客與雇主是什麼人，與是否活人，都是莫有什麼關係的。然而反過來看，我們在住旅店時，縱然伙計都是機器人，而侍候周到；我們縫衣時，縱然裁縫師只是人形的縫衣機器；我們亦會安然去住，持衣而去。這些事，細想起來，豈不令人懊惱悲哀？不過，人與人間通常縱然是交易而退，各得其所，亦就算了。其實，人既不需要他人之問我姓甚名誰，亦不需要他人之注意我是什麼人，又何必要管：對於旅館主人與商店老闆，我除了是一能付錢者之外，他是否把我當作一活人？我以住客的資格入旅館，以付錢的資格出旅館，我以付錢者的資格入商店，拿了東西出商店。旅館之住客牌上，寫了我的名字，又擦去。商店之賬上記了一筆，卻常無我之名字，誰亦記不得我是誰。我在他們之前，亦猶如我在船上所見之山山水水的影像，呈現而又消逝。當我驀然頓悟到此時，我自己亦如影像一般的輕靈了。我乃以影像的資格，在長州市鎮上來去。

不過，我實際上到長州，並非莫有朋友。我亦未住旅館。我是住一我喜愛的學生的家中，而他們尊敬的招待我。這使我以上所說，只成我個人的玄想。眞實的情調，又另是一種，這是更寶貴的。但是現在既然已回到了城市，一天要循例去作我此文之首所說之還願的工作。這篇文章已不能再寫下去了。我最大的慚愧，是以上所述，雖然亦出自一比較恬靜，而將一切放下的心境。然而仍是匆忙中趕出，以還對幽默半月刊的願的。人生不知還願幾時休，亦未知還願何時已。我之此反對還願的文章，仍是爲還願。這亦許我之文章所含之唯一的幽默。

（一九五四年八月十三日・「幽默半月刊」第八期）

二、懷鄉記

王貫之先生出了此題目，要我寫。我的祖籍是廣東客家，我的家鄉是四川宜賓，但我半生都不在四川。在四川時，亦從小就住在成都，眞在我家鄉住的時間，合起來不過三四年。我現在只能一回想在四川的一些雜事。

成都是一有長遠文化歷史的城市，有不少的古蹟。這是人人都知道的。我數歲時的事，許多都忘記了。但是我總記得當時父母帶我遊草堂寺、武侯祠、青羊宮的情形。無論是在諸葛武侯、杜工部、黃山谷、陸放翁，及老子的像前，我父親總是要我行禮。記得，一次在青羊宮八卦亭前，對穿黃袍的老子行禮。此事至今猶依依如在目前。我常想我到今日還能對中國古人，有一厚道的心情，去加以尊敬，亦許都由於在幼小時期，我父親對我這種教育。

成都住家，人都知道是一極舒服的地方。但是我不喜歡成都人，與成都一般社會的風氣。四川地方太大。川西、川南、川北、川東，各是一風氣。川北人像北方人，比較堅苦篤實。陳子昂、陳壽、李白都是川北人。川東人更富於進取心，但商業氣息比較重。秦良玉、鮑超、鄒容，是川東人。成都屬川西，是司馬相如，揚子雲的故鄉。成都人以文采風流，聰明靈巧勝。川南人則比較敦厚，富於人情。三蘇生於眉山，是上川南。嘉定以下是下川南。皆爲岷江流域。岷江流域，在宋代已出人才不少。清末如廖季平、宋芸子、趙堯生諸老先生，都生於下川南。我的家鄉宜賓，亦是下川南。宜賓位在岷江與長江金沙江之交，亦爲四川與雲南交通孔道之一城市。宜賓人作川滇間的生意，是有名的。宜賓有一條街名棧房街（卽旅店街）。當一商人到雲南採辦貨物回來，便堆在棧房街之棧房，請棧房主人代其賣，他自己再到雲南去。棧房街之棧房主人，總是在高價時，才代其賣出。所以宜賓棧房街之棧房主人之忠厚、有信義，亦是著名的。我想宜賓之名字，亦許卽由此而來。

宜賓的古蹟，有弔黃樓、流杯池。是蘇東坡與黃山谷同遊之地。中國過去的古人，足跡無論到那裏，當地的人，都修建祠堂，加以紀念。如蘇東坡足跡遍天下，而紀念的祠堂，亦遍天下。我現在距我故鄉六七千里，然而想著蘇東坡曾作嶺南人，嶺南人至今仍紀念東坡，我亦便不覺距故鄉之遠了。何況內子亦是蘇東坡之小同鄉呢？

大概是我的七世祖，才由廣東五華到四川。據說他到四川後已成了孤兒。十五六歲，便爲製糖店傭工，因得主人信賴，借與本錢，後便獨立製糖，生意極好，糖由宜賓一直運出三峽。後來糖船翻了；乃在金沙江畔，購地業農。勤儉積蓄，在我四世祖，便有五六百畝田。我祖父一代才開始讀書。我父親十七歲，便入了學。民國以來，我家的佃戶的兒子，亦確確實實有兩個讀完了高中，其他亦都在讀書。中國過去的社會，是士農工商打成一片的社會，而不是階級壁壘森嚴的社會。我的家世，便是一最明顯的證明。本無階級壁壘的中國社會，偏要依馬列主義之公式，來製造階級壁壘，當然要弄得鬼哭神號了。

我的家在金沙江畔，與岷江長江相交處。長江的源，以前說是岷江，現在說是金沙江。蘇東坡說「我家江水初發源」。這話不對，他是住在岷江邊，我才可以說「我家江水初發源」。當然住在金沙江上流的人，更配說此話。不過我家距上流不遠，便是屏山漢夷雜處之區了。

宜賓大名戎州、又名僰道，初亦爲夷人所居。據說現在被迫入山之夷人，仍念念不忘宜賓。他們每日在天亮之前，都要教其小孩，以後要再回宜賓來。這事我幼時聽講，一方是怕，但一方亦非常同情。爲什麼不讓他們回來呢？後來長大，有機會碰見夷人，我總不勝其同情。一次，一有知識的夷人告我，夷人崇拜孔明，稱之爲孔明老子，直到而今。當基督教初到雲南向夷人傳教時，最初亦只好說耶穌是孔明老子之哥哥。這事當卽使我感動泣下，永不能忘。

我家距金沙江只數十丈，出門便可遙望江水。對江是綿亘的山。記得一次我父親在門上寫了一對聯是：「東去江聲流汩汩，南來山色莽蒼蒼」。這是寫實。金沙江最可愛的時候，是冬季，江水幾全涸了。江底露出，並無沙。只見一片黑白紅赭的石子，互相錯雜。遠望如一大圍棋盤。偶然聽見江上漁船歌聲，繞灣又不見了。我每當此景，便會想起錢起湘靈鼓琴的最後二句：「曲終人不見，江上數峯靑。」我在任何地方，都不能有更切合此詩之意境的情調了。

凡在中國農村生活過的人，都知道農村中一年最值得留戀的生活，是秋收時的嘗新、過年、及清明時的上墳祭祀，與到親戚家去玩。秋收時的嘗新，要先餵狗。因爲據說，穀子是狗帶來的。鄉中人是不殺狗、不殺耕牛的。這一種對動物亦不忘恩的精神，眞是中國文化中最可貴的一面。記得幼年時吃飯，是不許掉一顆飯的。如掉了，必被祖母責備。而外祖父對此點尤爲嚴肅。當嘗新時，他更要對此事，諄諄告誡。

我十六歲才回鄉，以前從未上墳，亦無祖宗之觀念。記得祖母在時，他從故鄉到成都，總是帶一本家譜。每見我無聊，便說你何不看看家譜。我覺非常好笑。家譜有什麼好看呢？而且我在十三四歲時，便看了新文化運動時反對跪拜的文章，故以後回鄉，亦不再去上墳，祭祀時亦不跪拜，若以此爲奇恥大辱。到我父親逝世，才知祭祀跪拜，乃情不容已。後來回鄉，便總要去上墳，晨昏亦親在天地君親師之神位及祖宗神位前敬香。我同時了解了人類之無盡的仁厚惻怛之情，皆可由此愼終追遠之一念而出。而我對共黨之清算父母祖宗，痛心疾首，亦由於此。

我十二歲半以前都在成都。十一歲時入高小，是成都省立第一師範附小。我記得每週星期一第一堂是修身，由省立第一師範校長祝屺懷先生親自教。國文是蕭中侖先生教。第一篇是莊子的逍遙遊，第二篇莊子養生主。蕭先生要我們背誦抄寫。對於高小學生，以莊子爲教材，現在人一定要以爲太不適合兒童心理。但是我對「北溟有魚」，「庖丁解牛」，當時亦能感趣味。我後來學哲學，亦許正源於此。我在成都讀書時，我記得當時校長來與先父下聘書時，總是用一封紅封紙聘書，親自交與先父，同時還要作揖。據說再早一些時，校長還要對孔子像向教員跪拜，表示代父兄鄭重將學生付託於先生之意。成都大成學校校長徐子休先生，躬行儒學，士林所宗。雖年逾七十，但其對校之先生歲數小三四十歲者，亦親自跪拜。我於民國十八年在大學中休學一年，第一次在成都教書時，校長較我長三十歲，送聘書時，亦向我三揖，使我當時大爲驚異。但到了民廿一年，我再回四川教學時，便莫有此風，只是校長親來一握手而已。到二十六年，我到華西大學教書，便根本未見過校長的面，而那校長，還本是我先父曾教過的學生呢。後來在許多學校教書，便是除了系主任見一面以外，每期由工友送聘書了。現在香港，便用郵政送聘書了。我不知道這究竟是文化的進步呢，還是退步呢？

我與江水有緣。我生在金沙江岷江邊。讀小學，在成都之錦江邊。讀中學，在重慶之嘉陵江邊。金沙江水深，岷江岸濶，錦江溫柔，嘉陵江曲折多姿。我所讀重慶聯中，在重慶兩路口駱家花園。在民國十一二三年的兩路口，不似抗戰時之兩路口之喧鬧，純是一片鄉村景象。石板路上的戴笠者，與路旁的凉棚賣茶，幾根甘蔗倚在案邊，處處顯得安閒，恬靜，而蕭疏。此校是川東書院舊址。禮堂上，尚有大成至聖先師孔子神位。學校之後有山名鵝項頸，其上可左瞰長江，右瞰嘉陵江，直上卽浮圖關。當時之浮圖關，只有一座一座牌坊與墳墓。夕陽古道，秋風禾黍，使人念墓下潛寐人，千載永不寤。當時正是新文化運動浪潮輸入四川之時，重慶首當其衝。共產黨之蕭楚女惲代英張聞天，都曾來聯中演講。蕭楚女在重慶主編一報，口口聲聲要去掉五千年文化毒。當時國家主義派國民黨，亦在重慶活動，但是我們學校的師生，都另有抱負。我所最難忘的是當時幾個十五六歲的朋友，都並不全隨潮流走，而要融貫今古中西。其中一個是和尚，後稱映佛法師，他亦在我們學校讀書。一個名宋繼武，他半年理一次髮，天天要改革社會。一個名游鴻儒，最爲特殊。他所穿的粗布長袍，只長到膝。他床上只有一硬被，堆滿了書，如二十二子之類。他眞以鴻儒自居。小小年紀，便看不起胡適與陳獨秀諸人。他下筆千言，無事便靜坐。我眞自愧不如。他與我相約，每週讀宋元學案一學案，又以必爲聖人之志，與我相勉。但一次他回鄉再來。他說路上看見人之啼飢號寒，心裏難過，覺宋明理學太莫有用，一定要從事實際社會政治事業。但一定要反對共產主義。於是他在校中組織了廿四人的團體，我亦在內。他另參加了國家主義組織。但我未參加。轉瞬中學畢業，在民十四年，我們同到北平讀書。但到北平，他的思想就逐漸的變左。先把名字由鴻儒改爲鴻如。後來他與宋君竟同參加了共產主義青年團，我亦不參加。因我當時雖贊成共產主義之社會理想，但已反對其唯物論。我提議先修正唯物論。他們對我大加譏笑。在北伐前，我亦算參加了國民黨。十六年到南京，因左右派都在拉青年，我覺麻煩。遂成了討厭政治的不革命的青年，從此走到學術的路上去。直到而今，仍不喜現實政治。他們到了武漢。總寫信罵我不革命卽反革命。我一時很傷心。曾寫信問：「難道不與你們同政治主張，便無友誼了嗎」？我記得清楚他們之回信，是「戰場上的人是不能相握手的。」我得此信，只有付之長嘆而已。但後來武漢清黨，宋君被捕槍斃。游君到了南京，仍躲在我處。他談到共黨內部鬬爭之情形，與他戀愛的挫折，再回想到他中學時之思想，於是矛盾苦惱，不能自拔，幾乎自殺。此時他十分感謝我對他之友誼，他說我使他再生。他後來亦對政治消極，回重慶去了。民廿一年我再回重慶後，再遇見他，又變成一談吐風生的人。我們曾重到一兒時舊遊之地，茶館中談天。他忽然立在樘上，好似對我講演。他說「我當過青年黨，當過共產黨，當過國民黨；曾過儒家生活，曾過道家生活，亦曾讀佛書與西洋書，我現在要爲中國人建立一人生哲學，你可以幫我的忙」。當時我覺他態度有點好笑，但其志亦殊可嘉。後來分手了。隔三四年，忽然得他一信。說他爲了要建立人生哲學，必須對佛家之精神境界，求有一實證。故靜坐求證道，已入三禪天境界。但因一念矜持，著了魔，現已入肺病第三期，勢不能久。我記得他最後幾句是「帶孽以去，茫茫前路，不知何所底止。」並希望我在他死後爲他唸金剛經半月，因爲只有我了解他之一生。字跡一如平時，無一潦草之態。在他信後，有他夫人批了數字，說鴻如已於某月某日辭世，他死時不到三十歲，我得此信，眞是悲傷，感慨萬端，不知如何想起。我只有照他所說，爲他唸金剛經半月。我從他的事，旣嘆息中國青年之死於政治鬬爭者，不知凡幾，又了解中西新舊文化衝突的悲劇，與人心中之許多深微奧妙的問題。我在好多年總想到死友墓上一去，終未得果。回想在嘉陵江邊，同遊的朋友多作古，或不知去向。現在只有那一和尚映佛法師，還在支那內學院（據說現在亦停辦了），他隨歐陽竟無先生，呂秋逸先生學佛學，二十年如一日。我後亦常遇見他，只有他能一直以一恬靜而悲憫的情懷，談論著當時的朋友們之死生憂患。但是他又何嘗知在此天涯海角，我在此作文紀念他們呢？

處此大難之世，人只要心平一下，皆有無盡難以爲懷之感，自心底湧出。人只有不斷的忙，忙，可以壓住一切的懷念。我到香港來，亦寫了不少文章。有時奮發激昂，有時亦能文理密察。其實一切著作與事業算什麼，這都是爲人而非爲己，亦都是人心之表皮的工作。我想人所眞要求的，還是從那裏來，再回到那裏去。爲了我自己，我常想只要現在我眞能到死友的墳上，先父的坟上，祖宗的坟上，與神位前，進進香，重得見我家門前南來山色，重聞我家門前之東去江聲，亦就可以滿足了。

（一九五二年一月．「人生」半月刊 總第四十二期）

三、記重慶聯中幾個少年朋友

(一)少年朋友

周開慶先生要我爲四川文獻寫文，我答應了半年，因無適當題目，終未動筆。對於四川文獻，我所知者皆零零碎碎，不成片段，一時無從談起。今姑就記憶所及，一述在中學時期與幾位青年早夭的朋友的友誼。這些朋友，皆學問事業未成而死，述來亦莫有客觀的，或文獻的意義。此文只能算懷故或憶舊之作。只望於懷故憶舊中，能多少反照出當時時代之青年心情的一方面，兼抒發一些個人的感想。

我讀的中學是重慶聯合中學，初入學時，是民國十年，我尚未滿十三歲。在中學四年中，先後有五位朋友，其中除一和尚朋友映佛法師，想尚在人間外，皆於二三十歲即亡故。這些朋友皆以不知之因緣，而與我成爲朋友，中間有一段純眞的友誼，亦以不知之因緣而死別。及今過四十年，每當夜深人靜之時，他們之聲音笑貌，仍或頓現於心，他們之身世與遭遇，仍引起我之慨嘆與懷思；今一一藉茲稍述。

我中學時期之五位朋友，除映佛法師是到中學第三年才相識者外，都是在中學第一年級卽相識的。他們的名字是吳竹似、高介欽、陳先元、游鴻如，鴻如亦是後來與開慶兄相善的。

(二) 吳竹似

玆先說吳竹似，他實際上是後來馳名全國的大報新民報之創始人。他在中學時，原名吳卓士。他後來之改名竹似，與游鴻如之原名鴻儒，改爲鴻如，都代表在五四時期後之青年人，不喜帶傳統文化的意義的名字之心理。而竹似鴻如之名，較卓士鴻儒之名，亦似輕鬆蕭洒得多。吳竹似初入中學時，大約比我稍長數月。他的家是一世家，在中學一年級時，英文便似已可與人對話。原來民國十年左右時的中學學生，尙盛行金蘭結義之風。我與他及其餘六人，便曾在重慶聯中旁之駱家花園之一亭上，共結爲異姓兄弟。我算年齡最小的。現在我只記得他與他們，當時談話很多，而我與蒙文通先生之一小內弟，則只是繞亭子外之走廊閒逛。亦不知如何，就算結爲異姓兄弟了。從此，吃飯我們八人便一桌，寢室亦儘量向校監請求同住。但不到一年，竹似便到上海讀書去了。他到了上海，大約不二年，便寄來一封石印的信，說明他與鄧友蘭女士戀愛的經過，與將要結婚的事。他此時在學問與思想方面，亦力求趕上時代潮流。我在重慶，亦喜歡看時下的雜誌與新書。原來當時的思想潮流，是崇尙進步與進化，提倡個人之自由權利，主張人生應追求幸福，滿足欲望，因而要打倒中國舊文化與孔家店，此原爲少年人易於接受之思想。但我一面看此類之文章，一面卻又發生一些莫名其妙的懷疑與反感。我大約在十五歲左右，便抱了另一種似乎極端反時代的人生觀，卽不要欲望，不要幸福與個人的自由權利，卻要超凡絕俗，而對當時之另一朋友游鴻如之主張退化論，要人退到阿米巴以前的狀態，更覺適得我心。我與游鴻如，亦卽成了朋友。我當時並以爲此卽是孔子的思想，曾把我之此一套思想，寫了一封約一千字左右的長信，與竹似。他的回信當然不贊成，似認爲我這思想毫無青年氣息。他卻不知道另一與我同樣是十五六歲之游鴻如，亦抱同類思想呢。今不管我們當時之思想對不對，但卻是發生過的。照我現在看，少年青年之所以是少年青年，卽其生命與思想尙未成定型，因而一切古怪的生命活動形態、與思想形態，在少年青年時期都可發生。釋迦十九歲出家，孔子十五志於學，有什麼古怪的思想，一定不會在少年青年時期發生呢？但是我在當時，亦無這許多理由來，與竹似辯論。少年青年時期的友誼之可貴，正在思想不同，亦不必相辯論；相辯論，亦不求有一定之結果。這些原都是與純眞的友誼不相干的東西啊。

我與竹似之重新會見，是在民國十六年我由北平，轉到南京讀書。這時是國民政府初建都南京。竹似大約早加入了國民黨，與胡漢民先生很熟，便在南京開始創辦新民報。我到他家中時，見陳銘德初住在他家裏。新民報第一張出版時，他還拿版面給我看。他當時之年齡，實際不到二十歲，已能卓然有以自立，眞可謂卓士。後來他似乎又到了重慶辦一些事，再回到南京。我只記得，大約在我大學畢業之前後，便聞他因勞成疾，曾到他家中去看了他一次；方知他之疾是肺病。晤面時，見他骨瘦如柴，他忽執我手而泣，我亦不禁感動。後來不久，他便過世了，大約年不過二十四歲。我當時不在南京，亦未去送葬。再過一些時候，才傳說他的太太已與陳君結婚，而陳君亦將新民報辦來，愈是有聲有色，寖成大陸未赤化前之一全國性大報，他的太太，亦名聞於婦女界。然而我這位少年時的朋友的名字，卻無人知道了。

（三）陳先元

我在中學時同班的第二個朋友，名陳先元，他是江津人。我還記得其通信處是江津張爺廟側。他在校中之寢室與我隣近，但彼此初不相招呼。偶然因一件小事，他對我十分讚美，便常在一起。他年齡比我長三四歲，常帶眼鏡，行路穩重，當時我覺他像一老先生模樣。他在校中時，文言文即寫得很好。他並要我寫文章與他改，又與我講秋水軒尺牘。然而我在十三四歲時，所最喜歡的卻是國語文法，覺得國語文法把中國字分爲名辭動辭，一句分爲主辭賓辭，是最有意思的。我記得當時看過的小册國語文法書，總在十種以上，而對他教我的秋水軒尺牘，卻毫無興趣。我亦不會作古文。所以與他之間的學問切磋全說不上。但他總喜與我在一起，而且似乎在情感上十分黏滯。當時我不知他之家庭中有難言之隱，——大約是他母親吃鴉片烟，使他在情感上無所寄托。——一日我覺對其情感上之黏滯，十分厭膩，便同他大吵一架，彼此便絕交，不說話了。大約隔了數月，他發現我與他絕交後，並未有一言說他的壞話，乃又重新復交。但到中學之第三年級，他卻轉學到川東師範。到川東師範後，他便參加了初由共產黨蕭楚女、張聞天等發起之平民學社。平民學社在外表上，只是討論一些社會與人生的問題，介紹青年讀新書。一次我到川東師範宿舍中去看他，見其架上充滿了新書。我記得有翻譯的密勒之「人生教育」與馬哈之「感覺之分析」，似乎還有些社會主義的書。畢竟他當時的心情如何，我全不了解。大約他已有一改革社會的思想。我對人生問題雖然在十四五歲時已有感受，但對社會政治之問題，卻感受得遲。所以他到川東師範以後，我們雖友誼依舊，在思想上學問上之相互影響，仍說不上。我在中學畢業後，便到北平讀書。由母親來信中，知他曾於回鄉後，又來重慶到我家看我，在樓下聞我已行，便坐亦不坐，悵然而去。我後來心目中，一直有一印象，似見他在我家樓下悵望。實際上我不過由母親之信，而常有此一幻覺而已。

我到北平後，與他仍然通信。大約他在川東師範畢業後，便回江津作事。他既有一改革社會的理想，而他與人又落落寡合，身體健康亦不好，他作事定不會順遂的。但他之來信，亦未多說。有一時期，他久無來信。忽然連來了二信，是由他口說另一朋友代筆的。二信中說他已病危，不久人世。此二信都寫得很長，情辭悽惋，我嘗加以珍藏，終在流離中失去。我迄今只記得信中，他自述不久人世的情形，說他的「壽衣已做好了，壽鞋已做好了」，又說他在人世間覺得一切都可以捨，但對我與他之友情，連說了「難捨難捨」，這就是他之臨終絕筆。後來南京之支那內學院，遷到江津，我常到江津去看歐陽竟無先生，亦曾到張爺廟側，欲探問他的家中情形，但莫有人知道。而他去世時，亦年不過二十一二，事業學問，一無所成，他之名字除了我知道以外，恐亦莫有人知道了。

我嘗回想，我與先元之一段友誼，即事後反省，亦反省不出什麼一定的理由。事業上的朋友、學問與趣上的朋友，都全說不上。要說是道義上的朋友，亦不是，因爲我們都未以道自任，在人格上特別互相敬佩。要我指出他有什麼難能可貴之行，我亦指不出。但我認爲人與人之純友誼，亦可以無一定之理由而發生。朋友可以既不是事業上的、學問與趣上的或道義上的，而只是依於一莫名其妙的精神上生命上的彼此契合，與彼此感通，便成朋友。此種朋友間之有所謂純友誼之存在，我即是由與他之朋友關係而悟到的。

（四）高介欽

我要說的第三位朋友是高介欽。他是四川之宿儒彭雲生先生的內姪。當我同我父親到重慶聯中彭先生室中時，便首先看見他。記得那時是夜間，他笑臉迎人，執燈前導，好像自己的哥哥。旋即知他能詩能畫。大約因他之興趣在藝術，所以在中學同學一年，他便到北平，讀國立美術專門學校。我同他的友誼，亦主要在我中學畢業到北平讀書的一年半之時間。記得我到北平，他便到前門車站接我們，到其所住之兼善公寓，後來我們亦都住在那公寓中。他此時在美專學畫，是吳昌碩、齊白石的學生，寫字學張遷碑，作詩長於古風。我當時十七歲，他大約亦只十九歲，已在美專畢業，而我對於詩書畫，卻一無所長。我當時偶然作詩，以之示他，皆不蒙許可。但我在少年時亦有捷悟之才，並善猜謎語。記得一次在一大學慶祝會中，一口氣猜中謎語二三十個；於是回公寓，與他共造謎語，一連數日，便有二三百條，而我所造的卻比他多。他於是對我另眼相看。並將全部謎語重抄爲一册，上題暮鼓晨鐘，乃暗示發人深省之意，而此事亦是我與他共處時之唯一的共事，此外，我們之興趣都是不同的。

介欽純是藝術家的性格，除詩書畫外，亦喜歡吃酒，並不能忘情於戀愛。他本來早已定婚，其未婚妻似名爲秋心，亦曾與他通信。他似乎以秋心二字合成愁，不很好，乃醉心於當時北平女師大之一能歌善舞之女生歐陽霞。歐陽小姐當時曾在新明舞臺，主演熊佛西所改編王爾德之「少奶奶的扇子」，而名震一時，亦常在名勝地方、與交際場中出入。而介欽卻是孤芳自賞，不屑與世人來往的。這戀愛最初當然不會順遂。介欽在所求不遂的時候，雖曾寫了古人之對聯「你走你陽關道，我走我獨木橋」，懸在壁上，但亦不能恝然於懷，有一次並對我罵了她一點鐘。然而奇怪的事，數月以後，他終於與歐陽小姐結婚了。這時我曾回到四川成都一次。記得楊叔明先生到北平後，寄信到成都之彭雲生先生，曾說到歐陽小姐婚後非常賢慧勤儉。我初爲之驚訝。旋介欽偕其夫人亦回成都，並同住在一大院子中。見其夫人果非常樸實，而對我言談之率直而親切，乃有如長嫂。我由此悟到不僅文章可由絢爛而歸平淡，爲人亦可由絢爛而歸平淡。

我同介欽於民國十七年在成都同住一短時期外，我重回南京繼續學業，他們夫婦後來亦重回北平，因所學不同，少通信，亦不知他們在北平作什麼。似乎曾在美專教書。但不數年，聞介欽因肺病亡故，其夫人亦旋卽逝世。憶介欽與我同在秉善公寓時，便常依於青年之浪漫情懷，說什麼「生亦愛、死亦愛」的話，而他們夫婦乃皆不過二十三四歲，於數月中相繼去此人間，冥冥中似有主之者。他們曾留下一子一女，後由介欽之姊高琛撫養。其姊亦能詩，曾讀書重慶二女師及成都師大，與我家一直常往還。一次她聽說我另一朋友游鴻如亦逝世時，曾對我說「現在你的朋友，都一一逝世，只留下你一人，你將何以自勉呢？」而此語我亦迄今不忘。

就我同介欽的關係說，亦不是什麼事業上、學問與趣上、或道義上的朋友。我們之間的友誼，可說是若斷若續。他爲人的形態，與我全不同，亦無彼此間之眞了解。要說了解，我了解他的，還比他了解我的多。但他之逝世，亦使我每一念及，卽悯然若失。說他是大天才，或不能說；但亦是屬於天才型的人。不說別的，他能使其夫人，由絢爛歸平淡，甘爲一賢妻良母，此中卽有一天才的魅力。他之詩書畫，皆在二十歲以前卽爲人所嘆賞，亦爲天才型之證。天才型的人，都太淸貴，黏不得泥土，難生根於地上。其生命之光輝之照耀，有如彗星之倏然而來，倏然而逝，而早夭亦理所難免。然而此處則最動人之悲哀。孔子曾嘆息「苗而不秀者有矣夫！秀而不實者有矣夫！」我想應卽爲此型之人而發。何以造化生人，不使天才型之人，其生命之光輝照耀，不如日月而如彗星？這是很難解的。

（五）游鴻如

最後我要說到的一個朋友，卽本文中已提到數次之游鴻如。關於這個朋友的事，我曾在十年前所寫之一短文懷鄉記中亦說過一些。但今無妨重複。他亦是我之同班同學，大約比我長一歲。他入學時，國文第一。後來考北京大學，聞亦國文第一，然其餘科目不好，故未錄取；只得讀法政大學，亦未能卒業。他在中學與我同學時，我最初的印象，是覺他走路時，目光總是平視而略下。我初不知其故，後來才知他是在作凝氣於丹田的工夫。他在入中學時，雖亦只十三四歲，但牀上已堆滿了二十二子一類的書。他大約很早就知道一些道家之修煉的工夫，注重養精氣神。他說今人所謂衞生二字，首見於莊子之「衞生之經」一語。於是作了一莊子之衞生觀，把莊子之講養精氣神的話，連在一起討論，而他自己亦是隨處在作此類工夫。他之反對進步進化，而主張退化論，要人退到阿米巴以前，我後來才知道卽是道家所謂「煉精化氣，煉氣化神，煉神還虛」的意思。憶他同我談退化論，要人退到阿米巴以前一句話時，我曾有一極深刻的印象。及今四十年，我還記得我們是在重慶聯中之某一地方，相對立談的情形。但我當時實並不理解其話之背景，我只是依我自己的思想而理解。我當時的思想在前文之初已說過，是一種絕欲主義或無欲主義。說人退到阿米巴以前，似啟示出一種絕去人類一切欲望的混沌景像。所以他的此話與當時的情形，才一下深入我心，歷久不忘。

依一般中學生的思想情形而論，我與他能談到的，當然在一般同學看來，是非常古怪的。於是我在中學中，被人取上了「神經病」與「瘋兒」的諢名，我之性情變成非常孤癖。我上文所述之三個朋友，既皆已轉學，於是在校中我只有他一個朋友。然他的學問卻遠在我之上，且不斷進步。他後來由道而儒，曾與我相約，每週讀宋元學案一學案。但於太極圖說及其註解，我不能解。我尚憶在圖書室中反復徘徊，想其中所說之陰陽五行之關係，終無所得，而作罷。宋元學案，亦不讀下去了。

宋元學案雖讀不下去，但我們還是分別的儘量讀課外的書籍。學校的課程是不放在我們眼中的。然而我愈是自己讀書，自己瞎想，卻愈與人隔絕，以致弄出病來。而他卻由讀書而注意時事，進而關心政治，並覺儒家學問不切實際，乃將其名字中之儒字改為如，首先參加了當時的青年黨之外圍起舞社，進而將我們同年級之同學優秀者組織為一克社。此社中之導師即楊叔明與劉明揚二位國文教員，他們亦都是有政治抱負的。（劉先生後為劉文輝創全民主義，楊先生後為青年黨重要人物之一，曾代表青年黨出席政治協商會議）。據說當他與其餘同學開始商量組織此社時，其他同學都反對我參加，因我性情太孤癖。但鴻如卻力排眾議要我亦參加。於是我亦成社員之一，然而卻是一最不活動的社員。

克社在我們中學畢業前一年成立，中學畢業後其中之七人，皆同到北平升學。然而到北平後，我們都受了當時的左傾黨派思想之影響，對於我們原來之導師的政治思想，發生懷疑。而鴻如之先轉變，則爲其主導。這時鴻如在法政大學，我曾讀中俄大學，後入北京大學。時正當國民政府北伐的前夕，青年多不必讀書，而力求思想上的前進。前進的最高標準，已無形中是馬克思的思想。但我在此時，雖亦承認一經濟上平等的共產社會是好的，但我卻已不贊成唯物史觀之以生產力、生產關係的變動，說明道德的變動。我於是寫了一信與鴻如，我說人求經濟的平等之心，乃出自我們之良心，此良心不能以唯物史觀或唯物論說明。鴻如得了我之信，乃大大譏笑我一番，說我還在腐朽的唯心論中打轉。但不久我就到南京去看我之父母，亦無心與鴻如辯論了。

我到了南京，鴻如旋卽到了武漢，並正式與另一中學同學宋繼武，參加了共產黨的青年團。這時他初寫信來時，似乎充滿了革命的熱情，並說我與他之政治見解不同，在戰場不能互相拉手。然他同時亦墮入了愛情的煩惱之網中。革命似乎可一任熱情，愛情卻需要對方的回應，並不能任情任性。一天我忽然得他一封很厚的信，翻開一看，原是他寄與某小姐的長過二千字的情書，而情書的後頁，則是與我的長信。他說他已覺到此情書之寄出是無用的了，所以還是寄給我吧。他的意思，似乎是天地間總需要有一對此情書的讀者，而除我以外，似乎莫有第二人了。

在得著他的信不久，忽然一天他竟從武漢到了南京。原來武漢已開始清黨，與他同時參加共產黨青年團之宋繼武，已被槍決，他才倉皇逃走。他到南京後，便與我同住一室。他知道革命不是容易的事，而愛情的煩惱，更使他日夜徬徨。這時我乃與他終日遍遊秣陵山水，憶一度由紫金山回來，城門已閉，乃只有在一野店中共度一宵。我們常於途中作許多歪詩唱和，或高聲談笑。這時卻輪到我來對他之愛情的煩惱等，加以譏笑了。然而此譏笑，乃終於使他自此煩惱中解脫。後來他再回重慶寫信來說，在南京之數月，是我的哲學使他靈魂再生，他亦承認了友誼是可以超越政治見解而存在。他因環境的改變，已不屬於共產主義之青年團，亦不再講什麼唯物史觀唯物論了。後來他寄來一像片，上面寫了一禪宗大德的詩句：「此身不向今生度，更向何生度此身」，似乎他又回到其少年時代之重精神生活上的覺悟去了。

在民國十八年初我休學一年，回成都時，他曾到成都一次。住在我家，這時我們中學時的老師蒙文通先生任四川大學中國文學院的教務長，他除聘請我父親去教書外，又分別請我與鴻如各上兩點鐘的課。我任的是西洋哲學史，他任的是中國文化史。實際上我們都還未在大學畢業，不過二十一歲左右。蒙先生糊塗的聘請，我們亦糊塗的教了。迄今想來，眞可謂膽大妄爲，太不自量了。

大約在民國二十二年，我由成都去南京經重慶，再會見他。他這時已結婚，似在周開慶兄主辦一報紙中當副刊編輯，並在一中學教書。此度重逢，特見得他談笑風生。一次在一個地方與我談話，不覺他已身立在櫈上，似在向我講演。他說他的志趣是爲中國人建立一人生哲學。但講哲學要有實證與生活體驗。他說他曾過道家生活、儒家生活、佛家生活，曾參加過靑年黨、國民黨與共產黨，又曾在情網中自拔而再生，這是他要感謝我的。但希望以後我還要幫助他建立一人生哲學的體系……云云。這時我覺其態度有些狂放自大。但亦未對他說什麼。後來在分手後，他還送我一七言古風詩，送我再去南京。

我在南京主編一刊物名「文化通訊」，我在其上發表之文章，鴻如幾皆於其所編副刊，加以轉載。我亦曾請其寫文，但是一時又音信斷絕。原來他又回鄉。他最後一信與我，是說他爲加強其對精神生活的實證，又從事靜坐。他說他已證入了三禪天。但因一念不淨，執著入魔，至生肺病，已入膏肓。他自知是「帶孽以去」，下文說「前路茫茫，不知何所底止也。」又說平生我最了解他，望我於他逝世後，爲他唸金剛經半月。我收到他之此最後一信，見尙有其夫人之一批語，說鴻如已於某日辭世。算來其年齡至多二十八歲。我得此信除傷悼外，只有照亡友所囑，爲他唸金剛經半月。然由他之短短的一生，所引起的感慨，則可以說是無窮盡的。

他之短短的一生，由向內而向外，由唯心而唯物，再由向外而向內，由唯物而唯心；然終於死於物質的身軀上的疾病。他在前後十多年中，思想上生活上經了無數的跌宕，忽而道，忽而儒，忽而佛；忽而靑年黨，忽而共產黨，忽而國民黨；彷彿於十數年中，即過了數世紀。內心的嚮往，外在的刺激，使一個人之生命，由激盪太多而分裂，這是不能免於一悲劇的命運的。以他的早慧與才情，如果能學有所專注，則成就應不可量。然竟乃自覺「帶孽以去」，在世間亦未留下足資紀念之痕跡。現在恐只有開慶兄與我二人知道他。在他死時，開慶曾爲文紀念他，我一直未作，只於十年前之懷鄉記中提及他一些事，今所述的他與我二人之關係，比較多一點，亦可聊當紀念。

（六）映佛法師

上文分述了我少年時代的幾個朋友。竹似與先元，都是有志事業而未遂，介欽是有志藝術而未遂，鴻如可說是有志聖賢而未遂，一一皆抱憾而死，只存他們之友情於我之心底。在我少年之朋友中，唯一似尚存人間者，爲映佛法師。他與他們亦大皆相識。映佛法師在中學第三年級，即轉學重慶聯中。後又曾與我們同在北平，在一大學中之哲學系畢業，再到南京支那內學院從歐陽竟無先生遊，直到竟無先生病歿江津，他仍隨侍在側。我與映佛法師的關係，最初亦極泛。因我於民十六年由北平到南京時，曾將我十五歲至十八歲之日記放在其處。他竟全部偷看了，遂寫一信到南京，對我大加稱讚。後來他到南京，更常在一處。他平日說話不多，喜微笑，亦不勸人信佛，而且最初亦不吃素，對朋友們的愛情上婚姻上的事，亦有自然的關心。我們常說他是有如與東坡相交之佛印，能與世人無猜。實際上他亦有難言的身世之痛。他幼年時，其母親因家貧而再嫁，後竟不得一面。他是被其叔父送到涪陵一廟中爲小沙彌。其廟中之老師父，素主張佛法與世間法應結合，曾將其大徒弟卽映佛師兄送去日本留學，回來卻還俗了。然其老師父仍不灰心，乃再送映佛到中學大學讀書。映佛一次同我談到其身世之痛，及其老師父之恩德，同時表示他決不還俗之志。乃於其老師父歿後，從竟無先生，至於終身。然竟無先生歿後，支那內學院旋停辦，亦不知其駐錫何方？何日相會，更無從說起了。

我之所以最後提到映佛法師，因我前述之幾個朋友，亦大多同時是他的朋友。這些朋友的病苦，憂患與死亡，在我之心中，亦在他之心中。偶然提到他們，我與他同不免慨然一嘆。但此一嘆中，他的感受，似比我更爲深遠，而外表則似較淡漠。我有時覺到他是桃花扇餘韻一篇中的人物，他好似那棲霞山的柳敬亭。由他而反照出這些少年朋友的悲歡離合，宛是一場夢景。我寫到此，忽然又想到我與他曾同在蘇州靈岩山一廟中共宿時，早上聞廟上鐘聲，而夢中驚醒的情景。然此皆爲一逝而不可再得者矣。

（一九六三年二、三月「四川文獻」第十三期、十四期，
一九六六年三月「民主評論」第十七卷三期重刊）

索　引

索引說明：

一　索引區分為二部分：㈠人名索引，㈡內容索引。另附外文人名中譯對照表。

二　內容索引以名詞概念為單位，同一名詞下無特別說明者，僅標明其頁數；有特別說明者，該名詞概念用～符號代替。

三　索引以筆劃多少為序，外文人名中譯對照表順英文字母為序。

四　索引中所標示的頁數，即本書每頁兩旁的頁數。其中有標明「序」者，乃指示「序言」部分的頁數；標明「上」或「下」者，乃分別指示「上冊」與下冊部分的頁數。

五　本索引編製人莊力臣。

(一)人名索引

二　劃

三　劃

四　劃

五劃

六劃

七　劃

八　劃

九劃

十劃

十一劃

十二劃

十三劃

十四劃

十五劃

十六劃

十八劃

十九劃

二十劃

二十一劃

二十二劃

(二) 內容索引

一 劃

二 劃

三　劃

四　劃

五　劃

六劃

七　劃

[illegible]：下三一六，下三一八；俄國之～　下二七五。

八　劃

九　劃

十　劃

十一劃

十二劃

十三劃

十四劃

十五劃

十六劃

十七劃

十八劃

二十劃

二十一劃

二十二劃

二十三劃

二十四劃

二十五劃

外文人名中譯對照表

Allah　阿拉
Acquinas, Thomas　托瑪・阿奎那斯
Apollo　太陽神（阿波羅）
Aurobindo　阿羅頻多

Barnicol, F　巴利可
Barth　巴特
Berdyaev　貝加葉夫
Bultman, R　巴特曼

Cicero　西塞羅
Comte　孔德

Dewey, J　杜威
Dostoevsky　陀思托也夫斯基
Dubarle　杜巴魯

Feuerbach　弗（費，佛）爾巴哈
Formm, E　佛朗

Heidegger　海德格
Herder　赫德（爾）
Hollister, Mrs. Juliet　何理世德夫人
Hook, S.　胡克

Jupiter　朱比特

Keyserling, C. H　凱薩林
Kierkegaard　杞克果

Legge, J　李雅各
Leibniz　來布尼玆
Lessing　勒生

Marcel　馬色耳
Maritian　馬里旦
Moore, A. C.　穆爾

Neurath　紐拉斯
Niebuhr, R　尼布爾
Northrop, F. S. C.　諾斯羅（諾）圃

Radhakrishnan　拉達克芮西南
Ramakrishnan　拉馬克利西蘭
Royce, J　羅哀斯

國家圖書館出版品預行編目資料

中華人文與當今世界（全二冊）
唐君毅著. – 三版. – 臺北市：臺灣學生，1980.04
冊；公分 –(唐君毅全集；卷 7-8)

ISBN 978-957-15-1760-5(全套：平裝)

1. 言論集

078 107003630

唐君毅全集 卷七・卷八
中華人文與當今世界（全二冊）

著作者：唐君毅
出版者：臺灣學生書局有限公司
發行人：楊雲龍
發行所：臺灣學生書局有限公司
臺北市和平東路一段七五巷一一號
郵政劃撥戶：〇〇〇二四六六八號
電話：（〇二）二三九二八一八五
傳真：（〇二）二三九二八一〇五
E-mail: student.book@msa.hinet.net
http://www.studentbook.com.tw
本書局登記證字號：行政院新聞局局版北市業字第玖捌壹號

定價：新臺幣九〇〇元

一九八〇年四月三版
二〇一八年四月三版二刷

11903

ISBN 978-957-15-1760-5(全套：平裝)